GEGEN DAS VERGESSEN

ISBN 3 - 923765 - 31 - 2

Gesamtgestaltung: Verlag Hans Schöner GmbH

*Druck: Karl Weinbrenner & Söhne GmbH & Co.
Druckerei und Verlag
70771 Leinfelden-Echterdingen*

Printed in Germany

GEGEN DAS VERGESSEN

HANS SCHÖNER

Verunglimpft

Zum Artikel „Universität ehrt Reemtsma", Leserbrief im SÜDKURIER, August 1999.

„Mit der Verleihung des Ehrendoktors an den Initiator der Anti-Wehrmachtsausstellung Herrn Reemtsma identifiziert sich das Gremium der Uni Konstanz mit den Zielen dieses Herrn.

Ob den Herren der Uni Konstanz wohl bewußt ist, daß sie damit ihre Väter und Großväter verdammen? Das, was sich in Deutschland bezüglich der ehemaligen Wehrmacht abspielt, ist einmalig. Das Verunglimpfen von Millionen toter Soldaten und den wenigen noch lebenden ist erlaubt; es sind ja nur Deutsche. Daß die Soldaten der ehemaligen Wehrmacht die Bundeswehr aufgebaut haben, zählt wohl nicht. So etwas nennt man National-Masochismus. Thomas Mann sagte 1919 folgendes: „Die Tatsache besteht, daß die deutsche Selbstkritik bösartiger, radikaler, gehässiger ist als jedes anderen Volkes, eine zügellose Herabsetzung des eigenen Landes nebst inbrünstiger, kritikloser Verehrung anderer."

Werner Käuflin
Hauptmann a. D.

Wutöschingen

Vorwort

Gegen das Vergessen...

...dieses Thema beschäftigt mich nun schon seit längerer Zeit, mal mehr und mal weniger intensiv.

Das „Vergessen" wird von vielen Gruppen immer wieder ins Gespräch gebracht. Nun auch von mir.

Ich habe mich von der Tagesarbeit zurückgezogen. Am Lago Maggiore genieße ich nun, mehr als bisher, die Natur, male, schreibe und pflege unseren Garten. Da bleibt mehr Zeit, die Vergangenheit zu bewältigen. Beim Frühstücken kam mir der Gedanke, warum sollte nicht auch ich etwas „gegen das Vergessen" tun? Ich besitze einen für mich wertvollen Schatz; Tagebücher, die ich in der Zeit von 1943 bis 1948 geschrieben habe. Diese Hefte kamen, trotz Krieg und Gefangenschaft, auf abenteuerlichen Wegen zu meinen Eltern nach Hause. Jahrelang habe ich sie nicht beachtet, gelegentlich habe ich mal darin geblättert, bis mir jetzt der Gedanke kam, sie zu veröffentlichen.

Warum? Natürlich begründe ich, weshalb man nach mehr als fünfzig Jahren das tun möchte. Ich will damit versuchen, als Zeitzeuge eine Seite des Leidens aus der Zeit des Zweiten Weltkrieges aus der Vergessenheit zu reißen.

Unser Volk tut sich zu Recht schwer mit seinem nationalsozialistischen Erbe! Um so unverständlicher ist es, daß es sich auch schwer tut mit Erinnerungen an den Teil seiner Geschichte, auf die es stolz sein könnte.

„Was haben z. B. die Franzosen aus dem Sturm auf die Bastille gemacht, einem historisch genau betrachtet bescheidenen, risikoarmen Ereignis?!

Und wir?", meint Arnulf Baring in der „WELT".

Wir schweigen!

„Aber wir müssen das jahrzehntelange Schweigen durchbrechen. Die Nachkriegsgeneration ist in Deutschland mit dem großen Schweigen aufgewachsen. Die Kriegserfahrungen der Eltern wurden weggewischt, damit sie im Geschichtsunterricht kein Thema waren", sagt Judith Belinfante und fährt in ihrem Artikel in der „WELT" fort: „Die Deutschen waren Täter und Opfer."

Im Jahre 1998 - also fünfzig Jahre nach meiner Entlassung aus der Kriegsgefangenschaft - geht es nicht mehr um die erste Generation und die von ihr erlebte Vergangenheit.

Ein totalitäres Regime prägt alle Bürger innerhalb seines Machtbereichs. Niemand bleibt unberührt. Keiner ist sich sicher vor Repression. Jeder ist potentiell ein Opfer - es sei denn, er beugt sich dem Regime, wird Mitläufer und damit ein potentieller Täter.

Françoise Mitterrand, der ehemalige französische Staatspräsident, sagte einmal: „Wahrscheinlich hat das deutsche Volk unter diesem Krieg mehr gelitten, als jedes andere Volk, das am Zweiten Weltkrieg beteiligt war."

Man spricht bei uns über dieses Leiden nicht. Wahrscheinlich deshalb, weil wir Deutschen den Krieg angezettelt und verloren haben. Und man spricht auch nicht darüber, daß uns die Geschichte einholt - wie es Dr. Ulrich Fastenrath in der „Frankfurter Allgemeinen Zeitung" (FAZ) vom 27.2.1999 in seinem Artikel: „Zahlen ohne Ende" nennt:

„Nach dem Zweiten Weltkrieg ist es nicht zu einer umfassenden Schuldenregelung gekommen. Statt dessen zahlte Deutschland mit Territorium, mit Arbeitsleistungen von Kriegsgefangenen und nach Maßgabe des Potsdamer Abkommens mit der Demontage industrieller Ausrüstungen, der Auslieferung der deutschen Kriegs- und Handelsflotte und der Einziehung deutscher Auslandsguthaben."

In unserer Zeit, also schon 1945-1947, wurden an Frankreich Gefangene aus den USA, aus England und aus dem Norden Europas zusätzlich zu den vorhandenen ausgeliefert.

Es war ein Menschenhandel - denn es waren Kriegsgefangene, die meinten, sie kämen nach Kriegsende nach Hause, aber sie landeten dann in Frankreich.

Sie mußten dort Arbeitsleistungen vollbringen, die vorher in einer entsprechenden Anzahl von Stunden ausgehandelt waren. Ist das nicht auch Zwangsarbeit?
Noch schlimmer war, als diese Unglücklichen bei uns im Lager ankamen, mit prall gefüllten Seesäcken. Da nahm man ihnen die „überschüssige" Kleidung ab und gab sie uns. Man kleidete so die Gefangenen ein, die vorher nicht ein einziges Kleidungsstück von den Franzosen bekommen hatten.

Ist es da ein Wunder, daß die Erinnerungen im Alter immer drängender werden, sie anderen mitzuteilen, um dadurch die individuelle Vergangenheit zu bewältigen?
Die noch lebenden Zeitzeugen beginnen deshalb in dieser Phase - ihren nun absehbaren Tod vor Augen - Zeugnis abzulegen.

Aber Erinnerungen dieser Art brauchen Annahmebereitschaft.

Das Thema „wider das Vergessen" war immer da. Im Moment ist es besonders aktuell. Heftig wird gestritten, mit gegensätzlichen Meinungen, vertreten von immer mehr Menschen, die gar keine Zeitzeugen sind. Sie wissen aber alles besser als jene, die sich noch selbst erinnern, ja, die vieles noch selbst erlitten haben.

Deshalb sollten auch wir, die noch lebende Generation, die noch den Krieg und die Kriegsgefangenschaft mitgemacht, erlebt, erlitten haben, das Schweigen brechen. Insbesondere auch dann, wenn Tagebücher vorhanden sind, die von einem siebzehn- bis zweiundzwanzigjährigen jungen Mann damals aufgeschrieben worden sind.
Wir stehen vor einem Generationswechsel. Diejenigen, die noch das zerstörte Deutschland wiederaufgebaut haben, treten ab. Können diese Zeitgenossen, die unmittelbaren Zeugen, bestimmen, welchen Einfluß ihre Geschichte und ihr Geschichtsbild auf die Nachgeborenen hat?
Nein, sicher nicht. Aber wer noch Zeuge ist, sich an etwas erinnert, lebt noch ständig mit dieser Vergangenheit.
Wer später geboren ist, erinnert sich nicht mehr, er wird erinnert. Doch wie dieses Wissen zum persönlichen Bewußtsein wird, zum Selbst-Bewußtsein, das muß jeder in sich selbst finden.

Die noch Lebenden sollen sich an die Toten erinnern, weil diese nur so vor dem ewigen Vergessen bewahrt werden.

Seit Jahren wird zu viel und aus unserer Sicht natürlich zu einseitig erinnert. Er wird auch erinnert, um den nachwachsenden Generationen die Schuld ständig vor Augen zu halten.
Seit Jahren wird, jeweils zu passenden (oder auch unpassenden) Zeitabständen, im Fünfzig-Jahres-Rhythmus, an bestimmte Ereignisse, wie Siege, das Kriegsende, die Befreiung aus Konzentrationslagern erinnert. Und es wird natürlich auch gefeiert.
Es wird angemessen jede sich bietende Gelegenheit zum Feiern und zum Gedenken genützt. Natürlich ohne uns Deutsche. Dabei spielt es gar keine Rolle, daß Deutschland inzwischen in die Völkergemeinschaft wieder aufgenomen wurde. Ja, wir werden - wenn es paßt - von den ehemaligen Alliierten, sogar als „Freunde" bezeichnet.
Das stört aber keine Nation - also unsere ehemaligen Gegner - beim Feiern, Aussagen zu machen, die uns Deutsche, insbesondere die noch lebende Generation der Kriegsteilnehmer, zu diffamieren, sie ständig als Verbrecher anzuprangern.
Wir empfinden das als schlimm, denn nicht alle Deutschen waren Täter, es gab unter uns mehr Opfer als Täter.
Um dies zu untermauern und damit es nicht vergessen wird, schreibe ich diese Zeilen.

Ermutigt, mein bisheriges Schweigen zu brechen, hat mich u. a. auch die Rede Martin Walsers, die er aus Anlaß der Preisverleihung des Friedenspreises des Deutschen Buchhandels in der Paulskirche in Frankfurt am Main gehalten hat.
Es sollte eine Dankesrede sein. Sie rüttelte die Menschen auf, insbesondere auch deshalb, weil Ignatz Bubis, Vorsitzender des Zentralrats der Juden in Deutschland, dem Schriftsteller aufgrund dieser Rede „geistige Brandstiftung" vorgeworfen hat.
„Leute wie der DVU-Vorsitzende Gerhard Frey und der Ex-Republikaner-Chef, Franz Schönhuber, sagen es auch nicht anders als Walser", meinte Bubis und wollte damit Walser in die „rechte" Gesinnungsecke rücken.

Was hat denn nun Martin Walser gesagt?: „Ich käme ohne Wegschauen und Wegdenken nicht durch den Tag und schon gar nicht durch die Nacht. Ich bin auch nicht der Ansicht, daß alles gesühnt werden muß. In einer Welt in der alles gesühnt werden müßte, könnte ich nicht leben." Und weiter: „Manchmal, wenn ich nirgends mehr hinschauen kann, ohne von einer Beschuldigung attackiert zu werden, muß ich mir zu meiner Entlastung einreden, in den Medien sei auch eine Routine des Beschuldigens entstanden.
Von den schlimmen Filmsequenzen aus Konzentrationslagern habe ich bestimmt schon zwanzig mal weggeschaut. Kein ernstzunehmender Mensch deutelt an der Grauenhaftigkeit von Auschwitz herum; wenn mir aber jeden Tag in den Medien diese Vergangenheit vorgehalten wird, merke ich, daß sich in mir etwas gegen diese Dauerpräsentation unserer Schande wehrt.
Anstatt dankbar zu sein für die unaufhörliche Präsentation unserer Schande, fange ich an wegzuschauen."
Walser sagte einmal: „Wir dürfen, sage ich vor Kühnheit zitternd, die BRD so wenig anerkennen wie die DDR. Wir müssen die Wunde Deutschland offenhalten."
„Das fällt mir ein, weil ich jetzt wieder vor Kühnheit zittere, wenn ich sage: Auschwitz eignet sich nicht dafür, Drohroutine zu werden, jederzeit einsetzbares Einschüchterungsmittel oder nur Pflichtübung."
Soweit Auszüge von Martin Walsers Rede.

Mich hat auch ein Artikel, in der Wochenendausgabe von „DIE ZEIT" vom 19. November 1998 bewogen - nein, er hat mir auch Mut gemacht - nicht länger zu schweigen und meine Erlebnisse zurückzuhalten.
Frau Monika Maron frägt in diesem Bericht: „Hat Walser zwei Reden gehalten?" Eine für Bubis und eine für andere?
„Er zittere vor Kühnheit, wenn er sage, Auschwitz eigne sich nicht dafür, Drohgebärde zu werden, gestand Walser

in Frankfurt. Auch ich zittere ein wenig, jetzt, da ich ihn verteidige. Warum? Wo lebe ich denn, daß ich mich fürchte zu sagen, was ich denke?" Ende des Zitats.

Auch ich zittere ein wenig, wenn ich daran denke, daß Walser, als er in seinem Roman „Ein springender Brunnen" über seine Jugend berichtet und in seiner Jugenderinnerung Auschwitz nicht erwähnte, weil er damals davon nichts wußte. Deshalb wurde er vom Literatur-Papst, Marcel Reich-Ranitzki, im Fernsehen zerrissen. Obwohl Walser damals, als wir jung waren - er ist nur ein Jahr jünger als ich - ebensowenig über den Holocaust wußte wie ich.
Wir waren doch arme Schweine, verführt von einer fanatisch funktionierenden Propaganda. Wir wurden mißbraucht! Noch im Kriegsjahr 1943 waren wir als Schlachtvieh gerade gut genug, um noch Soldat zu werden. Wir wußten nichts von Greueltaten einiger Deutscher, der politischen Führung und natürlich auch nichts von eventuellen Schandtaten der hohen Generalität.
Wenn sich aber hohe Offiziere, im wesentlichen waren das Adlige, auf den Eid, den sie auf den obersten Kriegsherrn geleistet oder geschworen haben, berufen können, um sich und ihr Gewissen zu entlasten - worauf kann sich dann das namenlose Heer, der einfache Landser berufen?
Sie, die Offiziere, reden von „der verdammten Pflicht", wie das Alexander Stahlberg in seinem gleichnamigen Buch nennt. Sie reden sich mit dem „Befehlsnotstand" heraus. Alexander Stahlberg, Jahrgang 1912, war jahrelang Adjudant bei Generalfeldmarschall Erich von Manstein. Er berichtet, als einer der letzten Überlebenden, vom Aufstand gegen Hitler. Wenn er, der hautnah alles miterlebte, und seine wissenden Offiziere nichts gegen dieses totalitäre Regime erreichen konnten, was hätten wir dann tun können, um nicht noch heute diffamiert zu werden?
Stahlberg schrieb in seinem Buch „Die verdammte Pflicht": Als Hitler sich selbst als Oberbefehlshaber einsetzte, „da waren wir nun also endgültig in der Hand eines Wahnsinnigen!" Als er das wußte oder wissen wollte, 1941, da war ich vierzehn Jahre alt und wurde gerade konfirmiert.

Diese Herren hatten zu entscheiden, wann neues Schlachtvieh benötigt wurde, um die lichter werdenden Reihen der an der Front Kämpfenden zu füllen. Das taten sie, obwohl sie wußten, oder behaupteten, daß der Krieg schon verloren sei. Trotzdem wurde unser Jahrgang 1926 im Jahre 1943 einberufen. Wir waren siebzehn Jahre alt, also damals noch nicht einmal volljährig. Ich glaube, daß viele Offiziere, vor allem die adligen, preußischen Junker, die sonst nicht wußten, was sie tun sollten, gerne den Hitler-Krieg mitgemacht haben. Denn nur im Kriege, nicht im Frieden, konnten sie sich auszeichnen. Ja, sie waren auf Erfolge stolz, die auf Menschenopfern basierten, sie wurden ausgezeichnet mit Orden, sie wurden befördert, und genossen beides. Sie trugen sowohl die Orden, die Rangabzeichen, die Insignien der Macht eines von ihnen erkannten verbrecherischen Regimes.
Sie wußten im voraus, daß bei Erreichen von strategischen Kriegszielen X Prozent Menschen geopfert werden mußten, um diese Ziele zu erreichen - und wie schrecklich: sie nahmen das wissend in Kauf!
Ist es nicht makaber, daß sich - laut Stahlberg - viele hohe Offiziere über die Parteibonzen, über die politische Führung, über „den größten Feldherrn aller Zeiten" lustig machten, aber nicht den Mut hatten, etwas dagegen zu tun? Selbst von Manstein, der offensichtlich informiert war, daß ein Attentat auf Hitler geplant war, sagte - so Stahlberg: „Preußische Feldmarschälle meutern nicht!"

Wenn also diese Adligen, mit entsprechender Bildung, mit dem Wissen über verbrecherische Kriegsziele, nichts unternahmen und nach außen so taten, als ob sie hinter Hitler stehen würden - warum und woher sollten dann wir wissen, daß dieser Krieg ein verbrecherischer Krieg war?
Wo blieb die Masse der Deutschen, die bis zum bitteren Ende ihre Pflicht erfüllen mußte? Sie wurden und werden heute noch als Verbrecher beschimpft. Wir, das gutgläubige Volk, das in den Krieg mußte, wir glaubten doch damals, er sei gerecht und zum Schutze der Heimat notwendig.

Am 18. Juli 1998 war in der „WELT" eine bemerkenswerte Todesanzeige abgedruckt:

„Niemand hat größere Liebe, denn die, daß er sein Leben läßt für seine Freunde"   Heinrich von Kleist (1777-1811)

*In memoriam: Friedrich-Wilhelm Marloh, Fähnrich zur See. *18.Juli 1922, † 7.Dezember 1941 auf U-208 vor Gibraltar. Er gab sein Leben für das Vaterland, das heute die Verunglimpfung seiner Soldaten duldet.*
Im Namen seiner Geschwister   Klaus-Christoph Marloh

Was geschah mit uns, dem Jahrgang 1926? Viele starben, viele kamen in der Gefangenschaft um. Der Rest schwieg! Und selbst hier, in der Kriegsgefangenschaft, wurden Offiziere besser behandelt als der einfache Landser. Sie mußten keine Zwangsarbeit leisten und sie wurden auch noch früher als wir entlassen.
Dafür, wenn alles so verbrecherisch war, wie man es u.a. in der Reemtsma-Ausstellung „Die Verbrechen der Deutschen Wehrmacht", darstellt, wären in Nürnberg zu wenige aufgehängt worden. Aber das müßte nicht nur für die Deutschen gelten.

Eine Anmerkung am Rande. Reemtsma hat seine Millionen u.a. während des Krieges mit Zigarettenmarken wie „R6" verdient. Nennt man so etwas nicht Kriegsgewinnler? Oder will sich der Millionenerbe durch diese Ausstellung sein Gewissen entlasten?

Warum will man die damals jungen Menschen, die heute alt sind, immer wieder als Verbrecher hinstellen? Wir hatten damals nicht die Möglichkeit, durch eine Massenkommunikation, wie es sie heute gibt, informiert zu werden.

Wir waren verführt und im wesentlichen auch begeistert von den Nationalsozialisten. Es klingt so unglaublich, aber es ist wahr. Als wir 1941 aus der Volksschule entlassen wurden, sagten viele von uns: „Hoffentlich ist der Krieg nicht beendet, bevor wir noch Soldaten geworden sind."

Ich, und viele meiner Gleichaltrigen, mußten noch Reichsarbeitsdienst (RAD), Luftwaffe und Gefangenschaft erleben. Mehr als fünf Jahre war ich von zu Hause weg. Es war traurig, es war ein Teil meiner Jugend. Der oben ausgesprochene Wunsch wurde mehr als erfüllt.

War das damals eine Massenhysterie? Nein, man wurde so zu denken erzogen. Ich höre heute noch bestätigende Zustimmung von honorigen, über jeden Zweifel erhabenen Männern, die jünger sind als ich, die ähnliches sagten: „Hoffentlich werden wir noch ins Jungvolk aufgenommen, bevor der Krieg zu Ende ist."

Es sollte mal Schluß sein. Wir, unsere noch lebende Generation, leiden unter den ewigen Vorwürfen, wir seien Verbrecher gewesen.

Wir haben genug gelitten unter dem Krieg, der Gefangenschaft und den andauernden Kriegsfolgen. Wann soll das enden? Wann wird Schluß sein, mit der „ewigen Dauerpräsentation unserer Schande", wie es Walser nannte.

Und, wenn gar hochkarätige deutsche Politiker sagen konnten: „Jeder, der damals in die Wehrmacht kam, wußte, daß er in eine verbrecherische Organisation eintrat!" Ohne - und das ist auch eine Schande - daß irgend jemand dagegen protestierte, ist das unbegreiflich. Also waren wir - alle Deutsche - doch Verbrecher?

„Die, die mit solchen Sätzen auftreten, wollen uns weh tun, weil sie finden, wir haben das verdient. Wahrscheinlich", so Walser weiter, "wollen sie auch sich selber verletzen. Aber uns auch. Alle. Keine Einschränkung; alle Deutschen.
Denn es ist schon klar: in keiner anderen Sprache könnte im letzten Viertel des 20. Jahrhunderts so von einem Volk, von einer Bevölkerung, einer Gesellschaft gesprochen werden. Das kann man nur von Deutschen sagen."

Wenn man den Deutschen das antut, muß man dann nicht als Zeitzeuge das Schweigen brechen?

Ich wußte nichts. Und ich denke, daß Millionen Männer und Frauen auch nichts von diesen Verbrechen wußten. Verbrechen, die auch fünzig Jahre nach Kriegsende den Deutschen noch immer vorgehalten werden. Alle Kriegsteilnehmer, genauso wie ich - wir taten unsere Pflicht für Deutschland. Und Millionen mußten für diese Pflichterfüllung sterben, sowohl zu Hause, als auch an der Front. Millionen Frauen, Kinder und alte Menschen wurden aus ihrer Heimat vertrieben. Frauen wurden - im Westen wie auch im Osten - vergewaltigt.

Viele verhungerten während des Krieges und unzählige als Zwangsarbeiter, auch dann noch, als längst die Waffen schwiegen. Und für die Massen der Namenlosen war es auch nicht „der Tag der Befreiung", wie es immer wieder deutsche Politiker sagen, als Deutschland im Mai 1945 kapitulierte. Hunderttausende waren schon in Kriegsgefangenschaft - so wie ich - und Millionen wurden nicht befreit, sondern auch sie kamen in Gefangenschaft. Der Krieg war zu Ende. Gott sei Dank. Aber für Millionen armer Schweine wurde er jahrelang, nur mit anderen Mitteln, fortgesetzt.

Heute wissen wir mehr. Aber es gibt unendlich viele Deutsche, die das Leiden anderer, der Sieger, kennen und deren Leiden akzeptieren, aber sie kennen nicht das Leiden ihrer Väter oder Großväter, das Leiden der Vertriebenen; denn darüber spricht man nicht. Darüber wird man auch nicht informiert.
Man muß es doch sagen dürfen, daß auch Deutsche gelitten haben. Daß auch Deutschen Unrecht angetan wurde. Deutsche mußten auch während des Krieges, natürlich auch nach dem Kriegsende, Zwangsarbeit leisten. Um nur an ein Beispiel zu erinnern: aus Rußland kamen die letzten Kriegsgefangenen erst 1957 nach Hause. Und es werden dort, auch heute noch, Abertausende vermißt.

Wir mußten arbeiten, um Reparationsleistungen für Frankreich zu erbringen. Das schien normal zu sein. Und ohne Entschädigung, das war auch normal; wir waren ja die Verlierer. Also fordert von uns niemand eine Entschädigung - eine Wiedergutmachung. Aber wie fordern ein Ende der Diffamierung!
Und, um es noch einmal zu betonen: Ich will meine Tagebücher ohne jede politische Absichten veröffentlichen! Sie sollen das Wissen, das Leiden, die Gefühle eines siebzehn- bis zweiundzwanzigjährigen Mannes zeigen, so wie er und viele andere es damals erlebten. Nicht geschönt oder aus der Sicht unserer heutigen Erkenntnisse verfälscht. Es sind Original-Tagebücher. Sie schildern auch das Erwachen

erster Liebe, sie vermitteln die Sehnsucht nach Freiheit - auch nach Freiheit der Gedanken. Tagebücher, die ich schon in meiner Jugend, während der Schule, der Lehre, des Studiums, im RAD, in der Luftwaffe und in Gefangenschaft geschrieben habe. Sie vermitteln, wie es damals war. Diese Aussagen sollen beweisen, wie wenig wir, die namenlosen Kriegsteilnehmer, eigentlich von den ganzen Zusammenhängen wußten. Denn es gab damals kein Fernsehen, das überall dabei war. Es gab eine Presse und einen Rundfunk, die nur das berichteten, was die Führung wollte. Es mag für die heutigen Menschen unglaublich, ja unbegreiflich klingen - aber so war es!
Nur, was die Propaganda der Nazis wollte, konnte man hören. Damals galt nicht „Nur eine schlechte Nachricht ist auch eine gute Nachricht" - es gab nur „gute Nachrichten" - im Sinne der Partei. Wir hörten nur Sondermeldungen, und das waren natürlich immer Sieges-Meldungen. Das ging so bis zum bitteren Ende.
Es grenzt ja deshalb schon an ein Wunder, daß ich diese Tagebücher schreiben konnte und es war noch wunderbarer, daß alle Tagebücher, bei meinen Eltern, nach dem Kriege, nach der Gefangenschaft, wohlbehalten ankamen.

Ich konnte es nicht mehr ertragen, das dauernde Feiern unserer heutigen Freunde, der ehemaligen Alliierten. Ich konnte es nicht mehr ertragen, das Gerede über Nazi-Deutschland zu hören. Willi Brandt hat es einmal auf den Punkt gebracht: „Es gab schlechte Deutsche, das waren die Nazis. Und es gab gute Deutsche, das waren diejenigen, die Widerstand gegen Hitler geleistet haben." Aber, wo waren sie denn, die Besserwissenden, - siehe Stahlberg in „Die verdammte Pflicht", die über die Nazis spöttelten? Was taten sie denn, um Deutschland von den bösen Deutschen zu befreien? Was taten sie denn, um unser Los, das der Gefangenen, zu erleichtern? Nichts!

Mitterrand, der französische Staatspräsident, war meines Wissens der einzige Politiker von hohem Rang, der einmal das aussprach, was eigentlich ein deutscher Politiker - egal von welcher Partei - hätte sagen müssen: „Die Mehrzahl der Deutschen", so der französische Sozialist, „haben überall wo sie kämpfen mußten, Unglaubliches geleistet. Sie haben im Glauben an ihr Vaterland gehandelt. Daß sie politisch verführt wurden, wußten die meisten nicht."

„Gegen das Vergessen"...

... auch wir haben das Recht, daß nicht alles vergessen wird. Doch wir haben auch die moralische Pflicht, als noch lebende Zeitzeugen, unsere Version des Erlebten zu schildern. Ja, seit ich nun Enkel habe, muß ich es ihnen schildern wie ihre Großväter im Krieg sich verhalten, und in Gefangenschaft gelitten, haben.

Meine Kinder, oder die Generation nach mir, haben sich überwiegend nicht für diese Vergangenheit interessiert. Oder wir hatten nicht genügend Zeit für sie, weil wir das zerstörte Deutschland aufbauen mußten. Sie übernehmen heute problemlos Amerikanismen, sehen im Fernsehen amerikanische Serien an, in denen Deutsche als Nazi-Schweine oder/und als hirnlose Herrenrasse dargestellt werden. Das ist sicher genauso falsch wie Hitler seine irrige Weltanschauung den damals lebenden Menschen eingeimpft hat.

Was bleibt?

Ressentiments auf beiden Seiten. Es wird vieles geschrieben, was Überlebende aller Nationalitäten verletzt. Deshalb muß man etwas gegen das „einseitige Vergessen" tun!
Es darf nicht sein, daß nur die Verbrechen der Deutschen nicht vergessen werden dürfen. Es muß sein, daß auch an die Mehrzahl der Deutschen gedacht werden darf, die keine Täter sondern auch Opfer waren.

Wer schreibt heute schon darüber, wie sich die Masse der Soldaten aller Waffengattungen während des Krieges und in Gefangenschaft gefühlt haben? Wer weiß schon, wie viele Menschen nicht freiwillig bei der Waffen-SS waren?

So, wie es unserem Jahrgang 1943 ergangen ist. Damals gab es einen Aufruf, daß sich zu Hitlers Geburtstag alle Hitlerjugend-Führer freiwillig zur SS melden.
Wie fühlt sich ein heute zweiundsiebzigjähriger, der damals „freiwillig" in die SS ging? Und wen interessiert das? Er war erst recht ein Verbrecher! So unsere geltende Meinung heute!

Nun, seit einigen Monaten ziehe ich mehr und mehr vom Tagesgeschäft zurück, um mich mit meiner Vergangenheit zu beschäftigen. Ich holte meine Tagebücher heraus, fand mehr als fünfhundert Briefe aus jener, eigentlich schon längst verdrängten Zeit - Zeitzeugnisse, die bereits vor über fünfzig Jahren geschrieben wurden.

Es ist für mich faszinierend, was da wiederentdeckt wird. Notizen eines Menschen, der schon mit fünfzehn oder sechzehn Jahren begann, Dinge aufzuschreiben, die ihn interessierten. Es liest sich spannend. Ich lese Geschehenes mit wachsendem Erstaunen. Vieles davon war vergessen. Namen tauchen auf und man erlebt Menschen, bildhaft vor sich stehend, die längst verstorben sind.

Und es gibt Menschen, deren Namen nichts mehr zum Klingen bringen. Diese sind wahrhaftig tot.

Es gibt Ereignisse, die mir wieder bewußt werden, als ob sie erst gestern geschehen wären.

Es gibt nichts Kriegerisches oder Heldenhaftes, über das ich damals schrieb. Aber gerade deshalb, so meine ich heute, Lesenswertes, weil es sich um die wohl umstrittenste Zeit unseres Jahrhunderts handelt.

Es schildert, auf einfache Weise, wie junge Menschen damals gelebt, gelitten haben. Es öffnet eine Einsicht in das erste Liebeserwachen, an romantische Gefühle hinter Mauern und Stacheldraht. Und es wird von Freundschaften - bis zum Tode und darüber hinaus - berichtet. Es wird erzählt, wie wichtig Briefe und Päckchen waren, die den Kontakt über Jahre hinweg zur Heimat bildeten und die zum Überleben beitrugen.
Alles wird so festgeschrieben, wie man es damals empfand, ohne ein Wissen über Zusammenhänge, die man heute glaubt, sie müßten vorhanden gewesen sein.
Ich bin mir heute sicher, ich glaube daran, daß die Zeit reif ist, der Jugend klar zu machen, was Menschen damals geleistet haben und was sie auf sich nehmen mußten, um zu überleben.
Wir, die 1943 siebzehn Jahre jung waren, wollten sicher nicht fürs Großdeutsche Reich sterben. Aber trotzdem, ohne darüber nachzudenken, waren sicher viele damals dafür bereit. So gab es allzuviele, die sterben mußten, bevor sie richtig lebten. Daran sollten wir uns auch erinnern, bevor wir die Gefallenen so einseitig verunglimpfen!

Was hatten wir denn schon von unserer Jugend? Hemingway nannte sie im Ersten Weltkrieg die „verlorene Jugend". Wir wurden im Sinne Hitlers erzogen, ohne vergleichen zu können, ob es wohl in anderen Ländern etwas besseres gab.
Wir hatten sicher keine Jugend, zumindest nicht so wie die heutigen, jungen Menschen leben, wo das Genießen, die Freizeit, das Vergnügen, quasi „no limit", als oberstes Ziel des Lebens gilt. Es gibt heute keine Pflichterfüllung mehr, kein Dienen vor dem Verdienen, kein Nutzen bieten...

Auch deshalb will ich meine Tagebücher veröffentlichen. Deshalb will ich den Mut haben, intimste Gedanken auszubreiten. Deshalb will ich schildern, wie man uns quälte, wie wir hungerten, uns nach Liebe und Anerkennung sehnten... ganz einfach schildern, wie damals junge Leute lebten und wie sie es erlebten, als viele, die schon zu Hause waren, nur noch ans Geldverdienen dachten.

Natürlich werde ich um Verständnis bitten, daß es möglich war, in einer Zeit zu leben, wo so viel Schreckliches passierte, ohne etwas davon zu wissen. Es sind erlebte Geschichten, die es begreiflich machen, daß Unglück und Verbrechen nebeneinander wachsen können, ohne etwas davon zu merken.

„Es geht um eine Generation", so Walser in seiner Sonntagsrede, „die, nachdem sie älter, sogar alt geworden ist, sich vielfach nur mit Mühe ihrer Kindheit versichern kann, weil die Erinnerung an ihre Kindheit sich fast nie mit dem heutigen Wissen über das außerhalb der Spielzimmer stattfindende Verbrechen in Takt bringen läßt."

... Soweit der Meister, er kann das so viel besser ausdrükken als ich.

Monika Maron schreibt in ihrem Artikel in der „ZEIT" vom 19.11.1998 folgendes: „Bubis bemängelt, daß Walser von ‚unserer Schande' und nicht von Verbrechen spricht. Die Verbrechen hat Walser nicht begangen, aber er nimmt die Schande an, die sie ihm hinterlassen haben, eben weil er nationaler empfindet als andere.

Ich hingegen kann weder denken noch fühlen, daß junge Deutsche an der Schande ihrer Nation tragen müssen, für mich sind junge Deutsche so wenig belastet und zugleich über das Menschenmögliche so warnend belehrt wie junge Dänen und junge Franzosen.

Ich kann in Walsers Bedürfnis, vom gegenwärtigen Deutschland als einer normalen Gesellschaft zu sprechen, keinen Frevel erkennen. Für andere Völker werden wir auf lange Zeit kein normales Land sein. Aber wie wollen wir sie von unserer Normalität überzeugen, wenn wir uns selbst den Anspruch darauf versagen?

Walser hat nicht zum Verdrängen aufgefordert. Er hat von der Neigung der Menschen gesprochen, das zu verdrängen, was er nicht ertragen und verändern kann. Mit unserer Erinnerung müssen wir leben können. Aber wir müssen zeigen dürfen, was Walser gesagt hat, ohne als geistiger Brandstifter und verkappter Antisemit bezeichnet zu werden."

Abschließend bitte ich auch um Verständnis dafür, daß meine Tagebuch-Notizen zeitnahe Erlebnisberichte, Gefühle eines siebzehn- bis zweiundzwanzigjährigen jungen Menschen sind, der außer Deutschland nichts von der Welt kannte. Ein junger Idealist, ein Romatiker, ein ständig Suchender, Leidender, der überall das Positive sehen wollte. Der nie negativ reagierte, der seine Umwelt auch immer aus der Sicht eines sensiblen, eines gerade erwachenden, oft zerrissenen Künstlers sah.

Emil Nolde schrieb in einem Brief - welch' ein Zufall - am 9. Oktober 1926 - also vor 73 Jahren:

„Es ist der Künstler ein sensibles, licht- und lärmscheues Wesen, oft leidend, sich verzehrend in Sehnsucht.
Die Menschen sind fast alle seine Feinde, die Freunde, seine Nächsten, die Schlimmsten.

Hinter Mauern lebt der Künstler, zeitlos, selten im Flug, oft im Schneckenhaus. Seltsames, tiefstes Naturgeschehen liebt er, aber auch die helle, offene Wirklichkeit, die ziehenden Wolken, blühende Blumen, die Kreatur. Unbekannte, ungekannte Menschen sind seine Freunde."

Einer dieser „unbekannten" Menschen ist André Garnier, ein Franzose, ein Freund, der immer zu mir stand und auch heute noch steht, mit dem mich eine tiefe, über fünfzig Jahre währende Freundschaft verbindet. Er war in unserer Zeit ein Mensch, der gegen den Strom schwamm. Er scherte sich nie um das „Fraternisierungs-Verbot", er stand zu uns, er vertrat mit seiner Familie die wahre Menschlichkeit.

Ihm, meinen Eltern, denen ich unendlich viel verdanke, und sicher auch vielen anderen Menschen, die so denken und auch handelten, widme ich dieses Buch.

„Les morts qu'on aime ne sont pas morts;
ils ne disparaissent qu'avec le dernier souvenir".
(„La garçonne" von Margueritte)

Alle Toten, und zwar von allen Nationen, die in diesen unseligen Zweiten Weltkrieg verwickelt waren, sind tatsächlich erst dann wirklich tot, wenn wir sie vergesen haben.

Deshalb ist es schon wichtig, „gegen das Vergessen" zu sein - aber auch gegen das Vergessen all derer, die auch Opfer waren. Es ist wichtig, daß alle, die gelitten haben, daß alle, die gestorben sind, nicht vergessen werden. Wie könnte sonst aus so vielen Nationalstaaten in Europa ein geeintes Europa werden?!

Ich zitierte im Mai 1945, nach dem Kriegsende, aus einem Kommentar:
„Das Ende eines Unwetters - des Krieges - begrüßt man nicht mit dauernden Triumphgesängen, sondern mit dem entschlossenen Willen zu einem Wiederaufbau. Wer heute Europa und einem dauernden Frieden helfen will, der muß die Versöhnung, den Ausgleich, die Zusammenfassung suchen, er muß versuchen, die positiven Kräfte zu einen, nur dann kann vom Kriegsende und vom Frieden die Rede sein!"
Ende eines Zitats, das ich vor vierundfünfzig Jahren in mein Tagebuch geschrieben habe. Was wurde daraus?

Sind wir auf dem besten Wege zum Europa der Vaterländer?

Aber es darf, wie es einmal ein evangelischer Pfarrer ausdrückte, keine besseren oder schlechteren Tote geben. Und alle, die - bewußt oder unbewußt - Verbrechen verübt haben, haben nach so langer Zeit gesühnt oder stehen schon längst vor dem endgültigen Richter.

„Wer versteht, der haßt nicht", sagt ein französisches Sprichwort.

Ignatz Bubis meinte aber am 9.11.1998 in „DIE WELT":
„Man kann sich nicht nur die schönen Seiten seiner Geschichte heraussuchen. Wer nicht bereit ist, sich diesem Teil seiner Geschichte zuzuwenden, sondern es vorzieht zu vergessen, muß darauf gefaßt sein, daß Geschichte sich wiederholen kann. Diese Schande war nun einmal da, und es ist eine ‚geistige Brandstiftung', wenn jemand darin eine Instrumentalisierung von Auschwitz für gegenwärtige Zwecke sieht".

Jacques Schuster schrieb am 30.11.1998 in „DIE WELT":
„Das geht zu weit...

...gerade in der Debatte um die Form der Erinnerung sollte man die Anständigkeit seines Gegenübers nicht in Frage stellen. Auch eine moralische Instanz hat sich sachkundig über die Person zu machen, mit der er streitet. Sonst sollte er schweigen."

Hombachs Balanceakt...

Thomas Schmid meinte dazu in „DIE WELT" am 1.2.1999:
„Sehr klug war es vom Kanzleramtsminister Bodo Hombach, die Entschädigung ehemaliger Zwangsarbeiter hinter verschlossenen Türen anzugehen. Denn besteht erstmal Konsens darüber, daß Deutschland hier in einer Schuld steht, eröffnet sich sofort das weite Feld sehr spezieller und diffiziler Detailfragen.

Die so schwierige und unausweichliche Verquickung von Moral und Geld eignet sich nicht zur öffentlichen Erörterung.
Schon deshalb nicht, weil es in Wahrheit ja nicht um Entschädigung, sondern um das absehbare Ende aller Zahlungen geht."
Und abschließend: „Geld erweckt keine Toten zum Leben, Geld gibt verlorenes Leben nicht zurück."

Martin Walser ist von den deutschen Buchhändlern zum Autor des Jahres 1998 gewählt worden. So steht es in „DIE WELT" vom 1.2.1999. Es wird betont „...daß er ein heißes Eisen souverän abgehandelt hat und eine interessante Diskussion ausgelöst habe. Damit hat Walser, im Gegensatz zur oft geäußerten Erwartung, die öffentliche Debatte mit Ignatz Bubis im Buchhandel unbeschadet überstanden."

„Kein Mensch kann dem Schrecken ständig ins Auge sehen." Walser, ein Virtuose der Sprache, hat das so formuliert, daß die Botschaft auch so lauten kann, meint Thomas Schmid: „Ich will es nicht mehr sehen und hören, es ist genug!"

„Wortwörtlich genommen hat Walser nichts gesagt, was nicht jedem vertraut wäre."

„Befürchteter Beifall von rechts...

... Friedensnobelpreisträger Elie Wiesel und Salomon Korn, Präsidiumsmitglied des Zentralrats der Juden, befürchten, daß Walsers Rede denen eine Tür geöffnet habe, die völlig andere politische Absichten verfolgen und auf ganz andere Weise gefährlich sind." (DIE ZEIT vom 10.12.1998)

„Dies sei der eigentliche Grund der Kontroverse, meint Korn: Bubis hat begriffen, daß Walser eine Schneise in einen bisher tabuisierten Bereich geschlagen hat...
Ein Schwenk der Eliten stellt immer eine bequeme Rechtfertigung für den Rest der Bevölkerung dar, die gleiche Richtung einschlagen zu dürfen." So die „Frankfurter Rundschau" am 11.12.1998.

Zum Schluß...

„Weshalb aber der Steit selber?", fragt Robert Leicht in „DIE ZEIT": Weil wir vor einem Generationenwechsel stehen und damit vor der Frage:

„Können die Zeitgenossen, können die unmittelbaren oder mittelbaren Zeugen bestimmen, welchen Einfluß ihre Geschichte und ihr Geschichtsbild auf die Nachgeborenen haben werden?" (3.12.1998)

Ich stelle diese Frage nochmals bewußt zum Schluß meiner Ausführungen.

Ich weiß es nicht, aber ich will mit „Gegen das Vergessen" einen Beitrag leisten. Und selbst dann müßte ich es tun, wenn diesen Beitrag zur Geschichte meines Lebens - außer meinen Enkeln - niemand lesen würde.

Monte Sole am Lago Maggiore,
in Gedenken und in Dankbarkeit für 50 Jahre Freiheit...

...vom 10. Oktober 1948 bis zum 10. Oktober 1998.

Hans Schöner

Erstes Kapitel

Gefangennahme

Es war ein Sonntag, der **6. September 1944**. Die Sonne brannte von einem wolkenlosen Himmel. Ich saß neben einem Oberschnäpser der Fallschirmjäger auf dem Kutscherbock eines Pferdewagens, den wir kurz zuvor in einem Dorf requiriert hatten.
Es war warm, wir fühlten uns wohl, zogen die Uniformjacken aus, um diesen schönen Herbsttag besser genießen zu können. Fünf Männer, bunt zusammengewürfelt, die meinten, daß es mit diesem Pferdewagen ohne Unterbrechung nun zur Heimat ging.

Dieses Glücksgefühl war kurz und falsch. Es konnte ja nicht sein, daß gerade wir den richtigen Weg, um nach Hause zu kommen, gefunden hätten. In einer Zeit, als die Deutschen auf verstopften Straßen, zu Fuß, mit Fahrrädern, Kinderwagen, aus Frankreich flohen.

Schon seit Wochen war ich unterwegs. Wir konnten nur nachts marschieren, denn während des Tages beherrschten die Jabos der Amerikaner den Rückzugsweg. Von der spanischen Grenze am Mittelmeer bis nach Auxonne an der Saône dauerte für uns der Rückzug.

Und, es war ein schöner Tag, der 6. September 1944. Eigentlich war es ein Tag, an dem man vergessen konnte, was hinter uns lag und was uns in Deutschland erwarten würde.

Unser Weg führte uns, abseits der großen Rückzugsstraße, der Saône entlang nach Pontarlier. Wir durchquerten das kleine hübsche Städtchen, in dem eine erstaunliche Ruhe herrschte. Herbstliche Felder und ein schon leicht gefärbter Wald vermittelten Stille und trügerische Geborgenheit. Keiner dachte an den Krieg und an das, was wir bisher erlebt hatten. Der Wunsch, nach Hause zu kommen, beherrschte alles. Plötzlich standen sie da, am Waldrand, die Partisanen, die Gewehre im Anschlag. Wir fünf, hoch oben auf dem Wagen, boten eine prächtige Zielscheibe. Wir waren wehrlos, überrascht, erstaunt, daß der Krieg uns aus unseren Wunschträumen zurück in die Realität geholt hatte. Es bedeutete für uns das Ende des Krieges, aber der Beginn einer grausamen Gefangenschaft. Mein erster Gedanke war, als ich die Partisanen sah: die erschießen uns.

Aber die Partisanen brachten uns in den Wald, in dem wundersamerweise Wege angelegt waren, die in ein Lager führten. In dem waren schon mehr als einhundert Leidensgenossen. Die Franzosen erklärten, zu unserem Glück, daß sie reguläre Soldaten der FFI seien. Als äußeres Zeichen trugen die Zivilisten eine Armbinde mit den drei französischen Nationalfarben und dem „Croix Loraine".

Wir waren französische Kriegsgefangene!

Zweites Kapitel

Wie alles begann...

Ich war noch keine achtzehn Jahre alt, als ich im März 1944 ins schwäbische Crailsheim einrücken mußte. Meine Einberufung zur Luftwaffe erfolgte, nachdem ich vier Monate lang beim Reichsarbeitsdienst (RAD) in Oberschlesien war. Zwischen RAD und dem Beginn des Kommiß gab man mir die Zeit, um an der Staatlichen Meisterschule in Pforzheim meine Facharbeiterprüfung als Stahlgraveur abzulegen.

Es war ein komisches Gefühl, als wir in Crailsheim die Klamotten verpaßt bekamen. Der Stahlhelm war schon ein bißchen groß. Die Einkleidung in schmucke Fliegeruniformen war schnell erledigt. Das Kasernenleben war für einen Individualisten, der gerade von einer Kunstschule kam, grausam. Wir lagen herum, hatten nichts zu tun. Keiner wußte, wie es weitergehen sollte. Da war viel Zeit, um Geschichten zu erzählen.

Wahre Geschichten, erfundene, fantastische, egal - wie dem auch sei, es drehte sich immer ums Thema Nummer Eins. Es war erstaunlich und immer wieder überraschend, was meine gleichaltrigen Kumpels da alles erlebt haben wollten. Sie erzählten, wie sie die Frauen von Soldaten, die an der Front waren, beglückt hätten. Es war scheinbar so, als ob solche alleingelassenen Frauen geradezu auf unseren Jahrgang Neunzehnhundertundsechsundwanzig gewartet hätten.

Ich selbst war mehr als ahnungslos. Dies bestätigte mir auch mein Verhalten während einer Begegnung mit Margot Wohlschlegel - in der kurzen Zeit zwischen RAD und Kommiß - in der Kunst- und Werkschule. Eine Beziehung, die so wunderschön und romantisch war, daß im Gegensatz dazu die so eindeutigen Geschichten über Frauen meiner Stubengenossen auf mich erschreckend wirkten. Verunsichert durch das Gerede der Gleichaltrigen, fragte ich mich noch lange, ob Margot nicht mehr als nur Schwärmerei von mir erwartet hatte. Hätte bei einem herrlichen Winterspaziergang im hohen Schnee in Wildbad mehr passieren sollen?

Wenn auch nur ein Teil dessen, was die Möchtegern-Casanovas erzählten, wahr war, dann müßte ich meine Meinung über „deutsche Frauen" ändern. Aber darüber ein anderes Mal mehr.

Es war gut, daß wir schnell verlegt wurden. In Güterwagen, wie Schlachtvieh transportiert, ging's über den Rhein bei Kehl. So richtig wußten wir erst wo's langgeht, als wir durch das Rhônetal fuhren. Eine schöne, friedliche Gegend. Wir fuhren durch das Land unseres Erzfeindes Frankreich - wie man uns das immer erzählte.

Der Frühling hatte die Landschaft verzaubert. Wir sahen Tennisplätze, Freibäder, fröhliche Menschen, die Sport und Spiele machten. Und wir fühlten uns dagegen als Schlachtvieh, das irgendwelchem Kriegsgeschehen entgegenfuhr. Waren wir das letzte oder vorletzte Aufgebot, um den Krieg, der nun schon fünf Jahre dauerte, noch zu retten?

Bézier in Südfrankreich war unser Ziel. Der erste Eindruck bestätigte, daß wir uns nicht in einem friedlichen Land befanden. Und daß der Krieg noch tatsächlich existierte, zeigte ein besonderes Erlebnis: Partisanen - oder wer auch immer es war - schossen während der Nacht in die Kaserne. So flogen gelegentlich Geschosse quer durch unsere Schlafräume. Es gab Tote und Verletzte. Die Reaktionen darauf waren Razzien. Jeder, der ohne gültige Ausweispapiere angetroffen wurde, wurde eingesperrt. Mehrmals erlebte ich, während ich Wache schieben mußte, wie diese Menschen in zu kleinen Räumen eingesperrt waren und wie miserabel sie verpflegt wurden. Das schlug mir auf den Magen. Die Realität sah eben oft anders aus, als man es uns, als wir wohl beschützt zu Hause waren, sagte.

In Bézier wurden wir ausgebildet, was das auch immer heißen mag. Unser Hauptmann Quax machte uns klar: „Wenn ihr mal schießen müßt, dann so, daß der Getroffene nicht mehr reden kann."

Aussagen, die anders klangen als die meines noch vor Wochen vorhandenen Professors, der zu entsprechenden

Arbeiten immer nur sagte: „Es hat was." - Was immer das auch in der Kunst bedeuten mochte.

Für einen Siebzehnjährigen war es erschreckend, mit welcher Brutalität uns Hauptmann Quax so etwas sagte. Aber bei **seiner** Aussage wußten oder ahnten wir, was sie bedeutete.

Die Ausbildung war hart. Aber trotz unserer Jugend waren wir auch hart im Nehmen. Durch Geländespiele beim Jungvolk, durch den Besuch der Gebietsführerschule in Straßburg, durch die vormilitärische Ausbildung in Weissenburg im Elsaß war ich ja einiges gewohnt. Die Härte bei der viermonatigen Arbeit beim Reichsarbeitsdienst war auch nicht vergeblich.

Am **20. April 1944**, an Führers Geburtstag, wurde die Kompanie im 71. Fliegerregiment nach der Grundausbildung feierlich vereidigt. Wir gelobten dem obersten Befehlshaber Adolf Hitler die Treue.
Die meisten von uns waren noch 17 Jahre alt. So jung, aber nach Meinung der „Oberen" reif, um fürs Vaterland zu sterben.

Die anschließende Parade nahm Major Redel ab. Unser Hauptmann sah in seiner Paradeuniform sehr gut aus. Was hatten wir denn nun gelernt? Ja, richtig - eigentlich nur das korrekte Grüßen und das war es dann wohl! Es war damals noch der militärische Gruß mit Anlegen der Hand an die Mütze und nicht, wie es später befohlen wurde, der „Deutsche Gruß" mit ausgestrecktem Arm.

Dem feierlichen Teil folgte ein Besäufnis schlimmster Art. Der Rotwein - Alkohol überhaupt waren die meisten ja nicht gewohnt - bewirkte bei mir, daß ich ganz schnell besoffen war. So schnell, daß ich am Ende der Sauferei schon wieder nüchtern war. Der Anblick der besoffenen Kompanie war dann entsprechend schlimm.

Das richtige Grüßen genügte ja wohl auch, daß am nächsten Sonntag unser erster Ausgang stattfand, bei dem ganze Gruppen, geführt vom jeweiligen Unteroffizier, geschlossen in den Puff gingen. Das gehörte sich ja wohl so für einen richtigen Mann. Wir waren ja schließlich in Frankreich.

Glücklicherweise - für uns Deutsche - gab es auch Ausnahmen, die andere Ziele bei ihrem ersten Ausgang wählten. Da Bézier ja nur wenige Kilometer vom Meer entfernt war, wünschte sich eine kleine Gruppe aus meinem Heimatdorf einen Ausflug an die Küste. Für uns Binnenländer war es eigentlich selbstverständlich, das Meer kennenzulernen und nicht den Puff.

Königsbacher am Mittelmeer-Strand

Am Strand war es überraschend leer. Keine Deutschen, aber auch fast keine Franzosen. Auf die wenigen, die da waren, mußten wir schon einen komischen Eindruck gemacht haben.

Winteruniformen waren fehl am Platze - und mit Karabiner und Gasmaske bewaffnet, wirkten wir am Strand wie Menschen aus einer anderen Welt.

Trotzdem - wir spielten, bauten Pyramiden, machten Fotos, die wir mit der stolzen Unterschrift „Königsbacher am Strand" nach Hause schickten.

Der Besuch am Meeresstrand hatte aber noch ein ernstes Nachspiel. Wir mußten für dieses für uns einmalige Erlebnis bitter büßen.

Am nächsten Tag, die Kompanie war zum Appell angetreten, forderte der Spieß all jene auf, die nicht im Freudenhaus gewesen waren, vorzutreten.

Diejenigen, die den Mut hatten vorzutreten, mußten, weil sie aus der Sicht der Masse keine „richtigen Männer" waren, wie gewohnt einige Ehrenrunden um den Exerzierplatz drehen. Die Lacher hatten wir nicht auf unserer Seite.

Die Ausbildung ging weiter. Schießen mit dem Maschinengewehr MG 42. Kaum berührte ich den Abzug, ratterte das Ding los, machte sich quasi selbständig. Ehrenrunde, wie gehabt.

Unsere Zielvorstellung, dafür waren wir ja ausgewählt worden, war es, Flugzeugführer zu werden. Drei Prüfungen hatte ich bestanden. Alle sollten wir nun zurück nach Deutschland zur Flugzeugführerschule abkommandiert werden.

Aber unser Spieß meinte eines Tages: „Nun erst bist Du ein richtiger Soldat!"

Das kam so. Ich machte zwei gravierende Fehler und der Traum vom Fliegen war aus. Zweimal je ein Wachvergehen, das jeweils mit sieben Tagen verschärftem Arrest bestraft wurde. Jeder sagte mir, daß ich damit noch Glück gehabt hätte. Denn Wachvergehen vor dem Feinde hätten auch vors Kriegsgericht kommen können.

Was war geschehen?

Wir waren in Südfrankreich und da gab es schon in dieser frühen Jahreszeit wunderschöne, große saftige Pfirsiche. So große und so gut schmeckende, wie wir das bei uns im Badnerland nicht kannten. Ich konnte deshalb während einer langweiligen Wache nicht widerstehen. Dauernd sah ich die herrlichen Früchte vor mir auf dem Baum. Also dachte ich: zugreifen und genießen. Das sollte man allerdings als Wachposten nicht tun, und schon gar nicht sich vom Unteroffizier vom Dienst erwischen lassen. Die Strafe folgte sofort.

Das zweite Vergehen war noch schlimmer. Wieder auf Wache - am nahegelegenen Fliegerhorst. Vor Wachbeginn traf ich einen Königsbacher, der beim fliegenden Personal war. Das Treffen in dieser Umgebung mußte gefeiert und mit ein paar Gläsern Wein begossen werden. Natürlich war für mich vor dem Dienst schon ein Glas des roten Weines zuviel. Und dann noch Wache schieben. Während der Wache wurde mir die Zeit immer länger und länger. Je mehr ich mich - es war Nacht - dem Ende der Wachzeit näherte, umso mehr mußte ich gegen das Einschlafen kämpfen. Ich wurde immer müder. Ich beherrschte mich, mich nicht hinzusetzen. Ich war verzweifelt, es ging nur noch um Minuten bis zur Wachablösung. Aber die Müdigkeit und der zuviel genossene Alkohol siegten. Ich glaubte, ich sei am Ende meiner Kräfte und meinte deshalb - nur eine Minute - mich setzen, mich ausruhen zu müssen. Ich gab dem inneren Schweinehund nach, welch eine Erlösung für mich. Aber dieses Mal stand nicht der Unteroffizier vom Dienst vor mir, sondern der wachhabende Offizier vom Dienst.

„Merde!" würden die Franzosen sagen. Ich dachte das auch. Abführen, aburteilen, verschärfter Arrest. Das war bitter.

Damals, mit siebzehn, da hatte man noch Träume, eine bestimmte Auffassung von Ehre und Pflichterfüllung gegenüber dem Vaterland. Obwohl ich sicher kein typischer Soldat war, war das Vorführen vor der ganzen Kompanie, ohne Hosenträger, ohne Schnürsenkel, peinlich. Es war schlimm, so dazustehen wie ein Verbrecher.

Im Kittchen gab es anstelle der Bibel Hitlers „Mein Kampf" zu lesen. Was liest man nicht alles aus Langeweile. Dieses Buch, da ich auch sonst keine politischen Interessen hatte, hätte ich unter anderen Umständen wahrscheinlich nie gelesen.

Zum Geburtstag meines Vaters am 1. Juli 1944 kam ich aus dem Kittchen. Der Traum vom Fliegen war vorbei. Die Worte des Spießes wurden mir jetzt bewußt: „Nun bist Du erst ein richtiger Soldat!" Als sein Putzer merkte ich bald, daß das so stimmt. Alle anderen in der Kompanie, die nicht straffällig geworden waren, kamen zum „Schulen" - also auf die Flugzeugführerschule nach Deutschland. So meinten wir, die wir in Südfrankreich bleiben mußten, sei es gewesen. Viel später sickerte durch, daß alle zur Infanterie überstellt wurden und direkt nach Rußland an die Front mußten. Sicherlich war deshalb der Dienst in einer Wachkompanie im Süden Frankreichs doch besser.

Den Arrest hatte ich in meinem jugendlichen Alter als große Schande empfunden. Er hatte sich - sowas soll Schicksal sein - dann doch als vorteilhaft herausgestellt.

Wir wurden später nach Montpellier versetzt. Mußten am dortigen Fliegerhorst Wache schieben. Ein Wachvergehen ist mir nicht mehr passiert. Ich erinnere mich aber an zwei erwähnenswerte Situtationen.

Im Süden war eigentlich nicht viel vom Krieg zu spüren. Deshalb kam ein Fliegerangriff auf den Flugplatz sehr überraschend. Ich war etwas oberhalb des Platzes auf einer kleinen Anhöhe als Wache postiert. Ich konnte sehen, wie die Bombeneinschläge immer näher kamen. Im

Schutzgraben, in dem ich lag, schlugen noch die Splitter ein: Ihre Kanten waren so scharf wie ein Rasiermesser. Lange trug ich als „Maskottchen" so einen Splitter, der nur wenige Zentimeter neben mir eingeschlagen war, mit mir herum.

Das zweite Erlebnis beim Wacheschieben zeigte, wie leichtsinnig oder wie gutgläubig wir doch waren. Eine „Liberator", einer der Superbomber der Amis, mußte in der Nähe von Castries notlanden. Die Benzintanks waren noch halbvoll. Wir mußten das Flugzeug bewachen. Es war für Deutsche wie Franzosen eine besondere Attraktion. Wir ließen Zivilisten, besonders gerne natürlich junge, neugierige Mädchen, in die Maschine einsteigen. Keiner dachte an eventuelle Folgen.

Überhaupt war das Verhältnis der Franzosen mir gegenüber sehr positiv. Das lag wahrscheinlich aber daran, daß ich überall malend angetroffen wurde. Ich hatte die ganze Zeit den Skizzenblock dabei, um zu zeichnen oder zu aquarellieren. Und Kunst wird in Frankreich offensichtlich mehr geschätzt als von unseren Vorgesetzten.

Das Licht im Süden ist leuchtender, klarer als bei uns im Schwarzwald. Das zeigen die Bilder von Van Gogh, die er im Süden malte, und die ein herrliches Zeugnis dieser besonderen Lichtverhältnisse gaben.

Vielleicht war dann auch ein Zuviel der Sonne schuld, daß ich eine Augenentzündung bekam und zeitweise nichts mehr sehen konnte. Ich war schockiert, wenn ich an die Malerei dachte. Ich kam ins Lazarett, der Zustand der Augen besserte sich, und ich erfuhr dann auch nicht mehr, was aus der Liberator geworden war.

Eines Tages, am **19. August 1944**, wurden alle, die gehen konnten, ganz plötzlich entlassen. Wir wußten nicht warum. Mit einer Tagesration Verpflegung stand ich plötzlich ohne Bindung an eine Einheit auf der Straße. Schlimm!

Das Krankenhaus lag etwas außerhalb der Stadt. Als ich und andere Entlassene ins Innere von Montpellier kamen, herrschte dort nur Chaos. Alles rettete sich. Vor was? Das war nicht klar. Es gab keinerlei Informationen. Ich sah Offiziere mit ihren „Damen" in vollgepackten Autos flüchten. Glücklicherweise nahm mich ein LKW-Fahrer mit.

Die Fahrt dauerte nicht lange, da mußten wir wegen Jagdbomberangriffen runter vom Wagen, der dann auch einen Volltreffer erhielt. Überall standen brennende Fahrzeuge. Es war einfach chaotisch. Teils fahrend, teils marschierend kamen wir bis zum „Pont du gard", der mehr als zweitausend Jahre alten römischen Wasserleitung. Welch ein Kontrast zum flüchtenden, fast aufgelösten deutschen Heer. Ein höherer Offizier, es war erstaunlich, daß mal wieder ein Offizier gesehen wurde, brachte etwas Ordnung in die wilde Flucht. Wir wurden in Gruppen zusammengestellt, mußten warten. Ich hatte Zeit, die Brücke zu malen, die in vier harmonisch abgestuften Bögen den Gard überspannt.

Von hier aus nahm uns wieder einmal ein Lastwagen mit. Wir fuhren durch das zum Teil brennende Nîmes an der römischen Arena und dem „maison carré" vorbei. Es blieb keine Zeit für die Schönheiten der Antike. Auf meinem PKW waren verwundete „Blitzmädchen", denen es gar nicht gut ging.

So marschierten wir durch das Rhônetal, das wir so friedlich sahen, als wir von Crailsheim nach Bézier fuhren - nach Norden. Ich mußte, einmal unserer Gruppe vorauseilend, Quartier machen und für die später Ankommenden fürs Essen sorgen. Ich fand viel Eßbares - nur kein Fleisch, denn es war mir nicht möglich, irgendein Tier, einen Hasen oder ein Huhn, zu schlachten. Meine Kumpels waren trotzdem zufrieden, denn es gab Pfannkuchen mit Apfelmus.

Einmal hatte ich mein Gewehr verloren oder es wurde mir gestohlen. Das Schlimmste was einem Soldaten passieren kann. Ich stahl mir aus Angst wieder eines von einem anderen. Überhaupt war alles unvorstellbar. Ich sah Landser, die stahlen wie die Raben, trugen eine Zeitlang das gestohlene Gut mit, warfen es dann wieder weg, weil es ihnen zu schwer wurde.

Wir marschierten bei Nacht, weil bei Tage die Jagdbomber oder Jabos, wie wir sie nannten, die Straßen beherrschten. Selbst während der Nacht wurde mit Granatwerfern dauernd von den umliegenden Hügeln in die Marschkolonnen im Tal geschossen. Es gab Tote und Verletzte vor und hinter mir. Ich selbst war müde, tagelang von meiner Kompanie getrennt. Ich hatte den „Wolf im Arsch" und konnte nur noch mit größten Schmerzen marschieren. Ich wollte, daß mich - mindestens eine Nacht lang - ein Sanka mitnimmt. Der Sanitäter lehnte ab, es gäbe zu viele andere, die es noch schwerer hätten. Als ich es dann nicht mehr schaffte, mir alles egal war, bin ich einfach am Rande der Straße sitzen geblieben...

Bald war ich alleine. Ich ging in einen alleinstehenden Bauernhof. Ich weiß nicht, wer mehr Angst hatte, die Bauern oder ich. Ich hatte Angst! Ich schleppte mich in eine Scheune, legte mir den Karabinerriemen um den Hals, und schlief vor totaler Erschöpfung ein.

Am anderen Morgen wartete ich wieder am Straßenrand.

Glücklicherweise hatte mich niemand belästigt.

Es ging mir, nachdem ich die Nacht tief und fest geschlafen hatte, wieder besser. Aber ich war alleine.

Die Franzosen schauten irritiert zu mir her. Ich rührte mich nicht ... sie sich glücklicherweise auch nicht. Lange wartete ich, so verzweifelt wie lange nicht mehr. Da kam eines der letzten deutschen Fahrzeuge, und es nahm mich mit. Die Kumpels, überwiegend ältere, erfahrene Landser, wollten so schnell und wenn möglich direkt nach Deutschland fahren.

Bald waren wir in Dijon - wir, zwei junge Flieger - wollten runter vom LKW. Wir hatten Angst - weil wir solange ohne Truppenbindung waren - mit dem LKW weiterzufahren. Wir wollten uns vorschriftsmäßig bei der Ortskommandantur melden.

Unsere Entscheidung, das Fahrzeug zu verlassen, obwohl uns die Kumpels das ausreden wollten, war sicher falsch. Denn in der Stadt fanden wir die Wehrmachtskommandantur, aber nur noch einen Unteroffizier, der es auch eilig hatte wegzukommen, alle anderen waren schon weg.

Auf dem Hauptbahnhof warteten wir tagelang auf einen uns versprochenen Zug, der aus Dijon die letzten Deutschen mitnehmen sollte. Inzwischen hatten sich auch einige Kumpels von unserer Kompanie zusammengefunden. Rudi Schickle, ein Schulkamerad aus Königsbach, war auch dabei.

Es erfolgten ständig Luftangriffe auf den Bahnhof. Es war schlimm. Als dann tatsächlich der Zug, in dem wir schon so lange warteten, in Richtung Heimat abfuhr, waren wir glücklich. Ich schlief bald beruhigt ein. Ich meinte, wir wären schon stundenlang unterwegs gewesen, als eine Detonation mit lautem Knall erfolgte. Es war ein schreckliches Erwachen. Keiner wußte so richtig was los war. Der vordere Teil des Zuges war in in die Luft gesprengt worden.

Wir waren wieder auf der Straße.

Der Zug hatte, während ich schlief, nur wenige Kilometer in Richtung Heimat geschafft. Wir waren noch vor Auxonne an der Saône.

Ein wilder, zusammengewürfelter Haufen wälzte sich auf Auxonne zu. Mein Schulkamerad war nicht mehr zu sehen. Vor der Brücke, die vor Auxonne die Saône überquerte, standen Offiziere, die wir während des ganzen Rückzuges nicht gesehen hatten. Diese wollten wieder Ordnung in die Scharen der flüchtenden Soldaten bringen.

Ein Obergefreiter der Fallschirmjäger, ein kriegserfahrener Mann, meinte, daß er selbst in Rußland so einen chaotischen Rückzug nicht erlebt hätte. Er habe nun die Nase voll. Also schlug er vor, uns quasi in die Büsche zu schlagen, statt sich den Offizieren zu stellen.

Wir zogen nach Norden der Saône entlang. In Pésmes, einem kleinen Ort, requirierte der Fallschirmjäger ein Pferd und einen Wagen, in dem er dem Bauern eine Handgranate vor die Nase hielt. Er spielte mit der Abzugschnur ... und schon gab der Bauer nach.

Wir fuhren in Richtung Pontelier weiter. Das Marschieren war vorbei. So meinten wir, aber der Rest ist bekannt.

Es war wieder der schon geschilderte, strahlend schöne Sonntag, der **6. September 1944**. Da war für uns der Krieg aus.

Im Waldlager der FFI

Dem hellen, strahlenden Sonnenschein folgte ein schattenspendendes Grün. Der Wald überraschte uns. Es waren Wege angelegt, die alle in einem Waldlager mündeten.

Eine Überraschung folgte der anderen. Es wäre schön romantisch, abenteuerlich gewesen, wenn da nicht die Angst vor Neuem, Unbekanntem gewesen wäre.

Das hatte nichts mehr mit einem modernen Krieg zu tun.

Es erinnerte mehr an das Lied „Im Wald da sind die Räuber"..., an Karl Mays Abenteuer, die wir als Jugendliche verschlungen haben. Die Franzosen, Zivilisten, also Partisanen, führten uns in ein Waldlager, in dem schon viele deutsche gefangene Soldaten waren.

Das alles hatte nichts mehr mit den Genfer Konventionen, mit den internationalen Vereinbarungen über Kriegsgefangene zu tun. So wie bei unserer Flucht aus Frankreich Chaos statt Ordnung herrschte, so war es vergleichsweise in diesem Waldlager der FFI.

Keiner von uns wurde registriert. Es war also einfach, Leute verschwinden zu lassen.
Was ja auch geschah.

Es dauerte noch lange, bis die letzten Deutschen aus diesem Gebiet abgezogen waren. Wir hörten täglich das Schießen bei den Rückzuggefechten. Wir bekamen mit, wenn die Partisanen in Schießereien verwickelt waren und mit Beute - also mit neuen Gefangenen - ins Lager zurückkehrten.

Wir nahmen an, daß die FFI'ler, wenn sie eigene Verluste hatten, als Vergeltung Gefangene erschießen. Wenn dann von uns Gefangenen welche fehlten, wußten wir, oder nahmen wir an, daß man sie erschossen hatte.

Einmal - so ging es durchs Lager - wäre ein Katholik zum Erschießen ausgewählt worden. Er verlangte die Letzte Ölung. Ein Priester, dem er erzählte, wie jung er sei, wie wenig er mit diesem Scheißkrieg zu tun habe, hätte dafür gesorgt, daß er ins Lager zurückkam. Nun war es quasi wahr, was manche wissen wollten und was wir alle fürchteten.

Bei jedem Morgenappell stand die Angst mit uns in Reih und Glied. Jeder hatte nun Angst, daß er der Nächste sein könnte, der vortreten müßte, um erschossen zu werden. Da war jeder froh, daß die Schießerei ein Ende fand, weil nun auch die letzten deutschen Truppen sich aus dieser Gegend zurückgezogen hatten.

Von Tag zu Tag hörten wir das Glockenläuten deutlicher.

Es kam immer näher. Wenn die deutschen „Besetzer" ein Dorf verließen oder daraus vertrieben worden waren, läuteten die befreiten Dorfbewohner die Glocken. Die Befreiung von den „boches" wurde heftig gefeiert. Man kann das ja verstehen. Aber es kommt da natürlich auf den Standpunkt an. Wir hatten nichts zu feiern. Im Gegenteil, wir waren die ersten deutschen Gefangenen, die aus dem Wald kamen und an denen man tagelang seinen Mut kühlen konnte.

„Wer versteht, haßt nicht"...

... sagt ein altes Sprichwort, das auch im Französischen gilt. Aber die Franzosen lieben und hassen mehr. Sie haben mehr Temperament als wir und wir spürten das am eigenen Leib. Nicht einmal vor ihren eigenen Landsleuten machte der Haß halt. Alle Frauen, von denen man wußte, oder es auch nur annahm, daß sie mit Deutschen „fraternisiert" haben, wurden zu uns ins Lager gesteckt, nachdem man diesen armen Geschöpfen noch vorher die Haare abgeschnitten hatte. Es gab auch noch mehr als das: Manche Frauen wurden nackt durchs Dorf getrieben und von manchen dieser Menschen wußte man, daß sie nicht mehr lebend wiederkamen.

„Himmelhochjauchzend zu Tode betrübt ist die Seele, die liebt" ... soll einmal eine Preußen-Prinzessin mit ihrem Diamanten ins Fensterglas geritzt haben.
Ich selbst hatte mein besonderes Erlebnis. Ein junger, amerikanischer Leutnant, Pilot eines Jagdbombers, war von einem deutschen Jagdflugzeug, einer Me 109, abgeschossen worden. Er rettete sich mit dem Fallschirm hinter die deutschen Linien. Die Maquis - wie man die FFI-Leute auch nannte - hatten ihn versteckt.

Nun, dieser Ami war in unserem Lager. Er wollte meine Fliegeruniformjacke als Souvenir haben. Dagegen konnte ich nichts tun. Ich bekam dafür eine zivile Windjacke in Beige oder verwittertem Gelb. Jeder, der je in der Masse war, weiß, daß man alles tun muß, um nur nicht aufzufallen. Ich war nun unter all den grauen Mäusen ein Exote mit gelber Kleidung. Immer wenn was war, wenn man einen Schuldigen suchte und nicht fand, da sagten die Bewacher: „Der mit der gelben Jacke". Es war ein Teufelskreis, aus dem ich, so lange ich diese Jacke tragen mußte, nicht raus kam.

Es kam noch etwas dazu. In den Nähten der gelben Jacke waren Tausende von Läuseeiern. So wurde ich doppelt bestraft für den Wunsch eines Amerikaners, der nun ein Souvenir des Krieges hatte.
Wir wurden in einem Ort namens Pésmes nahe von Pontalier im Untergeschoß einer Turn- und Festhalle eingeschlossen. Über uns hausten und feierten die Franzosen. Das ging so tagelang. Wenn manch einer im besoffenen Zustand bei uns reinkam und wahllos Gefangene schlug, war da niemand, der dagegen war.

Auch das Schlimmste normalisiert sich. Wir bekamen tagelang nur Käse zu essen. Es begann mit Arbeiten. Zum Beispiel war die Brücke in Pontartier noch von den Deutschen gesprengt worden. Wir mußten Aufbauhilfe leisten.

Man suchte einen Maler. Ich meldete mich natürlich. Was mußte ich tun? Requirierte Zivilautos, auch erbeutete deutsche Wagen, mußten umlackiert werden. Ganz schnell lernte ich mit der Spritzpistole umzugehen. Es hatte zwar nichts mit meiner Malerei zu tun, aber die Arbeit war nicht schwer und ich bekam auch mehr zu essen.

Selbst als Mechaniker wurden wir, Horst und ich, mal eingesetzt. Wir sollten einen Automotor ausbauen. Das taten wir. Es war ein Glück, daß wir vor der Beendigung dieser Arbeit nach Dijon transportiert wurden.

Fast zur gleichen Zeit, am gleichen Tag, kamen auch Horst Gotthold, Willi Schröder und deren Unteroffizier Otto Scharf in dieses Waldlager. Wir sollten lange Zeit Freunde im Leid sein.

Alles im Leben, auch das Leben selbst, nimmt ja mal ein Ende. So auch unsere Zeit im Waldlager. Mir war klar, ich mußte so schnell als möglich Französisch lernen. Denn die sprachen über uns und wir verstanden es nicht. Das mußte geändert werden.

Fort d'Hauteville: Hauptlager bei Dijon

Drittes Kapitel

Vom Fort d'Hauteville nach Chenôve zur SNCF

Ehemalige Hühnerställe - unser Lager bei der SNCF

Fort d'Hauteville
Vom Bahnhof in Dijon, den ich ja schon als Soldat kennengelernt hatte, mußten wir zum Fort d'Hauteville marschieren. Bald merkten wir - gesagt hat es niemand - daß dies eine Art Hauptlager war. Eine Befestigungsanlage vom Krieg 1870-1871 mit dunklen Kasematten, mit bis zu vier Stockwerken unter die Erde gehend, war nun unser Domizil.

Wir lagen in großen Sälen auf Stroh, in das die Pisse lief, hatten Läuse - ich besonders viele, dank meiner gelben Jacke - und bekamen fast nichts zu essen. Hier wurden wir registriert. Man sagte uns, daß wir ab sofort nach den Vereinbarungen des Internationalen Roten Kreuzes und der Genfer Konvention behandelt würden.

Ein Beispiel dafür, wie diese Versprechen funktionieren: Wir mußten unsere Notdurft in Blechtonnen verrichten. Bei den vielen Menschen, von denen noch viele Durchfall hatten, waren diese schnell voll. Sie liefen über. Die Pisse lief hinein bis in unser Stroh, in dem wir schlafen mußten. Das störte von den Franzosen niemanden. Zum Ausleeren mußten zwei Mann die vollen, wahnsinnig schweren Blechtonnen tragen. Treppauf! Bei jeder Stufe schwappte die Scheiße über! Es war grauenhaft, es stank, wir hatten keine Gelegenheit, uns zu waschen. Der verständliche Wunsch: Nur raus aus diesem Saustall!

Ein Kommando wurde zusammengestellt. Wir wußten eigentlich nicht für welche Arbeit. Nur zu den Bauern wollten Horst, Willi und ich nicht. Also, eines Tages landeten wir bei der französischen Eisenbahn: „Kommando 770 bei der SNCF in Chenôve bei Dijon" nannte sich nun unser neues Lager. Der Schock saß. Wir kamen vom Regen in die Traufe. Wir mußten uns in Baracken - ähnlich Ställen, in denen vorher Hühner gehalten wurden - einrichten. Sogar den Hühnerdreck mußten wir noch ausmisten. Aber man sagt ja den Deutschen nach, daß sie noch aus einem Stück Blech alles zaubern können. So richteten wir uns auch im Lager „Clos Charpentier" ein, und ein Glück, daß wir es nicht wußten, es sollte für einige lange Jahre sein.

Wir erwarteten den ersten Winter in Gefangenschaft. Und es sollte einen außergewöhnlich kalten Winter mit viel Schnee geben. So wie das Weihnachten 1943/44 auch war. Da war ich noch beim Reichsarbeitsdienst in Breslau. Und damals mußten wir hungern - und jetzt 1944/45 natürlich auch...

Allerdings mit einem Unterschied - in Gefangenschaft mußten wir noch zu allem Übel hart arbeiten, und wir hatten weder Winterkleidung oder Mäntel noch warme Unterwäsche. Überhaupt - um all dies bekümmerte sich niemand von der französischen Eisenbahn, die ja verstaatlicht war. Wichtig für die SNCF war, daß wir arbeiteten.

Man darf den Humor nicht verlieren...
bunter Samstag nachmittag und Essenfassen - es schauen mehr Augen rein in die Pötte als Fettaugen raus...

Um 5.oo Uhr in der Frühe, es war noch Nacht, fuhren wir zu unserem ersten Arbeitsplatz. Auf einem alten LKW zusammengepfercht, ohne Geländer oder Planen, die uns schützten. Es war lebensgefährlich - besonders in den Kurven - aber ein Gefangenenleben zählte ja nicht. Abends gegen 20 Uhr - es war schon dunkel - kamen wir ins Lager zurück. Müde, zerschlagen, von der ungewohnten Arbeit und der schrecklichen Behandlung.

Wir mußten Zementsäcke tragen. Die Baustelle lag, einige Ortschaften südlich von Dijon entfernt, an der Bahnstrecke Dijon-Paris. Die Eisenbahnbrücke war von den Deutschen beim Rückzug gesprengt worden. Nun waren wir dran, sie wieder mit aufzubauen. Die Bewacher waren Polen. Sie waren grausamer als die Franzosen. Wenn man schon nichts - oder wenig zu essen hat, dann empfindet man es als besonderen Hohn, wenn einem mit dem langen Stangenbrot ins Gesicht geschlagen wird.

Ein Gutes hatte die Plagerei. Der Zement war anfangs noch in Jutesäcke, später in Papiersäcken abgefüllt. Die Jutesäcke klauten wir, nahmen sie mit ins Lager, nähten sie zusammen und hatten so Zudecken. Denn niemand hatte eine Wolldecke oder ähnliches. Wir lagen nur im Stroh und das war bald zerlegen. Die Jutesäcke, in denen Zement gewesen war, hatten auch etwas Gutes - sie vertrieben offensichtlich die Läuse. So war unsere Ecke, in der Horst, Willi und ich lagen, eine der ersten, die läusefrei war.

Es war gar nicht leicht, den dicken, kleinen, aber gutmütigen Wachposten zu überreden, mir ein Schreibheft und einen Bleistift zu besorgen. Ich konnte so, kurz vor Weihnachten 1944, beginnen, einiges nachzutragen. Denn sowohl meine Notizbücher als auch meine Aquarelle und Skizzen gingen in den Wirren des Rückzuges von Südfrankreich nach Dijon verloren. Der Versuch, nun das Verlorene festzuschreiben, kann nur ein Ersatz für das Erlebte sein.
Das Niederschreiben war natürlich auch ein Ablenken von der harten täglichen Arbeit. Das Tagebuch sollte mir auch die Möglichkeit bieten, einmal meinen Lieben, den Freunden und Bekannten zu berichten, wie es gewesen war. Nicht geschönt , aber auch nicht schlechter darstellend, was wir erlebten. Also die reine Wahrheit - aber was ist schon die Wahrheit? Das Schreiben eines Tagebuches soll Erlebtes wachhalten und Erinnerungen an Vergangenes erzählen und dazu beitragen, das Los einer Kriegsgefangenschaft leichter zu ertragen. Wie zum Beispiel dieses kleine Erlebnis, das mir Mut machte.
Bei einem Marsch durch ein kleines Dorf, wir sahen langsam schon sehr zerlumpt aus, steckte mir eine alte Frau mal ein Stück Brot zu. Es gab sie also auch die Mitleidenden, nicht nur die Hassenden - ein kleiner Trost in schweren Zeiten.

Sonntag, den 26. November 1944

Am 1. Advent 1944 kam ich zu den Amerikanern zum Arbeiten in die Küche. So was mußte man als französischer

Kriegsgefangener mal gesehen haben. Es gibt alles im Überfluß. Und was fast unglaublich ist, die Amis gehen großzügig mit den Lebensmitteln um. Eine wahre Wegwerfgesellschaft. Was die nicht brauchten, war für uns wertvoll zum Überleben. Leider ging die Arbeit nur bis zum 16. Dezember 1944. Aber die von dort mitgenommenen Reste garantierten Vorräte für ein Weihnachten, das dadurch wenigstens ohne Hunger erlebt werden konnte.

Dijon, Chenôve, Mittwoch, den 20. Dezember 1944

Ich setze meine Tagebuchaufzeichnungen fort. Und es ist so, was man festschreibt, bleibt haften. Alles andere wird verdrängt - eine gütige Eigenschaft des menschlichen Hirns. Sonst könnte man den Alltag unter diesen erschwerten Umständen nicht ertragen. Und ich will, daß eines Tages meine Familie und meine Freunde „miterleben" können, wie es wirklich war. Ein Thema gegen das Vergessen und der Hoffnung, denn „einst werden wir wieder Hämmer sein, und der Stahl als Amboß hart geworden, wird härter sein als je zuvor."

Weihnachten 1944

Wir sind schon vier Monate in Gefangenschaft. Es kommt mir aber unendlich viel länger vor. An Weihnachten haben wir etwas mehr Zeit. Es tut weh, Weihnachten im Lager der SNCF in Clos Charpentier verbringen zu müssen. Ich habe seit dem Einrücken im März dieses Jahres keine Nachrichten mehr von zu Hause. Wir führen ein Leben, in dem der Mensch, solange er ein Deutscher ist, keine Bedeutung hat. Das zerbricht oder macht unendlich hart. Ich schreibe diese Zeilen in einem ehemaligen Hühnerstall. Mehr als dreißig Gefangene sind hier reingequetscht.

Zwei übereinanderliegende Bretterlager mit je fünfzig Zentimeter Platz pro Person bilden den Raum, in dem wir schlafen und unsere karge Freizeit verbringen. Zwei Tische, in der Mitte steht ein Kanonen-Ofen, daneben eine Tonne - wie wir sie schon in Fort d'Hauteville hatten - für unsere Notdurft. Die Baracke wird nachts abgeschlossen - also können wir nicht zur Latrine. Es ist eng, sehr eng sogar. Und trotzdem fanden wir noch einen Platz für einen Christbaum. Ein Weihnachtsbaum, den Horst, Willi und ich mit viel Liebe geschmückt haben. Und er wurde - trotz Mangel an allem - schön. Klein, aber fein, ist er, unser Baum. Es ist alles daran, die Sterne und Kugeln stammen zwar aus Konservendosen, ein wenig Watte brachte uns den heimischen Schnee näher. Und damit natürlich auch die Erinnerungen an den Schwarzwald.

Erinnerungen an schöne Wintertage mit Freunden, den letzten Winter mit dem Erlebnis in Wildbad mit Margot Wohlschlegel. Es ist wahr: „Die Erinnerung ist das einzige Paradies, aus dem man nicht vertrieben werden kann." Das gilt natürlich im besonderen Maße in einer nicht verschuldeten Gefangenschaft. Als das Lied „Stille Nacht, heilige Nacht" erklang, waren viele bedrückt, traurig - manch hartem Landser liefen die Tränen über das Gesicht. Beim warmen Kerzenschein - die einzige vorhandene Glühbirne mußte jeweils früh ausgeschaltet werden - flogen meine Gedanken nach Hause.
Es war viel passiert in der letzten Zeit. Es war kalt. Wir kamen sehr spät von unsere Baustelle, der Eisenbahnbrücke, zurück. Die Stimmung war schlecht. Sie besserte sich erst, als wir auf der Ofenplatte Kartoffelschalen rösteten, und so etwas ähnliches wie Bratkartoffeln machten, und sie hungrig in unserer Ecke verzehrten. Wir warteten auf den Lagerchef, der versuchte, mit Worten Trost zu spenden, Wir sangen, erzählten und gingen früh ins Stroh.
Es passierten in dieser heiligen Nacht die tollsten Sachen. Obwohl ja die französischen Posten auch Christen waren, mußte Horst Gottwalt um Viertel vor vier Uhr nachts raus und vier Wachmännern die Stiefel putzen. Am nächsten Tag keimte Hoffnung auf. Man hörte ein Gerücht, daß Generalfeldmarschall von Rundstedt eine Offensive im Westen starten würde. Eigentlich hörten wir sonst nichts, was in der Welt geschah.

Krankmeldung

So geht man bei uns mit Kranken um: Am zweiten Weihnachtsfeiertag, der natürlich ein Arbeitstag war, fühlte ich mich elend. Der Durchfall wurde stärker. Dazu kamen Kopf-, Magen-, Kreuz und Nackenschmerzen. Ich meldete mich krank. Antreten zum Appell mit den anderen, die zur Arbeit müssen. Warten, bis alle Kommandos abmarschiert sind. Dann, egal wie krank man war, muß man in die Küche zum Kartoffelwaschen oder zum Kartoffelschälen. Dabei ist es im Küchenraum eiskalt. Wenn dann ein Arzt kam, konnte man von Glück reden, wenn man für zwei oder gar drei Tage krank geschrieben wurde. Ein Aspirin ja, aber trotzdem wieder ab in die Küche. Muß man mal, wird man erst durchsucht, ob man nicht eine Kartoffel geklaut hat. Wenn ja, marschierte man sofort für vier Tage in den Bau. So geht man mit den Kranken und Schwachen um. Hat man allerdings beim Sani einen Stein im Brett, kann man schon mal Bettruhe verordnet bekommen. Ich hatte das noch nie.
Der Winter war außergewöhnlich kalt. Wir legten uns angezogen ins Stroh, weil wir ja - außer mir - keine Wolldekken hatten. Nachts mußte man mindestens vier- bis fünfmal auf den Kübel, der ja im abgeschlossenen Raum stand. Die zwei vorhandenen kleinen Fenster durften natürlich nicht geöffnet weden. Aber der Mensch ist ein Gewohnheitstier; er gewöhnt sich an fast alles.

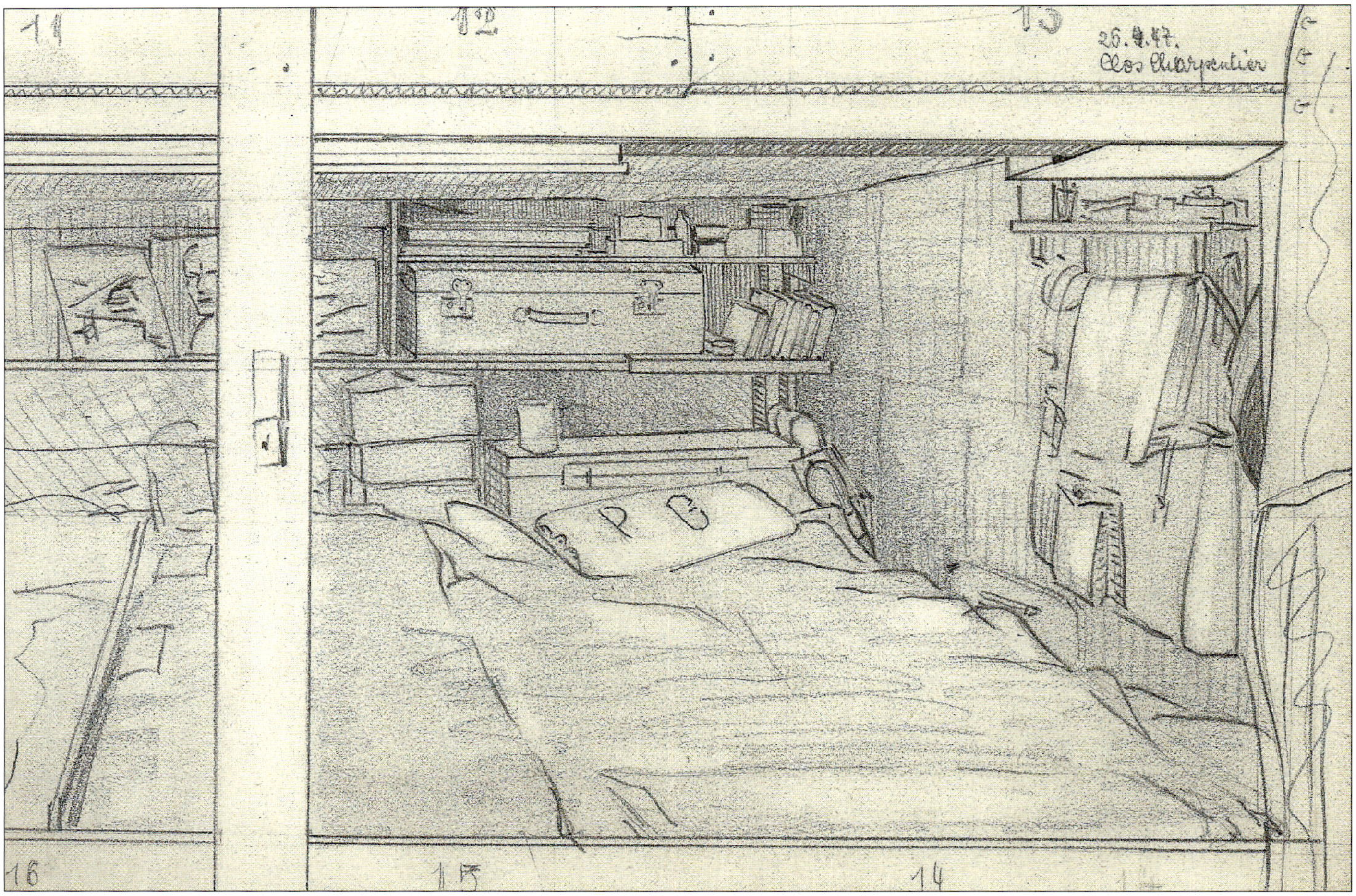

„Meine" Ecke im Lager Clos Charpentier

Langsam richten wir uns ein. Besitz belastet, Habenichtse sind frei. Trotzdem, ein Tischchen, ein Regal macht die Ecke schon gemütlicher. Wenn ich abends unter meinen „Schatz" krieche und in Goethes „Faust" lese, dann vergesse ich alles.

Zu meiner Wolldecke, zu meinem „Schatz", muß ich er-klärend sagen: Ich bin einer der ganz wenigen, der eine solche Wolldecke hat. Im Fort d'Hauteville klaute ich sie, schnitt in der Mitte ein Loch rein und konnte sie so, wie einen Poncho, über meiner gelben Jacke tragen - und aus dem Fort schmuggeln. Meistens schlafe ich traumlos und fest unter diesem „Schatz". Und als Ausgleich zur Härte der Tagesarbeit werden Erinnerungen - also Tagträume - wach.

Zum Beispiel die Zeit zwischen dem Reichsarbeitsdienst und der Einberufung zur Luftwaffe.

„Ihr naht Euch wieder schwankende Gestalten, die früh sich einst dem trüben Blick gezeigt." So will ich mit Goethes „Zuneigung" beginnen:

„Ihr bringt mit Euch die Bilder früher Tage und manche lieben Schatten steigen auf, gleich einer alten, halbverklungenen Sage, kommt erste Lieb' und Freundschaft mit herauf. Und mich ergreift ein längst entwöhntes Sehnen nach jenem stillen, ernsten Geisterreich. Und was verschwand, wird mit zur Wirklichkeit."

Die Zuneigung aus dem „Faust" ist an dieser Stelle einfach passend für meinen Gemütszustand. So will ich versuchen, vergangene Zeiten wachzurütteln, denn der Verlust meiner bisherigen Tagebücher ist unersetzbar.

Was bleibt, ist die Erinnerung. - Vom Wachkommando bei der notgelandeten Liberator kam ich direkt ins Lazarett. Dort wurde jeder, der laufen konnte, entlassen. Man kam direkt in den chaotischen Rückzug. Ich hatte keine Chance mehr, in die Kaserne zu gehen, um dort meine Tagbücher, Aquarelle sowie Zeichnungen und meine ganze sonstige Habe zu holen.

Viertes Kapitel

Rückblick

Erlebnis zwischen RAD und der Einberufung zur Luftwaffe 1944

Hans Schöner als Arbeitsdienstmann 1943/44

Am 10. Februar 1944 wurde ich vom RAD entlassen. Es fällt mir fast schwer, von der folgenden schönen Zeit zu berichten. Erst jetzt in der Gefangenschaft kann ich begreifen, wie außergewöhnlich diese Wochen zwischen dem RAD und der Einberufung zur Luftwaffe waren.

Mein Bruder Alfred war noch bis zum 12. Februar, einem Samstag, bei unseren Eltern in Urlaub. Meine Schwester Hilde hatte am 13. Geburtstag, und ich sollte erst am 15. Februar entlassen werden. Aber ich habe alle Hebel in Bewegung gesetzt, um früher nach Hause fahren zu können. Und, welch' eine Überraschung, es klappte. In einer halben Stunde hatte ich meine Klamotten abgegeben, Zivilkleider an, alles geregelt und weg war ich. Ich war der erste der Abteilung, der in Richtung Heimat fuhr...

Die acht Kilometer bis zum Hauptbahnhof Stefansdorf legte ich im Laufschritt zurück. Zwei Kinder trugen mir meinen Koffer zum Bahnsteig. Der Schalterbeamte fand meinen Heimatort nicht. Er gab mir aber schon mal eine Fahrkarte bis Breslau. In der Eile gab ich fünf Reichsmark und nahm nicht mal das Rausgeld zurück. Ich saß im Zug und los ging's. Der Reichsarbeitsdienst war zu Ende. Er lag nun endgültig hinter mir und hatte neue Erkenntnisse gebracht.

In Breslau fuhr der reguläre Zug weg, weil ich auf dem Bahnsteig keine Fahrkarte bekommen konnte. Deshalb mußte ich bis abends um 11 Uhr warten. Ich war glücklich, als der nächste Zug dann endlich fuhr.

Über die Fahrt will ich schweigen, denn jeder Landser, der von Rußland in Richtung Heimat fuhr, wußte, wie chaotisch so eine Reise war.

Zu Hause war die Freude groß, denn ich kam völlig überraschend. Aber es war trotzdem Pech, denn mein Bruder saß schon am Tisch bei seiner letzten Mahlzeit. Eine Stunde später mußte er weg. Wenigstens haben wir uns noch gesehen. Der eine kommt, der andere geht.

Den Geburtstag meiner Schwester Hilde feierten wir am Sonntag. Der Kuchen und alles drumherum tat mir nach der schmalen Kost des Reichsarbeitsdienstes recht gut.

Am Montag wurde es mir daheim schon langweilig. Mich zog es zur Schule. Wie freute ich mich, als ich in Pforzheim vom Bahnhof raus kam und die Stadt so vor mir lag.

Ich ging den so vertrauten Schulweg. Den Schloßberg runter über den Marktplatz - durch die engen Gassen der Altstadt mit ihren wunderschönen Fachwerkhäusern - über die Enzbrücke zur Holzgartenstraße. Ich wurde von meinen Schulkameraden, die noch nicht eingezogen waren, freundlich begrüßt. Auf dem Sekreteriat habe ich dann alles geklärt und war wieder wer. Nicht mehr der „Arsch ohne Ohren"! So nannte man nämlich die Mütze beim RAD und auch die Mützenträger.

Die vier Monate beim Reichsarbeitsdienst waren eigentlich schnell vergangen. Außer dem Grüßen lernen mußten wir noch das Präsentieren mit dem blankgeputzten Spaten üben. Und das im vierten Kriegsjahr! Sonst war in Vogelherd am Oderbogen nicht viel los. In Breslau selbst, in der Zeit, in der ich als technischer Zeichner arbeitete, war das schon angenehmer. Aber, es war ja erstaunlich, bei diesem Regime und dem Grund, warum ich so schnell beim RAD eingezogen wurde, daß man mich nach Wunsch entlassen hatte und daß ich zur Einberufung zur Luftwaffe zurückgestellt wurde, um als Stahlgraveur meine Facharbeiterprüfung machen zu können. Die Prüfung fand in der Holzgartenstraße in der Staatlichen Meisterschule statt. Professor Willi Seidel, einer meiner Lehrer, hatte die Aufsicht. Als Gesellenstück mußte ich ein Hakenkreuz seitenverkehrt und „negativ" ins Gesenk gravieren. Kein schönes Motiv, aber ein Motiv, das mit viel Schwierigkeiten verbunden war. Es lief alles glatt, aber Professor Seidel meinte es gut mit mir, als er mir anbot, zusätzlich noch eine Stunde zur erlaubten Zeit zu genehmigen. Ich hätte dadurch mein Gesellenstück noch perfekter ausarbeiten können. Aber, wenn man gerade vom RAD nach Hause kam, wenn man zum ersten Mal während des Krieges hungern mußte, dann gab es andere Prioritäten. Ich sagte zu ihm: „Herr Professor, draußen wartet ein Mädchen auf mich." Und ich dachte, das sei mir wichtiger als noch eine Stunde zusätzlich an meinem Gesellenstück zu feilen. Er mußte das wohl verstanden haben, denn ich habe trotzdem meine Facharbeiterprüfung mit jeweils „sehr gut" im Praktischen und Theoretischen bestanden. Damals wußte ich oder zumindest wünschte ich mir, daß ich in diesem Beruf nie arbeiten würde.

Das Mädchen hieß Margot Wohlschlegel. Und so lernte ich sie kennen. Eigentlich machte mich Herbert Ochs auf sie aufmerksam. Ich hatte mit Margot so viel Kontakte, wie zu allen anderen Schulkameraden auch. Herbert drängte mich. Er meinte: „Sie interessiert sich nicht nur für Deine Arbeiten, nein sie interessiert sich auch für Dich." Also versuchte ich, mich mit Margot außerhalb der Schule zu treffen. Es klappte. Am Freitag um halb zehn Uhr war es so weit. Ich war gerade mit meiner Schwester und ihrem Mann Fritz, der im Heimat-Urlaub war, im Theater. Es wurde die Operette „Maskerade" gespielt. Die Zeit unseres Rendezvous kam immer näher. In der großen Pause den Mantel übergeworfen und schnell zum Leopoldplatz gelaufen. Und wahrhaftig, Margot war schon da. Ich konnte nun nicht mehr zurück. Dafür, und weil es kalt war, gingen wir ins Hotel „Hansa" in der Bahnhofstraße.
Wir verabredeten uns, am nächsten Tag nach Wildbad zum Skifahren zu gehen. Mit großer Erwartung auf den nächsten Tag legte ich mich ins Bett.

Es folgte eine kurze aber schöne Zeit mit Margot. Sie war etwas älter als ich, einzige Tochter eines Pforzheimer Fabrikanten. Ihr Markenzeichen war ein „Schlüpflein" im vollen blonden Haar. Sie war groß und schlank, immer gut gekleidet, einfach schön. Nein, nachdem mir Herbert die Augen geöffnet hatte, war sie über alle Maßen faszinierend. Eigentlich - so gesehen in der Gefangenschaft - es stimmte alles. Wir waren so eng liiert, hatten eine so enge Geistesverwandtschaft, die man sich einfach nicht mehr idealer vorstellen konnte.

Samstag...

Auf dem Wege zu Margot klopfte mein Herz wie wild. Ich war aufgeregt. Es war mein erstes Rendezvous. Also: „Frisch gewagt ist halb gewonnen." Margots Mutter, eine Dame so im Alter um die Fünfzig, machte mir die Tür auf. Vorgestellt, etwas unterhalten, Frühstücksbrote in meinen Rucksack gesteckt, und los gings. Margot konnte keine Ski auftreiben (es war ja vorher die große Skisammlung für die Soldaten an der Ostfront gelaufen). Trotzdem fuhren wir los. Wir genossen unseren Ausflug auch ohne Ski. Im Zug, in einer Ecke allein, fuhren wir gemütlich durchs tief verschneite Enztal. Da wir in Wildbad auf die Bergbahn warten mußten, kamen wir auf die verrückte Idee, zu Fuß auf den Sommerberg zu gehen. Als wir aus der Stadt raus kamen, da waren die Wege nicht mehr geräumt. Es gab zwar noch erkennbare Wege, aber bald sah man im fast einen Meter hohen Schnee keinen gangbaren Pfad mehr. Wir waren albern, wir blödelten, wir sahen nur uns, es war einfach wunderschön...
Am Anfang ging das ja noch. Bald machte sich der unaufhörliche Aufstieg im tiefen Schnee bemerkbar. Es wurde uns warm. Dazu kam noch Margots Pelzmantel auf meinem Rucksack, der natürlich immer schwerer wurde. Ich zog Margot hinter mir her. Wir schafften so zwei Drittel der Strecke, machten dann erst mal eine Pause im glitzernen Schnee. Das Vesper schmeckte uns, aber auch die glühendste Verehrung schmilzt im kalten Schnee. Trotzdem schafften wir noch den Aufstieg bis zum Sommerberg-Hotel.

Die Skiläufer schauten uns oben am Berg ganz entgeistert an. Wir fühlten uns wohl, waren durch Kaffee und Kuchen wieder erholt. Runter ging's leichter, wir fuhren mit der Zahnradbahn.

Bei Margot zu Hause angekommen, bat sie mich, mit in die Wohnung zu kommen. Es war gemütlich, wir tranken Glühwein, waren allein und küssten uns...

Was im Tunnel - auf der Fahrt von Wildbad nach Pforzheim - so überraschend kam, besiegelte nun unsere Empfindungen. Erste Liebe - erste Wünsche. Ich war noch ganz benommen vor Glück, aber auch müde, als ich dann nach Königsbach fuhr.

Gesellschaftlich lebten wir in zwei unterschiedlichen Welten. Sie, ein verwöhntes, umschwärmtes Mädchen aus besserem Hause. Ich, Sohn eines Zimmermeisters, aus einfachen Verhältnissen. Margot hatte alles, was man sich wünschen konnte. Bei mir gab es keine Ansprechpartner für meine Wünsche und Ziele. Ich hatte und ich wußte so wenig von dieser Gesellschaft, daß mir Margot ein unerfüllbarer Traum schien. Und trotzdem, oder gerade deshalb, kamen wir nie über eine gewisse Distanz weg. Sie war reifer, wissender, charmant und gepflegt. Wenn ich bei ihr zu Hause eingeladen war, dann sah ich eine andere Welt. Sie führte mich behutsam in eine Gesellschaft ein, in der ich vorher nie eingeladen war. Ihre Versuche, mich zu motivieren, mir zu sagen, daß mein Talent so viel wichtiger sei als jeder angeheiratete Reichtum, das verstand ich damals nicht.

Ich war in meiner Entwicklung oder in der entsprechenden Kenntnisstufe so weit zurück, daß es mir noch nicht mal bewußt wurde, wie sehr sie mich und nicht nur meine Arbeiten bewunderte.

Herbert Ochs, ein etwas älterer Mitschüler, der ein Stipendium hatte, weil er an der Ostfront ein Bein verloren hatte, mußte mich ja erst auf Margot aufmerksam machen. „Siehst Du denn nicht, daß sie nicht nur Deine Arbeiten bewundert?", sagte er mit Nachdruck.

Ich merkte es nicht. Ich war so auf meine Arbeit in der Schule konzentriert, daß ich nichts anderes registierte. Erst der wunderschöne Ausflug nach Wildbad im Schwarzwald, dort im tiefen Schnee auf dem Sommerberg, öffnete mir die Augen. Im Zug war ich mutig. Später in der Wohnung, von all dem Neuen verwirrt und im Denken an die baldige Einberufung, meinte ich, es sei eigentlich alles schon zu spät!? Ob mir das damals so bewußt war, weiß ich heute nicht mehr. In der Erinnerung hier hinterm Stacheldraht war alles genau so, wie es war - einfach wunderschön.

Sie schrieb mir viele schöne Weisheiten und schilderte ihre Gefühle, als wir uns auf der Heimfahrt von Wildbad in einem Tunnel küßten.

„Warum willst Du mich demütigen? Laß doch anderen ihre Besitzungen, ihr Glück, ihre Welterfahrung, ihr Vermögen oder was Du sonst dergleichen nicht hast! Mögen sie es still oder laut vor Dir aufspazieren lassen. Das alles sieht man wie aus einer anderen Zeit - ohne Groll, denn es sind schöne Dinge, sie sind dankens- und lebenswert. Aber man kann nicht aus ihnen leben, wohl aber kann man leben ohne sie. Sie rühren nicht an den Wert, den Du hast, nicht an das Mark der Dinge. Hm, Hansl wollen wir uns das genau anschauen und beherzigen? Du lieber, großer, dummer Mensch, Du. Was einer ist, ist er von innen."

Die Dinge wissen, bedeutet viel, die Dinge fühlen, bedeutet alles, was diese Erde bieten kann.

Unsere Wünsche sind Vorgefühle der Fähigkeiten, der in uns liegenden Vorboten desjenigen, was wir zu leisten imstande sein werden.

Kann wohl der Mensch dazu bestimmt sein, über irgendeinen Zweck sich selbst zu versäumen? Glücklich, wer mit den Verhältnissen zu brechen versteht, ehe sie ihn gebrochen haben. Sieh hinaus, sieh nicht zurück!

Man geht zugrunde, wenn man immer zu den Gründen geht. Nur die Sache ist verloren, die man selbst aufgibt. Bei den größten Verlusten müssen wir sogleich umherschauen, was uns zu erhalten übrig bleibt.

Man sollte leben, so stark man kann, solange man da ist, nachher ist es zu spät und man läßt nichts hinter sich.

Wo das Beste einer Seele bei zwei Menschen gegenwärtig ist, da bedarf es keiner Worte.

Man muß eine Liebe reif werden lassen, um selbst reif zu werden für alles, was sie bringt.

Ich bin eine Sonnennatur wie Du, ich brauche den Glauben an ein Großes. Der Zweifel tötet alle Stärken, macht kraftlos und niedrig. Aber der Glaube, Hans, bringt uns zum Leben und zur Sonne. Er macht heimliche Kräfte frei.

Verstehst Du, Hans? Einfach an Dich selbst *glauben. Ich glaube ja auch an Dich. Es nützt Dir vielleicht nichts, aber was ich tue, tue ich ganz. Ich hatte so Angst vor Dir, Hans, in dem berühmten Tunnel. Du hast einfach von mir Besitz ergriffen. Ich hab' mich ja so gewehrt.*

Weißt, Hansl, ich begnüge mich einfach nicht damit, daß Du nett zu mir bist. Mir ist die Hauptsache Dein Geist. Was Du denkst, will ich wissen, was Du tust und was Du bist. Daß ich Dich lieb habe, ist nicht so von ungefähr und daß ich Dir das zeige noch weniger. Ich bin einfach so.

Etwas schenken will ich Dir, damit und daß dieses Geschenk so angenommen wird, daß Du es achtest, darum bitte ich Dich, Hansl. Wenn Du es nicht kannst, bin ich Dir nicht böse. Es gibt ja so viele junge Mädels auf der Welt, aber dann kann ich auch nicht. Verstehe mich bitte recht, Hansl, fasse ja nichts anders auf. Aber ich habe bis jetzt immer nein gesagt, und wenn ich endlich ja sage, kann ich nicht spielen.

Nun muß ich Dir Gute Nacht sagen, Hansl. Es ist elf Uhr, und ich habe mich noch nicht entschieden. Warum? Ich weiß es eigentlich selbst nicht, warum? Nun Hansl, wenn Du einmal Kummer hast, so komm zu mir. Glaub's mir, ich weiß, was Kummer heißt. Manches Mal habe ich schon gedacht: Gibt es denn überhaupt nichts auf der Welt, woran man glauben kann? Menschen? Hansl, die lassen Dich früher oder später doch allein. Denn im Grunde genommen ist man nirgends so allein, wie unter vielen Menschen. So geht es mindestens mir. Und warum soll man die wenigen Menschen, die man lieb hat, auf welche Art und Weise ist gleich, erhalten und verstehen lernen. So baut man immer einen Wall, durch den kein Feind sich jemals drängen wird. So ein kleiner Kindskopf, kommt daher und stellt „Lebensweisheiten" auf. Lach' mich nicht aus, wirf einfach dieses Heft und mich weg.
20. Februar 1944 Margot

Montag, den 21.Februar 1944
Ich überlege mir den ganzen Tag, wie ich Dich von Deinen Ansichten, über, ach Du weißt ja, über uns, abbringen könnte. Der Gedanke, daß Du Dich mit Dingen plagst, ich weiß nicht, wie ich mich ausdrücken soll, um Dich nicht zu verletzen, läßt mir keine Ruhe. Hansl, Du hast das alles doch nicht nötig. Es nimmt Dir nur Deine beste Kraft. Soll ich mal recht hochnäsig sein und soll sagen: Wenn Du nicht so ein talentierter, tüchtiger Kerl wärst, könntest Du mir nämlich den Buckel runterrutschen. Denn erstens verschenke ich meine gute Zeit nicht an Menschen, die mich geistig nicht fördern können. Und zweitens lasse ich mir ja nicht von einem beliebigen jungen Mann den ersten Kuß geben, *wenn ich nicht annehme, daß er einfach ein lieber, tüchtiger Mensch ist.*

Hansl, das ist klar, daß sich eine gute Schulbildung nicht verleugnen läßt. Die Gewandheit und Selbstverständlichkeit einer großzügigen Kinderstube auch nicht.

Aber was nützt mir das, wenn ich nicht der Kerl bin und meine Vorzüge nicht vor anderen so zu verwenden weiß, daß ich weiterkomme. Hohle Köpfe und volle Geldbeutel sind nicht jedermanns Geschmack, meiner auch nicht!

Ich habe mal einen „Heiratsantrag" bekommen von einem vornehmen Belgier. Er verkehrte immer bei uns. Hatte eine tolle Anstellung, ich hätte eine „gute Partie" gemacht. Nö, danke, Kartoffeln haben wir auch im Keller. Meine fröhliche Jugend ist mir lieber. Ich heirate den Mann, den ich so lieb habe, daß ich mit ihm durch dick und dünn gehe, und wenn der nicht kommen will oder wenn mich keiner will, bleibe ich „Erbtante". Du kannst mich dann mal malen, mit Katze und Kanarienvogel, mit Strickstrumpf und Brille auf der Nase. Wir reden dann von den guten „alten Zeiten", als wir noch jung und wohlriechend waren. So ein altes Klatschweib, gell Hansl? Aber weißt, ich möchte Dich so gerne mal aus Deiner Reserve locken. Denn manchmal habe ich das Gefühl, als ob Du, wenn ich mit Dir spreche, weit weg wärst. Wenn Du mich nicht mehr gebrauchen kannst, schicke mich doch einfach weg. Von allein gehe ich nämlich nicht. Oh, armer Hansl, Du hast Dir was auf den Hals geladen. Aber Du kommst ja (leider) bald fort und da brauchst Du mir einfach nicht zu schreiben, dann weiß ich ja Bescheid."

Soweit die Ansichten von Margot Wohlschlegel

Es war die Zeit, die einen nicht zum Denken kommen ließ. Man kam nicht zu den richtigen Erkenntnissen, und es war die positive Einstellung zur Frau und der damals geprägten Aussage „eine deutsche Frau tut das nicht". Aber die Zeit heilt alle Wunden..

Abschluß in der Kunst- und Werkschule. Einberufung in eine ungewisse Zukunft. Ein paar Wochen der Freiheit im Gegensatz zu den Erkenntnissen im RAD und den Folgen meines Ausschlusses aus der Hitler-Jugend. Ärger und Krach in der Familie. Meine Schwester Hilde hatte mit siebzehn Jahren ihre Tochter Elly geboren. Ihr Mann, Fritz Büchert, war Flugzeugführer und war in Rußland. Er flog Soldaten bis zum bittere Ende mit einer Ju 52 aus Stalingrad aus. Hilde hatte mit unserer Mutter oft Streit. Sie wohnte mit Elly im Elternhaus. Zwei Generationen prallten aufeinander. Ich wollte schlichten und kam immer öfter zwischen die Fronten. Schließlich war ich der „letzte Mann" in unserer Familie, der nun auch in den Krieg mußte. Vier Brüder und ein Schwager standen an allen möglichen Fronten. Es kam, wie es kommen mußte, denn welche Schwester läßt sich von ihrem jüngeren Bruder etwas sagen. Es war schlimm. Ich war im wahrsten Sinne des Wortes von diesem Krach gezeichnet und mußte so zum 71. Fliegerregiment nach Crailsheim einrücken.

Und - eigentlich unglaublich - ich vergaß die Verabredung, mich zum Abschied mit Margot zu treffen. Margot schrieb ja so hoffend: *„Du kommst ja leider bald fort und wenn Du mich nicht willst, brauchst Du mir einfach nicht zu schreiben."* Nun, ich vergaß einfach auf Wiedersehen zu sagen. Das war sicherlich in den Augen von Margot noch deutlicher. Den Rest von Hoffnung zerstörte der Krieg. Wir waren auseinandergerissen, bevor wir zusammen waren.

Waren meine Zweifel - die ich als handlungsunfähiger Gefangener hegte - berechtigt? Oder habe ich mich schlicht und einfach falsch verhalten und die endgültige Trennung war berechtigt? Ich hoffe, daß es nicht endgültig war. Aber hat die bezaubernde Margot - mit ihren achtzehn Jahren - nicht schon alles vorhergesehen?

Sie schrieb und sagte mir viele erstaunliche Weisheiten. Und sie sagte: *„Vielleicht begegnen wir uns alle nur, um aneinander reifer und reicher zu werden. Das Abschiednehmen gehört dann zum Glück des Beisammenseins, es ist ein Teil davon."*
Ich schrieb, sobald es aus der Gefangenschaft möglich war, auf vorgedruckten Formularen, wo wir nur wenige Worte schreiben durften, viele Briefe. Ich bekam aber keine Antwort.
Mit dem romantischen, unglaublich schönen, aber nicht erfüllten sehr kurzem Erlebnis mit Margot - zwischen RAD und Kommiß - war die Jugend vorbei. Eine Jugendzeit, die wir - also unsere Jahrgänge - eigentlich gar nicht hatten. Ich war zwölf Jahre alt, als der Krieg neunzehnhundertachtunddreißig begann. Ich mußte vom romantischen Träumer, ja, vom beginnenden Maler, ohne jeden Übergang zum „harten Krieger" werden...

Ohne jede Vorwarnung erlitt ich dann eine „Realität", wie ich sie mir vorher nicht vorstellen konnte. Wenn man trotzdem ein Träumer, ein Idealist bleibt, erlebte man auch in dieser beschissenen Zeit Dinge, die andere nicht sehen und von denen sie auch nicht zu träumen wagten. Margot wußte auch darauf offensichtlich eine Antwort. *„Einem Manne ziemen Jammer und Trübsal nicht, vor Gott besteht nur die tüchtige Gesinnung."* Für mich war erst in Gefangenschaft klar: „Die Erinnerung ist das einzige Paradies... aus dem man nicht vertrieben werden kann."

So fuhr ich nach Crailsheim in die Kaserne, um mir dort von meinen Kumpels anhören zu müssen, wie die wahre Liebe Siebzehnjähriger mit Soldatenfrauen gewesen sei. Und heute, auch in einer noch so miesen Gefangenschaft, gibt es Erfolgserlebnisse, und Wunscherfüllung - bewußt oder unbewußt - das stärkt, um zu überleben!

Ein Teil der Klasse Prof. Seidel

Herbert Ochs 1943, als Kriegsversehrter konnte er mit uns Jüngeren in der Schule sein

Fünftes Kapitel

Tagebuch-Notizen bis zum Kriegsende 1945

Dienstag, den 2. Januar 1945
Bei der Arbeit wird immer mehr verlangt. Das Essen wird immer schlechter. Neuerdings darf man bei der Frau, die vor dem Lagereingang wohnt, auch keine Kartoffeln mehr kaufen. Ein Kilogramm kostet 28,- Franc. Obwohl unsere Entlohnung sehr gering ist, hat der Zukauf uns einiges gebracht, indem wir abends zusätzlich ein paar Pellkartoffeln essen konnten.

Samstag, den 6. Januar 1945
Seit drei Tagen müssen wir in der Nachtschicht an der Eisenbahnbrücke arbeiten. Das ist reiner Irrsinn: Abends von halb acht Uhr bis morgens um viertel nach zehn. Vor zwölf Uhr mittags kann man nicht schlafen. Also bleibt für den Schlaf noch die Zeit von halb zwei bis um fünf Uhr. Das sind zweieinhalb Stunden. Das geht auf die Nerven. Dazu ein Essen, das den Namen nicht verdient! Was bei dieser Verpflegung herauskommt: Krankheiten!

Auf der Baustelle fing das Jahr 1945 ja auch gut an. Eine Vorahnung, wie es uns ergehen wird, wenn wir den Krieg verlieren. Die Wachmannschaft, es waren Russen oder Polen, hat uns ohne jeden Grund geschlagen, getreten und auf dem Arbeitsplatz herumgejagt. Was soll man da sagen? Vor einem Jahr in Breslau beim Reichsarbeitsdienst in der Grebschnerstraße hatten wir nur Hunger, aber wir waren wie Menschen behandelt worden. Welch ein Kontrast dazu, wenn in unserer stinkenden Bude nochmals die Kerzen am Weihnachtsbaum brennen.

Sonntag, den 7.Januar 1945
Wir dürfen den ersten Brief auf vorgedrucktem Papier nach Hause schreiben. Wir müssen in lateinischer Schrift schreiben. Wir haben in der Schule ja nur deutsche Schrift, Sütterlin, geschrieben. Es fällt uns allen sehr schwer, nun plötzlich lateinische Buchstaben zu schreiben. Seit dem 19. August 1944 habe ich kein Lebenszeichen von zu Hause bekommen. Damals lag ich im Lazarett in Montpellier mit einer Augenentzündung. Und anschliessend begann der Rückzug oder besser gesagt die Flucht aus Frankreich.

Montag, den 8. Januar 1945
Ich bin krank: Kreuzschmerzen und ein Stechen in der Brust. Aber ich bin gespannt, was der Arzt sagen wird. Es gab gestern statt „soupe de l'eau", also Wassersuppe, mal Nudeln. Und die Stimmung war gleich besser.
Was kann man mit den Menschen alles anfangen, wenn man ihnen wenigstens einigermaßen gutes Essen gibt. Ein Unternehmer muß halt seine Mitarbeiter gut behandeln, dann kann er auch entsprechendes aus ihnen herausholen.

Der Küchendienst, das Übliche beim Kranksein, liegt hinter mir und ein paar gemütliche Stunden liegen vor mir. In der Bude ist es ruhig. Alle schlafen, nur Horst sitzt am Ofen und ist in sein Buch vertieft. Kein Geräusch ist zu hören, nur das Knistern der Holzscheite im Ofen. Manches Mal höre ich vorbeifahrende Amiautos. Sonst ist eine wohltuende Stille. Es gibt nur wenige Stunden dieser Art, bei der Massenbelegung in unseren Baracken. Die Gedanken sind zu Hause beim großen Zeitgeschehen, von dem wir vollkommen abgeschnitten sind. Was mag denn so alles passiert sein, seit wir keine Post, keine Nachrichten von irgendwas erhalten? Wenn man das nur wüßte. Hier ist man so isoliert, ein Tag vergeht wie der andere. Unaufhörlich dreht sich das Rad des Schicksals, an dem wir unentrinnbar festgenagelt sind. Es muß wohl eine geordnete Bahn sein, die von der Höhe durch die Tiefe wieder zur Höhe führen wird. Davon bleibt keiner verschont, jeder macht den für ihn vorgezeichneten Weg.

Diese Erkenntnisstufe erreicht der eine früher, der andere später, und viele erreichen sie gar nicht. Ein unendlich breiter Strom von Menschen wälzt sich durch das Rad des Lebens - geführt oder getrieben - dem Ende zu. Nicht viele schwimmen an der Oberfläche und nur ganz wenige schwimmen gegen den Strom. Und unzählig viele lassen sich kraft der Massensuggestion mitziehen. Der Herdendrang - gerade wie hier bei diesen unmenschlichen Bedingungen - ist groß. Aber all jene, die die Kraft besitzen, gegen die Wirbel des Lebensstromes anzukämpfen, werden am Ende bei den Siegern sein. Goethe meinte einmal: *„Der Geist erstirbt schon in der Feder..."* - Ich hoffe nur, daß man mich versteht. Verstehe ich doch manches Mal mein eigenes Handeln nicht.

Es wird langsam dunkel. Ein Tag im ewigen Einerlei ist vorbei. *„Und weiter geht das Leben..."* - Wieso kommt mir immer wieder das Gedicht von Marga in den Sinn:

...und weiter geht das Leben
der Welten leises Beben
es hört ja niemals auf,
und hinter morschen Türmen
da geht das Licht der Sonne auf.

...und weiter geht die Liebe
mit ihren jungen Trieben, sie glühn wie du
und deine Sinnen raunen
greif zu!

..und weiter gehn die Träume
durch Welten und durch Räume
bis an das große Ziel,
wo wir Gott unseren Herrscher bitten
Herr, mach uns groß und still!

..und weiter geht das Leben
es kann dir so viel geben
greif nach dem Glück
versuch es zu erringen
dich selber zu bezwingen
schau vorwärts, nie zurück!

Viel Leid und viel Freud machen das Leben lebenswert. Heute kann ich das verstehen. Ich werde, wenn die Sonne auch mal wieder für uns scheint, auch versuchen, danach zu handeln. Wenn ich hier im Lager und vor allem unter uns Jungen die gute Stimmung trotz all dem Leid sehe, dann frage ich mich, woher nehmen wir die Kraft, das alles zu ertragen? Wofür leiden wir? Es muß doch alles einen Sinn haben. Es muß weitergehen! Hunger, was für ein Begriff für den, der das Hungern kennt. Abends sitzen wir oft, müde vom Tagwerk, um unseren Ofen herum, und dann geht es los. Irgendeiner beginnt immer: „Was werden unsere Lieben zu Hause nun essen?" Dann trägt ein jeder seine heimatlichen Gerichte vor. Wir hatten das und jenes, die tollsten Essensvorschläge kommen zur Sprache...
Und wir Armen werden nicht müde, uns immer wieder neue Gaumenfreuden zu erzählen. „Hätten wir nur...", mit immer weniger Fantasie sind wir zufrieden. Bis endlich Horst sagt: „Ich wäre schon mit einem Stück Brot zufrieden". Dann schweigen alle, jeder hängt seinen Gedanken nach. Bis einer beginnt, vertraute Lieder anzustimmen, und mancher vergißt beim Singen, daß wir Kriegsgefangene sind.

Langsam beherrscht die Müdigkeit uns alle. Jeder kriecht in sein Stroh, überläßt sich dem Traum und ist damit eine Nacht lang zu Hause.
Am nächsten Tag: Nachdenken über unsere Gespräche. - Ist es nicht traurig, wie weit der Mensch doch sinken kann? Alles dreht sich um eins - und dies eine um nichts.

Ein unbedachtes Wort löst den größten Krach aus. Vom größten Krach kommt die schönste Versöhnung. So liegen unsere Nerven blank und wir sind erst vier Monate gefangen. Wie soll das enden?

Nun kommen die Kumpels bald von der Arbeit heim. Die Bude ist dann voll von Leben. Es gibt wieder vieles Neues - das ewig Alte - zu erzählen.

Neben dem Nachdenken, dem Träumen, bringt natürlich ein zusätzlicher Tag viel Arbeit: Waschen, flicken, nähen. Erst jetzt wird mir klar, was Mutter zu Hause alles für mich geleistet hat.

Freitag, den 12. Januar 1945
Das Thema Hunger steht immer hoch im Kurs. Ein Glück, daß ich noch von unserem „Bombentrichter" leben kann. Immer noch habe ich von dem damaligen Raubzug Erdnußbutter, Fett, Bonbons und die Marmelade. Bei uns gibt es immer dasselbe zu essen und das ist das, was man am billigsten auf dem Markt beschaffen kann: nur Kartoffeln, nur Rüben oder nur Salat. Trostlos. Und wir mußten mal wieder auf der Brücke arbeiten. Es ist saukalt und wir haben keinen Mantel und haben keine Unterhosen.

Ich habe einen Kumpel getroffen, der damals mit dem gleichen Zug aus Dijon raus kam. Er kam bei Auxonne nicht in Gefangenschaft. Aber in Belfort wurden sie alle wieder zusammengestellt und ab in die Hauptkampflinie zurückgeschickt. Viele seien gefallen. Er ist nun auch da gelandet wo wir nun schon so lange sind. - Gerade haben wir Neue bekommen. Die sind so verlaust, so etwas habe ich noch nicht gesehen. Sie sind am Körper total verkratzt, das ist schon nicht mehr menschenähnlich.

Donnerstag, den 18. Januar 1945
Meine Amibeute „Nußbutter" ist zu Ende. Schmalhans ist nun wieder Küchenmeister. Auf dem Bauch, in meiner Ecke liegend, will ich versuchen zu schreiben. Was und für wen, das weiß ich noch nicht. Ich fühle mich faul und möchte mich deshalb betätigen, denn „Müßiggang ist aller Laster Anfang", meint ein altes Sprichwort.

Wir, Horst und ich, kochten uns eine Suppe. Der Posten sah das, und wir mußten zum Küchenchef kommen. Er meinte, die Karotten hätten wir gestohlen. Aber alles war in Ordnung. Man darf sich in diesem Laden nicht alles unterstellen lassen.

Und unser Lager soll noch eines der besten sein. Wie schlimm ist es dann im Hautplager?

Ich bin mal wieder auf dem „Egalzustand". Obwohl, wenn ich mich in meiner Ecke umschaue, fühle ich mich in zunehmenden Maße wohl. So wohl, wie das nun mal hier möglich ist. Wir haben auf der Brückenbaustelle weitere Zementsäcke mitgehen lassen. Davon haben wie je vier Stück zusammengenäht zu einer schönen Decke, die wir auf Stroh legen können.

Freitag, den 29. Januar 1945
Auf der Brückenbaustelle wird es abends immer später. Wir kommen erst gegen elf oder halb zwölf Uhr nach Hause. Da reicht es oft nicht zum Waschen oder zum Lausen. Wenn es ganz schlimm kommt, dann prügeln uns die Russen oder Polen noch auf der Baustelle, dann bleibt uns im Lager nur noch, todmüde ins Stroh zu fallen.

Sonntag, den 1. Februar 1945
Mal wieder ein neues Kommando. Wir müssen auf dem Verladebahnhof der Amerikaner in Dijon-Ville Schnee räumen. Es ist schon schlimm, wenn man hungern muß. Aber es wird unerträglich, wenn vor hungrigen Augen amerikanischer Wohlstand und Verschwendungssucht sichtbar werden.

Horst und ich hatten noch kein Glück. Dagegen hatten Gotthold Krell und ein paar andere Kumpel schon öfter das Glück, indem sie im „Abfall" jede Menge Eßbares gefunden haben. Davon schleppten sie vieles ins Lager. Wir verzweifelten schier an unserem Schicksal. Warum sind wir bei den Franzosen? Hätten wir nicht auch bei den Amerikanern in Gefangenschaft sein können. Bei denen gibt es jede Menge zum essen, bei uns nichts.
Hoffentlich wird es bald wieder Frühling, und da muß ja eine Entscheidung fallen, egal wie, die Hauptsache ist, es tut sich was.
Denn es ist sehr schwer zu ertragen, Hunger zu leiden und noch angepöbelt zu werden, wenn wir durch die Stadt marschieren. Es ist deshalb nicht gut, in der Stadt arbeiten zu müssen. Man sieht zu viel. Man sieht, daß es den Franzosen dank amerikanischer Hilfe schon wieder sehr gut geht. Dadurch werden Erinnerungen an die Heimat wach. Bei uns zu Hause mußten wir nie hungrig sein. Warum - fragen wir uns sehr oft - sind die Deutschen so verdammt in dieser Welt. Was haben wir getan, daß uns ein solcher Haß entgegenschlägt?
Dazu die dauernden Latrinenparolen; die Gerüchteküche schwappt über. Die Russen würden sechzig Kilometer vor Berlin stehen. Aber eigentlich wissen wir nichts. Wir wissen nur, daß man uns quält. Warum das alles?
Ich habe heute mal wieder so einen Tag, den wir den Egalzustand nennen.

Freitag, den 2. Februar 1945
Wir landeten einen großen Erfolg in der Müllgrube. Ich bin wieder einmal satt, während ich diese Zeilen schreibe. Gotthold, Horst, Willi, Heinz usw., alle Jungen des Jahrgangs 1926, waren zusammen auf dem Rangier-Bahnhof Perigny. Wie immer sprachen wie über das Thema Nummer Eins. Nicht wie beim Kommiß, die Frauen, sondern hier, der Hunger. Wer hat Mut, mit zur Müllgrube zu gehen? Gottthold Krell und ich als Anfänger wagten es. Wir gingen los.
Der Weg ging über das Hauptlager, den Güterbahnhof zum Bombentrichter, der unser Ziel war. In diesen warfen die Amis ihre Küchenabfälle. Die Strecke, die wir zurücklegen mußten, war mindestens eineinhalb Kilometer lang. Beim Hinweg ging alles gut. Wir wühlten im Dreck und machten gute Beute. Ich fühlte mich komisch in der Abfallgrube. Vorher war ich immer dagegen gewesen, im Müll zu wühlen. Ich ekelte mich davor. Und nun? Was macht der Hunger aus uns jungen Menschen?! Auf dem Rückweg ertappte uns der Wachposten. Wir, nicht auf den Mund gefallen, sagten: „Wir müssen für die Amis was wegtragen", und erstaunlich genug, er glaubte es. Alle staunten. Es ging auch auf dem Rückweg gut bis zum Lagertor. Der Wachposten hielt mich an und nahm mich mit ins Büro. Gotthold schnappten sie, noch bevor er in die Baracke konnte. Jetzt ist es aus, dachte ich. Der Lagerführer kam. Wir mußten unsere Beute vorzeigen. Als der Chef unseren Dreck sah, sagte er „salo" - was so viel wie Dreckschweine hieß und jagte Gotthold weg. Bei mir sagte er „même chose" - das gleiche - und schwupp war ich weg. Er brüllte uns noch nach, daß wir in Zukunft achtgeben müßten, aber wir hatten Schwein. Wir waren glücklich, daß wir unsere aus dem Dreck geholten Sachen nicht wegwerfen mußten.

Wir bekamen als Strafe kein Essen, aber wir hatten ja unsere Amibeute: Corned beef, Wurst, Frankfurter Würstchen, sonstiges Fleisch, Fett, Schinken, Brot, Erbsen usw. Es war einfach toll.
Es gab nun natürlich Neider, wie immer, obwohl wir unsere Kostbarkeiten in unserem Kreis verteilten. Wir legten uns ins Bett mit dem schönsten Gefühl, einmal wieder satt zu sein.

Wir hatten uns ein prima Essen gemacht. So sollte man öfter leben können. Es dreht sich hier alles ums Essen. Wenn man an zu Hause denkt, war das ja alles anders. Es gab leider auch ein Nachspiel. Walter Hess hat Essen geklaut, er wurde von den Kameraden dafür halb totgeschlagen. Kaum waren wir mal satt, dachten wir „man müßte mal ein Mädchen haben".

Sonntag, den 4. Februar 1945
Frisch gewaschen und satt... Wir haben mal wieder am Sonntag frei. Wir konnten uns, so gut das im Freien geht, mal richtig waschen. Unsere Klamotten in Ordnung gebracht. Und anschließend eine Suppe gekocht: Erbsen mit Speck. Mit einem Suppenwürfel, mit Kartoffeln und mit viel Fett schmeckte sie fast wie zu Hause.

Ja, wie zu Hause... schon sind die Gedanken weg. Man erinnert sich, erzählt sich gegenseitig, wie es zu Hause war. Wahrscheinlich kann man das Elend nur ertragen, wenn man in Erinnerungen schwelgt. Wobei wir nach so langer Zeit nicht mal wissen, wie es in Deutschland aussieht. Ob noch alle meine Brüder leben, ob es den Eltern gut geht. Man war in Gedanken mehr in der Vergangenheit als in der schrecklichen Gegenwart.
Trotzdem ging es bei uns weiter. Die übliche Suppe war gegessen und wir waren nicht ganz satt. Der Teig, den wir aus der Müllgrube hatten, ergab gebacken wunderbare Pfannkuchen. Dann wurde der Leberkäse in Scheiben geschnitten und gebraten, dazu gab es Frankfurter Würstchen und Corned beef und eine Schnitte Brot - es war herrlich! Wir kochten noch Kaffee... Wir haben heute den ganzen Tag gegessen. Wenn ich denke, was wir da in einem Bombentrichter alles aus dem Dreck gewühlt hatten ... pfui Teufel - nein, Gott sei Dank!

Dienstag, den 6. Februar 1945
Mit der erbeuteten Verpflegung hatte ich nun eine Weile Glück. Das Kommando am Hauptbahnhof rentierte sich. Gerade habe ich Kaffee getrunken, dazu Brot mit Schmalz und Fischpastete gegessen. Wenn das nur jeden Morgen so wäre, könnte man leben. Wir werden von den Amerikanern zur Arbeit gefahren und abgeholt - wie vornehm - die sind pünktlich. Wir haben dadurch etwas mehr Freizeit im Lager.

Mittwoch, den 7. Februar 1945
Wir mußten mal wieder zur berüchtigten Eisenbahnbrücke, die nun - mindestens eingleisig - fertig ist. Die Strecke nach Paris wurde heute freigegeben. Die Franzosen feierten ganz groß. Wir mußten, wohl zur Feier des Tages, ins Lager mehr als zwölf Kilometer laufen. Es war nun aber endgültig der letzte Tag.

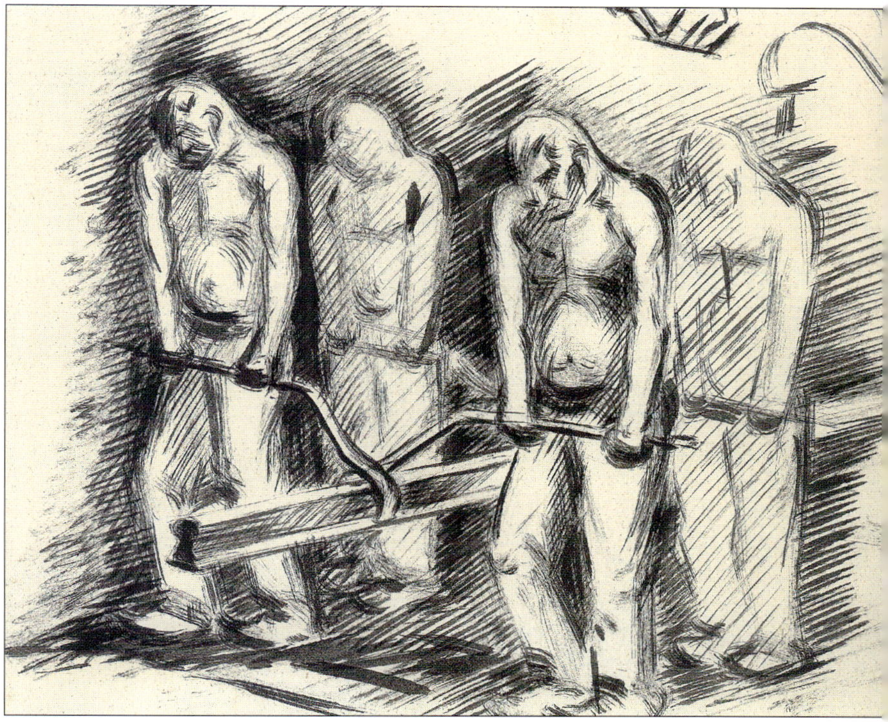

Das Transportieren von Eisenbahnschienen war grausam.

Samstag, den 10. Februar 1945
Willi hat seinen Fuß zwischen die Eisenbahnschienen, die wir mit je acht Mann tragen mußten, gebracht. Ein Glück, daß er Holzschuhe anhatte. Unser deutscher Lagerleiter, Schumann und ich haben ihn in die Infirmerie am Verschiebebahnhof gebracht.

Dienstag, den 13. Februar 1945
Ich bin Innendienstkrank. Da komme ich wenigstens dazu, mal meine Klamotten zu richten. Es wird ein Flicken über den anderen genäht. Erstaunlich, daß das noch zusammenhält. Alles geht so schnell bei der harten Benutzung kaputt.

Donnerstag, den 22. Februar 1945
Was wichtig war: Es war eine Rot-Kreuz-Kommission aus Genf da. Sie fotografierten uns, schauten uns an...
Wird es nun besser?

Heinz Völker hat Geburtstag. Er arbeitet zur Zeit bei den Amerikanern in der Küche. Wir machten uns Kartoffelbrei mit angebratener Wurst, dazu eine schöne Menge Bratkartoffeln, es schmeckte wunderbar. Wir waren satt. Zu allem Überfluß gab es anschließend Pellkartoffeln mit Sauce. Wir konnten fressen, bis uns der Magen weh tat. Aufgehört wurde erst, als alles vertilgt war.

Montag, den 26. Februar 1945

Heinz brachte amerikanische Zeitschriften vom Küchendienst mit. Wir waren alle sprachlos. In Amerika können die sich gar nicht vorstellen, was es heißt im Krieg zu sein. Auch nicht, wie es bei uns zu Hause aussieht. Bei den Amis gibt es noch alles: Kino, Tanz, Vergnügen aller Art und natürlich vor allem: Es gibt ausreichend zu essen. Die Zeitschriften brachten wunderschöne Landschaftsaufnahmen und Städte im europäischen Baustil. Die einzige Rettung wäre: ab nach Amerika. Erkenntnisse, die arme Deutsche ja schon zu allen Zeiten hatten.

Aber der Aufschwung durch das Dritte Reich, durch das Verdrängen der Arbeitslosigkeit, brachte viel Zustimmung zum neuen Regime. Die Hoffnung auf ein besseres Leben war neu entfacht.
Zurück zur Realität. Adolf Hitler soll gesagt haben, der Krieg sei noch nicht verloren. Er habe noch eine Geheimwaffe. England und Amerika sollten ihn (Hitler) noch kennenlernen. Die Ami-Küche und die Ami-Magazine vermitteln aber einen anderen Eindruck.
Und was uns die Franzosen dauernd sagen, weckt auch keine Hoffung: „Allemands kaputt".

„Der Wandel allein ist an das Beständige", so meinte Schopenhauer beim Gedenken an Mädchen und Freundschaften. Und das stimmt ja wohl so.

März 1945: Frühlingsgedanken...

... sind Gedanken der Erinnerung. Die Gedanken gehen zurück an Irmgard Engelbracht aus Pforzheim. Wir nannten sie „Engele" - aber nicht in Blond, sondern als Engel mit schwarzen Haaren.

War es ein Traum oder hatte ich tatsächlich das Glück, sie kennenzulernen?

Es war im Januar oder Februar 1943.

Wir probten im „Grünen Baum" in Königsbach unser Theaterstück für den Elternabend. Damals war ich Jungzugführer im Fähnlein 22/171. Gemeinsam mit den Jungmädels gestalteten wir den Abend. Der ersehnte Abend war da. Alle Jungvolk- oder Jungmädchen-Führer oder -Führerinnen waren schon im Saal.

Heinz Fränkle, Hauptjungzugführer, Sohn des Wirtes „Zum grünen Baum", hatte einen Spleen: Er wollte Klavier spielen bis zur Saalöffnung. Roland Böhringer und ich ließen ihm den Gefallen. Wir drehten noch vor Theaterbeginn eine Runde durch Königsbach.

Wir hatten sowohl die Hitlerjungen als auch die Mädchen unseres Patenfähnleins aus Pforzheim eingeladen.
Als wir bei Weingärtners in die Hindenburgstraße einbogen, kam uns Margot, die da an der Ecke zur Durlacher Straße wohnte, mit einem ganzen Schwarm Jungmädels entgegen. Darunter war auch Engele. Es war unsere erste Begegnung. Lore Schöner, eine Dorfschönheit, schloß sich uns an. Bei Roland, dessen Eltern die Apotheke am Marktplatz gehört, tranken wir noch einen guten Tropfen. Zurück zum „Grünen Baum"; es waren inzwischen schon viele unserer Gäste aus Pforzheim da. Im Saal, wir wollten uns zuerst vor den Mädchen drücken, hatte uns Margot schon entdeckt. Sie machte uns bekannt. Namen habe ich keine behalten. Aber sie war dabei. Wir standen herum, alberten, machten Blödsinn, bis der Wirt, der Vater von Heinz, kam und sagte, wir sollten nun mal den Saal öffnen, denn die Leute stehen schon vor der Tür. Ich hätte eigentlich beim Einlaß aktiv werden müssen, das ärgerte mich. Roland vertrat mich, so konnte ich bei den Mädchen aus Pforzheim bleiben. Nicht lange, denn der Saal war bald voll und unser Programm begann.

Ich mußte hinter die Bühne. Eine meiner angenehmen Aufgaben war, die „Schauspielerinnen" zu schminken. Und das war bei vierzehnjährigen Mädchen kein großes Problem. Immer wieder fand ich entsprechende Gründe, um zu dem Mädchen aus Pforzheim hinzugehen, um irgendwas zu zeigen oder irgendwas zu tun.
Schnell erfuhr ich, daß *sie* schon vor halb zehn Uhr nach Hause müßte, also vor dem Ende des Heimatabends. Das wäre Pech!

Wenn ich durch den Vorhang schaute, saß sie gerade vor mir. In der Pause gingen wir „so zufällig" ins Nebenzimmer. Wer stand da? Margot und Engele beim Telefonieren. Da wußte ich Bescheid. Margot sagte mir, es geht in Ordnung. Da ging die zweite Hälfte unseres Theaterspielens ganz schnell herum.

Als das „Volk" sich verlaufen hatte, traf sich ein Teil der Mitwirkenden des Abends im Nebenzimmer. Es war ein netter Kreis: Klaus Wein, Günther Kratt, Heinz Fränkle, Roland Böhringer und ich. Dazu die Mädchen und wichtig: Engele war noch da...
Gegen halb zwölf brachte ich sie zum Bahnhof. Der Zug hatte Verspätung. Für uns reichte das für eine weitere Verabredung.

Am nächsten Tag erzählte mir Heinz, daß er sich in Engele verknallt habe. Das war ja eine Überraschung. Ich unternahm alles mögliche, aber ich hatte Pech. Heinz ging mit ihr als erster ins Theater.

Ein paar Tage später: Nun hatte ich mein erstes Stelldichein.

Ein Spaziergang in Pforzheim über den Hachel. Ein wunderschöner Blick über die Stadt, die im Dunkeln lag. Als Engele mir den ersten Kuß gab, war ich überrascht, weil ich ja dachte, sie hätte sich für Heinz entschieden. Zuerst wollte ich um sechs, dann um acht, dann um zehn gehen, zuletzt bin ich um Mitternacht nach Hause gefahren. Und natürlich mußte ich noch rennen, sonst hätte ich auch noch den letzten Zug verpaßt.

Es war ja Winter. Viel konnten wir deshalb nicht unternehmen. Engele holte mich jeden Abend von der Schule in der Holzgartenstraße ab. Wir machten entlang der Enz Spaziergänge und mußten uns jedesmal beeilen, damit ich den Zug nach Königsbach noch erreichte. Ein Glück, es kam ja - oder es mußte ja endlich Frühling werden.

Dienstag, den 6. März 1945
Heute sind es schon sechs Monate, daß wir in Gefangenschaft sind. Ich wurde für zwei Tage Bettkrank geschrieben. Der Sani kam zur Behandlung. Was doch so ein paar Zigaretten, die geflossen sind, für eine Wirkung haben! Es tut so gut, mal den ganzen Tag im „Bett" zu liegen und sich auszuruhen.

Estiot + Cie in Dijon-Ville

Sonntag, den 11. März 1945

Seit Montag arbeiten wir in einem neuen Kommando bei Estiot + Cie in Dijon-Ville, einer Metallverarbeitungsfirma. Samstag mittag mußten wir deshalb nicht arbeiten, also hatten wir eineinhalb Tage frei.

Deshalb möchte ich wieder in alten Erinnerungen graben und an die Zeit mit Engele denken, die im Nachhinein doch verdammt schön war. Es kommt mir deshalb gelegentlich der Gedanke, sie in die nähere Auswahl zu nehmen. Verrückt: Als ob wir hier wählen könnten.

Der Frühling kam, die Tage wurden länger. Das Schmusen im Dunkeln hörte auf. Wir gingen noch ein paarmal der Enz entlang, aber den besonderen Reiz des Winters hatten diese Spaziergänge nicht mehr.

Isa Deschner - sie war eine kurze Zeit lang die Freundin von Klaus oder mir, das war uns nie ganz klar - hatte erfahren, was mit Engele läuft, und das war das Aus. Isa war aus Neuenbürg, war bei uns in der Kunstgewerbeschule, aber es war nie mehr zwischen uns als der flüchtige Wunsch, daß daraus mehr als Freundschaft wird.

Heinz entschied sich für Margot, damit war Engele mein. So, zu viert, ging es in den Frühling hinein.

Es folgten wunderschöne Sonntage, die mit zu den schönsten Jugenderinnerungen, die wir hatten, zählten. Engele kam nach Königsbach. Von hier aus machten wir die Ausflüge. In bester Erinnerung blieben wohl die Ausflüge ins Gengenbachtal und Spaziergänge über den Heustätt. Wir lagen stundenlang in der Sonne, im Gras und schauten den ziehenden Wolken nach.

Verliebt mit Engele in den Sommer hinein...

Wenn ich diese Zeilen schreibe, dann kommt mir ein Text in Erinnerung, den ich irgendwann mal gelesen habe. Der paßt für die Zeit mit Engele - und auch für manchen Tag in einer Zeit, die man nur als junger Mensch so sorglos und glücklich verbringen kann.

„Wie herrlich, die müden Glieder zu strecken,
und sich im grünen Grase zu recken.
Ganz sorglos... ganz zeitlos... ohne alle Müh',
ohne den Karren des Lebens zu schieben,
ohne alles Hasten, hüben wie drüben,
ohne das stete ‚Zieh, Schimmel zieh'.
Gar nichts zu denken,
sich nur zu beschränken,
auf das, was um uns lebt.
Nur der Bienen Summen und Brummen zu lauschen,
des Baches Rieseln... der Bäume Rauschen,
und der kleinen Waldvögelein zwitscherndem Sang,
und ganz ferne, ganz leise des Posthorns Klang.
Selber aber, voll Seligkeit, aus jubelndem Herzen
mit vollen Händen,
Stunde und Tage verschwenden...
Dankbar sein für solch eine glückliche Zeit."

Ich glaube, es stammt aus Eichendorffs Erzählung: „Aus dem Leben eines Taugenichts"... Ein Buch, das immer wieder in Gefangenschaft eine große Bedeutung für mich, Gotthold und Franz hatte.

„Die Erinnerung ist das einzige Paradies, aus dem wir nicht vertrieben werden können" - ja, in Ordnung, aber wenden wir uns wieder dem Alltag zu. Wir leben leider jetzt und heute.

Ich will in meinem Tagebuch vom **Freitag, den 16. März 1945**, beginnen mit einer Unterhaltung über einen Teil des Lebens, über Sinn und Zweck, Gedanken über Träume und deren Erfüllung. Über Alter und Jugend...
...Zivil und Militär und mir Gedanken machen über das Gefangensein und die Freiheit.
Und wir stehen vor dem hoffentlich schnell kommenden Kriegsende im Jahre 1945.

Bald werde ich neunzehn Jahre alt sein und bin schon seit sechs Monaten in französischer Kriegsgefangenschaft.

Ein glücklicher Zufall bescherte mir ein Heft mit karierten Seiten. Ich konnte mir Gedanken über mein Leben machen und sie niederschreiben. Es gibt sicher nichts Großartiges, nicht viel zu berichten, aber besser, sich einfache Gedanken zu machen, als sich in diesem harten Los gedankenlos gehen zu lassen.

Wie weit ich damit komme, das weiß ich noch nicht. Aber ich weiß, daß ich über das meiste nichts weiß.
Ich will mir selber Rede und Antwort geben. Weiterzukommen, erfolgreich zu sein, ist jedes Mannes Pflicht, aber Goethe meinte schon im „Faust": *„Es irrt der Mensch, so lange er strebt".*

Welche neuen Erkenntnisse aus dieser Niederschrift entstehen werden, weiß ich nicht. Es wird schon etwas Meßbares geben - also: *„Frisch gewagt ist halb gewonnen!"*

Sonntag, den 18. März 1945 - Dijon
Ja, ich wäre nun so weit. Ich weiß zwar noch nichts über das „Wie und Was", aber es wird schon werden. In einer Baracke sitzend, die einmal ein Hühnerstall und dazu sicher passend war, verdrängt man die Gegenwart, um nur vom Vergangenen, von schönerem Erlebten zu träumen.

Ich beginne mit dem Erinnern an all jene, die einmal in meiner Vergangenheit eine gewisse Bedeutung gespielt haben. Die auf meine Lebensbahn in irgendeiner Weise eingewirkt haben.

Bis zu einem Alter von zwölf, dreizehn oder vierzehn Jahren, bei vielen auch noch länger, läßt man sich unbewußt leiten, drängen, schieben oder durch Schläge, sowohl in der Schule, in der Gruppe oder auch im Elternhaus, so weit bringen, wie es eine, oder was noch schlechter ist, mehrere Personen wollen. Meistens ist es der Vater, der drängt, weniger die Mutter und seltener außerhalb stehende Personen, ein Onkel oder eine Tante, Schwager, Schwägerin oder ein väterlicher Freund oder eine Freundin.

Wird man älter, stellen sich eigene Gedanken ein, die Erziehung wird schwieriger, aufs Vorleben beschränkt, oder hört gar auf.

Rückblick:

Ich denke da zuerst an all jene, denen ich etwas zu verdanken habe: an meine Eltern, an meine Geschwister, auch an Schulkameraden wie Egon Schöner, Erich Bräuer und Alfred Gauss.

Freunde aus der Zeit des „Jungvolks": Heinrich Fränkle, Hans und Roland Böhringer, Heinz Fränkle, Günther Kratt.

Ein besonderer Freund war Walter Sorges, Professor an der Kunstakademie in Düsseldorf. Er lernte mich oder besser, ich lernte ihn kennen, als er durch Königsbach kam, weil er als Soldat zum Frankreichfeldzug mußte. Er hat mich spontan zum ersten Urlaub in meinem Leben eingeladen - zu einer wunderbaren Bodenseereise.

In der anschließenden Lehre waren es dann Klaus Wein und Werner Kuhn, die Herren Stegmaier und Weidner. Kusterer hieß mein Arbeiter, Künzler mein Meister. In der Goldschmiedeschule waren es Lehrer wie Elsässer, Römer, P. Pfeiffer und die Professoren Seidel, Aichele und Goetzel

und der Direktor der Kunst- und Kunstgewerbeschule, Frank. Ich denke an meine Schulkameraden aus dieser Zeit. Um nur einige zu nennen: Klaus Wein, Werner Bellon, Karl Panitz, und Schulfreundinnen Gisela Bär, Eva Wüsten, Isa Deschner, Gerda Wolf, Erika Frank, Ruth Ochner, Margot Wohlschlegel.
An wen erinnert man sich wohl noch, wenn man Zeit hat nachzudenken? Selbst im RAD (Reichsarbeitsdienst): Egon Pister, Friedemann Volz, Rudi Sprengler. Bei der Luftwaffe: Siegfried Dürrler, Alois Schrag, Herbert Sporer, Unteroffizier Scharf, der ein Schleifer war. Er plagte mich beim Boxen, weil ich nicht unbedingt ein sportlicher Typ war.

Mit jedem Namen werden die Erinnerungen wach, die vom häßlichen Alltag der Gefangenschaft ablenken. Über einige werde ich noch mehr berichten, andere werden nur als Namen lebendig bleiben.

Donnerstag, den 22. März 1945
Seit einiger Zeit arbeiten wir nun in Dijon-Ville in einem Spezial-Kommando. Bei Estiot + Cie, einer Werkstätte für Eisenkonstruktionen. Ich hätte nie geglaubt, daß man mit dieser Wassersuppe, die wir nun schon seit Monaten bekommen, so viel arbeiten kann. Wir sind abends nur müde und schleichen ins Bett. Die Gerüchte, die wir hören, tragen auch nicht zur Aufmunterung bei.

Die Amerikaner sind immer auf dem Vormarsch, sie stehen vor Köln, Koblenz, Mannheim, Ludwigshafen und vor Karlsruhe. Die Russen würden kurz vor Berlin sein. Stettin und Breslau sind gefallen. Man hört, daß die Städte sinnlos zerbombt würden. Daß Zivilisten mehr leiden als die Soldaten an der Front. Alles wird zerstört und der Krieg ist immer noch nicht zu Ende. Wahnsinn!

Inzwischen ist fast ein Jahr vergangen, seit ich von zu Hause weg bin.

Freitag, den 24. März 1945 - Dijon
Meistens bin ich müde, zerschlagen, wenn ich abends oder besser gesagt nachts von der Arbeit zurück ins Lager komme. Dazu kommen erschwerend die spärlichen Nachrichten, daß sich die Front immer mehr meiner Heimat nähert. Neue Gefangene, die in unser Lager kommen, berichten darüber. Jeder macht sich deshalb Gedanken, wie es den Lieben in der Heimat geht, was auch sie erleiden müssen. Es erschwert das Konzentrieren auf die Tagebucheintragungen, aber in unserer besonderen Situation darf ich nicht den Kopf hängenlassen.

Makkaroni - heute bekam ich von einem Kameraden eine Portion - oder einen Teil davon. Das belebt kurz, aber alles ist so hoffnungslos.

Ich gehe müde ins Stroh. Eigentlich sind wir immer nur müde. Und zu diesem Zustand kommt: Seit Monaten habe ich kein Lebenszeichen von meinen Eltern, Geschwistern und Freunden.

Die Gedanken kreisen ums Essen. Es ist eine Nachricht wert, wenn man von den Franzosen Nudeln und Bohnen, vom Sani Zwiebeln und von einem Posten ein Stück Brot bekommt.

Donnerstag, den 25. März 1945
Wenn wir den Franzosen glauben, dann geht es nicht mehr lange mit dem Krieg. Kaiserslautern, Neustadt an der Weinstraße, Worms und Weissenburg im Elsaß sind gefallen.

Eine Nachricht geht durchs Lager. Krapko hat Glück, er hat die erste Postkarte aus Deutschland bekommen. Nun hoffen wir alle auf positive Nachrichten.

Karfreitag, den 30. März 1945
Wir mußten arbeiten. Die Gerüchteküche kocht über. Die deutsche Regierung sei nach Japan geflüchtet. Große Teile der Wehrmacht würden überlaufen.

Was für Gedanken jagen durch meinen Kopf...

...einmal denke ich an Ostertage zu Hause mit dem Brauch, auf der Wiese Eier zu werfen. Ein schwarzer Dotter im Ei bedeutet, der Teufel sei drin.
Ich erinnere mich an schöne Ausflüge und andererseits stelle ich mir es schrecklich vor, daß wir vielleicht noch hier sein müssen, bis wir zwanzig oder gar einundzwanzig Jahre alt sein werden.

Da wir Jungen noch keine richtige Ausbildung haben, werden wir Ende zwanzig oder gar dreißig Jahre alt sein, bis wir was verdienen werden. Und wo blieb die Jugend?

Ostermontag, den 2. April 1945
Abends kam ein evangelischer Pfarrer. Er reichte das Heilige Abendmahl. Seit der Konfirmation 1941 habe ich daran nicht mehr teilgenommen.

Der Pfarrer hielt eine gute Predigt. Ich konnte es nicht verhindern, daß mir die Tränen gekommen sind, als er meinte, wir sollten nicht glauben, daß wir verlassen sind, sondern es sei sicher, daß viele für uns beten und an uns denken würden. Wir bekamen ein Neues Testament und ein Losungsbüchlein geschenkt.

Zwei Tage Ruhe und natürlich viel zu essen bestimmte Ostern. Zusätzlich zum Lageressen hatten wie in unserer Ecke Nudeln, Bohnen, Erbsen, Linsen, Kartoffeln, Gelberüben und Maggi-Würze.

Donnerstag, den 5. April 1945
Wir wurden alle geimpft und bekamen zwei Tage frei. Jeder wunderte sich warum. Zwei Kubikzentimeter Impfstoff - für was? - keiner wußte es. Das war dann schrecklich, alle lagen wir auf der Nase. Geschwitzt und gleichzeitig gefroren. Den Impfarm konnte ich nicht mehr bewegen. Das Neueste: Die Franzosen sollen über Karlsruhe, Pforzheim nach Stuttgart vorstoßen. Da wäre Königsbach dran.

Freitag, den 13. April 1945
Albert Neuendorf hat mir vom Hautplager der SNCF Ölfarben besorgt. Ich will am Sonntag unsere Bude etwas ausschmücken mit ein paar Wandbildern. Aber vielleicht - ein verwegener Gedanke - ist das auch gar nicht mehr nötig, denn der Krieg sei ja nun bald aus, hieß es. Die französischen Truppen sind nun in Stuttgart. Wie war es dann in Königsbach?
Siebenundzwanzig Kilometer vor Berlin seien englische Fallschirmjäger gelandet. In Weimar und Nürnberg sind die Amis. Die Russen sind in Wien. - Es ist sinnlos, den Gerüchten zu folgen. Ich flüchtete mich in Erinnerungen.

Freitag, den 6. April 1945 - Clos Charpentier
Ausflug in den Schwarzwald mit Klaus Wein

Die Sommerferien 1943 standen vor der Tür. Klaus und ich planten schon lange etwas Großes, Besonderes. Vierzehn Tage Urlaub standen uns zu. Wir sollten sie laut Geschäftsleitung nicht gemeinsam nehmen. Aber schlußendlich hat es dann doch geklappt. Die Pläne hatten wir schon lange im Geschäft vorbereitet. Jetzt mußten wir nur noch unsere Eltern überzeugen. Beide Mütter hatten Bedenken wegen mangelndem Essen in der Kriegszeit. Dann wurde betont, „es sei verboten, im Freien zu zelten, weil es viele französische Kriegsgefangene gäbe, die auf der Flucht seien". Doch wir haben es geschafft. Die Eltern sagten ja. Am Montag begannen die Ferien und wir wollten acht Tage wandern.

Freitag abend habe ich alles gepackt. Und, weiß Gott, der Tornister hatte zum Schluß ein tolles Gewicht. Meine Mutter hatte darauf bestanden, mir jede Menge Eßbares mitzugeben, deshalb das Gewicht. Einen ganzen Laib Brot, Wurst in Büchsen und weiß Gott noch alles.
Samstag morgen im Geschäft war letzte Einsatzbesprechung. Um halb zwei Uhr wollten wir wegfahren. Ein genaues Ziel hatten wir nicht festgelegt. Die große Richtung war Wildbad.

Mittags bin ich noch schnell nach Hause gefahren, schnell gegessen, dann habe ich mich von allen verabschiedet. Meine Mutter war besorgt. Mein Vater gab mir noch zehn Reichsmark, und los ging's. Gute und schlechte Ratschläge begleiteten uns.

Es war ein schöner Julitag, als ich zum Bahnhof marschierte. Mit Stolz den „Affen" auf dem Rücken, Vorfreude im Herzen auf das Kommende.

In Pforzheim war ich noch kurz bei Klaus' Eltern, die uns noch die letzten Ratschläge gaben. Wir waren froh und glücklich, als wir endlich unterwegs sein konnten. Acht Tage lagen vor uns. Wir konnten frei machen, was wir wollten. War das nicht herrlich?

Wir fuhren mit der Bahn bis zur Haltestelle Monbachtal. Dort ging's über die Nagold, dem Fluß eine Zeitlang entlanggewandert, dann links ab ins schöne Monbachtal.

War das nicht wunderbar mitten im Kriege? Alles war ganz ruhig, die Sonne schien, dann begann der Aufstieg. Romantisch floß das glasklare Wasser über Steine und Felsen in Windungen zu Tal. Der Pfad ging immer aufwärts dem Bächlein entlang. Es war schön zu sehen, wie das Wasser so über die Steine sprudelte, nur leise plätschernd oder gelegentlich wild rauschend. Es sangen die Vögel, sonst war nichts zu hören. Welch wohltuende Stille. Die Sonne brach durchs Laub der Bäume, reflektierte sich im Wasser, tanzte über Steine. So wanderten wir, ganz benommen von der Schönheit der Natur, den Berg hinauf. Ganz langsam machte sich das Gewicht unserer Rucksäcke bemerkbar. Mich drückte der große Brotlaib, den mir meine Mutter mitgegeben hatte. Bei Klaus war es das Gewicht der mitgeschleppten Kartoffeln, die ihm seine Mutter aufzwang. Deshalb haben wir auf der Hälfte der Wegstrecke, wir waren gerade an der Wanderhütte angekommen, Rast gemacht und gevespert. Wie gut hat das geschmeckt. Kein Wunder, wir hatten ja noch alles, was das Herz begehrte.

Wir kamen zum Wegweiser. Nach Monakam ging's rechts ab. Unser Weg führte durch schöne Tannenwälder in Windungen stets nach oben. Bald lag das Monbachtal unter uns, es war ein bezaubernder Anblick. Oben angekommen, legten wir uns erst mal flach. Ausruhen, dann Wasser suchen. Wir suchten, nach Angaben der Landkarte, nach dem Dorf in Richtung Weil der Stadt, weil da ein Bächlein war. Da wollten wir uns niederlegen für die Nacht.

Vorher hatten wir in einer Wirtschaft unseren Durst gelöscht. Die anwesenden Ausflügler mit Stock, Hut und Schlips haben ordentlich gegrinst, als wir wie Lastesel bepackt in die Wirtsstube polterten. Nun, wir sahen ja auch toll aus. Unsere Malsachen, der Malstuhl oben auf dem Rucksack...

Es ging über ein schönes Hochland weiter. Unten im Tal sahen wir immer wieder Bad Liebenzell liegen. Der Abend nahte: Wasser, Waldrand, eine schöne Wiese - hier wollten wir zelten. Aber plötzlich kam ein Bauer und mähte Futter für seine Kühe. Wir wollten weiter. Es ging uns aber doch zu lange, da haben wir unsere Klamotten versteckt, uns ausgangsfein gemacht und sind runter ins Tal nach Bad Liebenzell. Als wir eine Zeitlang bergab durch den Wald stiefelten, da wurde es schon ganz schön dunkel. Da dachten wir an den Rückweg. Wir machten uns Markierungen - wie bei Hänsel und Gretel - was dann später auch unser Glück war.
Als wir aus dem Wald kamen, bot sich uns ein wunderbarer Blick: Leicht abfallende Hänge und im Tal die Häuser der Stadt. Die Kuranlagen, der Fluß - es war schön. Wir flanierten durchs Städtchen, neckten Mädchen, mußten dann aber doch schnell zurück, weil es immer dunkler wurde. Als wir bergauf wieder in den Wald kamen, war es stockfinstere Nacht. Wir fanden uns glücklicherweise durch unsere Markierungen noch zurecht. Ein Aufstieg durch den dunklen Wald, der so richtig zum Gruseln war.

Glück muß der Mensch haben: Wir kamen nur zehn Meter neben unseren versteckten Sachen aus dem Wald heraus. Der Bauer war weg. Wir konnten unser Zelt aufbauen. Es ging schnell - rein und geschlafen. Aber wir schliefen die erste Nacht sehr unruhig, denn wir hörten immer wieder Schritte, die näher kamen und sich wieder entfernten. Wir meinten zuerst, es könnte der Förster sein, denn zelten war ja verboten. Und wir erinnerten uns auch an die Geschichten über die flüchtenden Franzosen-Gefangenen.

Nachts immer wieder aufgewacht. Nicht nur weil wir uns Gedanken machten, sondern weil die Füße aus dem Zelt rutschten. Wir hatten nicht die beste Lage ausgesucht, um zu zelten. Es war ja schon fast Nacht, als wir von Bad Liebenzell zurückkamen. Und gegen Morgen wurde es auch noch ganz schön kalt. Mit dem Spiritus-Kocher haben wir uns dann gewärmt.

Die erste Nacht im Zelt war rum. Wir zogen unsere Trainingsanzüge an, liefen den Berg runter, wuschen uns in der Nagold, holten Wasser, kochten Kaffee - alles ging ganz flott.
Bad Liebenzell lag so schön im Morgenlicht, daß wir schnell beim Aquarellieren waren. Überhaupt fanden wir Malmotive genug. Der Blick ins Tal, also von neuem ran an die Arbeit. Aber Pech, ein Wespennest in der Nähe vermieste uns das Malen. Klaus malte trotzdem sein Bild zu Ende. Ich hatte mich dagegen in die Sonne gelegt.

Aber es ging weiter, statt zu zelten war für die nächste Nacht ein Zimmer im „Hotel zum Goldenen Ochsen" für uns mal angenehmer. Den Nachmittag haben wir gemütlich verbracht. Klaus blieb im Freibad, weil wir uns in der Wolle hatten. Ich stieg auf den Turm der Burgruine und hatte eine schöne Aussicht über das ganze Nagoldtal. Im Hotel haben wir uns dann wieder versöhnt.

Wir entdeckten später ein wunderschönes Motiv: Den Weiher vor der Kirche in Bad Liebenzell in der untergehenden Sonne. Zum Malen war es allerdings zu spät. In den Kuranlagen mit Mädchen geblödelt, bald aber in die Betten gestiegen. Das war schon ein Unterschied zum Zelten.

Gut, sehr gut geschlafen. Auf unserem Zimmer gut gefrühstückt. Sofort den Rucksack gepackt und ab zum Malen. Das Übernachten hatte ein großes Loch in unsere Reisekasse gerissen. Das gestern abend gefundene Motiv in Ruhe aquarelliert. Den Berg wieder hoch zum Kochen. Am Kloster vorbei. Wir bekamen von den Schwestern Äpfel und weiter ging es in Richtung Weil der Stadt.

Sonntag, den 8. April 1945
Die Arbeitswoche ging schnell herum, obwohl wir nun zehn Stunden arbeiten müssen. Zusätzlich zur Arbeitszeit kam noch der Marsch zur Arbeitsstelle in Dijon-Ville.
Ich habe mir am Wochenende mit requiriertem Stoff - das waren Vorhänge zerstörter Eisenbahnwagen - selber eine kurze Hose geschneidert. Anschließend wanderten meine Gedanken wieder nach Hause. Es war klar: Nur dadurch, daß ich die schönen Erinnerungen aufschrieb, war alles erträglicher.
Wir marschierten querfeldein durch Wiesen und Felder auf eine Ortschaft zu, die wir in der Sonne liegen sahen. Alle waren auf den Feldern beim Ernten. Wir hatten schon Hunger - gingen aber trotzdem weiter. Wir kamen nach Unterhaugstett, ein kleines Dorf, das schön versteckt in einer Erdmulde lag. Am Ortsrand wollten wir zelten. Hatten auch schon den Platz. Im Dorf wollten wir uns bei einem Bauern Stroh holen, der meinte: „Ihr könnt auch in meiner Scheune übernachten", das taten wir dann auch.

Frühmorgens mußte ich mal. Im Abortfenster war die Landschaft wunderbar eingerahmt. Aus dem Tal stieg Nebel auf und die Sonne kämpfte dagegen an. Ein herrliches Motiv. Ich ging hoch, weckte Klaus, gefrühstückt - und weg waren wir. Gleich hinter der Scheune haben wir in einem - so meinten wir - gelungenen Aquarell diese Stimmung festgehalten. Es wurde eines meiner schönsten Aquarelle.

Anschließend ging es wieder auf die Walz. Wir hatten eine lange Wegstrecke vor uns. Immer durch den Wald in Richtung Weil der Stadt. Ein herrliches Städtchen, ganz romantisch mit Stadttoren und Stadtmauern, mit schönen Fachwerkbauten ... es war schön. In dieser Stadt wurde Johannes Keppler, der große Astronom, geboren.

Es war kurz vor zwölf Uhr mittags, als wir ankamen. Alles war sehr ruhig. Unsere Schritte hallten laut in den Gassen wieder. Alles war menschenleer und es war sehr heiß. Auf dem Marktplatz sahen wir den ersten Menschen, und es war - natürlich - ein reizendes Mädchen. Sie sollte später noch allerhand für uns bedeuten. Also hinter ihr her, um zu wissen, wo sie wohnte. Wir meinten übereinstimmend, hier kann es ja recht werden. Also suchten wir ein Zimmer. Aber - erstaunlicherweise - war keines mehr zu haben. Da kamen wir zum „Schwarzen Schwert". Eine Art Handwerksburschen-Unterkunft. Die Wirtin, eine tolle Erscheinung, brachten wir dazu, daß wir - um Geld zu sparen - auf dem Heuboden schlafen durften. Das war ja schon mal gut. Zum Mittagessen bekamen wir drei Pellkartoffeln mit Quark, den man eigentlich nicht mehr essen konnte. Und die Wirtin lobte noch ihre Kochkunst!

Bald hatten wir uns mit dem Mädchen vom Marktplatz im Freibad von Renningen verabredet. Am Bahnhof wußten wir nicht so richtig wohin. Bis wir uns jedoch entschieden hatten, war der Zug weg. Also zu Fuß ins Freibad. Wir fanden unser Mädchen sofort. Sie hatte noch eine Freundin dabei, die noch toller aussah. Es war ein schöner Nachmittag. Als wir nach Weil der Stadt mit dem Zug zurückfuhren, nahmen wir den Mädchen ihre Monatskarte ab. Damit war das nächste Stelldichein gerettet.

Abends wurde es in den romantischen Gassen sehr schön. Die Frauen und Mädchen saßen vor den Häusern auf der Straße, strickten oder nähten und sangen dabei sehr ordentlich. Wir sausten dazwischen herum auf der Suche nach unserem Marktplatz-Freibad-Mädchen. Es gab aber auch noch anderes zu entdecken. In Weil der Stadt wurde der große Astronom Johannes Keppler am 27. Dezember 1571 geboren. Er interessierte uns beide, weil wir oft am Abend in Königsbach auf dem Heustett spazieren gingen. Wir begeisterten uns als große Laien für die Sternkunde. Es war faszinierend zu erleben, wie viele abertausende von Sternen man mit dem bloßen Auge sehen konnte. Wir waren mehr visuell als wissend begeistert. Man konnte sich ja nichts Konkretes hinter dieser Sternenpracht und der unendlichen Weite des Alls vorstellen.

Nun, Keppler wurde in eine lutherische „neureiche" Familie hineingeboren, in Umbruchszeiten, die Krisenzeiten bedeuteten. Das Alte ist nicht mehr bestimmend und das Neue noch unbestimmt. Luthers Reformideen fanden damals bei der Bevölkerung breite Zustimmung. Das Zeitalter der Glaubenskriege war der Auftakt zum Entstehen von absolutistischen Staaten. Kirchliche und staatliche Machtinteressen gingen damals oft eine andere als heilige Allianz ein.
Das Modell unseres Planetensystems von Nikolaus Kopernikus wurde heftig und widersprüchlich diskutiert. Sein Modell forderte zum Überdenken der Stellung der Erde und damit auch der Menschen im Kosmos heraus. Der zentrale Ort der Erde stand zur Disposition und damit auch die Frage, ob Gott die Welt für den Menschen geschaffen hat?
Keppler besuchte die Lateinschule in Leonberg. Er erhielt ein Stipendium, um Theologie zu studieren, da kurz nach der Reformation ein akuter Mangel an evangelischen Pfarrern herrschte. Er studierte in Tübingen Theologie, wurde aber später Lehrer und Mathematiker in Graz. Er interessierte sich aber immer mehr für den göttlichen Schöpfungsplan. Schon in Tübigen hatte er Astronomie als eine seiner Interessensgebiete genannt. Er führte ein unstetes, wechselvolles Leben. Viele Philosophen, Dichter und Gelehrte ehrten ihn und seine bahnbrechende Bedeutung.

Friedrich Hegel sagte:
*„Die Gesetze der absolut freien Bewegung
sind von Keppler entdeckt worden.
Eine Entdeckung von unsterblichem Ruhme."*

Und Friedrich Hölderlin über Keppler:
*„Unter den Sternen ergehet sich
Mein Geist, die Gefilde des Uranus
Überhin schwebt er und sinnt; einsam ist
Und gewagt, ehener Tritt erlischet die Bahn."*

Adalbert Stifter schrieb:
*„In Linz hat auch einmal so ein moralisch Gekreuzigter gelebt, dessen Spuren ich hier oft mit schauernder Ehrfurcht nachgehe...
...der Sternkundige Keppler. Weil er hier die Gesetze der Planetenbewegung fand, schalten ihn die Stände, daß er Hirngespinsten nachgehe, statt ihnen seiner Pflicht gemäß das Land zu vermessen. Die Stände hatten mit Ausnahme der Hirngespinste gar nicht einmal so unrecht; denn Keppler bezog sein Gehalt als Landvermesser."*

Und für uns ging, langsam aber sicher unser Gehalt - damals im ersten Lehrjahr zehn Reichsmark - aus. Wir verlebten in Weil der Stadt noch schöne Tage. Allerdings beschäftigten wir uns nicht mehr mit Keppler sondern mit Lieblicherem aber ebenso Unverständlichem, wie die Bahn der Sterne von Keppler: mit Mädchen!

Wir wanderten weiter durch den Schwarzwald. Hatten nachts im Zelt, ganz unangepaßt dem Leben eines Hitlerjungen, Angst vor eventuell entflohenen Kriegsgefangenen.
In der Kreisstadt Calw, in der Hermann Hesse geboren wurde, fanden wir ein Gasthaus mit einem vorzüglichen Kuchen. Den genossen wir. Übrigens ... auch Hermann Hesse hatte die höhere Klosterschule in Maulbronn besucht, wie Johannes Keppler.
Aber wir brauchten nicht Mathematik studiert zu haben, um die Ebbe in unserer Reisekasse festzustellen. Wir rechneten aus, wie weit wir noch zu Fuß wandern müssen, um mit dem Restgeld dann nach Pforzheim mit der Bahn fahren zu können. Das gelang uns auch. Ich mußte mir allerdings beim Vater von Klaus noch Geld besorgen, um noch nach Königsbach fahren zu können.

Übrigens - und das war sehr wertvoll für uns - hat Herr Wein unsere mitgebrachten Aquarelle und Zeichnungen kritisch begutachtet und als gut befunden. Sowohl die Mutter von Klaus als auch meine Mutter waren froh, uns wieder zu Hause zu haben, denn es war ja Krieg...

...Und dafür war es ein schönes bescheidenes, aber eben doch ein besonderes Abenteuer - unser Ausflug in den Schwarzwald.

Dienstag, den 10. April 1945
Der Krieg ist immer noch nicht zu Ende. Viele Gerüchte. Von neuen Gefangenen, die in unser Lager kommen, wird von der Heimat erzählt. Informationen, so spärlich und so unglaublich sie auch sind, lassen Schlimmes befürchten.

Der Frühling kommt trotzdem. Die Natur fragt nicht nach Krieg oder Frieden. Sie erneuert sich jedes Jahr in ihrer schönsten Blütenpracht. Wir sehen nicht viel davon, denn die Mauern, die uns umgeben, ließen nur einen Blick in den Himmel frei. Nur auf dem täglichen Marsch nach Dijon-Ville erlebten wir das Wiederergrünen der Bäume. Auf der ganzen Strecke von zirka sieben bis acht Kilometern ist die Straße von einer wunderschönen großen Platanen-Allee eingesäumt.
Die Strecke mußten wir - wie schon gesagt - morgens und abends zu Fuß zurücklegen, zusätzlich zur Arbeitszeit. Und das Klappern unserer Holzschuhe begleitete uns im müden Rhythmus laut durch die Stadt und später auf der Landstraße.
Aus Gründen der Fluchtgefahr - so sagten die Franzosen - habe man uns die Lederschuhe abgenommen. An die Holzschuhe - so wie sie die Holländer tragen - mußten wir uns erst noch gewöhnen. Ohne Socken, nur mit Fußlappen, war das Gehen gar nicht so einfach.
Trotzdem, mit dem neuen Grün, mit den wärmenden Temperaturen, kamen auch neue Energien, kamen die Lebensgeister wieder zurück.
Es klapperte unheimlich laut, wenn wir dahermarschierten, eigentlich schlurften. Man schaute uns an, wie wir so zerlumpt durch die Straßen liefen. „Sale boche" war noch das wenigste, was man - allerdings nur vereinzelt - zu uns schrie.
Nach dem Brückenkommando, dem schwersten Arbeitsplatz den wir bisher hatten, kamen wir Ende März zu Estiot + Cie in Dijon. Horst und Ernst Britz waren auch dabei. Estiot war eine Stahlbaufirma. Wir mußten zerstörte Brückenteile entnieten. Das ging mit einer Art Keil, der an die Nieten angesetzt wurde und auf dem der zweite Mann mit dem Vorschlaghammer die Nietenknöpfe abschlagen mußte.
Bald konnten wir auch neue Stücke vernieten. Die aus Eisen bestehenden Nieten wurden erhitzt, bis sie glühten. Die glühende Niete wurde mit einer Zange ins Bohrloch gesteckt und mit einem passenden Nietkopf mit dem Vorschlaghammer vernietet. Den Deutschen konnte man alles zumuten. Sie konnten einfach alles. Wir waren immer Spezialisten!
Längere Zeit war ich auch beim Schmied beschäftigt. Er war italienischer Abstammung und sehr jähzornig. Ich mußte richtig mit dem Schmiedehammer, im Takt mit dem Schmiede-Meister, Eisen schmieden. Wenn das nicht so klappte, wie der Italo-Franzose meinte, und er wütend war, was oft der Fall war, schmiß er schon mal den Hammer nach mir.
Das erinnerte mich an meinen Vater, auch Handwerksmeister. Er reagierte bei seinen Gesellen auch so heftig. Ein Glück, daß beide jeweils nicht ihr Ziel trafen.
Bei Estiot + Cie übten wir viele Berufe aus. Man war auch mit uns zufrieden. Nur sagte das niemand.

Im Gegenteil. Ein hübsches Mädchen, Büroangestellte, ließ es uns immer merken, daß wir „dreckige Gefangene" waren.

Es gab nur eine Ausnahme. Ein Elsässer, ein schon etwas älterer Mann, mit sehr zerfurchtem Gesicht, er hieß Dubs, war das Gegenteil. Er teilte jeden Tag seine wahrhaft kärglichen Vesper mit mir oder Horst. Wobei er natürlich sehr darauf achtete, daß dies niemand sah. Es tat doppelt gut, so behandelt zu werden. Erstens, daß sein Vesper uns täglich half, mehr zum Überleben zu haben. Und zweitens, daß er mit uns sprach. Wahrscheinlich, er war ja Elsässer, wurde er genau so gedemütigt von den arroganten Franzosen, wie wir auch.
Wir lernten im Lager am Wochenende Französisch. Unser Lehrer war ein Student namens Klaus Morgenstern.

Selbstbildnis: Weil ich kein Zeichenpapier hatte, habe ich auf ein kariertes Heftblatt im Mai 1945 gezeichnet. Damals war ich 19 Jahre alt.

Wenn wir am Montag mit neuem Wissen bei Estiot waren, schrieben wir manche Sätze mit Kreide aufs Eisenblech. Wir fragten die Arbeiter dann, ob es so oder so richtig sei. Wir freuten uns dann, wenn die Arbeiter sich am Kopf kratzten und verlegen meinten „Comme çi? Ou comme ça?" Sie wußten es nicht. Da waren wir stolz, nicht nur einfache Hilfsarbeiter zu sein.

Auf und vom Weg von Estiot ins Lager sahen wir amerikanische Kolonnen fahren. Ein Mann plus Gepäck im Jeep sitzend - und das kolonnenweise. Mein Gott, dachte ich, welch ein Unterschied zu unserem Rückzug aus Frankreich. Da mußten die Landser Kinderwagen, Fahrräder, Leiterwagen und alles mögliche nehmen, um sich leichter fortzubewegen ... und die Amis? Die hatten massenweise Fahrzeuge ... unglaublich. Bei der SNCF sahen wir auch modernste Loks, die mit Öl betrieben wurden. In den Amiküchen war Überfluß an allem, da war es für uns klar, daß man gegen die Amerikaner so keinen Krieg gewinnen kann. Die Materialüberlegenheit war selbst für uns Gefangene sichtbar. Gemein waren sie aber auch, die Amis. Sie wußten, daß wir französische Gefangene in den Abfallgruben nach Essensresten suchten. Aber eines Tages wurden die Abfälle mit Petroleum übergossen, damit wir sie nicht mehr verwenden konnten.

Die Zeit verging und es wird auch Mai werden. Wir hörten zunehmend Gerüchte, daß Deutschland am Ende sei. Unsere Wachposten „begrüßten" uns schon jeden Tag mit dem höhnischen „Allemand kaputt".

Sonntag, den 15. April 1945
Heute habe ich mal wieder gemalt. Das heißt, ich habe schon am Samstag damit begonnen, weil ich keine Kartoffeln schälen mußte. Auf der einen Seite der Baracke hatte ich eine Schwarzwaldlandschaft an die Wand gemalt, und auf die andere kommt das schöne Fachwerkhaus, unser Rathaus in Königsbach. Es sei gut geworden, sagt man. Unser Lagerchef Monsieur Bidet hat es mit seiner ganzen Familie besichtigt.

Es macht mir viel Spaß, daß ich so malen darf. Ein Posten schikanierte mich dafür am nächsten Tag. Ich mußte in der Wachstube die Tische schrubben. Der Rest der Wachmannschaft hat aber über meine Wandmalerei gestaunt.

Meine Lederschuhe habe ich heute wiederbekommen. Nach sechs Monaten mit Holzschuhen läuft es sich mit Lederschuhen doch besser. Das kam so: Ich ging zum Sani wegen meiner schmerzenden Füße, anschließend zum Chef. Der war nicht da. Also zum deutschen Lagerführer Kuhlmann, der setzte sich ebenfalls dafür ein. Zum Schluß bekam das ganze Kommando die Schuhe wieder zurück.

Heinz Völker hat über das Wandbild in gotischer Schrift geschrieben: O Schwarzwald, o Heimat, wie bist du so schön!

Sonntag, den 22. April 1945
Es geht weiter mit der Wandmalerei. Wir haben einen ehemaligen Hühnerstall als Kirchenraum bekommen. Sowohl für die Katholiken als auch für die evangelischen Gefangenen. Ich hatte mir was Großes vorgenommen. Die ganze Giebelwand zu bemalen - mit einer überlebensgroßen Christusfigur am Kreuz. Links und rechts davon zwei betende Engel. Es war das erste Mal, daß ich mich an ein so großformatiges Wandgemälde wagte. Und ich bin zufrieden mit dem bisherigen Ergebnis. Der Pfarrer wird das große Wandgemälde weihen. Am Sonntag kommen Franzosen extra ins Lager, um die Arbeit zu bewundern. Unser Chef M. Bidet ist ganz stolz auf die Kapelle.

Donnerstag, den 26. April 1945
Ein Mitleidender, Hermann Wiegert aus Bühl in Baden, hat heute als erster im Lager ein Paket aus der Heimat bekommen. Bühl liegt gar nicht weit weg von meinen Dorf. Also - so hoffe ich - kommt auch mal bald was zu mir. Ich habe von Hermann Kuchen mit Bienenhonig bekommen.

Sonntag, den 29. April 1945
Seit Freitag war ich im Innendienst. Ich brauchte keinen Küchendienst zu machen, durfte malen. Das Rathaus-Bild fertig gemalt. Und dann die „Mutter Gottes" als Altarbild für die kommenden Mai-Andachten der Katholiken. Es macht Spaß, zwei Tage und das Wochenende zum Malen verwenden zu können.
Vom Lagerchef M. Bidet einen Bleistift bekommen!

Dienstag, den 1. Mai 1945
Wir mußten einen halben Tag arbeiten. Nachmittags malte ich das Mutter Gottes-Bild fertig. Zwei Themen beherrschen die Diskussionen. Wann kommt endlich das Rote-Kreuz-Paket und wann endet der Krieg? Man beachte die Reihenfolge der Themen!

Freitag, den 4.Mai 1945
Mein Bruder Karl wird heute 34. Aber, was viel wichtiger ist, das langersehnte Freßpaket vom Roten Kreuz ist da. Unglaublich: Vor uns liegen Kekse, Lebkuchen, Nudeln usw. - Wir freuen uns wie die Kinder. Im Paket waren 400 Zigaretten, ein Päckchen Tabak, eine Dose Lebkuchen, Graubrot und drei Packungen mit Keksen. Immerhin sind wir nun schon acht Monate in Gefangenschaft und es gab weder Post noch Pakete. Bisher nur zwei Ausnahmen.
Bei den Ami-Gefangenen dagegen klappt alles; die bekommen sowohl regelmäßig Post als auch Pakete. Hoffen wir weiter, daß auch bei uns mal Normalität einkehrt.

Unsere Lagerkapelle, die der Autor mit primitivsten Mittel 1945 ausgemalt hat.

Am, **Sonntag, den 6. Mai 1945**, meinem Geburtstag, begann es deshalb fürstlich: Kaffee mit Milch und Keksen. 25 Bonbons gab's vom Küchenchef, der französische Lagerchef spendierte eine Packung Kekse und einen Pott voll Kartoffeln. Es war alles prima, nur hätte ich mir gewünscht, am 19. Geburtstag wo anders zu sein.

Es gab nicht viel zu feiern.
Ich war mit Horst Gottwalt, Willi Schröder, Gotthold Krell und Franz Morbitzer hinter der Baracke. Wir kochten uns eine zusätzliche Suppe...

Man merkte an der allgemeinen Stimmung, daß sich etwas tat, aber wir wußten nichts Genaues. Wir hofften nur, daß wir, wenn nun endlich der Krieg zu Ende ist, daß wir auch aus der Kriegsgefangenschaft entlassen werden. Zumindest hofften wir, daß sich eine Normalität einstellt. Wobei niemand so richtig wußte, was das sein soll.

Der Wunsch zum Kriegsende...
Von links: Hans Schöner, Franz Morbitzer, Willi Schröder, Ernst König, Gotthold Krell, Heinz Völker und Horst Gottwalt.
Alle waren noch nicht mal 19 Jahre alt - außer Ernst König, der Jahrgang 1925 war.

Kriegsende

Am **Montag, den 7. Mai 1945,** wurde es immer sicherer: der Krieg ist zu Ende. Abends gegen 6.10 Uhr kam dann die Meldung, der Krieg sei aus! Um halb sieben war es dann wahr! Da hauten alle Posten ab!

Am **Dienstag, den 8. Mai 1945**, war ich beim Malen, da heulten die Sirenen, die Glocken läuteten, da war es wohl endgültig aus. Man kann es nicht ausdrücken, was wir fühlten.
Wie mag es nur in Deutschland sein? Wie geht es meinen Eltern? Gott mit uns!

Dienstag, den 8. Mai 1945
Trotz Kriegsende - das Essen geht vor. Am 5. Mai hatte ich gemalt, hatte aber keine rechte Stimmung dazu. Zusätzlich vom Roten-Kreuz-Paket gelebt. Abends haben wir von der Küche je einen Eßlöffel voll Ölsardinen, Apfelmus und Schweinefleisch bekommen. Es ist kein Witz, mehr war es nicht. Wahrscheinlich sollte es uns daran erinnern, daß es so etwas noch gibt.

Samstag, den 12. Mai 1945
Gestern und heute kamen nur traurige Nachrichten. Neue Gefangene, im wesentlichen aus Karlsruhe und Umgebung, berichteten, daß Pforzheim zu 90 Prozent zerstört sei. Es habe mehr als 35.000 Tote unter der Zivilbevölkerung und eventuell anwesenden Soldaten gegeben. In Heilbronn sei es ähnlich. In Königsbach, entlang der Bahnlinie, sei vieles zerstört. Der Ort wäre eingenommen, zurückerobert und dann wieder eingenommen worden.

Sonntag, den 13. Mai 1945
Der Versuch, ein Resümee zu ziehen. Dauernd hörten wir nichts als Gerüchte, nie etwas Genaues. Bis dann endlich am **Dienstag, den 8. Mai 1945, mittags um 3.10 Uhr**, die Sirenen heulten und die Glocken läuteten. Da war das Unfaßbare geschehen. Deutschland lag am Boden. Der Waffenstillstand war unterzeichnet. Das ersehnte Kriegsende war da. Aber wie sah es aus?
Über sechs Jahre Krieg, Schrecken und Not über ganz Europa. Deutschland zerbombt. Unendlich viele Zivilisten sind tot. Alles bewirkt durch eine Regierung, die dem Wahnsinn kein Ende geboten hat. Ich kann alles noch nicht fassen.
Als nun die vielen neuen Gefangenen aus dem Raum Karlsruhe kamen und erzählten, wie es zum Schluß gewesen war, gab das mir den Rest.
Es sind hauptsächlich ältere Männer vom sogenannten Volkssturm. Man hat zum Schluß noch 14- und 65jährige eingesetzt - ohne Ausbildung und entsprechende Waffen in den Kampf getrieben. Die Überlebenden erleben nun das bittere Ende bei uns. Ein Zeitungsbericht soll nun den Gerüchten ein Ende setzen.

Das Kriegsende am 8. Mai 1945...
... am 6. Mai wurde ich gerade 19 Jahre alt. Keine Geburtstagsfeier. Etwas mehr Essen, weil wir in einem Bom-

„Familienbild" vor unserer Baracke zum Kriegsende.

bentrichter - aus Abfällen der Amis - fündig wurden, und etwas vom Roten Kreuz zum Essen bekamen.

Wir waren weder erleichtert noch geschockt. Wir nahmen das Kriegsende hin ohne große Emotionen. Die Hoffnung, nun, da dieser Krieg zu Ende war, nach Hause zu kommen, war groß!

Es gab keinen Grund, uns nun länger in Gewahrsam zu halten, denn wir waren nun keine Soldaten mehr!

Alles was ich bis jetzt in meinen Tagebüchern notiert hatte war Erlebtes, Erlittenes, Gehörtes - es gab keine offiziellen Stellungnahmen. Wir hörten und wußten ja auch nichts.

Eines Tages, ich weiß nicht wie, kam mir ein Original-Zeitungsblatt vom „Wochenkurier - Das Blatt der Heimatfernen" vom 15. Mai 1945 in die Hände. Ergänzend zu meinem Wissen um die Vorgänge des Kriegsendes möchte ich diese mir wichtig erscheinenden Artikel, quasi als einzige amtliche Stellungnahme, die wir erfuhren, in meinen Tagebüchern festhalten. Ich versteckte das Zeitungsblatt unter dem Umschlag meines Heftes von 1945. Ich zitiere daraus folgendes:

„Die bedingungslose Kapitulation Deutschlands und der Wehrmacht wurde am 9. Mai in Karlshorst bei Berlin von Generalfeldmarschall Keitel unterzeichnet.

Bereits am 7. Mai hatten die Alliierten die bedingungslose Kapitulation Deutschlands im Hauptquartier General Eisenhowers in Reims entgegengenommen. Für Deutschland unterzeichneten im Auftrag von Dönitz der neue Generalstabschef Generaloberst Jodl und Admiral von Friedeburg.

Nach der Unterzeichnung erklärte Generaloberst Jodl in deutscher Sprache: ‚Herr General', von den Amerikanern war General Spaatz und von den Franzosen General Delattre de Tassigny anwesend, ‚durch die Unterzeichnung haben sich das deutsche Volk und die deutschen Streitkräfte auf Gnade und Ungnade den Siegern ergeben.

In diesem mehr als fünf Jahre dauernden Krieg haben das deutsche Volk und die deutschen Truppen vielleicht mehr gelitten als jedes andere Volk der Erde.

In dieser Stunde kann ich nur der Hoffnung Ausdruck verleihen, daß der Sieger das deutsche Volk mit Edelmut behandeln wird.'

Fast die ganze Belegschaft der Baracke II - (v.l.n.r.) Neuendorf, Gassner, Schulz, Britz, Schröder, Gasser, Schöner, Thimong, Tauscher, König, Lehmann, Wiegert, Bertsch, Herbstrith, Morbitzer, Sylvery, Hammerschmied, von Findel, Eisenmann, Schweinefuss. Lauber, Knobler, Krell, Völker, Gottwalt, Schilling, Prutzi und Witt im August 1945 im Lager Clos Charpentier.

Großadmiral Dönitz spricht zum deutschen Volk:

„Deutsche Männer und Frauen!

In meiner Ansprache vom 1. Mai, in der ich dem deutschen Volk den Tod des Führers und meine Bestimmung zu seinem Nachfolger mitteilte, habe ich als meine erste Aufgabe bezeichnet, das Leben deutscher Menschen zu retten.

Um dieses Ziel zu erreichen, habe ich in der Nacht vom 6. Mai zum 7. Mai dem Oberkommando der Wehrmacht den Auftrag gegeben, die bedingungslose Kapitulation für alle kämpfenden Truppen auf allen Kriegsschauplätzen zu erklären. Wir müssen den Tatsachen klar ins Gesicht sehen. Die Grundlagen, auf denen das Deutsche Reich sich aufbaute, sind zerborsten. Die Einheit von Staat und Partei besteht nicht mehr. Die Partei ist vom Schauplatz ihrer Wirksamkeit abgetreten. Mit der Besetzung Deutschlands liegt die Macht bei den Besatzungsmächten.
Wir haben alle einen schweren Weg vor uns. Wir müssen ihn in der Würde der Tapferkeit und der Disziplin gehen, die das Andenken unserer Gefallenen von uns fordert. Wir müssen ihn mit dem Willen der Anstrengung aller unserer Arbeit und Leistungskraft gehen, ohne die wir uns keine Lebensgrundlage schaffen können. Wir wollen ihn in der Einigkeit und Gerechtigkeit gehen, ohne die wir die Not der kommenden Zeit nicht überwinden können. Wir dürfen ihn in der Hoffnung gehen, daß unsere Kinder einmal, in einem befriedeten Europa, ein freies und gesichertes Dasein haben werden. Ich will auf diesem dornenreichen Weg nicht hinter Euch zurückbleiben."
Soweit Dönitz.
Es folgten noch folgende Meldungen: Eine wichtige Meldung des Oberkommandos der Wehrmacht:

„Ab 9. Mai, 00.00 Uhr, sind auf allen Kriegsschauplätzen von allen Wehrmachtsteilen und allen bewaffneten Organisationen oder Einzelpersonen Feindseligkeiten gegen alle bisherigen Gegner einzustellen. Jede Zerstörung oder Beschädigung von Waffen und Munition, Flugzeugen, Ausrüstung, Geräten jeder Art sowie Beschädigung oder Versenken von Schiffen widerspricht den vom Oberkommando der Wehrmacht angenommenen und unterzeichneten Bedingungen und sind im Gesamtinteresse des Deutschen Volkes mit allen Mitteln zu verhindern.

Diese Bekanntmachung gilt für jedermann als Befehl, der auf dem militärischen Dienstwege einen solchen noch nicht erhalten haben sollte.
Vom 9. Mai, 00.00 Uhr, ist ferner auf sämtlichen Funklinien aller Wehrmachtsteile nur mehr offen zu funken."

Und was die Zivilbevölkerung betrifft:

„Zivil-Verordnung der Alliierten in Deutschland"
Der Sender Flensburg gibt folgende Anordnungen des alliierten Oberkommandos für die besetzten Reichsgebiete bekannt:
1. Ausgehverbot von 22.15 Uhr bis 5.30 Uhr morgens.
2. Nachrichten aus Deutschland werden nicht kommentiert.
3. Radio anhören, Theater, Kinoaufführungen sowie Konzerte sind verboten.
4. Sämtliche Organisationen der NSDAP - Nationalsozialistische Deutsche Arbeiterpartei - werden aufgelöst.
5. Die Nazigesetze werden aufgehoben, besonders die *Rassengesetze.*

Und, so schien es uns Kriegsgefangenen, eine ganz „wichtige" Mitteilung:

Der deutsche Gruß wird abgeschafft.

Das Oberkommando der Wehrmacht gibt bekannt:
„Für die gesamte deutsche Wehrmacht wird die sofortige Anordnung des militärischen Grußes befohlen!"
Es folgte die genaue Anweisung, wie gegrüßt werden mußte. Es war unglaublich für uns, daß die Herren Offiziere in einer solchen Situation nichts anderes im Kopf hatten als das „richtige" Grüßen.
Hatten wir das nicht schon einmal? Ja, richtiges Grüßen reichte bei der Grundausbildung zum freien Ausgang. Und nun scheint das richtige Grüßen für das zerstörte Deutschland wichtig zu sein. Eine verrückte Welt!

Zum Kriegsende weitere Auszüge eines Kommentars aus dem gleichen Zeitungsblatt:

„Der Krieg in Europa ist nun beendet. Seit 1933 hat die offene Gewalt alles aufs Spiel gesetzt, um alles (was dies auch immer sein mag) zu gewinnen oder um alles zu verlieren - und sie hat alles verloren." Und weiter:
„Was in den letzten Jahren über Europa hinweggegangen ist, das war kein Krieg im gewöhnlichen Sinn, es war ein schreckliches Elementargewitter mit gigantischen Hagelstürmen, welche die Blüte einer dreitausendjährigen europäischen Kultur zu Boden geschmettert haben. Darum kann kein Europäer das Kriegsende als einen Sieg begrüßen. Er kann es höchstens begrüßen als Ende eines ungeheuerlichen Unwetters.
Das Ende eines Unwetters begrüßt man nicht mit Triumphgesängen, sondern mit dem entschlossenen Willen zu einem Wiederaufbau.
Wer heute Europa und einem dauernden Frieden helfen will, der muß die Versöhnung, den Ausgleich und die Zusammenfassung suchen. Er muß versuchen, die positiven Kräfte zu einen. Nur dann kann von Kriegsende und Frieden die Rede sein." Ende des Zitats.

Große Worte, schöne Worte, wichtige Feststellungen, die so richtig wären. Aber die Realität sah für uns anders aus. Wahrscheinlich kann man das alles nicht sehen, wenn man gerade neunzehn Jahre alt geworden ist und seit Monaten in der Scheiße sitzt.

Nun, es war erstaunlich, weder die Franzosen noch die Gefangenen merkten viel vom Kriegsende in diesem Mai 1945. Daß uns dieses Zeitungsblatt - aus dem ich einige Auszüge zitiert habe - ins Lager flatterte, war mehr ein Zufall als eine geplante Information - und es bewirkte nichts.

Bei uns ging alles seinen „gewohnten" Gang weiter - wenn da nicht in den französischen Tageszeitungen Bilder von Greueltaten und Massenvernichtungen veröffentlicht worden wären. Bilder von entdeckten Massengräbern, der Befreiung von ausgemergelten Menschen aus „Vernichtungs-Lagern" und ähnliche Abbildungen, die uns die Franzosen zeigten.

Auf unserem täglichen Marsch zu unserer Arbeit in Dijon-Ville wurden wir mehr als bisher belästigt, ja wir wurden geschlagen. Der Haß, der mehr oder weniger dauernd vorhanden und spürbar war, wurde handgreiflich. Wie sehr traf gerade uns junge Menschen dieser Ausbruch. Als wir aus dem Waldlager in die „befreiten" Dörfer kamen, konnte man die Freude, das Feiern der Franzosen aufgrund der Befreiung von den deutschen Besatzern verstehen. Selbst der Haß auf ihre eigenen Kollaborateure war verständlich. Daß es natürlich auch Übergriffe auf uns Gefangene gab, war ebenfalls begreifbar.
„Wer versteht, der haßt nicht", sagt ein altes Sprichwort.

Aber jetzt nach dem Kriegsende werden wir - und wahrscheinlich die ganze Welt - mit einer neuen Dimension des Hasses konfrontiert. Es war so schlimm, daß wir einige Tage zu unserem Schutz im Lager Clos Charpentier bleiben mußten.

Ein Glück, daß man nicht dauernd hassen kann. Ein Glück, daß auch das größte Leid Mitleiden weckt. Wir blieben Gefangene, wir mußten Fronarbeit leisten. Wir wurden nicht befreit, wir mußten weiter leiden und wir fragten uns immer öfters „warum?"

Wartet, bis die Garde kommt...

Das war wieder was Neues. Wieder bei der Arbeit, drohte man uns von allen Seiten: „Wartet, wenn die Garde kommt". Mit der Garde meinte man die reguläre französische Armee, von der ja bei Kriegsende noch viele in deutscher Gefangenschaft waren. In unserem Ort, selbst bei einem Schulkameraden aus der Volksschule, waren französische Gefangene, und denen ging es gut. Nur die Masse hier in Frankreich meinte, die Garde würde zurückkommen voll von Haß und uns zusammenschlagen. Und - wie erstaunlich für die Hetzer - die französischen Kriegsgefangenen kamen am Bahnhof an und eine Verbrüderung begann mit uns. Im breitesten Schwäbisch, Sächsisch oder Hochdeutsch, entsprechend der Gegend, in der die französischen Gefangenen waren, bedauerten uns die Heimkehrer. „Ihr armen Schweine, nun seid ihr dran."
Wir hörten kein schlechtes Wort - das Erstaunen der Franzosen war groß...
...aber es dauerte nicht lange, da wagten auch die gutmütigsten Heimkehrer es nicht mehr, mit uns zu reden. Das Fraternisierungsverbot wirkte.
Während ja die Männer unserer Frauen an der Front kämpfen mußten oder gefallen sind, war die „Garde" der Franzosen in relativer Sicherheit. Den meisten ging es ja in Deutschland gut.
Heimlich steckte man uns noch Zigaretten oder etwas zu essen zu, aber sonst war Schweigen.
Wo bleibt denn da der Anspruch „zum Bau eines europäischen Hauses", wie ich es in dem Artikel aus dem „Blatt für die Heimatfernen" gelesen habe?
...Eigentlich war es uns egal, wir waren schon nach so kurzer Zeit der Gefangenschaft so apathisch geworden.

Der Krieg war zu Ende.

Die Hoffnung, nun nach Hause zu kommen, wuchs. Wir ahnten nichts davon, daß wir als Zwangsarbeiter Reparationsleistungen in Höhe von X Millionen Arbeits-Stunden erbringen mußten. Warum? Weil wir den Krieg verloren hatten.
Die Zeit heilt alle Wunden. Unser Trott ging aber weiter. Wir hofften wie immer, aber es sollte noch lange dauern, bis auch wir Deutschen auf Verständnis stießen. Und wie hieß es doch so schön in Keitels Worten, als er die bedingungslose Kapitulation unterschrieb: **„...In dieser Stunde kann ich nur der Hoffung Ausdruck verleihen, daß der Sieger das deutsche Volk mit Edelmut behandeln wird."**

Wir merkten davon nichts.

Es ging alles so weiter wie bisher, wenn da nicht diese Fotos in den Zeitungen gewesen wären.

Sechstes Kapitel

Tagebuchnotizen nach dem Kriegsende

Sonntag, den 15. Juli 1945
Immer wieder kommen Neue in unser Lager. Es sind Landser, die erst kurz vor Schluß oder sogar nach Kriegsende gefangengenommen wurden.

Was man von diesen hört ist nicht gerade angetan, die miese Stimmung zu verbessern. Es ist für uns unvorstellbar, wie noch kurz vor Kriegsende viele Städte zerstört wurden, und wie Deutschland nun total zerschlagen ist. Obwohl, und so hatten wir Unwissenden den Eindruck, bis zum Ende eigentlich eine Einheit bestanden hatte. Bis auf eine relativ kleine Verräterclique, die politisch motiviert und die kriegsmüde war.

Die Gedanken sind mehr zu Hause, als hier beim trostlosen Einerlei eines Gefangenenlebens. Natürlich sehnen wir uns nach Liebe, Ruhe und Freiheit. Dazu gibt es aber keine Antwort. Es kommt immer noch keine Post. Ein Glück ist, daß ich schon immer für Einsamkeit in der Natur war und deshalb das Alleinsein besser ertragen kann. Die Malerei hat sich bei mir im wesentlichen um Naturstudien gedreht. Heute lebt man so dahin, ohne Sinn und ohne Zweck... Schon als Junge war ich bestrebt, mich in eine bestimmte Richtung zu entwickeln. Wenn andere spielten, malte ich. Das begann schon, als ich zehn Jahre alt war. Und ich fand immer Förderer, die mein Talent erkannten und mich zum Weitermachen anregten.

Schon sehr früh begann ich mit dem Malen.

Max Liebermann, der Maler, meinte dazu: *„Was heißt Talent? Talent haben viele. Aber es ist wie 'ne Pflanze, 'ne ganz kleine Pflanze, die sehr gründlich gepflegt werden muß. Wer nicht mächtig hinter ihr her ist, dem nützt das Talent nichts."*

Ich bin deshalb froh, daß ich hier - trotz härtester Arbeit - immer noch in der wenigen freien Zeit malen kann. Und damit anderen Freude bereiten und mir natürlich manches Stück Brot zum Überleben dazuverdienen kann.

Es war nicht leicht, so auf einem Dorf aufzuwachsen. Wo es fast niemanden gab, der für Kunst Verständnis hatte. Immer wieder drang der Leichtsinn durch, nichts für die Weiterbildung zu tun. Aber schon als kleiner Junge war die Sehnsucht nach Liebe, nach einem noch undefinierbaren großen Ziel in mir. Aber ich habe es nie gefunden. Immer, wenn ich mit meiner mir entsprechenden Lebensart kam, wurde ich verkannt. Man nannte mich eine „Großgosch" und „Angeber" und ähnliches. Es hat mich immer sehr gekränkt, so verkannt zu werden. So wurde ich den gleichaltrigen Kameraden fremd und zog mich zurück. Ich malte, zeichnete...

...deshalb reizte mich auch das Jungvolk nicht mehr. Die Kameradschaft darin bedeutete mir früher viel. Der Abstand wurde immer größer, ich spürte die wachsende Entfremdung. Als Ausgleich wuchs die Leidenschaft zum Malen.

Meine Schulkameraden meinten, ich sei eingebildet. Aber die Hänselei tat nicht mehr weh.

Ich reifte so der Zeit entgegen, die zu der glücklichsten meiner Jugend gehörte. Ich wanderte. Aber auch beim schönsten Seelenerleben schwang immer ein kleiner Ton von Bitternis, so verlassen zu sein, mit.
Ich fand Freunde, gab mich dem Erlebnis hin, aber immer öfters wurde ich enttäuscht.
Mich zogen Mädchen an, aber deren Schein war mehr als das Sein. In den schönen Tälern des Schwarzwaldes fand ich Ruhe und Erhabenheit. Die Sehnsucht nach irgendwas wuchs in mir. Ich blieb aber der kleine Junge vom Dorf. Das ungeheure Gefühl für alles Echte und Wahre blieb...

...Aber ich bin wohl zu tief eingedrungen ins Suchen nach irgendwas und verlor sehr oft die Realität... ich sah nicht mehr das Leben.
In depressiven Phasen sah ich, wie meine Schulkameraden das Leben leicht nahmen. Ich versuchte mitzumachen, stets das Göttliche in allem zu finden. Ich ging sogar mit in Gaststätten. Es ließ sich leicht leben. Es war aber nichts für mich. Ich fiel ab, wieder mit mir und der Welt unzufrieden.

Da kam eine Änderung in mein Leben. Ich lernte bei durchmarschierenden Soldaten einen Professor der Kunstakademie aus Düsseldorf kennen. Ich durfte ihn einen Freund nennen. Es gibt keinen Zufall - nur Fügung. Er gab mir Einblick in die sogenannte große Welt. Wir sprachen über Dinge, die vorher für meinen Wissensstand zu hoch gewesen waren. Ich hörte von Malern, Bildhauern, vom Theater, von Konzerten. Walter Sorges, so hieß er, erzählte mir vom Leben. Er stieß mir das Tor auf in eine andere Welt.
Das Komische war nur, ich bekam Angst vor all dem Gehörten. Mein Gefühl der Minderwertigkeit war da, ein Gefühl, das mich auch heute noch oft lähmt. Und trotzdem - es war, als ob die Schranken der Klassengesellschaft aufgehoben worden wären. Ich kam eine Erkenntnisstufe weiter, und immer waren es väterliche Freunde, Maler, Künstler, die mich förderten und in mir das Gefühl von väterlicher Fürsorge und Liebe weckten. Ich lernte gesellschaftliche Kreise kennen, die mich anzogen und zugleich abstießen.
Ich fand immer Menschen, oder anders ausgedrückt, mich fanden immer Menschen, die in mir den talentierten, aber ungebildeten Naturburschen sahen und das schätzten.
Ich ging ins Theater oder andere Veranstaltungen und stand dem Neuen gegenüber, wie jemand, der alles begreifen möchte, aber nicht hinter den Sinn der Dinge kam. So mit mir selbst unzufrieden, saß ich gerne wieder auf grünen Wiesen und dachte über des Lebens tiefsten Sinn nach. *„Ein Gott ist der Mensch, wenn er träumt, ein Bettler, wenn er nachdenkt."*
Ich war hungrig nach allem was weiterführt, nach neuen Erkenntnissen. War dazu die Gefangenschaft der richtige Platz? Hatte ich da die richtigen Freunde?

Mittwoch, den 18. Juli 1945
Wir sprechen über die genannten Probleme in unserem Kreis - Horst, Willi und Gotthold. Dazu kam noch Franz Morbitzer, ein Sudetendeutscher. Wir redeten über Gott und die Welt und was diese wohl zusammenhält. Aber der Hunger setzt andere Maßstäbe, er führte schnell wieder in den aktuellen Lebenskampf. Die eßbaren Tatsachen, die wir aus der Ami-Müllgrube holten, waren lebenswichtiger als das Philosophieren.

Sonntag, den 22. Juli 1945
Seit Kriegsende tut sich nichts. Man hört nichts, es kommen auch keine Neuen mehr. Wir leben nur aus der Erinnerung an Vergangenes. Da dachte ich daran, daß ich über Engele geschrieben habe, aber noch kein Wort über Traudel Kehl. Das sollte ich nachholen. Von ihr wurde ich am meisten enttäuscht - oder war ich damals nur zu eingebildet?

Sicher war es ein großer Fehler, daß ich ihr während der Zeit zwischen Reichsarbeitsdienst und Kommiß aus dem Wege ging. Wahrscheinlich spielte da Margot eine Rolle.

Nun, Traudel war eine Cousine von Marga und Marianne Teuscher und gehörte damit in unseren engeren Jugend-Freundeskreis.
Wenn Traudel auch nicht so oft wie Marga in Königsbach war, war sie da, wenn Marga nicht da war!

Von rechts: Traudel, Marga, „Blitze" und Marianne.

So schwankte ich eigentlich schon sehr früh zwischen den beiden hin und her. Es war aber nie mehr als eine schöne Freundschaft. Wir wanderten zusammen, gingen mal ins Theater oder Kino, aber mehr passierte nicht. So ging die Zeit vorbei. Wir trafen uns oft an Sonntagen, das heißt, mit Traudel, die ja in Pforzheim wohnte, war es so eingerichtet, daß sie immer öfters zu uns nach Königsbach rauskam. Ihre Eltern sahen still zu, sagten aber nichts.
Vielleicht habe ich schon in jener Zeit viel gespart, weil Traudel in der Sparkasse in Pforzheim beschäftigt war. Es gab immer einen Grund, sich was zu erzählen und sich zu treffen. So ging es bis zur Musterung am 10. Juli 1943.

Schluß für heute, es hat schon lange zum Zapfenstreich geblasen. Schade, ich schwelgte gerade so schön in der Erinnerung.

Sonntag, den 22. Juli 1945
Ja, die Musterung des Jahrgangs 1926 war am 10. Juli 1943. Wir waren 17 Jahre alt.
Es war toll. Am Sonntag abend war der Rekrutenball. Wir waren schon schön beim Tanzen, ich hatte ein Auge auf Rose geworfen, da kam Gretel, eine Schulkameradin mit Traudel Kehl. Ich ging sofort zu ihnen, um sie zu begrüßen. Traudl, das Stadtmädchen, fiel natürlich positiv gegenüber den Landmädchen auf. Ich tanzte ab sofort fast nur noch mit ihr, und das gab Ärger, das war klar. Traudel tanzte tadellos, bei mir ging das nicht so gut, aber es klappte trotzdem vorzüglich. Später brachte ich sie auf den Bahnhof und wir machten ein Stelldichein aus.

Als ich nichtsahnend auf den Marktplatz zurückkam, stand da die ganze Meute. Bald wußte ich warum. Alfred Gauss und Werner Kratt hatten Rosel aufgeregt und eifersüchtig gemacht. Sie war so wütend auf mich, daß sie, als ich später weg war, um Traudel auf den Bahnhof zu bringen, zwei Gläser zum Gasthaus-Fenster rausgeworfen hatte. Die Reaktion des Wirtes: er warf die ganze Meute raus. Die waren natürlich nun auf mich und nicht auf Rosel sauer.

Am nächsten Sonntag kam Traudel wie immer mit dem Zwei-Uhr-Zug. Um vier Uhr trafen wir uns. Trotz des schlechten Wetters sind wir über den Heustett gelaufen. Bald fing es auch noch zu regnen an. Es störte uns aber nicht. Den Regenmantel fest um uns geschlungen, standen wir auf den Felsen. Schauten übers Dorf, sahen zu, wie die Wolken immer schneller ankamen, auseinanderfetzten, sich wieder zusammenballten und unheimliche Formen bildeten. Es war ein faszinierendes, dämonisches Spiel der Naturkräfte.

In der Ferne braute sich ein Gewitter zusammen. Wir standen und schauten dem herrlichen Naturschauspiel zu. Traudel schmiegte sich immer enger an mich. Wir standen eng umschlungen hoch über Königsbach und vergaßen alles um uns herum.

Nun regnete es auch noch in Strömen. Es war ein Gefühl von Wärme, von Geborgensein unter dem Mantel. Und über uns der Regenschirm, der den schlimmsten Regen abhielt. Die gemeinsamen Gedanken fanden sich in Jugenderinnerungen wieder. Ganz plötzlich küßte mich Traudel auf den Mund. So standen wir eine lange Zeit im Regen, wußten nicht, was wir machen sollten, bis Traudel sagte: „Einmal und nie wieder, Hansl! Es darf nicht sein. Du weißt doch..." Ich wußte nichts. Und bald bewiesen wir, daß wir doch glücklich sein konnten. Es wurde langsam dunkel, naß waren wir auch, trotzdem gingen wir ganz langsam und glücklich ins Dorf zurück.

Als ich sie spät zur Bahn brachte, war zwar nichts geschehen, aber es war ein schöner Tag, trotz des Regens. Ich dachte dann an die Verse:

> *„Augen, ein wenig versonnen,*
> *Wünsche, ein wenig begonnen,*
> *Herzen, ein wenig verschenkt,*
> *Glück, eh man's bedenkt."*

Die Zeit verging. Ich hatte keine Gelegenheit, sie zu sehen. Da half mal wieder das Sparbuch. Ich stellte mich sichtbar in die Schalterhalle der Sparkasse in Pforzheim und sie hatte mich bald entdeckt. Das galt für beide Seiten. Ein Rendezvous wurde vereinbart und wir trafen uns ein paar Tage später auf dem Hachel, von dem man einen wunderschönen Blick auf die Dreitälerstadt hat.
Einmal gingen wir ins Stadttheater in der Westlichen. Ich habe sie bei ihren Eltern abgeholt. Sie kam aber erst spät von der Sparkasse. Inzwischen unterhielt ich mich sehr gut mit ihrer Mutter.
Was es im Theater gab, weiß ich nicht mehr. Aber es war zauberhaft, wie Traudel so neben mir saß. Im Profil, das leicht angestrahlt war, sah sie entzückend aus. Wahrscheinlich habe ich mehr meine Freundin beobachtet, als das, was auf der Bühne vor sich ging. Immer und immer wieder mußte ich sie ansehen. Ich wollte sie so und genau in diesem Licht malen. Daraus wurde aber leider nichts.

Noch lange, im Mondenschein, durch die menschenleere Altstadt gelaufen. Die Zeit stand für uns still.

Mit Traudel war alles - was das auch immer war - geregelt. Sie hatte nichts dagegen. Es gab nichts mehr, was uns in unserer Liebe hindern sollte.

Ich weiß nicht mehr, wie dann trotzdem alles scheiterte. Ich meinte, alles versucht zu haben. Aber die Zeit verging, tatenlos, und ich mußte zum Reichsarbeitsdienst. Oft habe ich ihr geschreiben. Es kam kaum eine richtige Antwort. Sie habe zu viel Arbeit, hieß es da. Es klang nach Ausreden. Ich glaubte alles, aber es tat weh, daß nichts weiterging. Heinz Fränkle berichtete mir dann von Hausbällen und daß Traudel immer dabei sei. Ich war verletzt - warum? Ich weiß es nicht - und ich schrieb ihr nicht mehr.

Monate später, ich kam vom Arbeitsdienst zurück, besuchte ich ihre Mutter. Sie erzählte mir alles, aber ich konnte es nicht glauben, daß alles nur ein Traum war. Ich ging Traudel aus dem Weg, wenn ich sie mal sah...

...und da war nun Margot da. Viel Zeit hatte ich ja nicht mehr und ich mußte zum Kommiß. Heute, hier in der Gefangenschaft, denke ich oft, was ich denn hätte machen sollen. Es war schön. *„Vielleicht begegnen wir uns alle nur, um aneinander reifer und reicher zu werden. Das Abschiednehmen gehört dann zum Glück des Beisammenseins, es ist ein Teil davon."*

Und passend (aus Tristan und Isolde):

„Wem nie durch die Lieb' Leid geschah,
dem ward auch Lieb' durch Lieb' nicht nah,
Leid kommt wohl ohne Lieb' allein,
Liebe kann nicht ohne Leiden sein."

Donnerstag, den 26. Juli 1945

Ein besonderes Ereignis war heute. Nach mehr als zwölf Monaten mal wieder ein Bier getrunken. Ein alter, gütiger Wachmann hat es mir spendiert. So müßten mehr zu uns sein.
Ich saß hinter der Baracke. Es scheint ein Gewitter aufzuziehen. Ein frischer Wind bläst über die niedergedrückten Grashalme. Ich zeichnete... es war eine der schönen Stimmungen, die uns gelegentlich die Natur bietet. Gestört wurde ich dann bei diesem Erlebnis von nur Franz, der mir von seiner Heimat, dem Sudetenland erzählte.

Eine Unterhaltung im tristen Alltag des Lagers... „Opfer der Liebe". Die Frauen sind reizend imitiert.

Sonntag, den 29. Juli 1945

Was Neues in unserem Lager: Der neue Lagerführer Paul Borgmann, er war Spieß beim Kommiß, im Zivilleben Apotheker, hat ein Unterhaltungsprogramm organisiert. Gerade war ein bunter Nachmittag. Ein Versuch, die miese Stimmung zu heben. Es ging. Trotzdem, weiß der Teufel, was ich anfangen soll. Arbeit hätte ich genug, aber ich habe keine Lust, irgend etwas zu tun. Ich bin zu nichts tauglich, auch nicht bei der Malerei.

Seit ein paar Tagen lesen wir gemeinsam in Goethes „Faust". Es ist unheimlich interessant, das Gelesene miteinander zu diskutieren. Auch wenn wir nicht alles verstehen, kommen wir doch auf andere Gedanken. Schon die Aussage: *„Wer immer strebend sich bemüht, den kann man auch erlösen"*, beflügelt uns. Wir wollen uns bemühen, mehr aus dem Alltag zu machen als zu jammern und nur vom Thema Nummer Eins zu sprechen.
Es ist ein Glück, daß Franz zu unserem Kreis gestoßen ist. Er bringt neue Gedanken und Anregungen, er liegt - wie Gotthold - ganz auf meiner Wellenlänge.

Donnerstag, den 9. August 1945
Ich denke an meine Lehrzeit bei der Silberwarenfabrik Lutz & Weiss in Pforzheim. Dabei natürlich an den Lehrling im 3. Lehrjahr, Werner Kuhn aus Gräfenhausen. Er meldete sich freiwillig zur Waffen-SS und wenige Monate später war er in Rußland vermißt.
Klaus Wein, der Lehrling im 2. Lehrjahr, war Pforzheimer und Hauptjungzugführer bei unserem Patenfähnlein in der Stadt. Wir beide verstanden uns prima. Wir waren uns beispielsweise auch einig, daß wir diesen Beruf Stahlgraveur, den wir damals lernten, nie ausüben werden. Wir entdeckten beide die Liebe zur Malerei und manches Mal auch zu den gleichen Mädchen.

Drei Stahlgraveurlehrlinge. Von links: Werner Kuhn, Hans Schöner und Klaus Wein.

Heute war ich krank, ich konnte es vor lauter Kopfschmerzen nicht aushalten. Man will mich nun zu einem Spezialisten schicken. Trotzdem habe ich den ganzen Tag gemalt. Der neue Dolmetscher will mir Wasserfarben besorgen.

Horst's Tagebuchnotizen gelesen. Ich habe mich anscheinend in ihm getäuscht. Er ist laut diesen Notizen nicht so, wie er sicht meistens gibt. Wahrscheinlich sind wir so nervös, so ausgelaugt, daß man im anderen nur die schlechten Seiten sieht. Ich wünsche mir, daß es wieder besser wird, sind wir doch von der ersten Stunde an in der Gefangenschaft zusammen.

Ich komme gerade vom Büro. Es wird nichts mit dem Spezialarzt. Ich muß morgen wieder zur Arbeit. Eventuell kann ich dann am Samstag, wenn nicht gearbeitet wird, zur Untersuchung gehen. Und das Tollste: Ich darf nicht während der Krankheitsdauer malen, sondern muß wie alle Kameraden in der Küche Kartoffeln schälen. Es würde nicht gut aussehen, wenn ich male, während andere arbeiten, meinte unser neuer Lagerleiter Borgmann. Nur in der Freizeit wird mir gestattet, das Lager mit Bildern auszuschmücken. Also kann ich es gleich aufstecken. Denn Freizeit habe ich ja fast keine. Es ging nun so lange gut, und dann kommt ein ehemaliger Spieß und verbietet das. Was habe ich denn für mich gemacht? Nichts! Ich habe die Kapelle ausgemalt, doch für die anderen. Marienbilder für die Andacht. In den Baracken Wandbilder gemalt, damit diese wohnlicher werden. Also alles, damit sich andere wohlfühlen. Also, das ist doch unverschämt!

Mittwoch, den 15. August 1945
Heute ist ein Feiertag, wir brauchen nicht zur Arbeit. Eigentlich hätte ich viel zu tun, aber nach der Entscheidung der Lagerleitung gegen das Malen habe ich auch keine Lust mehr. Nun ist auch noch Postsperre. Aber das ist ja wohl auch egal, denn wir haben nun schon so lange keine Post mehr, da kommt es auf ein paar Monate auch nicht mehr an.

Am Samstag war ein „Grand Chef" der SNCF bei uns. Er sagte, daß es ab sofort Schwerarbeiterzulage geben würde. Gestern bekamen wir zusätzlich ein Stück „laufenden" Käse und für die Küche eine Kiste Kartoffeln. Ist das die versprochene Zulage?

Sonntag, den 19. August 1945
Genau vor einem Jahr ging der Rückzug in Montpellier los. Und vor einem Jahr bekam ich von meinen Eltern die letzte Post, die am 10. Juli 1944 abgestempelt war.
Gestern war ich tatsächlich beim Spezialisten im Militärhospital. Aber er hat nur festgestellt, daß ich arbeitsfähig bin. Also wieder zu Estiol + Cie, wo wir seit langem als untentbehrliche Spezialisten arbeiten.

In einer Zeitung habe ich gelesen, daß Pforzheim am 23. Februar 1945 - also kurz vor Kriegsende - zerstört wurde. Das Gerücht, das von einem neuen Gefangenen verbreitet wurde, hat sich also bestätigt.

Ein weiteres Gerücht: Die Gefangenen - also wir - sollen eine bestimmte Anzahl von Stunden als Reparationsleistungen abarbeiten. Das wäre doch Zwangsarbeit, das hat doch mit Sicherheitsverwahrung von Kriegsgefangenen während des Krieges nichts mehr zu tun!
Aber wer den Krieg verliert, hat keine Rechte.

Während des Wochenendes war ich in der Kapelle und habe weitergemalt, trotz meiner noch mehr eingeengten Freizeit durchs Kartoffelschälen. Ich glaube, die Arbeit wird gut. Wann hat man schon die Gelegenheit, so ein Wandbild zu malen, wenn man erst 19 Jahre alt ist?

Dienstag, den 21. August 1945
Zwei Tage lang in der Kapelle gemalt (Abbildung auf Seite 44). Das Wandbild, besser gesagt die ganze Giebelwand, ist nun fertig. Die Arbeit ist gut geworden. So meine ich wenigstens, für das großformatigste Werk, das ich je malen konnte. Die Trennwand wird versetzt, damit man die Christus-Szene besser sieht. Das Fenster habe ich rötlich gestrichen. Es ergibt so ein sehr warmes Licht. Es sieht gut aus. Der Pfarrer, der Dolmetscher, die deutsche und die französische Lagerleitung, alle sind begeistert.
Ich war eigentlich nicht zufrieden. Es war bei vielem nur ein Notbehelf und ich mußte immer mit allen Materialien improvisieren.
Unser ehemaliger Lagerleiter, Franz Kuhlmann, ein Eisenbahningenieur aus Freilassing in Bayern, unterstützte mich, wo er nur konnte. Anders sieht das nun Borgmann. Die vielen Stunden, die ich allein und ohne geeignete Hilfsmittel an diesem Kreuzigungsbild gemalt habe, waren schön. Ich war alleine. Beim Malen habe ich den Alltag mit der schweren, ungewohnten Arbeit und die Schikanen, mit denen man uns quälte, vergessen. Die Ruhe ist zu Ende, morgen geht es wieder, wie seit Wochen, zu Estiot + Co. Und ein kleines aber hübsches Büromädchen wird uns hochnäsig - wie es sich gehört für Verlierer - von oben herab behandeln.
Unser Chef, Monsieur Bidet, sagte mir in der Kapelle: „Vielleicht kommt ihr schon in zwei Monaten nach Hause." Ich befürchte aber, daß wir noch einen zweiten Winter durchstehen müssen.

Samstag, den 25. August 1945
Gerade sind die Kommandos für Dijon-Ville, Solonges und Colonge, Hauptlager, Post 2 und Depot abgerückt. Ich bin wieder in die Kapelle zum Malen. Ich kann den Raum benutzen, um ungestört arbeiten zu können.
In unserer Ecke haben wir einen Glühbirne installiert. Horst und ich klauten das Material und Seemann hat alles angeschlossen. So sieht doch gleich alles anders aus. Es ist schön hell. Ich kann in der Ecke lesen, schreiben und zeichnen. Welch ein Fortschritt. Jetzt streichen wir das Holz, das unsere Lagerstatt trennt und ein kleines Regal noch weiß an, damit alles gemütlicher sein wird, wenn wir den Winter nochmals im Stroh verbringen müssen.

Sonntag, den 26. August 1945
Nun sind wir schon zehn Monate hier im Lager. Sicher haben wir es besser als am Anfang, wo alles noch viel primitiver war. Ich muß wieder malen, habe deshalb mit Borgmann Krach. Abends in unserer Ecke, in der man nur sitzen kann, ein Tee-Kränzchen abgehalten mit Horst, Willi, Heinz, Gotthold, Franz und Ernst König. Ernst ist Jahrgang 1925. Alle anderen Jahrgang 1926. Wir halten zusammen und sind sicher hier im Lager eine Ausnahmegruppe.

Es gibt da einen Jungen - unser kleiner Walter Schrenck. Er ist der Jüngste und mit 16 Jahren „Prisonier de guerre". Er erzählte mir, daß er im Nachbarort von Königsbach, in Singen, in einem Flakbunker gelegen habe. Von dort aus konnte er nach meinem Heimatdorf schauen. Er war nur zwei Wochen Soldat. Am 19. April seien sie abgezogen und die Franzosen am 20. April, an Führers Geburtstag, in meiner Heimat eingezogen. Er meinte, es sei in unserem Dorf nicht viel zerstört worden. Ein anderer, Franz von der 6., bestätigt das. Er war in Stein und hat dort sogar Mädchennamen genannt, die ich auch kenne. Der kleine Schrenck zog durch Königsbach nach Ispringen, dort sei die Autobahnbrücke über das Kämpfelbachtal von den Deutschen gesprengt worden. Und dann weiter nach Pforzheim, da sei tatsächlich alles kaputt. Später, so berichtete Schrenck weiter, ging's durchs Würmtal nach Tübingen. Dort haben die Franzosen ihn gefangen.
Es war schön und gleichzeitig traurig, etwas von der Heimat zu hören.

Die Hoffnung, daß alle noch leben, wurde genährt. Wenn man was von der Heimat hört, denkt man auch an die Zukunft. Was werden wir für eine Chance haben?
Gestern haben wir Holunderbeeren-Marmelade gekocht und heute zum ersten Mal gegessen. Es schmeckte phantastisch.

Freitag, den 31. August 1945
Heute war große Entlausung. Gott sei Dank, oder besser, den Zementsäcken sei Dank, daß unsere Ecke schon lange läusefrei war. Bei der Aktion habe ich festgestellt, daß sich schon wieder allerhand Besitz angesammelt hat. Wo wir doch anfangs gar nichts - außer dem, was wir auf dem Körper trugen - hatten. Ich habe meine Ecke mit Regal, Koffer und Karton gezeichnet, um es für die Nachwelt festzuhalten. Schildern kann man das ja nicht. (Siehe S. 24)

Unsere Bude.

Am Dienstag bin ich bei Estiot gestürzt und habe mir den Fuß verstaucht. Am Mittwoch krank gemeldet. Es gab Krach und ich mußte trotz der Verstauchung zur Arbeit.

Sonntag, den 9. September 1945

Am Mittwoch, den 6. September, war es ein Jahr her, daß ich bei Pontalier in Gefangenschaft kam. Ein Jahr haben wir hinter uns. Wieviele werden es noch werden?
Am Mittwoch gab's Krach. Wir - vom Jahrgang 1926 - wollten unser „Einjähriges" feiern. Das verbot man uns. Ich kann es noch nicht fassen, daß schon ein Jahr vorbei sein soll. Ich lese gerade ein Buch „Das grüne Jahr". Doch bei uns war es eher ein schwarzes Jahr.

Am schlimmsten ist es wohl, daß wir immer noch ohne Post, also ohne direkte Nachrichten aus Deutschland, sind. Das ist unerträglich!

Unser Lager wird vergrößert. Neue Baracken - schöner als die Hühnerställe - sind schon da. Es wird Platz für zusätzlich 200 Mann geschaffen. Und da erzählte mir doch Monsieur Bidet in der Kapelle, daß wir in zwei Monaten nach Hause kämen. Die sind rum und unser Lager wird um 200 Gefangene verstärkt. Das paßt doch nicht. Jeder meint nun, es gäbe ein Durchgangslager und es ging von hier aus nach Deutschland! Ich glaube das nicht - und ich sollte leider recht behalten.

Sonntag, den 20. September 1945

Wir dürfen mal wieder eine vorgedruckte Karte nach Hause schreiben. Ich weiß nicht mehr, was ich schreiben soll, denn es kommt ja keine Antwort. Ich bin mal wieder krank.

Die Neuen sind gekommen. Für sie waren die neuen Baracken. Sie kommen aus Norwegen und sind total frustriert, daß sie hier in Frankreich landen. Sie meinten, als es in Norwegen losging: Hurra, wir kommen nach Hause. Und nun das. Sie haben Seesäcke - voll mit neuen Klamotten - mitgebracht. Wir dagegen haben seit der Kommißzeit, und natürlich auch im Gefangenenlager, nichts Neues an Kleidung erhalten. Nun nehmen die Franzosen den Soldaten, die aus Norwegen kommen, die Kleidung weg und verteilen sie an uns. Plötzlich liefen wir alle mit Marinehemden und Amisachen rum. Das Beste war natürlich: Wir bekamen endlich mal Unterwäsche! Und wir konnten gegen Essen auch noch andere Dinge, zum Beispiel ein simples Handtuch, eintauschen.

Für uns war das ein warmer Regen, für die Neuen eine große Katastrophe. Sie waren im Norden nur interniert, hatten gutes Essen und wurden wie Soldaten behandelt. Alles ging bei ihnen so weiter wie vor dem Kriegsende.

Ein Beispiel für Auftragsarbeiten für Monsieur Bidet, unseren französischen Lagerchef

Und nun das Kontrastprogramm in unserem Saftladen. Den Armen gingen die Augen auf. Sie konnten über Deutschland nichts Neues berichten, denn ihr Transport ging, quasi ohne Unterbrechung, durchs Vaterland. Jetzt sagten viele: Hätten wir gewußt, wo man uns hinbringt, in Gefangenschaft, statt nach Hause, dann wären wir getürmt. Jetzt ist es zu spät.

Die Franzosen bekommen scheinbar nicht genug billige Arbeitskräfte. Auch aus Amerika werden schon Gefangene nach Frankreich ausgeliefert. Denen geht es genauso schlimm wie den Gefangenen aus Norwegen. Wir werden immer mehr und das Essen wird immer weniger. Also müßten die Franzosen doch welche heimschicken, so meinten wir. Die denken aber gar nicht daran. So billige Arbeitskräfte haben die noch nie gehabt. Also scheint das Gerücht, daß die Franzosen noch zusätzliche Gefangene bekommen, um Reparationsleistungen zu erbringen, wahr zu sein. Ist das nicht der reinste Menschenhandel?

Samstag, den 6. Oktober 1945

Meine Mutter wird heute 52 Jahre alt. Es ist schon das zweite Mal, daß ich Mutters Geburtstag in Gefangenschaft verbringe.
Das Estiot-Kommando bleibt heute im Lager zum Stacheldraht ziehen. Ich muß Schilder schreiben.Gerade eben sind die Außenkommandos raus. Es ist schön, noch eine Weile länger im Stroh zu liegen, noch etwas zu träumen.

Es ist schon eine besondere Stimmung am Geburtstag meiner Mutter. Vor einem Jahr, es war in Athée, war ich krank und saß allein im Lager. Es regnete. Die Ruhe tat mir gut, in der Ferne sah ich Höhenzüge, die den unseren im Schwarzwald ähnelten.

Meine Gedanken waren damals -
wie auch heute - bei meiner Mutter!
Ich erinnerte mich an eine Stelle im „Wilhelm Meister" von Goethe. Da sagt die Mutter: *„O ja, es kommt eine Zeit. Ihr Kinder seht nichts voraus und überhorcht unsere Erfahrungen. Die Jugend und die schöne Liebe, alles hat's ein Ende; und es kommt eine Zeit, wo man Gott dankt, wenn man irgendwo unterkriechen kann."*

Und der Altmeister der Dichter, Johann Wolfgang von Goethe, sagte es noch treffender:

„An die Mutter!

Obgleich kein Gruß, kein Brief von mir
So lang. Dir könnt, laß keine Zweifel doch
Ins Herz, als wär's die Zärtlichkeit des Sohnes,
Die ich Dir schuldig bin, aus meiner Brust
Entwichen! Nein, so wenig als der Fels,
Der tief im Fluß vor ew'gem Anker liegt,
Aus seiner Stätte weicht, obwohl der Fluß
Mit stürmischen Wellen bald, mit sanften bald,
Darüber fließt und ihn dem Aug' entreißt,
So wenig weicht die Zärtlichkeit für Dich
Aus meiner Brust, obgleich des Lebens Strom,
Vom Schmerz gepeitscht, bald stürmend drüber fließt,
Und von der Freude bald gestreichelt, still
Sie denkt und sie verhindert, daß sie nicht
Ihr Haupt der Sonne zeigt und rings umher
Zurückgeworfene Stahlen trägt und Dir
Bei jedem Blicke zeigt, wie Dich Dein Sohn verehrt."

Wie würde das sein, wenn meine Mutter gestorben wäre? Ich kann es mir nicht denken, es wäre schlimm. Es wäre für mich, das jüngste Kind in der Familie, noch schlimmer. Aber ich glaube fest daran, daß sie lebt und daß wir uns eines Tages gesund wiedersehen werden. Ich muß abwarten, und ich muß nun aufstehen und die gewünschten Schilder schreiben.

Abends, kurz vor dem Zapfenstreich.
Es ist wieder Abend geworden, wie schon so viele davor. Verzeih mir, Mutter, den ganzen Tag habe ich nun nicht an Dich gedacht. Aber kurz vor dem Einschlafen gingen meine Gedanken, wie so oft, nach Hause - und ganz besonders heute - zu Dir.

Ein starkes, positives Gefühl verbindet uns. Es ist immer vorhanden, auch wenn es bei diesem Kampf ums Überleben manches Mal vergessen wird. Nun, gerade als ich das schreibe, ertönt die Sirene. Der Tag war zu Ende.

Werde ich auch Deinen nächsten Geburtstag hier verbringen müssen? Ich wünsche mir vor allem, daß Du uns für die ganze Familie noch recht lange erhalten bleibst. Ich brauche Dich. Du fehlst mir sehr. In Gedanken sage ich Dir gute Nacht! Ich bin ja so traurig!

Samstag, den 13. Oktober 1945
„...Und weiter geht das Leben, es kann Dir so viel geben, schau vorwärts, nicht zurück."

Ja, so ist es. Wir vier von Estiot mußten mal wieder im Lager bleiben. Ich mußte die Schilder fertigschreiben. Die anderen? Ich weiß nicht, was sie tun mußten.

Es war ein ruhiger Samstag. Es ist immer was Besonderes, frisch gewaschen zu sein und nicht zur Arbeit gehen zu müssen. Einer der Gründe, warum wir heute alle im Lager waren: Ein großes PG für „**P**risonier de **g**uerre" mußte auf alle Klamotten gemalt werden. Wir waren gezeichnet. Die PG-Buchstaben mußten auf allen Klamotten 30 cm hoch sein. Wir sahen toll aus und noch mehr Zivilisten, noch mehr als bisher, können uns anpöbeln.

Mutters Geburtstag ist nun schon wieder verkraftet. Der Geburtstag meines Bruders Alfred am 18. Oktober und der von Horst am 16. stehen vor der Tür. Roland Böhringer, so glaube ich, hat ebenfalls am 16. Geburtstag.

Dienstag, den 16. Oktober 1945
Horst wurde 19 Jahre alt. Es ist schon sein zweiter Geburtstag in Gefangenschaft. Wir haben gefeiert. Im vorigen Jahr waren wir in Athée, da hatten wir Kekse, Schokolade usw. gehabt, die wir aus den Autos klauten, die wir von Zivilautos in Militärfarben umspritzen mußten. Das war toll. Heute und hier haben wir nur zusätzlich Kaffee, sonst nichts.

Sonntag, den 20. Oktober 1945
Ein Tag voll von Gerüchten. Es gäbe Proteste beim Roten Kreuz in Genf über die schlechte Behandlung der Kriegsgefangenen in Frankreich. Es soll besser werden, sagen die einen. Oder wir sollen entlassen werden, sagen andere. Besser wird es nur, wenn wir Zusatzrationen, sprich Abfall, von der Ami-Küche ergattern können. Die Amerikaner wissen inzwischen auch, wie schlecht es uns geht, und manche sehen weg, wenn wir das Weggeworfene suchen.
Für Monsieur Bidet, den Chef, mußte ich ein Bild malen. Überhaupt läßt er von mir alles machen, ohne was zu zahlen oder gar mir was Eßbares zu geben. Er ist halt der Chef. So gestalte ich für ihn Einladungskarten, Exlibris, Marken, Illustrationen, Portraits - und das alles für Gottes Lohn.

Sonntag, den 21. Oktober1945
Heute war großer Einkochtag. Wir machten zum Beispiel aus Zuckerrüben Sirup.

Horst wurde am 16. Oktober 1945 19 Jahre alt. Am 20. Mai habe ich ihn portraitiert.

Von den Norwegern habe ich mir einen Pullover eingetauscht. Welch ein schönes Gefühl, so etwas zu besitzen. Nun kann der Winter kommen. Die armen Kerle tauschen fast alles gegen Essen ein, weil sie ausgehungert sind und nun merken - im Gegensatz zur Internierung im hohen Norden - daß es hier fast nichts zu essen gibt.
Ernst König hat Post bekommen. Das ist eine Nachricht wert.
Wir sollen zum Ami kommen, wird plötzlich erzählt! Die bei den Amerikanern arbeitenden Gefangenen werfen uns - wo sie können - Eßbares zu. In unserer Ecke brennt die Birne wieder. Die zweite wurde geklaut. Die dritte brennt nun wieder. Wie lange?

Diese Woche habe ich von Margot geträumt. Ich habe sie ganz deutlich vor mir gesehen. Sie sagte: „Hansl, komm mit." Ich war den ganzen Tag glücklich. Es ist unglaublich, wie deutlich ich sie sah: Blond, lachend, groß und schlank - und wie schön sie „Hansl" sagen konnte.

Horst, neben mir im Gras liegend, liest im Buch „Nachtwind". Sonst ist es hinter unserer Baracke ganz ruhig. Die Sonne ist schon untergegangen, der Himmel ist übervoll mit Wolken verhangen, die immer röter werden. Es fängt an, mich langsam zu frösteln. Horst hat sich in seine Decke aus Jute-Säcken eingehüllt. In circa zehn Meter Entfernung sehe ich den Stacheldraht und noch einmal zehn Meter weiter die Mauer, die unsere Welt begrenzt. Sie ist so hoch, daß man außer dem nun fast dunkelroten Himmel nichts sieht.

Gestern hat ein Landser, der bei den Amis arbeitet, uns zugerufen: „Ob sie uns lieben oder hassen, sie müssen uns doch entlassen." Ja, aber wann?

Montag, den 29. Oktober 1945
Es kamen zwei Briefe ins Lager. Für Walter und Otto. Otto, der Friseur, zeigte sie mir ganz stolz. Es ist schon komisch, einen fremden Brief zu lesen. Also hoffen wir weiter, daß auch ich mal ein Lebenszeichen von zu Hause bekommen werde.

Donnerstag, den 1. November 1945
Heute mal wieder satt geworden. Wir erhielten eine Rote-Kreuz-Sendung: 1 Dose Ölsardinen für zwei Mann, 1 1/4 Rippchen Schokolade, 12 Kekse, 1 Päckchen Tabak, 80 Gramm Trockenmarmelade, 40 Gramm Honigkuchen, Zucker und Kakao. Es soll in Zukunft mehr geben. Ab sofort können wir markenfreies Brot kaufen - wer Geld hat!

Sonntag, den 4. November 1945
Wir haben so oft einen Brief nach Hause geschrieben, aber immer noch keine Antwort bekommen. Unser Licht ist schon wieder weg, das ist doch beschissen.

Meine Schuhe sind kaputt, bald muß ich wieder Holzschuhe tragen. Wir mußten in eine der neuen Holzbaracken umziehen. Sie ist mit siebenundsechzig Mann belegt. Einhundert Neue sind auch angekommen.

Montag, den 19. November 1945
Ich mußte zum Zahnarzt. Zwei Plomben waren rausgebrochen, aber er darf nur Zähne ziehen. Das will ich nicht, was nun? Mit Richard Herbstrith aus Bruchsal zwei Partien Schach gespielt. Wir leben uns so langsam in der großen Baracke ein.

Sonntag, den 25. November 1945
Vor zwei Jahren kam ich zum RAD. Totensonntag in der Kirche. Ein Thema zum Nachdenken. Bei uns sterben immer noch viele an Unterernährung. Ein Zahn ist raus, die Schmerzen ließen nicht nach, da gab ich halt nach. Schade, aber wir sind ja nur Menschen zweiter Klasse, wenn überhaupt.

Samstag, den 1. Dezember 1945
Der letzte Monat des Jahres ist angebrochen. Wer hätte geglaubt, daß wir so lange hierbleiben müssen. Immer noch keine Post. Immer noch bei Estiot. Wir arbeiten dort in Schichten von 5.30 bis 12.00 Uhr oder von 12.00 bis 19.30 Uhr. Obwohl wir nun schon so lange bei dieser Firma sind, bekümmert sich kein Mensch um uns. Es gibt kein Gespräch, kein Mitleiden oder Verständnis - wir sind da, um zu arbeiten - und sonst nichts. Ein Glück, daß es den alten Monsieur Dubs gibt, der immer noch abwechselnd mit Horst und mir sein karges Brot teilt.

Mittwoch, den 5. Dezember 1945
Richard ist weg. Vergangenen Sonntag hatten wir noch Schach gespielt. Nun fehlt er mir sehr. Man erzählt sich, daß ein ehemaliger Offizier ihn einfach so rausgeholt hat. Niemand weiß natürlich was Genaues. Fest steht, Richards Eltern haben in Bruchsal eine Zigarrenfabrik. Und der Offizier hätte dort während der deutschen Gefangenschaft gearbeitet. Richard wird nun schon zu Hause sein. So geht es auch. Einmal hatten wir von Richard viele Zigarren erhalten. Da wir nicht rauchen - alle 26er - konnten wir damit angeben. Die Wirkung war, daß der eine oder andere aber ganz schnell auf die Latrine, auf den „Donnerbalken", mußte. Für den Rest der Zigarren, die wir nicht rauchten, tauschten wir Essen ein. Es war uns unbegreiflich, wie man für Tabakwaren sein Essen weggeben konnte. Viele, die so handelten, haben es nicht überlebt.

Der Pfarrer war da... Wir empfingen das Heilige Abendmahl. Der Pfarrer hat sehr anständig gepredigt. Nächsten Sonntag ist Weihnachten und die meisten von uns haben immer noch keine Post bekommen.

Es war immer was los in den Baracken.

Sonntag, den 23. Dezember 1945
Heute, am letzten Tag vor dem Heiligen Abend, denke ich an meine Lieben. An die schönen Stunden, wenn ich mit meinem Vater den Weihnachtsbaum geschmückt habe. Aber das ist Vergangenheit. Gegenwart ist, daß von Karlsruhe und Stupferich - einem Ort in der Nachbarschaft - Post ankam.

Dienstag, den 25. Dezember 1945
Erster Weihnachtsfeiertag

Gestern Abend war es nicht so gemütlich wie im vergangenen Jahr. Nach den Feierlichkeiten sind wir in unsere „Ecke" gegangen und haben von den restlichen Zigarren von Richard Herbstrith gepafft. Er wird Weihnachten schon zu Hause feiern.

Ernst, Horst, Franz, Willi, Heinz, Gotthold und ich erzählten uns von Weihnachten in Deutschland. Gotthold hat bald geschlafen. Zapfenstreich. Bei der Kontrolle war jeder auf seinem Platz. Anschließend setzen wir unsere Erzählungen fort.

Als Geschenk für die „Zweite" bekamen wir ein Tischtennisspiel, das wir am nächsten Tag auf dem Küchentisch eingeweiht haben.

Es war das dritte Weihnachtsfest, das ich nicht zu Hause erleben durfte. Und in Gedanken war ich eigentlich nur in der Erinnerung.

Mittwoch, den 26. Dezember 1945
Zweiter Weihnachtsfeiertag
Arbeit bei Estiot. Ich habe Post von zu Hause bekommen. Ich habe schon so lange damit gerechnet, ganz besonders, als Briefe von Karlsruhe und Stupferich kamen.

Nun heute, ich stand gerade beim Waschen, fährt das Auto von M. Bidet ins Lager. Da dachte ich an Post, hatte so ein komisches Gefühl. Ich sagte noch zu den anderen: „Jetzt müßte mal was für mich dabei sein." Das Essen kam: Pellkartoffeln mit 20 Gramm Käse.

Ich war noch beim Pellen, da brachte Heinz die Post. Als ich nicht bei den ersten war, war ich so enttäuscht. Denn ich nahm an, daß Heinz mir meinen Brief zuerst gegeben hätte. Ich war traurig und pellte weiter.
Da legte mir jemand die Hand auf den Arm, ich drehte mich verwundert herum, da sah ich den Brief! Richtig gezittert vor Aufregung - es war ein Brief meiner Schwester Hilde: Alles sei in Ordnung. Ich las die Seiten noch- und nochmals. Da war mir klar, es leben alle noch. Alfred hat eine Tochter, sie heißt Anita. Augusts Tochter heißt Karin und ist schon ein Jahr alt. Walter hat seine Familie aus Posen abenteuerlich nach Königsbach gebracht. Hildes Mann, Fritz, ist in amerikanischer Gefangenschaft. Die Kinder Elly und Peter denken oft an ihren Onkel Hans. Den Eltern geht es gut. Nur von Erna, Marga und Karl war nichts zu lesen. Was so ein paar Zeilen bedeuten. Es war wunderbar. Alles ist gut, man braucht sich keine Sorgen mehr zu machen.

Ich bin froh über die guten Nachrichten, denn ein Jahr, fünf Monate und sieben Tage lang hatte ich keine Post von meiner Familie erhalten. Das sind 422 Tage - und das ist unheimlich viel im Krieg und nach dem Kriegsende. Nun bin ich froh und glücklich!

Die letzte Zeit, man merkt das sogar in meinen Tagebuchnotizen, war ich deprimiert, lustlos, der sogenannte Egalzustand war da. Nun sind es nur noch wenige Tage und das Jahr 1945 ist rum. Wir haben Frieden, egal wie - und meine Familie lebt!

Sonntag, den 30. Dezember 1945
Heute, am vorletzten Tag des Jahres, fand ein großes Konzert statt. Die Betreuungsgruppe vom Hauptlager Fort d'Hauteville war bei uns. Es war wunderbar. Lieder, Witze, Märchen wechselten sich laufend zwei Stunden lang ab. Zwei Stunden vergessen wo wir sind. Seit nun fast zwei Jahren haben wir so etwas nicht mehr erlebt. Es gibt also auch „so etwas". Man kann es kaum beschreiben. Leider war alles so schnell vorbei. Wir „vom Jahrgang 26" hatten gehofft, daß Otto Scharf, der ja Musiker im Dresdener Symphonieorchester war, bei der Betreuungsgruppe dabei sei. Otto kam ja mit uns, nach dem Waldlager, nach den ersten Arbeiten in Pontalier, Pesmes und Athée, ins Hauptlager. Seitdem hatten wir nichts mehr voneinander gehört. Schade! Ich hätte ihn gerne mal wiedergesehen.

Gestern, damit es uns nicht zu wohl wird, mußten wir in der eiskalten Küche Kartoffeln schälen. Die zwei Stunden der Unterhaltung entschädigten uns ein bißchen, denn: *„Ach Gott, ein bißchen Freude tut uns not, wie's täglich Stückchen Brot".*

Im Fort weiß man noch nichts von Entlassungen. Es steht aber in allen Briefen, die von der Heimat kommen, daß schon viele Soldaten entlassen würden, aber noch keine Heimkehrer von den Franzosen.

Montag, den 31. Dezember 1945 - Silvester
Ich bin krank, habe keine Lust und Willi wartet mit dem Schachspiel. Aber vorher erinnerte ich mich daran, was Goethe im Jahre 1830 in seinen Gesprächen mit Eckermann über die Franzosen sagte:
„Ich hasse Franzosen nicht... Wie hätte auch ich, dem nur Kultur und Barbarei Dinge von Bedeutung sind, eine Nation hassen können, die zu den kultiviertesten der Erde

gehört, und der ich einen so großen Teil meiner eigenen Bildung verdanke?

Überhaupt ist es mit dem Nationalhaß ein eigenes Ding: auf den untersten Stufen der Kultur werden Sie ihn immer am stärksten und heftigsten finden.
Es gibt aber eine Stufe, wo er ganz verschwindet und wo man gewissermaßen über den Nationen steht und man ein Glück oder ein Weh seines Nachbarvolkes empfindet, als wäre es dem eigenen begegnet. Diese Kulturstufe war meiner Natur gemäß."

Können wir als Kriegsgefangene das so verstehen? Ich glaube, es fühlen zu können, wie Goethe das dachte, aber als „Prisonier de guerre" fällt es mir schwer.

Ich denke eben daran, was Keitel am 9. Mai 1945, als er die Kapitulationsurkunde unterschrieben hatte, sagte:
„In dieser Stunde kann ich nur der Hoffnung Ausdruck verleihen, daß der Sieger das deutsche Volk mit Edelmut behandeln wird."

„Wer versteht, der haßt nicht." Und leider trifft oft - oder immer - der Haß diejenigen, die es nicht verdient haben.

Siebtes Kapitel

Rückblende: Kindheit, Jugend, Schule, Lehre und RAD

Kindheit

Emil Schöner, Zimmermann und Frieda Schöner, geborene Krail, meine Eltern, waren 33 Jahre alt, als ich am 6. Mai 1926 geboren wurde. Ich war ihr sechstes Kind.

Karl wurde 1912, Walter 1915, Alfred 1919, August 1921, meine Schwester Hilde 1923 geboren. Der Erste Weltkrieg war gerade acht Jahre zuvor zu Ende gegangen. Es war für meine Eltern bestimmt nicht leicht, in jener Zeit sechs Kinder zu ernähren.

Mein Vater nahm als Unteroffizier bei den Pionieren am Krieg teil. Er wurde mit dem Verwundetenabzeichen, mit der badischen Verdienstmedaille und dem Eisernen Kreuz 2. Klasse ausgezeichnet. Nur sehr spärlich erzählte er von Kriegserlebnissen. Vom Hartmannsweilerkopf, von den Ardennen und dem damaligen Stellungskrieg. Haften blieben bei mir unter anderem die Schilderungen vom Unterminieren der gegnerischen Frontlinie und Stacheldrahtverhau. Beides mußte dann in die Luft gesprengt werden. Er war kein großer Erzähler, eher ein Schweiger, was die Familie betraf.

Mein Vater war auch ein politisch total uninteressierter Mann. Dagegen war er ein Vereinsmensch, war lange Schützenkönig, und engangierte sich neben dem Schützenverein beim Fußball. Er war da, so meine ich, sogar Gründungsmitglied und wurde später auch Ehrenmitglied des Sportvereins.

Wir Kinder erinnerten uns natürlich an eine oft erzählte Geschichte, daß ihm als Torwart einmal bei einer Glanzparade die Hose so platzte, daß sie ausgewechselt werden mußte. Natürlich unter großem Gelächter der Zuschauer.

Später wurde er Schiedsrichter. Und es soll nicht selten vorgekommen sein, daß er, um vor den fanatischen Zuschauern geschützt zu sein, nur unter Polizeischutz den Platz verlassen konnte.

Bedingt dadurch, daß mein Vater ein „Vereinsnarr" war, wurden in unserem Wohnzimmer im Winter oft Theaterstücke eingeübt, die dann bei sogenannten Abendunterhaltungen in der Turnhalle aufgeführt wurden.

1926 zogen meine Eltern in ihr eigenes Heim. Mein Vater zeichnete die Baupläne und baute weitgehendst alles selbst. Gegenseitig unterstützten sich die anderen Handwerksmeister meist beim Bauen.

In diesem Wohnhaus in der damaligen Hindenburgstraße 9 kam ich auf die Welt. Dieses Einfamilienhaus mit ausgebauten Schopf und Zimmermanns-Werkstatt wurde als Fachwerkhaus errichtet und liebevoll mit Holzschindeln umkleidet. Damals brauchte man offensichtlich keinen Architekten, keine Statiker, keine große Anzahl von staatlichen Prüfern, um Häuser bauen zu können. Und das Haus steht trotzdem auch heute noch. Allerdings wurde nach 1945 aus der Hindenburgstraße die Friedrich-Ebert-Straße. Kurios: Teilweise steht auch auf den Straßenschildern noch Fritz-Ebert-Straße. Aber die Nummer 9 ist geblieben.

Von meiner Mutter weiß ich aus der Zeit wenig zu berichten. Sie war immer für uns da. Wir waren nie Schlüsselkinder und mußten nie Hunger leiden. Aber jeder meiner Geschwister und auch ich mußten bestimmte Aufgaben für die Familie erfüllen. Wir hatten zwei Ziegen, ein Schwein, Hühner, Gänse, Hasen. Wir waren - bis auf ganz geringe Ausnahmen - Selbstversorger. Das brachte natürlich für alle Familienmitglieder Pflichten mit sich. Es war eigentlich schön, solche Pflichten zu haben und sie auch ordentlich zu erfüllen. Umso besser konnte man dann ja auch die knapp bemessene Freizeit genießen.

Meine Großeltern mütterlicherseits hatten einen wunderschönen großen Garten am Steinhausberg. In dem gab es zu allen Jahreszeiten vieles zum essen, was das Herz begehrte. Besonders beliebt waren die sogenannten türkischen Kirschen. Groß, fast weiß in der Farbe, mit festem Fleisch, besser schmeckend als die roten, saftigen Kracher. Wir Kinder waren natürlich, wenn es was zum Essen gab, immer da. Aber - so mein Großvater - zum Arbeiten nie. Er war Feldwebel, Kriegsteilnehmer 1870-71.

Den einzigen Krieg der Neuzeit, den wir Deutschen gewonnen haben. Darauf war er stolz. Er konnte sehr grob werden. Meine Spielkameraden nannten ihn den „General der Toten", weil er Totengräber war. Deshalb gab es auch für uns immer viele Spukgeschichten zu hören.

Es war für uns Kinder gruselig, wenn Großvater solche Geschichten erzählte. Die flackernden Kerzen oder die Petroleumlampe warfen große, unheimlich wirkende Schatten an die Wand. Und Großvater erzählte: Seit längerer Zeit hätten die Bauern sich immer wieder beklagt, daß ihren Pferden nachts die Pferdeschwänze geflochten würden. Niemand wußte wer und warum dies geschah.

Da, eines Tages habe der Bauer Erismann nachts im Stall eine herumstreunende Katze erwischt. Er habe ihr, als er ihr einen Knüppel nachwarf, die Vorderpfote gebrochen. Am nächsten Tag sei dann ein bekannt böser Mann mit gebrochenem Arm rumgelaufen. Und der hätte, als Katze verwandelt, den Pferden die Schwänze geflochten. Großvater malte auch eine rote Hand an seine Haustür. Sie sollte das Haus vor Gespenstern schützen.

Von meiner Großmutter weiß ich auch nicht viel. Beide wohnten in der Rumpelgasse, im kleinsten Haus von Königsbach. Die Eingangstür führte direkt in die Küche, die von einem riesengroßen Kamin beherrscht wurde. Links ging es ins Wohnzimmer, in einen Raum, der durch einen Schrank so abgeteilt war, daß hinter dem Schrank das Schlafzimmer war.

Durch die rechte Tür ging es von der Küche aus direkt in den Stall. Davor war ein Holzschopf, das Aborthäuschen und der Misthaufen. Das war's dann schon. Daß darin so viele Kinder aufgewachsen und auch etwas geworden sind, ist unvorstellbar.

Da waren meine Mutter und meine Tante Rosa, die erst in hohem Alter geheiratet hat. Mein Lieblingsonkel Emil, er war selbständiger Reisevertreter, hatte schon sehr früh ein Auto. Er lebte mit seiner Familie in Karlsruhe, später in Frankfurt am Main. Er war mit Tante Berta, einer sehr strengen Frau, verheiratet. Sie hatten eine Tochter Margot, so alt wie meine Schwester Hilde, und einen Sohn Günther, der so alt war wie ich. Als Kinder waren wir oft gegenseitig in den Ferien. Wir in der Stadt, Margot und Günther bei uns auf dem Land. Onkel August wurde ein hoher Beamter und war immer sehr streng. Er hatte nur einen Sohn, Horst. Von Onkel Karl, er war der Jüngste, wußte ich nicht viel.

Die Eltern meines Vaters kenne ich fast nicht. Er, mein Großvater, war wie mein Vater Zimmermann. Die Hangstraße, an der das Haus meiner Großeltern väterlicherseits stand, nannte man „Zimmermanns-Schöners-Buckel". Später war in diesem Haus ein Kolonialwaren-Geschäft. So weit ich es weiß, hatte mein Vater kein gutes Verhältnis zu seinen Eltern, deshalb gab es auch fast keinen Kontakt zu diesen Verwandten.

1933 war dann das Jahr der Machtübernahme durch Adolf Hitler. Ich war sieben Jahre alt. Auf einem Dorf von knapp 2.000 Einwohnern merkte man davon wenig. Ganz schwach kann ich mich daran erinnern, daß wegen diesem Ereignis Menschen mit Hakenkreuzfahnen und schwarzen Fahnen mit weißen SS-Runen durchs Dorf marschierten.

Im gleichen Jahr kam ich auch in die Volksschule, die ich von 1933 bis 1941 besuchte. Damals war es für Normalsterbliche fast nicht möglich das Gymnasium zu besuchen. Von unserem Jahrgang 1926/1927 konnte zum Beispiel niemand das Abitur machen.

In der Volksschule lagen mir die Fächer Zeichnen und Deutsch am besten. Zu beiden brauchte man Phantasie.

Als Erstklässler 1933.

Malen und Zeichnen, das übte ich seit meiner frühesten Kindheit aus. Und man sagte mir, ich sei darin begabt. Und ich fand immer wieder Menschen, die diese Begabung erkannten und auch förderten. Ganz anders war es mit dem Schreiben. Da mußte ich immer sehr schmerzliche Erfahrungen machen. Allerdings war mir in der Schulzeit noch nicht bewußt, daß ich gerne das aufschrieb, was mich interessierte und was um mich herum vorging. Wenn unser Klassenlehrer, Herr Krauss, bei dem wir fast die ganzen acht Jahre zur Schule gingen, die Aufsatzhefte auf seinen Tisch legte, dann war ich dran. Fast immer lag mein Schreibheft oben auf dem Stapel der Hefte. Damals gab es Diktate und Aufsätze zum Schreiben. Bei den Aufsätzen wurden drei Noten vergeben, für die Schrift, da-mals noch die Sütterlin-Schrift, für den Inhalt und für die Rechtschreibung...

Nun folgt die Benotung: Für die Schrift bekam ich immer eine Eins und den Hinweis „lobenswert". Für den Inhalt erhielt ich ebenso die Eins und was noch wichtiger war, ich wurde von unserem Lehrer Krauss immer als Vorbild fürs Aufsatz schreiben herausgestellt. Aber bei der Rechtschreibung meinte der Lehrer: „Wie kann der Schöner nur so viele Fehler machen?"

Nun, man darf ja mal auf ein Problem aufmerksam machen. Wir redeten alle in Mundart, also einer Art schwäbisch. Und schreiben sollten oder mußten wir in Schriftdeutsch. Das gab und gibt auch heute noch Schwierigkeiten.

Was soll man sonst noch über die Schulzeit sagen? Sie war insgesamt schön und ging nur allzu schnell vorbei. Es war Krieg, es gab Mangelerscheinungen aller Art und Zusatzaufgaben - ebenfalls aller Art. Wir mußten „sammeln" fürs Winterhilfswerk; es gab Skisammlungen für unsere Soldaten an der Ostfront. Ebenso sammelten wir Kleider und Socken und wir mußten dauernd irgendwie arbeiten: Kartoffelkäfer und Maikäfer sammeln, Maulbeerblätter für die Seidenraupenzucht pflücken. Wir mußten auf dem Hofgut derer von St. André Zuckerrüben verropfen, Erbsen pflücken usw., es gab dauernd was zu tun. Das war die gemeinsame Arbeit zum Wohle des Vaterlandes. Dann kam noch die Arbeit für die Familie. Eigentlich mußten alle Kinder irgendwie zum Wohle der Familie beitragen.

Mein Vater war als Zimmermeister - bis auf die Zeit der großen Arbeitslosigkeit und eine kurze Zeit im Krieg - selbständig. Dazu kam, daß wir eigentlich in der Landwirtschaft Selbstversorger waren. Fast ausschließlich wurde alles Lebensnotwendige selbst erwirtschaftet. Also mußte ich schon sehr früh unsere Ziegen hüten, für sie Futter holen. Dazu pachteten meine Eltern die Böschungen an der Eisenbahnlinie, die von Karlsruhe über Pforzheim nach Stuttgart führte.
Im Winter mußte ich unter anderem häckseln. Wir hatten dafür eine Heuhäckselmaschine, die allerdings mit Muskelkraft betrieben wurde. Ich mußte Futterrüben kleinschneiden und unsere Tiere füttern. Dazu kam das Holz und Reisig richten, damit meine Mutter morgens im Herd in der Küche das Feuer anzünden konnte. Übrigens war unter der Woche dieses Herdfeuer die einzige Wärmequelle im ganzen Haus. Im Herd gab es ein sogenanntes

Hermann Jung, Egon Schöner, Albert Vogt, Hans Schöner bei der Ski-Sammlung 1941.

Schiff, in dem wurde Wasser erwärmt. Das einzige Warmwasser im Haus. Wenn wir badeten, und das war einmal in der Woche am Samstag, dann mußte das Badewasser in einem Kessel in der Waschküche erhitzt werden. Toll war, daß wir schon sehr früh eine emailierte Badewanne hatten. So etwas gab's sonst fast nirgends im Dorf.

Wir mußten überall sparen. Wenn es zum Beispiel in der Zeit der Obstreife stürmte, nußten wir Kinder frühmorgens raus, um das Fallobst aufzulesen. Daraus wurde dann Apfelbrei oder von den Birnen „Dürrobst" gemacht.

Regelmäßig mußte ich während des Krieges, um ein paar Pfennige dazuzuverdienen, in der Wäscherei Bürk den Raum, in dem die Waschmaschinen standen, saubermachen. Meinem Vater mußte ich schon in der Schulzeit helfen, wenn er zur „Maschin" ging. So nannte er den Maschinenpark der Schreinerei Halbrock. Dort erledigte mein Vater, oft mit meiner Hilfe, alle Arbeiten, die man damals schon maschinell machen konnte. Ich mußte für Halbrocks an Samstagen aber auch die Werkstatt putzen.

An Sonntagen mußten meine Schwester Hilde und ich Außenstände von Kunden meines Vaters eintreiben. Das waren nur kleine Beträge von wenigen Reichsmark. Aber wie oft wurde ich von den säumigen Zahlern beschimpft: „Du Saubub, kommst Du schon wieder und willst Geld?!" Dabei schuldeten sie ja meinem Vater das Geld.
Schulferien wurden damals, zumindest auf dem Dorf, so angeordnet, daß man in der jeweiligen Zeit die anfallenden landwirtschaftlichen Arbeiten erledigen konnte.

Da meine Eltern noch einige Äcker bewirtschafteten, waren wir eigentlich - wie schon gesagt - Selbstversorger. Wir hatten Getreide auf dem Speicher gelagert. Es gab Kartoffeln, Sauerkraut und viele Fässer voll von Most im Keller. Wir hatten Obst so gelagert, daß es über den Winter bis zu Ostern reichte. Im Keller war ein Räucherofen, um unsere Leber- und Griebenwürste und das Rauchfleisch mit Holzsägemehl zu räuchern. Einmal im Jahr wurde ein Schwein geschlachtet.

Beim Jungvolk gab's auch zu tun!

Was blieb eigentlich an freier Zeit übrig? Nun, damals galt das Sprichwort: *„Müßiggang ist aller Laster Anfang"*: Wir hatten keinen Leerlauf und hatten keine Laster. Zumindest so weit ich das bei uns auf dem Land beobachten konnte.

Was blieb dann zum Vergnügen? Also, da war erst mal das Freibad. In Königsbach hatten wir ein solches schon sehr früh. Aber wir badeten im Sommer auch in gestauten Bewässerungsgräben genauso wie an der Dammbrücke, oder am Singener Wehr, zwei Staustufen des Kämpfelbaches, der durch Königsbach fließt.

Interessant war noch, daß sich zum Beispiel niemand daran störte, daß wir uns nach der Feldarbeit im Freibad gewaschen haben. Wir seiften uns ein und sprangen ins Badebecken. Das war Freiheit pur...

Es gab in Königsbach ein weiteres Vergnügungsangebot: Das Kino. Ich erlebte noch die Stummfilmzeit. Bei der Vorführung wurde der Film mit Klaviermusik begleitet. Bei Kriegsfilmen wurde beim Abschießen einer Kanone auf die Pauke gehauen!

Der Inhaber des Kinos, Emil Bürk - und seine Frau - waren sehr sozial eingestellt. Alle Kinder, die weniger als zehn Pfennige besaßen, durften auch ins Kino. Allerdings mußten sie warten, bis der Film begonnen hatte und mußten dann im Dunkeln durch die zwei links und rechts stehenden Sitzreihen, ganz nach vorn in die ersten Reihen laufen. Zu diesen Kindern gehörte auch ich.

Etwas Kurioses gab es auch damals im Zusammenhang mit dem Kino. Emil Bürk war fortschrittlich. Er hatte für Reklamezwecke eine wandelnde Litfaßsäule. Ein etwas zurückgebliebener junger Mann, wir nannten ihn etwas respektlos den „dummen Philipp", trug eine Säule um sich herum, auf der die Kinowerbung aufgeklebt war.

Als ich zehn Jahre alt war, gab es zwei bemerkenswerte Ereignisse.

Erstens:
In Berlin fand 1936 die Olympiade statt. Wir verfolgten die Spiele, soweit man das damals konnte. Aber was viel wichtiger war, wir spielten viele Sportarten nach. Direkt vor meinem Elternhaus lag ein großes, unbebautes Grundstück, das dem Turnverein gehörte. Es war für uns der Turn- und Spielplatz. Da ahmten wir die Olympischen Sommerspiele nach. 100m-Lauf, 1000m-Lauf, Hürdenlauf, Weitsprung, sogar Hochsprung und vieles mehr. Natürlich hatten wir keine sportgerechten Kampfstätten, aber viel Phantasie und umso mehr Begeisterung. Es war unglaublich, auch für die damalige Zeit. Wir bastelten aus Dachlatten, die wir bei meinem Vater in seinem Zimmergeschäft oder im Sägewerk Schwender organisierten, die Hürden. Ja, wir verwendeten diese Dachlatten sogar für den Stabhochsprung.

Es war aufregend, die Olympiade brachte uns einen Hauch der großen, weiten Welt auf unseren Turnplatz

Nicht olympiareif, aber allgemein beliebt, war ein Spiel, das wie folgt gehandhabt wurde: Aus einem Rundholzstück wurde oben ein Handgriff und unten eine Spitze gemacht. Mit diesem Instrument, einfach „Specht" genannt, begann der Mitspieler, diesen Specht in den Boden zu schleudern. Der Gegner mußte dann mit seinem Specht versuchen, den anderen Specht aus dem Erdreich zu reissen. Und zwar so, indem er seinen Specht so schleuderte, daß dieser dann im Boden steckenblieb. Dieses „Spechtles-Spielen" war beliebter als jede Olympia-Disziplin.

Wir spielten „Schnellerles", das heißt, kleine runde Glaskugeln mußten aus einer bestimmten Entfernung in ein Loch geworfen werden. Man konnte auch den „Schneller", so nannten wir die Glaskugeln des Mitspielers „wegschießen". Dabei konnten wir es auf große Fertigkeiten bringen. Natürlich spielten wir auch Fußball.

Aber wir bauten auch Erdhäuser, oder/und Baumhütten. Beides zeigt, wie frei und ungeknebelt wir aufwachsen durften. Während die Baumhütten irgendwo versteckt im Walde errichtet wurden, bauten wir die Erdhäuser auf unserem Turnplatz, also quasi mitten im Dorf.

Wir gruben große, tiefe Löcher in den Boden, überdekkten die Erdlöcher mit Holzbrettern, über die dann Erde und Grasballen gelegt wurden. Man sah diese wunderschönen Spielhäuser von außen nicht. Wir richteten die Erdhäuser wohnlich ein. Kein Erwachsener störte sich je an diesem Tun. Die Freiheit war wunderbar, nichts war reglementiert oder verboten.

Zweitens:
Im Alter von zehn Jahren kam man ins Jungvolk oder zu den Jungmädchen. Es war das zweite große Erlebnis im Jahr 1936. Dadurch veränderte sich manches, aber wir hatten das Gefühl, die große Freiheit mitgenommen zu haben. Eines Tages fanden in unserer Volksschulklasse Wahlen statt. Ja, die Klasse wählte ihren Jungenschaftsführer oder die Mädchenführerin. Bei uns wurden ein Junge aus der Nachbarschaft, Alfred Gauß, und ich zu Jungenschaftsführern, das war die unterste Stufe in der Hirarchie des Jungvolks, gewählt. Man bekam von den Eltern braune Uniformhemden und schwarze, kurze Hosen. Das war für viele Eltern auch gar nicht so leicht zu besorgen, denn überall war Armut und Arbeitslosigkeit. Deshalb waren viele Kinder in „Zivil" dabei, was aber auch niemanden störte.

Mein Vater war in der Zeit der großen Arbeitslosigkeit auch betroffen. 1934 gab es circa 7,5 Millionen Arbeitslose. Das neue Regime schaffte es, daß unter anderem durch den Autobahnausbau die Zahl um 4,7 Millionen auf 2,8 Millionen gesenkt werden konnte. Man spürte überall ein Aufatmen. Auch mein Vater wurde am Autobahnbau, an der Strecke bei Nöttingen, beschäftigt. Oft habe ich ihm dahin mit dem Fahrrad das Essen gebracht.

Im September 1936 konnten schon 1.000 Kilometer fertige Autobahnen vorgestellt werden.

Trotz aller anfallenden Arbeit waren wir in einer größtmöglichen Freiheit aufgewachsen. Alle Kinder, fast ohne jede Ausnahme, mußten also Pflichten für die Familie übernehmen und erledigen. Das waren wir gewohnt. Es war nun ganz einfach, neue Pflichten gegenüber den Schulkameraden zu übernehmen. Ja, es machte Spaß, im Rahmen des Jungvolks aktiv werden zu können. Wir waren stolz auf die Auszeichnung, gewählt worden zu sein. Und stolz auf die Anerkennung der gleichaltrigen Kameraden. Den Jungenschaftsführer erkannte man an der grün-weißen Schnur am Uniformhemd.

In einem Dorf in unserer Größe mit circa 2.000 Einwohnern wurde ja zur Unterhaltung für die Jugend wenig geboten. Also waren Geländespiele und das Zusammensein bei Heimabenden erfreuliche zusätzliche Abwechslungen zum sonstigen Leben in der Gemeinde.

Später, als ich zum Jungzugführer gewählt wurde, kamen neue Pflichten dazu. Das selbständige Gestalten von Heimabenden machte Spaß, forderte mich heraus und erweiterte den Horizont.

1939, gleich zu Kriegsbeginn, wurde mein Bruder Walter eingezogen. Er kam nach Gondelsheim bei Bretten. Den Kriegsbeginn haben wir eigentlich gar nicht registriert. Es wurde weder Hurra gerufen, wie man das uns vom Beginn des Ersten Weltkrieges erzählte, aber auch nicht gejammert. Ich besuchte noch per Fahrrad meinen Bruder in seinem Quartier, bis er dann verlegt wurde und aus meinem Gesichtskreis verschwand. Bis ich ihn dann 1943 in Posen als Schießmeister der „Patron" besuchen konnte. Aber das ist eine andere Geschichte.

Wir hatten in Königsbach auch einige Mitbürger, die Juden waren. Im wesentlichen waren das Viehhändler und Einzelhändler. Auch in unserer Volkschulklasse war ein jüdischer Junge. Wir störten uns gegenseitig nicht. Die Ausnahme war wahrscheinlich nur, daß wir an den Samstagen arbeiten mußten, während die Juden ihren Sabbat feierten. Sie liefen ganz in Schwarz gekleidet spazieren. Und wir arbeiteten alle.

Am 9.November 1938 kam Unruhe ins Dorf. Es reisten SA-Männer an, die Bücher sowie Schriftrollen aus der Synagoge verbrannten und diese auch im Innern sehr zerstörten. Ich erfuhr das mit meinen zwölf Jahren nur teilweise. Es war brutal, was ich sah, aber ich war zu sehr mit meiner bescheidenen Welt beschäftigt, um Hintergründe, „warum, weshalb und wozu" zu erfahren. Mein Wissen um diese Taten stammt aus dem, was wir nach Kriegsende hörten und durch die in den Zeitungen veröffentlichen Bilder sahen. Es gab damals keinerlei persönliche Berührungspunkte. Man ging seinen eigenen Problemen nach.

Es war Krieg. Wir merkten nicht viel davon. Am 6. Mai 1940 wurde ich 14 Jahre alt. Am 10. Mai begann der Angriff im Westen. Lange vorher begann der Aufmarsch der deutschen Soldaten. Immer mehr Militärkolonnen zogen durch Königsbach in Richtung Westen. Viele rasteten oder übernachteten auch in unserem Ort. Es war schaurig schön anzusehen, wie zum Beispiel bei Nacht riesige Fahrzeugkolonnen mit abgedunkelten Scheinwerfern durchs Dorf fuhren. Und einer von diesen tausend Soldaten sprach mich eines Tages vor unserem schönen Fachwerkhaus, dem Rathaus, an.

Er war einfacher Soldat. Er war aber als Zivilist Professor für Kunstgeschichte in Düsseldorf. Er - so unglaublich das klingt - sprach mich an. Er stellte mein Interesse an der Malerei fest. Er besuchte mich in der kurzen Zeit seines Aufenthaltes bei meinen Eltern. Und er versprach mir, wieder zu kommen und im Sommer mit mir in Urlaub zu fahren. Für mich, wie auch für meine Eltern, klang das alles wie in einem Märchen.

Aber es war ein Märchen, das wahr wurde. Nach dem kurzen Frankreich-Feldzug, stand eines Tages, im Sommer 1940, Walter Sorges vor der Tür und machte sein Versprechen wahr.

Er fuhr mit mir an den Bodensee nach Bregenz. Wandern und malen auf dem Pfänder. Es war unglaublich schön. Walter erklärte mir, wie wichtig das Malen oder Zeichnen nach und vor der Natur war. Es besorgte mir Aquarellfarben, er sorgte sich einfach um alles.

Warum?
Wieso kommt da ein einfacher Soldat, spricht einen Jungen von 14 Jahren an und beide haben die gleichen Interessen?... Unglaublich! Die acht Tage vergingen wie im Fluge. Von Bregenz fuhren wir mit dem Schiff nach Konstanz. Dort nochmals übernachtet und im Zug gings durch den Schwarzwald nach Hause. Einen letzten Brief bekam ich noch von Walter Sorges, als ich schon Flieger war. Bei meinen Eltern fragte er nach mir, da war ich schon in Gefangenschaft. Dann war es aus. Ich habe seitdem nichts mehr von ihm gehört. Und hier in französischer Gefangenschaft ist es wirklich nur noch ein Traum an eine Begegnung, die mehr als zufällig war.

„Vielleicht begegnen wir uns alle nur, um aneinander reifer und reicher zu werden..." Diese Aussage von Margot Wohlschlegel, jetzt Frau Grossklaus, stimmt halt mal wieder.

1940 war ich noch vom 21. Juni bis 5. Juli in Straßburg auf der Gebietsführerschule. Sonst tat sich nichts mehr. So verging dann die Zeit bis zum Schulende 1941 ohne weitere Vorkommnisse.

Es begann dann schon mal das Schwärmen vom anderen Geschlecht. Wir begannen schon im Freundeskreis, uns nicht nur für Geländespiele zu interessieren. Bei uns im Unterdorf waren meine Schulkameraden: Erich Bräuer, Alfred Gauß und Egon Schöner, der gleich gegenüber beim Schneider-Fränkle wohnte.

Das war die Marga aus Baden-Baden.

Ein Lichtblick unter den Mädchen, für die wir uns interessierten, war „die Marga aus Baden-Baden". Marga Teuscher verbrachte immer ihre Ferien bei ihrer Großmutter, die in der sogenannten Villa wohnte. Zum Kreis der Mädchen, für die wir uns weiter interessierten, gehörten, Marianne Teuscher, „Blitze"= Ani Fränkle, Traudel Kehl aus Pforzheim und eben Marga, der Jugendschwarm der Königsbacher. Sie war gleichaltrig, hübsch, mit großen, braunen Augen, sie kam aus der Stadt. Sie verdrehte im wahrsten Sinne des Wortes nicht nur mir sondern der ganzen männlichen Jugend in Königsbach den Kopf. Aber wahrscheinlich mir am allermeisten.

Ausbildung....

...ja, eigentlich habe ich keine Ausbildung richtig abgeschlossen. Oder, wenn man so will, gar nichts richtig gelernt. Zwar habe ich - zwischen RAD und der Einberufung zur Luftwaffe - meine Facharbeiterprüfung als Stahlgraveur bestanden, aber das war's dann auch schon.

Das heißt natürlich nicht, daß ich überhaupt nichts gelernt habe. Im Gegenteil, ich habe mich immer und überall bemüht, mich weiterzubilden. Aber die besonderen Umstände durch den Krieg und die Gefangenschaft ließen eine ordentliche Ausbildung, so wie man sich diese vorstellt, gar nicht zu.

Es war deshalb kein Aprilscherz: Ich kam am Dienstag, den 1. April 1941, in die Lehre als Stahlgraveur. Die Lehrfirma war die Silberwarenfabrik Lutz und Weiss in Pforzheim. Nun, was ist ein Stahlgraveur, werden sich viele fragen? Also, ich wußte es damals auch nicht.

Warum? Das kam so. Wir wohnen in der Nähe von Pforzheim. Man nannte diese Stadt die Goldstadt, weil dort der Großteil des in Deutschland verkauften Schmuckes hergestellt wird. Um die Jahrhundertwende war Pforzheim weltweit als Schmucklieferant bekannt. Der Erste Weltkrieg hat beachtliche Export-Einbußen zur Folge gehabt.

Wenn also jemand eine zeichnerische und/oder künstlerische Begabung hatte, dann kam quasi als Lehrberuf nur der des Stahlgraveurs in Frage. So war es auch bei mir. Die Lehre gilt wohl als die anspruchsvollste im Bereich der Gold- und Silberschmiede-Produktion.

Also, ohne groß zu wissen, was mich erwartete, begann ich am 1. April die Ausbildung. Es gab aber sofort ein Handikap. Es war Krieg. Deutsche Truppen kämpften an mehreren Fronten. Deutschland und Italien erklärten den USA den Krieg und Hitler übernahm den Oberbefehl des Heeres. Ich wußte damals, als Lehrling im ersten Lehrjahr, davon nichts. Heute, in Gefangenschaft, wird so manches, was den sinnlosen Krieg betraf, deutlicher. Aber 1941 wußte ich, daß niemand sich silberne Tabletts, echt silbernes Besteck, Korpusware aus Silber, oder gar aus Gold, kaufen konnte. Das selbe Problem bestand bei Mode- und Echtschmuck. Also war für den mir empfohlenen Beruf keine Arbeit da.

Aquarell vom Traishof, das ich 1941 mit 15 Jahren gemalt habe. (Siehe dazu auch den Text auf Seite 70)

Glücklicherweiser waren da in der Lehrfirma zwei Zeichner. Die Herren Stegmeier und Carl Weidner. Stegmeier war der direkte Vorgesetzte der Stahlgraveur-Abteilung. Karl Weidner derjenige für die Flachgraveure. Karl Weidner war schon in Pforzheim - neben seinem Beruf - ein bekannter Maler. Beide Herren erkannten meine Fähigkeiten beim Malen, beim Zeichnen und beim Modellieren. Und sie förderten mein Talent auf außergewöhnliche Art.

Vorab war mal wieder das Glück auf meiner Seite. Carl Weidner malte am Wochendende. Und ich durfte ihn dabei begleiten. Am Anfang war ich mehr dazu da, ihm beim Malen die störenden Fliegen zu verscheuchen und dafür zu sorgen, daß der Meister im Schatten saß. Doch später durfte ich die gleichen Motive malen, wie der Meister Weidner. Ich erinnere mich noch sehr genau an Motive am Kämpfelbach zwischen Bilfingen und Königsbach. Auch an den wunderschön gelegenen Weiler namens Trais. Dort gelang mir mein erstes Aquarell so gut, daß ich ganz begeistert war. Aber der Meister meinte, ich hätte für ein Aquarell zu satte Farben gewählt. Sprach's, nahm den Schwamm und wischte über meine Malerei weg. Dann war er zufrieden, ich aber hätte heulen können. So lernt man malen! (siehe Seite 69).

Der Besuch der Goldschmiedeschule war Pflicht und ein Teil des Ausbildungsplanes. In dieser Schule wurde alles gelehrt, was für die künstlerische Ausbildung der Lehre notwendig war. Also zum Beispiel Zeichnen bei Elsässer, der auch als freier Künstler hervorragendes leistete. Er spezialisierte sich auf Federzeichnungen mit Tusche und aquarellierte diese Zeichnungen mit ganz fein abgestimmten, zarten Farbnuancen. Ich war von seinen Arbeiten immer sehr begeistert und und sie beeinflußten meine Arbeit sehr. Da war dann noch hervorzuheben, P.P. Pfeifer, ein Bildhauer. Er brachte seinen Schülern das Modellieren, das Ziselieren, das Metalltreiben, das Schroten, also alles das bei, was zum plastischen, dreidimensionalen Gestalten notwendig war. Es waren fantastische Voraussetzungen, um sich im „Gestalterischen" weiterzubilden.

Zum Ausbildungsplan gehörte des weiteren noch der Besuch der Staatlichen Meisterschule in der Holzgartenstrasse in Pforzheim. Es war die 1877 gegründete, ehemalige Großherzogliche Kunst- und Kunstgewerbeschule. Sie wurde gegründet, weil bei der Weltausstellung 1876 in Philadelphia der von Pforzheimern ausgestellte Schmuck zerissen wurde. Das Urteil war für die Schmuck- und Silberwarenindustrie vernichtend. Die gezeigte Ware sei „billig und schlecht".

Also wurde diese Schule zur besseren Heranbildung von qualifiziertem Nachwuchs der Branche ins Leben gerufen.

Nun, 174 Jahre später, war ich einer der Auszubildenden, die zur besseren Qualifizierung auf die Kunstgewerbeschule, sprich: Staatliche Meisterschule, kamen.

Eine bestimmte Anzahl von Wochenstunden war - neben der Goldschmiedeschule, die eine reine Fachschule war - Pflicht und zur Ausbildung vorgesehen. Nun, wie schon erwähnt, es gab keine realverwertbare Arbeit. Also wie ausbilden?

Nun, meine beiden Vorgesetzten wußten eine Lösung. Sie sorgten dafür, daß ich, neben den Pflichtstunden in der Goldschmiedeschule, mich als Vollschüler in der Staatlichen Meisterschule ausbilden konnte.

Das war außergewöhnlich, wie so vieles in Kriegszeiten. So blieb, von der reinen Lehrzeit bei Lutz und Weiss, nur noch der Samstag übrig. Und an diesen Samstagen mußte ich den Hof fegen, Granathüllen verpacken und was sonst noch so anfiel machen. Das hatte aber rein gar nichts damit zu tun, was mit der Lehre eines Stahlgraveurs zusammenhing.

In der Kunstgewerbeschule hatte ich Unterricht im Malen bei den Professoren Erwin Aichele und Amandus Goetzel, die beide sehr unterschiedliche Auffassungen über die Malerei hatten. Modellieren bei Professor Willi Seidel. Goldschmieden und Schmuckentwerfen bei Professor Theodor Wende. Das Schmuckzeichnen brachte mir Erwin Sattler bei. Natürlich wurden auch sonst alle Fächer belegt, die zur Ausbildung notwendig waren. Es war für mich die Wunscherfüllung, denn diese Art des Lernens dauerte bis 1943, bis ich zum RAD einberufen wurde. Es war ein Traum. Ich erhielt in beiden Schulen Preise und Belobigungen.

Ein besonderes Erlebnis war, daß mich eine Mitschülerin, Gisela Bär, sie war älter als ich und stammte aus einer Pforzheimer Fabrikanten-Familie, förderte. Sie verkaufte damals - 1943 - einige Aquarelle von mir. Das alleine war für mich schon phantastisch, daß sie aber dafür mehrere tausend Reichsmark erlöste, war unfaßbar. Aber leider konnte man sich ja damals nichts mehr kaufen.
Es war ebenso eine Fügung, daß ich mit dem Eintritt in die Firma Klaus Wein kennengelernt habe. Er war Stahlgraveurlehrling im zweiten Lehrjahr. Wir verstanden uns sofort und blind. Wir waren keine Musterschüler, auch keine vorzeigbaren Lehrlinge, aber wir waren einfach gut. Deshalb war es ganz klar, daß wir einer Auffassung waren: In diesem Beruf, als Stahlgraveur, werden wir nie arbeiten.

Der Lehrling im dritten Jahr war Werner Kuhn. Sein Schicksal brachte uns wieder auf den Boden der Realität zurück. Werner meldete sich freiwillig zur Waffen-SS. Er war groß und blond. Ein Bild des typischen Deutschen, wie er in der Propaganda herausgestellt wurde. Nur sechs Monate nach seiner Einberufung war er tot. Er fiel in Rußland und wie das damals hieß: *„In tapferer Erfüllung seiner Pflicht für Führer, Volk und Vaterland."*

Der Krieg hatte sich durch dieses tragische Ereignis wieder in Erinnerung gebracht. Durch unsere Sonderstellung in der Lehre bei Lutz und Weiss hatten sich Klaus, der beim Patenfähnlein in Pforzheim Hauptjungzugführer war, und ich in Königsbach vom Dienst weitgehendst abgesondert. Das ging auch in diesem so totalitären System. Wir wurden beide Jungvolkführer „zur besonderen Verwendung". Da es andere gab, die gerne Führer waren und das auch ganz gut spielten, konnten wir tun und lassen was wir wollten.

Und da es diese „besondere Verwendung" nicht gab, konnten wir uns auf die Malerei, auf unsere Ausbildung konzentrieren, die so viel wichtiger war.

Trotzdem wurde ich zwischenzeitlich zur Gebietsführerschule nach Straßburg geschickt. Es war für einen Jungen vom Dorf auch ein besonderes Erlebnis. Wir wurden weitergebildet, sportlich geschult und wir fühlten uns auch in dieser schönen Stadt sehr wohl.

Neben der Pflicht blieb die Muse. Das einmalige gotische Münster, das Kammersel'che Haus, ein wunderbares Fachwerkhaus, die astronomische Uhr im Münster - es gab so viel Neues neben der Pflicht zu sehen, daß auch das ein großes Erlebnis war. Die elsässischen Mädchen, die ein Goethe schon besungen hatte, sollte man natürlich nicht vergessen.

In Weißenburg im Elsaß machte ich auch eine Wehrertüchtigungs-Ausbildung mit. Der Kommiß und damit der Krieg schickte seine Schattenseiten voraus und nahm neue Formen an. Der Krieg wurde mal wieder sichtbar. In der Kaserne in Weißenburg waren von einigen Gebäuden nur noch die Außenfassaden stehen geblieben.

Wir registrierten das, aber es war für uns kein Thema. Wir mußten aber trotz „Kunstschule" verblendet gewesen sein, denn wir waren trotz allem von der Hitler-Ausbildung angetan. Ich sagte es auch immer, wenn mich hier in Gefangenschaft die Franzosen nach Hitler fragten: Daß ich sowohl Hitlerjugendführer als auch „Ecolier de beaux Art" gewesen sei. Das kam an, weil es der Wahrheit entsprach. Ehrlichkeit hält länger.

Überhaupt, die Hitler-Zeit: Verleugnen nützt nichts!

Ein besonderes Erlebnis war für mich, daß ich 1940 und 1941 nach München fahren durfte, um dort im „Haus der Deutschen Kunst" die Ausstellungen anzuschauen. Es war für mich etwas ganz Besonderes. So ein großes Ausstellungsgebäude und so viele Arbeiten von bedeutenden Malern und Bildhauern hatte ich noch nie gesehen. Natürlich hat mich das alles sehr beeindruckt und meinen Wunsch, Maler oder/und Bildhauer zu werden, wesentlich genährt.

Aber zurück ins Jahr 1943

Ende des Jahres wurde Klaus Wein zur Luftwaffe eingezogen. Er war ein Jahr älter als ich und wollte, wie ich, Flugzeugführer werden. Er, im Gegensatz zu mir, schaffte das auch. Aber darüber an anderer Stelle einmal mehr. -
Ich wurde dagegen, ohne daß ich meine Abschlußprüfung als Stahlgraveur machen durfte, zum RAD eingezogen. Schuld für diese plötzliche Entscheidung war ein Vergehen gegen die herrschende Arbeiterklasse. Die Strafe folgte sofort. Die Lehrzeit war jetzt zu Ende. Der Ernst des Lebens begann.

Reichsarbeitsdienst

Am 25. November 1943 wurde ich, gerade siebzehn Jahre alt, ich zum RAD eingezogen. Noch nicht einmal den Berufsabschluß konnte ich machen. Normalerweise wartete man mit der Einberufung bis die Facharbeiterprüfung abgeschlossen war. Aber, so glaube ich, das hängt mit unserem „Vergehen" zusammen, daß ich so schnell zum RAD mußte.

Also, jedes Jahr fanden die Reichsparteitage statt. Das ging runter bis zum regionalen Kreisparteitag. Seit einiger Zeit war ich - wie Klaus - wie erwähnt - Jungzugführer zur „besonderen Verwendung". Der Grund dafür war, daß unser Fähnleinführer Günther Laumann und mein Jungstammführer, Günther Kratt, so überzeugte Hitlerjungen waren, daß sie zur Führung des Fähnleins niemanden neben sich brauchten. Ich wurde deshalb, quasi vom Dienst beurlaubt, und „zur besonderen Verwendung" abgestellt. So ähnlich ging es auch Heinz Fränkle. Beide hatten wir eines gemeinsam: Heinz war „Musiker" und ich „Kunstmaler" - also beide quasi Jungkünstler, die nicht ganz ins Konzept unserer „Führer" paßten.

Zurück zum Kreisparteitag. Da ich ein bißchen „kaltgestellt" war, und auch durch meine Zeit in der Kunstgewerbeschule ganz andere Interessen hatte, wußte ich davon nichts. - An dem besagten Sonntag hatte ich mich mit meinem Freund Klaus Wein aus Pforzheim zum Malen verabredet. Klaus, ebenfalls Hauptjungzugführer im Paten-Fähnlein in Pforzheim, war ja mit mir zusammen in der Kunstschule und bei Lutz und Weiss.

Als ich in Königsbach am Tag des Kreisparteitages aus dem Haus meiner Eltern kam, begegnete ich schon unserem Nachbarn, Eugen Schöner, Stammführer der Flieger-H.J. Sein Sohn Egon, ein Schulfreund von mir, ebenfalls Hitlerjugendführer, war auch dabei. Da wußte ich, was los war. Aber es war schon zu spät. Ich, in Zivil, mit Rucksack und Malerstuhl ausgestattet, konnte nicht mehr zurück. In jeder Bahnstation nach Pforzheim, in Bilfingen, in Ersingen und in Ispringen kamen Uniformierte in den Zug. Am Hauptbahnhof in Pforzheim sah man nur noch Menschen in Uniformen. Klaus und ich verdrückten uns so schnell als möglich auf den Bahnsteig, auf welchem der Zug nach Wildbad im Schwarzwald abfuhr. Wir wollten zum Malen an den Wildsee bei Kaltenbronn, planten das schon lange, und welch ein Pech, dass wir beide nichts vom bevorstehenden Kreisparteitag wußten.

Wir beide verlebten trotzdem einen schönen Tag am Hochseemoor Wildsee. Das Aquarell, das ich malte, strahlt auch heute noch - mit seinen in Pastelltönen gehaltenen Farben - Ruhe und Gelassenheit aus.

Nicht so der Parteiapparat. Es war für uns beide erstaunlich, vielleicht waren wie auch ein bißchen weltfremd durch den Umgang in der Kunst- und Werkschule, wie schnell man auf dem Bann - der Hauptgeschäftstelle der H.J. - auf solche Unterlassungen reagierte. Schon am Montagabend wußte ich, daß wir beide unehrenhaft aus dem Jungvolk ausgeschlossen werden und dafür in die Pflicht-H.J. mußten.

Dieses Vergehen - nicht bei einem Parteitag der NSDAP dabei zu sein - war dann sicherlich auch der Anlaß dafür, daß ich schon wenige Tage später zum RAD einberufen wurde. Noch weiter entfernt von unserer Gegend hätte man wahrscheinlich kein RAD-Lager mehr gefunden, als Vogelherd am Oderbogen in Oberschlesien.

Natürlich war in meinen Papieren schon der Ausschluß aus der HJ vermerkt. Gott sei Dank war mein Ausbilder nicht so scharf auf die nationalsozialistischen Ideen, und so war mein Rauswurf aus der HJ noch zu ertragen.

An die kleine Ortschaft Vogelherd kann ich mich kaum noch erinnern. Aber, daß die Tochter des Wirtes des „Gasthauses zum Oderbogen" sehr hübsch war, daran erinnere ich mich noch genau. Ich porträtierte sie und das ist ihr wahrscheinlich vorher noch nie passiert. Sie schenkte mir nicht ihr Herz, aber immerhin ein Bild von sich, das auch heute noch mein Fotoalbum ziert.

Sonst gab es nichts in Vogelherd, was berichtenswert wäre... doch wir mußten mit blankgeputztem Spaten Exerziergriffe üben. Das richtige Grüßen war scheinbar im Dritten Reich immer sehr wichtig.

Viel interessanter war es dann in Breslau. Eine schöne Stadt mit einem imposanten Bauwerk „der Jahrhunderthalle". Ich arbeitete im Arbeitsdienstgau als technischer Zeichner. In der Grebschnerstraße, einer langen, großen Straße, waren wir untergebracht. So viel positive Eindrücke deshalb, weil ich von einem kleinen Dorf sowohl von mir zu Hause als auch vom Oderbogen kam, und zum ersten Mal in einer Großstadt einige Zeit verbrachte.

Ich war fasziniert von der Altstadt, von den Kneipen, und ich zeichnete fast ununterbrochen, um entsprechende Milieustudien zu machen. Alles war neu und aufregend. Es war das erste Mal, daß wir jungen Menschen Weihnachten nicht zu Hause verbringen konnten. Das Essen war zwar schlecht: Für uns Schwaben fehlten die Spätzle... Und das angekündigte Eßpaket meiner Eltern kam zu spät, und der Inhalt kam deshalb auch noch verschimmelt an. Wir hatten Hunger - etwas Neues im Leben, und wir merkten daß es Krieg war. Krieg, von dem wir in Königsbach und während der Zeit in der Kunstgewerbeschule so gut wie nichts merkten. In der Schule gab es zwar ein paar Studierende, die wie Herbert Ochs ein Bein und Egon Ochner im Krieg einen Arm verloren hatten. Es gab natürlich noch etwas Auffallendes in dieser Schule, es fehlten die Männer. Viele Fabrikanten schickten ihre Töchter in die Holzgartenstraße, damit sie nicht zu Rüstungsarbeiten heran gezogen wurden. Mädchen waren deshalb in der Überzahl! Waren deshalb meine Kameraden so erfolgreich bei den Frauen?
Aber zurück zum RAD. Die Begabung fürs Schießen habe ich wahrscheinlich von meinem Vater geerbt. Er war jahrelang Schützenkönig in unserem Dorf und ein ausgesprochener Vereinsmensch außerdem.

Kurzum, ich habe drei Tage Urlaub verdient, weil ich der beste Schütze in der Abteilung war. Nur, wohin gehen in nur drei Tagen? Ins Badnerländle war es zu weit. Da erinnerte ich mich daran, daß mein Bruder Walter und seine Familie in Posen lebten. Er arbeitete dort inzwischen als Schießmeister bei der Badischen Waffen- und Munitions-fabrik, die von Karlsruhe nach Posen verlagert worden war. Mein Bruder war inzwischen aus der Wehrmacht entlassen worden, um bei seiner alten Firma den Posten des Schießmeister auszufüllen.
Übrigens dachte ich auch daran, daß mein Jugendschwarm Marga Teuscher aus Baden-Baden in der Nähe von Posen ebenfalls beim Arbeitsdienst war. Sie habe ich allerdings nicht getroffen...

Aber das Treffen bei meinem Bruder war außergewöhnlich. Mein ältester Bruder Karl, Unteroffizier bei der Wehrmacht, hatte sich, weil er in der Nähe war, zu einem Besuch angesagt. Ich hatte meinen Besuch nicht angemeldet. An einem Samstag, wir waren wieder von Breslau nach Vogelherd verlegt, stolperte ich durch den Wald durch hohen Schnee zum Bahnhof nach Stephansdorf. Es war noch sehr früh, stockdunkel und nichts war los.

Welch ein behagliches Gefühl hatte ich dann, als ich im D-Zug Richtung Posen saß. RAD-Mädchen, die vom Urlaub aus der Steiermark kamen, erzählten ihre Erlebnisse. Ich stand am Fenster, ließ die unendlich scheinende Landschaft an mir vorbeiziehen. Eine Gegend mit besonderem Reiz, ganz flach und tief verschneit, zog sich eintönig kilometerlang dahin. Fremd, geheimnisvoll, uraltes deutsches Land.

Plötzlich tauchte in der unendlichen Weite der Name „Gostingen" auf. Da war Marga im Osteinsatz. So schnell, wie der Name und die Gedanken an Marga auftauchten, waren sie auch wieder verschwunden. Ich wollte ja nach Posen. Dort angekommen, war alles turbulent. Kein Mensch wußte, wo die Rückertstraße ist.

Nur die Polizei konnte mir Auskunft geben. Wie befohlen, mit der Straßenbahn, dann eine Ewigkeit gesucht, obwohl das Gesuchte so nahe lag. Einer, den ich fragte, schickte mich dahin, ein anderer wieder dorthin. Ich war schon ganz verzweifelt. Ich lief durch eine Straße, in der drei schöne Villen standen. Eine davon war das Ziel.

Die Treppe hoch und das erstaunte Gesicht meiner Schwägerin Hilde war vor mir. Walter war noch bei der Arbeit. Es war elf Uhr. Und erstaunt, etwas fremdelnd, schauten mich Rose und Elke, die beiden Kinder meines Bruders, die mich noch nicht gesehen hatten, an.

Ich fühle mich im Wohnzimmer sehr wohl, bis dann Walter gegen halb zwei Uhr nach Hause kam. Die Freude, meinen Bruder und seine Familie zu sehen, war groß. Walter freute sich sehr über den Überraschungsbesuch, denn ich kam unangemeldet, also auf gut Glück! Als Walter mir dann erzählte, Karl habe geschrieben, daß er heute abend gegen sechs Uhr hier sein würde, da war die Freude und auch die Überraschung auf meiner Seite noch viel größer.

Wir erzählten uns alles mögliche. Walter war schon immer mein Lieblingsbruder. Er wurde mir durch seinen Bericht über die Tätigkeit und das Leben mit seiner Familie in Posen noch sympathischer.

Es wurde sechs und Karl war immer noch nicht da. Walter hatte für alle Karten fürs Varieté besorgt. Da Karl nun nicht rechtzeitig kam, erhielt ich die für ihn gedachte Eintrittskarte. Es war herrlich, der Abend verging wie im Fluge. Als wir dann von der Vorstellung nach Hause kamen, war Karl auch schon eingetroffen. Er wollte verärgert sofort wieder gehen, als er Walter nicht angetroffen hatte, aber als er hörte, daß ich der Grund der Abwesenheit Walters war, war er wieder versöhnt.

Mein Bruder ließ nun allerlei auftischen. Der gute, ungewohnte Wein und andere Spirituosen vernebelten den Sinn. Es war deshalb kein Wunder, daß ich nicht mehr wußte, wie und wann ich ins Bett kam.

Am anderen Morgen, es war ein Sonntag, sah alles wüst aus...
Wir, die drei Brüder, hatten im Familienbett geschlafen. Für mich - ich war der jüngste in der Familie - war es ein Sonntag wie früher daheim in Königsbach. Es war ein schönes Gefühl, als ich da zwischen meinen zwei großen Brüdern aufgewacht bin.

Hilde, Rose, Karl, Walter und Hans in Posen.

Gefrühstückt und weg in die Stadt. Walter zeigte uns sein Werk. Wir wurden mit eingeschmuggelt, und es klappte auch. Die Übungsschießstände waren in einem gewaltigen Fort untergebracht. Ich durfte mit allen Arten von Waffen schießen, so wie ich es wollte. Es war ein Erlebnis der besonderen Art. Wer konnte sich schon so viele unterschiedliche Waffen leisten?
Ein Mittagessen, besser natürlich als im RAD-Lager, und anschließend ging es zu einem Fußballspiel. Walter hatte damals in der obersten Liga gespielt. Ich war deshalb

ganz stolz auf ihn. Es ging um die Meisterschaft, das Stadion war voll besetzt. Die Mannschaft von Walter gewann. Anschließend ging es in den Bunker, so nennen sie ihren Gesellschaftsraum, in dem dann der Sieg gefeiert wurde. Es ging hoch her. Es waren ja lauter Karlsruher und Leute von der Umgebung - also Badener in der „Patron" - so nannte man die Firma, beschäftigt. Es war quasi ein Heimspiel in der Fremde.

Am Abend saß ich schon wieder im Zug in Richtung Breslau. Karl ging mit zum Bahnhof. Auch er mußte wieder weg. Ein Erlebnis, mitten im Krieg, das eigentlich den Ernst der Lage vergessen ließ. Ich träumte noch davon, als ich gemütlich in der Ecke eines Waggons saß. In Breslau war dann mein Anschlußzug nach Vogelherd weg. Übernachtet habe ich in der Wehrmachtsunterkunft. Man mußte da höllisch aufpassen, daß man beim Aufwachen noch alles bei sich hatte und nichts geklaut war.

Die Heimfahrt war schlimm. Die Übernachtung auf dem überfüllten Bahnhof war ein Trauma. Die Bahn war proppevoll mit Truppentransporten in den Osten.

Ein Zustand, der mich wieder daran erinnerte, daß wir im Krieg waren. Gott sei Dank hat bei meiner Abteilung in Vogelherd niemand etwas gemerkt - oder bemerken wollen - daß ich mich einen Tag zu spät zurückgemeldet hatte.

Es waren aber zwei schöne, unvergeßliche Tage in Posen.

In unsere Gruppe war auch Werner Konstandin aus Kleinsteinbach. Wie wir erst später erfuhren, hatte zu Weihnachten mein Bruder August seine Schwester - Hilde Konstandin - geheiratet. Natürlich hatten wir an dieser Kriegshochzeit nicht teilnehmen können, auch wenn wir es rechtzeitig gewußt hätten.

Der Januar 1944 hatte gut begonnen, wie wird sich das neue Jahr für mich gestalten?

Am 10. Februar 1944 war dann auch die Zeit im RAD vorbei und wir konnten nach Hause fahren.

Achtes Kapitel

1946

Dienstag, den 1. Januar 1946
Ich bin gut ins neue Jahr gekommen. Trotz Streit, den wir gestern abend noch hatten, gut geschlafen. Der Ärger war scheinbar größer als gedacht, denn wir haben uns nicht einmal ein gutes neues Jahr gewünscht, und das wäre schon sehr wichtig gewesen.

So habe ich mir den Neujahrsbeginn nicht vorgestellt, aber „Undank ist der Welt Lohn".
Ein Rückblick über die Ereignisse des Jahres 1945 lohnt sich nicht. Der Krieg ist zu Ende, es ist Frieden - nur bei uns im Lager und bei der Arbeit merkt man davon nichts.

Von der Erinnerung kann man nicht leben, also zurück zur Realität.

Von den „Alten", die von Anfang mit im Lager „Clos Charpentier" dabei waren, sind nicht mehr viele da. Tot, krank, geflüchtet oder versetzt, in alle Winde sind sie zerstreut. Bei uns sind noch Gotthold Krell, Willi Schröder, Horst Gottwaldt, Heinz Völker, Grupsci und ich. Von den Alten, Karl Eisenmann aus Heilbronn und Ernst Britz aus Neuwied.

Ja, der Haufen ist zusammengeschmolzen und mir ist die Lust zum Schreiben vergangen.

Mittwoch, den 2. Januar 1946

„Und weiter geht das Leben,
Es kann Dir so viel geben.
Greif nach dem Glück
Versuch es zu erringen
Dich selber zu bezwingen
Schau vorwärts, nicht zurück."

Der letzte Vers vom Gedicht von Marga aus Baden-Baden, gibt Mut, spornt an und hilft mir und uns allen, jeweils wieder aus dem Tief zu kommen.

Der erste Arbeitstag 1946.
Wie lange werden wir noch Zwangsarbeit leisten müssen? Wann sind die Franzosen mit den von uns erbrachten Leistungen zufrieden und lassen uns gehen?

Ehrlich, ich glaube, oder besser gesagt ich hoffe schon, daß ich meinen 20.Geburtstag in der Heimat verbringen werde. Aber eine Wette würde ich darauf nicht abschließen. Wir alle können es uns nicht vorstellen, daß man uns noch länger ausbeutet.

„Ob sie uns lieben oder hassen, sie müssen uns doch entlassen", rief ja ein Kumpel, der bei den Amis war, uns zu.

Wenn ich auf das Jahr 1945 zurückblicke, so meine ich doch, daß es das schwärzeste in meinem bisherigen Leben war und auch im zukünftigen Leben sein wird.

Ein Beispiel: Seit 6. März 1945 sind wir bei Estiot. Wir haben uns daran gewöhnt, daß man dort wie ein Tier behandelt wird. Dem muß man ja zu fressen geben, sonst kann es nichts leisten.

So ist es auch bei uns. Die einzige Ausnahme ist Monsieur Dubs, der Elsässer, der in all den Monaten noch älter geworden ist, als er schon war. Wahrscheinlich weil er auch von den Franzosen nicht geachtet wird. Wenn sie wüßten, daß er uns von seinem Vesper jeden Tag etwas abgibt, könnte er es bei Estiot nicht mehr ertragen!

Wie gut könnten wir Jungen diese verlorene Zeit in der Heimat brauchen, um uns weiterzubilden, um unsere Zukunft, auch die des Vaterlandes, mit aufzubauen. Aber es hat ja keinen Sinn, wir können nichts ändern, also...

...schau vorwärts und nicht zurück!

Aber, wo ich auch hinschaue, ist Elend. Ich sehe ein unbestimmtes Ende, und ich sehe, daß wir täglich blöder werden und uns immer mehr verfeinden.

Haß, nichts als Haß, beherrscht unser Leben. Fünfundsechzig Mann in einer Bude eingesperrt. Essen, waschen, schlafen, scheißen, schiffen, ohne Toiletten. Unsere Notdurft machen wir in Kübel, die einen bestialischen Gestank verbreiteten. Die neuen Baracken sind zum Glück etwas luftiger als unsere ehemaligen Hühnerställe.

Aber ein Raum, der für fünfzig Menschen zu klein wäre, schafft für fünfundsechzig noch mehr Spannungen. Von einem Platz zum anderen muß man sich richtig drängen. Da stehen Pötte, da hängt Wäsche, da steht einer und streckt dem anderen den Arsch ins Gesicht, der mit Appetit seine Kartoffelsuppe frißt.
Dort laust einer seine Sachen und zu allem Ärger sagen dann noch die französischen Wachposten zu uns: „Deutsche Schweine!"
Sie denken natürlich nicht daran, daß wir, seit wir bei der SNCF sind, keine Klamotten mehr bekommen haben. Mit Ausnahme der Kleider, die man den Neuen, die mit vollbepackten Seesäcken bei uns ankamen, weggenommen hat. Keine Wäsche, rein gar nichts. Wenn wir nicht gelegentlich auf dem Bahnhof aus zerschossenen Eisenbahnwagen die Vorhänge stehlen würden, könnten wir noch nicht mal unsere Sachen flicken. Die Nähnadeln machen wir selbst. Aus dem etwas groben Stoff ziehen wir die Fäden raus und haben dadurch das Nähgarn...

Es klingt unglaublich, aber die Not macht erfinderisch.

Es klingt dann wie Hohn, wenn man beim Organisieren erwischt und bestraft wird, daß die Franzosen alles auf den Krieg schieben.
„C'est la guerre, nous avons rien", ist halt die Antwort.

Sie schimpfen mit Halbwissen über das, was wir Deutsche in den Konzentrationslagern gemacht hätten. Auch wir werden erst seit dem Kriegsende, seit der Veröffentlichung der Fotos in den Zeitungen, damit konfrontiert und müssen dafür büßen. Aber wir empfinden das auch schon sehr deprimierend, wie man uns behandelt. Hier schaut niemand danach, wie uns die staatliche Eisenbahn ausnützt. Kein Mensch kontrolliert, wie wir mißhandelt und schikaniert werden.

Ich muß aufhören, sonst steigere ich mich mit meinen Freunden, mit denen ich mich wieder versöhnt habe, immer mehr ins Lamentieren hinein. Und Margot sagt: *„Aber dem Manne geziemt Kummer und Trübsal nicht, vor Gott besteht nur die tätige Gesinnung."*

Freitag, den 4. Januar 1946
Zum zweiten Mal Post erhalten. Ich bin ganz aufgeregt. Meine vier Brüder, die alle im Krieg waren, sind schon seit November vorigen Jahres zu Hause. Nur Fritz, mein Schwager, und ich fehlen noch.

Zu Weihnachten war die Familie schon zusammen. Meine ohnmächtige Wut steigert sich, obwohl ich mich freue, daß meine Brüder nicht das schwere Los, gefangen zu sein, mit mir teilen müssen. Trotzdem, warum gerade ich? Und es ist trotz allem ein schönes Gefühl, daß alle vier den Krieg überlebt haben, daß unsere Familie so wenig Leid getroffen hat. So glücklich können Hunderttausende von Familien nicht sein.

Sonntag, den 6. Januar 1946
Wir haben im Lager einen begnadeten Violin-Spieler. Er heißt Alfred Peschke und war Mitglied des Symphonieorchesters in Hamburg. Ein wunderbarer Mensch, ruhig, wissend und wesentlich älter als ich.
Ich habe ihn portraitiert, es wurde eine einfühlsame Rötelzeichnung.

Etwas Neues für uns: Bei Estiot wurde gestreikt. Es geht um mehr Lohn und mehr Brot. Eine Handlung, die wir in Deutschland gar nicht kennengelernt haben. Hier stecken auch die Kommunisten hinter dem Streik.

Sonntag, den 20. Januar 1946
Seit einigen Tagen liegt nun hier überall Schnee. Was eigentlich, so die Franzosen, außergewöhnlich sei. Wir müssen zu den Arbeitsstellen marschieren - und mal wieder mit Holzschuhen. Das ist im Schnee gar nicht so einfach.

Ich habe auch einen Brief, den ich an Engele geschrieben habe, zurückbekommen. Auskunft: Evakuiert wegen Bombenschaden. Adresse unbekannt. Der Brief war datiert vom 27. Februar 1945; der Fliegerangriff auf Pforzheim war am 23. Februar 1945! Erstaunlich, daß ein Brief schneller wieder zurückkommt, als Briefe aus der Heimat überhaupt hier ankommen. Also, eine bittere Wahrheit ist da: Pforzheim ist zerstört! Aber, die Frage steht im Raum: wer lebt noch von meinen Freunden?

Sonntag, den 10. Februar 1946
Es tröpfelt. So langsam kommt mehr Post ins Lager. Ich hatte einen Brief von meinem Vater erhalten. In seiner gestochen scharfen Schrift. Das hat mich sehr gerührt. Ein ausführliches Schreiben erhielt ich auch von Margot Weingärtner. Sie erzählt, daß alle Freunde von mir schon zu Hause wären. Die Mädchen sind wohlauf. Also alles in Ordnung, nur ich fehle noch. - Ich könnte heulen!

Sonntag, den 24. Februar 1946
Es geschehen noch Wunder. Am Samstag kamen Musikinstrumente, u. a. eine Geige für Alfred Peschke.

Alfred Peschke.

Stube II, für das Kommando „Depot".

Malsachen für mich und Bücher für die Allgemeinheit sind gekommen. Die phantastischen Spenden kamen von der YMCA (auf deutsch: CVJM = Christlicher Verein Junger Männer), nicht vom Roten Kreuz. Es geschehen noch Wunder.
Als ich ins Lager kam, war eine große Überraschung da. Es waren für Heinz, Gotthold und Eisenmann Pakete angekommen. Für mich nichts. Ich war sehr enttäuscht.

Da kam Horst: „Hans, sofort aufs Büro. Es ist ein Paket für Dich da!"
Ich wollte es nicht glauben, aber es war so. Doch leider war alles, was meine Eltern mir geschickt hatten, total verschimmelt. Das Paket war zu lange unterwegs gewesen. Ich freute mich trotzdem.

Alfred Peschke begann, mit seiner neuen Violine für uns zu spielen. Es war wunderbar. Ich zeichnete die Szene. Ich sehe, wie hartgesottene Männer mit Tränen in den Augen den herrlichen Geigenklängen lauschten.

Franz Morbitzer gab mir meine Malsachen: Aquarellfarben, Palette, Malkreide, Lineal und vier Malblocks. Es war kaum zu fassen. Bisher mußte ich alles improvisieren. Nun war schon ein Hauch von Profi-Malerei möglich.

Wir mußte unser Essen holen. Anschließend spielte Alfred noch lange für uns.

Horst, Willi und Gotthold hatten gute Nachrichten von zu Hause. Man berichtete ihnen von Maskenbällen, vom Tanzen, alles würde sich normalisieren. Für uns war das zum Weinen. Es war trotzdem ein schöner Abend. So vieles stürmte auf einmal auf uns ein. Es war so ungewohnt, daß wir ganz hin- und hergerissen waren.

Sonntag, den 10. März 1946

Unsere Arbeit bei Estiot jährte sich am 6. März 1946. Unglaublich. Ein Jahr bei einem Kommando zu arbeiten, das ist selten. Auch wenn die bei Estiot nichts sagen, sind sie scheinbar doch mit uns zufrieden.

Es kam mal wieder eine Rote-Kreuz-Sendung. In etwa mit dem gleichen ungenügenden Inhalt, wie schon gehabt. Aber neu war, wir mußten dafür einhundertfünfundachzig französische Franken bezahlen. Eigentlich eine Unverschämtheit, bei dem was wir verdienten. Aber wir hatten wieder was Zusätzliches zum Essen.
Neu war auch, daß Nudeln dabei waren. Allerdings mußte jeder ein Kilo Nudeln in der Küche abgeben. Neu war auch: Wir bekamen einmal Kriegsseife!

Dienstag, den 12. März 1946

Es kommt, wie es kommen muß. Ein Brief von Margot, die nun Großklaus heißt. Schon am 18. Mai 1945, also kurz nach Kriegsende, hat sie einen Arzt geheiratet. Sie und ihre Familie waren nach Kleinsteinbach evakuiert worden. Dort lernte sie Dr. Großklaus kennen. Er war keine 19 Jahre alt, wie ich, sondern wesentlich älter.
In Pforzheim, wird bestätigt, sei alles ausgebombt. Was soll ich nun sagen?
Auch dieser schöne Traum ist vorbei. Sicher ist, ich werde immer an die schönen Stunden, die ich mit Margot verbracht habe, denken. Im vorletzten Brief habe ich ihr noch geschrieben, daß ich sie nun, mit entsprechendem Abstand, ganz verstanden hätte.

Sie schrieb mir damals in der kurzen Zeit des Glücks:

„Das ist das Unvergängliche am Menschen, die unerschöpfliche Liebe, auch die Sehnsucht nach dem Glück, das uns einmal streift." Und weiter: *„Es gibt im Leben oft nichts zu denken und auszusprechen, nur zu ahnen. Und die Menschen, die nicht ahnen und empfinden können, werden das Leben nie begreifen."*

Treffend, wie so vieles, was sie mir schrieb. Ich ahne, warum sie sich so schnell entschieden hat. Es war sicher besser, einen reifen Mann zu heiraten, als auf einen jungen unausgegorenen Wirrkopf zu warten. Ich habe in den sieben Wochen, voll von Glück - zwischen RAD und Kommiß - viel gelernt. Und viel Liebes von Margot erfahren. Sie faßte das einmal so zusammen:

„Man kann das Dasein nicht auf einen Nenner bringen, wir durchleiden und durchjubeln keine stetige Lebens-

bahn, sondern wir gehen durch eine bunte Vielfalt von Geschichten, und wer nicht verzagen und zerbrechen will, muß die Kraft haben, diese Geschichten zur rechten Zeit enden zu lassen, und sie betrachten wie ein zugeschlagenes Buch. Die Menschen, die uns nahe waren, gehören oft nur zu jenen Geschichten. Vielleicht begegnen wir uns alle nur, um aneinander reifer und reicher zu werden, das Abschiednehmen gehört dann zum Glück des Beisammenseins, es ist ein Teil davon. Einem Manne ziemen Jammer und Trübsinn nicht, vor Gott besteht nur die tätige Gesinnung."

Das sagt eigentlich alles.

Wie werden wir uns eines Tages gegenüberstehen? Sie wird für mich in der Erinnerung immer der Mittelpunkt eines einmalig schönen Erlebnisses bleiben. Sicher, und das weiß ich heute, war ich für sie und ihre Liebe noch nicht reif genug.

Samstag, den 16. März 1946
„Aus den Augen, aus dem Sinn" - ein gutes Sprichwort. Man muß sich auf das Leben auf die Gegenwart konzentrieren. Alles geht so weiter, als ob nie etwas vorher gewesen wäre. Und ich kann Margot verstehen. Was war ich damals und was bin ich heute? Ein Nichts... mein Leben, ein bißchen begonnen... Sie war die große Gesellschaft gewohnt, ein Mann wie Dr. Großklaus wird ihr das weiter bieten können. Ich muß erst mal etwas werden.

Bei Estiot habe ich mir auf die Hand geschlagen - beim zornigen Italiener.

Ich kann zwar nicht arbeiten aber denken - deshalb habe ich mich ganz auf das Lernen der französischen Sprache konzentriert. Durchs Lernen vergißt man vieles.

Montag, den 1. April 1946
Am Samstag war mal ein schöner Tag. Ich hatte mich gewaschen und frisch gewaschene Wäsche angezogen. In meinem Marinehemd - das ich von den Norwegern hatte - und der selbstgeschneiderten kurzen Hose, habe ich mich hinter der Baracke in die Sonne gesetzt. In dem Buch „Mirco und Alke", das mich sehr gefesselt hat, gelesen. Es störte mich niemand, bis ich hörte: „Ist hier der Schöner?" Unser Lagerleiter Kuhlmann holte mich zum Kleidertauschen. Eine Jacke wollte ich tauschen, aber ich bekam gleich noch eine Hose dazu. Zwar waren diese schon geflickt, aber sie war besser als meine bisherigen Klamotten.

Ich merkte nicht, wie hinter der Baracke die Zeit verging. Erst als es zum Essenholen läutete, kam ich wieder aus dem Träumen, in die mich das Buch versetzte, zu mir.

Wenn wir abends von der Arbeit nach Hause marschieren, ist um uns herum alles so schön. Alles blüht und grünt. Die Natur erwacht zu neuem Leben, selbst wir atmen auf. Auf der Straße kommen uns verliebte Pärchen entgegen. Mädchen schön anzuschauen, wie der Frühling. Und uns schaut niemand an. Im Gegenteil, es gibt immer noch genügend Franzosen, die in uns nur die „sales boches" sehen.
Es ist nun der dritte Frühling in Frankreich, den wir nicht in Freiheit erlebten.
Ich erinnere mich: 1944 im April, in Crailsheim lag noch Schnee, fuhren wir in den Frühling, nach Südfrankreich, hinein. Es war auch damals schön, das Frühlingserwachen zu sehen, wir hatten nicht das Gefühl, in den Krieg zu fahren. Nur sechs Monate später waren wir in der Gefangenschaft.

Den zweiten Frühling verbrachten wir schon hier in Clos Charpentier. Ich vergesse nie, wie im Hof von Estiot, wo lauter verostete Eisenteile lagen, ein Hollunderstrauch blühte.
Nun kommt der dritte Frühling mit Wünschen, mit zunehmender Sehnsucht nach Liebe, nach Wärme, nach menschlicher Anerkennung. Es ist schon schlimm, wenn man bedenkt, daß selbst ein Verbrecher weiß, wie lange und warum er büßen muß. Wir wissen es nicht. Die Ungewissheit ist tödlich.

Samstag, den 6. April 1946
Ich lese ein Buch über Andreas Schlüter: „Der Münzturm" von Alfons von Czibulka. Es ergreift mich sehr, wie sein Leben so tragisch endet. Eigentlich kann ich mir nicht vorstellen, wieviel Freindschaft, wieviele Lügen und Intrigen dieser große Künstler erleiden mußte, obwohl er ein so begnadetes Genie war, oder gerade deshalb?
„Bin ich mir meines Weges bewußt, den ich gehen will. Es wird nicht leicht sein, wenn ich all das erreichen will, was ich mir wünsche", läßt der Autor Andreas Schlüter sagen. *„Jupiter herrscht über dem Haupte deines Schaffens. Ich sehe eine Krone leuchten, über deinem Haupte, Andreas! Doch wer vermöchte zu sagen, ob sie golden oder von Dornen sei"*. Und ich zitiere weiter: *„Die Sterne sprechen immer die Wahrheit. Wenn ich auch selbst die Konstellation nicht begreife. Aber vielleicht ist es, daß Künstlerkronen blasser leuchten als die Diademe der Gekrönten."*

Der berühmte Astronom Johann Helvetius meinte zum Thema Andreas Schlüter, *„der Mohr hat seine Schuldigkeit getan, der Mohr kann gehen!"* So fühlt man sich oft als Maler! Selbst schon wenn man gerade beginnt und sich wünscht, einer zu werden.

Wenn ich daran denke, was ich in diesem Lager schon

alles in der wirklich sehr knappen Freizeit für die Allgemeinheit getan habe und trotzdem Kartoffeln schälen muß, dann dürfte ich keinen Pinsel mehr für andere anfassen. - Beim Nachdenken über unser Leben wird es mir ganz übel. Aber: „Viel Leid und viel Freud machen das Leben erst schön."
Wir, die Kleinen, müssen nur Arbeiten, aber die Großen - wer immer das auch sei - haben alle Annehmlichkeiten dieser Welt.
Ich habe mich mit Alfred in unsere Kapelle zurückgezogen. Er spielte, ich meditierte.

Samstag, den 14. April 1946

Die miese Stimmung wächst. Uns wurden - wie den Verbrechern - die Haare abgeschnitten. Pfui Teufel, wie sahen wir aus mit Glatze und Matrosenkragen. Die ehemals weißen Hemden sind inzwischen so grau geworden, wie unsere Stimmung.
Dazu kommen Kontrollen. Alles wird kontrolliert, als ob es uns nicht so schon schlecht genug geht. Das Essen bleibt schlecht, aber was bleibt uns anderes übrig, als den Kopf hoch zu halten.

Horst, Franz, Gotthold, Walter, Willi, Ernst, Hans und Heinz.

Erinnerungen an 1943

Deshalb habe ich mal wieder in der Vergangenheit gekramt und an die letzten Ferien im Sommer 1943 gedacht. Bei Martha Vogt, einer Nachbarin, war ein evakuiertes Mädchen aus Dortmund untergebracht. Sie hieß Erna Fleitmann
Wir trafen uns gelegentlich und sie erzählte uns, wie zerbombt in ihrer Stadt schon alles sei. Wir auf dem Dorf konnten uns das gar nicht vorstellen. Ich versprach ihr deshalb, sie einmal zu besuchen. Meine Eltern hatten nichts dagegen. Ich wußte auch nicht, was ich in den Ferien - außer dem üblichen - machen sollte, also habe ich mein Versprechen eingelöst.

Mit dem Zug nach Dortmund. Dort, es war unfaßbar, bestanden ganze Straßenzüge nur noch aus den Fassaden, und auch diese waren zum Teil eingestürzt.

Eigentlich für mich auch heute noch erschütternd. Ich habe diese Zerstörungen aquarelliert. Was man für Motive wählt, liegt oft im Zeitgeist und was erstaunlich war, es störte mich niemand beim Malen dieser furchtbaren Kulisse des Krieges. Ich fuhr beeindruckt zurück, um ein bedeutendes negatives Erlebnis reicher. Glücklich aber, daß wir auf dem Lande so etwas nicht erleben mußten.
Mit Erna Fleitmann hatte ich dann in Gefangenschaft eine lang andauernde Brieffreundschaft.

Unfaßbares: Zerbombte Häuser in Deutschland.

Ostersamstag, den 20. April 1946

Am Dienstag wurde Alfred Peschke ins Hauptlager Fort d'Hauteville zurückgeholt. Er kam als Musiker in die Betreuungsgruppe des Depot 81. Was mir blieb, ist sein Portrait und die Erinnerung an viele Stunden von harmoni-

scher Zweisamkeit. Am letzten Sonntag habe ich ihn nochmals portraitiert. Er sollte am Montag abgeholt werden, war aber abends noch da.
Wir gingen deshalb in „meine" Kapelle und Alfred spielte zum letzten Mal. Franz Morbitzer war dabei. Ein Kreis, der so ganz anders war als die Masse der Gefangenen. Leider war nun wieder einer weg mit dem man reden und träumen konnte. Es war so heimelig in der Kapelle. Nie hat mein gemaltes Wandbild uns eine harmonischere Atmosphäre vermittelt als bei dieser Abschiedsstunde.

Am Dienstag war er dann weg. Ich habe einen guten Kameraden verloren. Er war so ganz anders als alle die anderen. Er war ein begnadeter Künstler und ein guter Mensch.
Zu Hause läuft langsam alles an. Ich habe Post bekommen von Margot Weingärtner, die schreibt, daß Heinz Fränkle, der Musik studieren will, am Musik-Konservatorium in Karlsruhe angenommen wurde.

Roland Böhringer will Rechtsanwalt werden und beginnt sein Studium der Rechtswissenschaften. Es scheint so, als ob sich alles normalisiert. Marga aus Baden-Baden läßt besonders grüßen, das war der Schluß von Margots Brief und der trug nichts zu einer besseren Stimmung bei. Nur ich hocke in dieser Ecke, gewinne Freunde und verliere sie immer wieder. Alles geschieht, ohne daß wir etwas beeinflussen können.
Zum Abendessen gab es, wie schon seit Wochen, Gemüsesuppe, mehr Wasser als Gemüse. Und es schauen auch mehr Augen in den Teller rein als raus.

Ich habe noch einen Heißhunger und nichts Zusätzliches ist zum Essen da. Die ganze Zeit lang bin ich so zurechtgekommen. Ich hatte immer irgendwas Zusätzliches zum Essen gefunden. Aber nun werde ich nicht mehr satt. Und das an Ostern.
Morgen gibt es ein bißchen Brot und schwarzen Kaffee, das muß bis mittags reichen.

Übrigens, ein Thema zum Brot, das ja immer zu knapp ist. Man kann sich gar nicht vorstellen, wie viele Arten von Waagen erfunden wurden, um das Brot „gerecht" zu verteilen. Jeder schaut dem Broteteilen genau zu, damit er ja nicht ein bißchen zu wenig bekommt. Oft ist diese Teilungszeremonie mit Krach verbunden.
Obwohl der, der teilt, sich nur das letzte Stück nehmen darf.
Ich bin traurig - Heinz Fränkle kann Musik studieren - und ich werde hier nicht satt.

Unsere Bude ist immer brechend voll. Der eine steht da und wäscht sich, der andere ißt seine Suppe. Gelegentlich spritzt Waschwassser in die Eßpötte, die ja nur aus einfachen Ami-Büchsen bestehen. Dann schreit einer: „Du blöde Sau, kannst Du nicht aufpassen!" Die Antwort lautet: „Leck mich doch am Arsch, Du Idiot. Geh' doch raus, wenn Dir's hier nicht paßt!"
Die Stimmung ist deshalb ständig gereizt. Und das an Ostern, dem Fest der Auferstehung! Vielleicht eben deshalb! Wenn dann noch von zu Hause solche Nachrichten kommen..., wie sich dort alles normalisiert...

Wenn es heißt: „Wir warten nur noch auf Dich, sonst ist bei uns alles in Ordnung",... dann wird es ganz schlimm, dann kann man die dauernd gereizte Stimmung in dem Gedränge der Baracken nicht mehr ertragen.
Ich bekam heute Ami-Schuhe, meine alten waren hinüber, die neuen sind mir aber zu klein.

Ich lege mich aufs Stroh und lese in den Briefen von Philipp Otto Runge, dem Maler, weiter, um mich in eine andere Welt zu versetzen.
Wie schön wäre es jetzt, wenn ich mich mit Klaus Wein, Heinz Fränkle, Roland Böhringer und den dazugehörenden Mädchen im Nebenzimmer vom „Grünen Baum" treffen könnte. Heinz würde Klavier spielen und wir redeten über Gott und die Welt.

Ich denke an Klaus und wie schön es war, als wir in der Abenddämmerung über den Heustätt wanderten und übers Leben philosophierten. Und in die unendliche Anzahl von Sternen schauten...

Ich kann das heute mit Runges „Naturschwärmereien" vergleichen, so wie ich es empfinde. Die Luft war mild, gesättigt mit dem Duft von frisch gemähtem Gras. Unten im Tal lag unser Dorf. Dunkel ohne Licht, es war ja Krieg und Verdunkelung war angeordnet. Im Westen, gegen Frankreich zu, flammte das letzte Abendrot. Von Osten zogen erste dunkle Wetterwolken auf. Blau, Violett, Grau... Wir, Klaus und ich, spürten die Spannung in der sich ständig wandelten Natur. Es wetterleuchtete irgendwo. Alles lebt, geheime Kräfte sind am wirken, die wir in unserem Alter - oder besser gesagt mit unserer Jugend - noch nicht vestehen. Wir genießen das alles, gehen langsam weiter... es wird dunkel... was geschieht, während wir hier sind, in all den Häusern, ja in der ganzen Welt? Wie klein sind wir doch gegenüber den unendlich großen Kräften der Natur. Die ihren unerklärbaren Höhepunkt in dem Wesen, das wir Gott nennen, finden. Die Nacht ist oft lebendiger, sensibler als der Tag mit seinem Wirken und seiner gewollten Hektik.

Hinter uns rauschte der Tannenwald, es war so viel Geheimnisvolles in allem.

Ganz still drückte sich der Mond durch die Wolken. Oh, merde alore, ich kann nicht mehr so weiterschreiben. Ich muß einen bemühen, der das so unendlich viel besser sagen kann als ich: Eichendorff

Mondnacht

Es war als hätt' der Himmel
Die Erde still geküßt,
Daß sie im Blütenschimmer
von ihm nur träumen müßt!
Die Luft ging durch die Felder,
Die Ähren rauschten sacht,
Es rauschten leis die Wälder
So sternklar war die Nacht.
Und meine Seele spannte
weit Ihre Flügel aus.
Flog durch die stillen Lande
Als flöge sie nach Haus.

Hier, in meiner Ecke im Stroh, ist nun keine Konzentration mehr möglich. Es geht laut her und immer kommt irgendjemand, der stört. Also verschieben wir alles bis zum morgigen Ostersonntag.

Ostersonntag, den 21. April 1946
Ich habe Stubendienst. Der Morgen fing an mit Scheißkübel raustragen, Kaffeekübel reintragen, Stube kehren, ... die Erde hat mich wieder.

Sonntag, den 28. April 1946
Horst bekam die Nachricht, daß seine Mutter am 10. März 1946 verstorben war. Sehr schlimm, noch schlimmer für ihn, das hier zu erfahren.

Mittwoch, den 1. Mai 1946
Wir werden mal wieder geimpft, weiß Gott für oder gegen was? Mit dem Arzt wegen meinen Kopfschmerzen geredet. Keine Antwort. Ich habe viel gezeichnet. Portraits von Horst, Willi und Franz. Aber ich habe eigentlich keine rechte Lust.

Sonntag, den 5. Mai 1946
Wir hatten heute eine besonders schwere Aufgabe: An der Porte-Neuve einen Wagon mit Eisenbahnschienen entladen. Dazu holt man ausgerechnet uns von Estiot. Wieder im Lager, mußte ich zweimal Wasser holen und bekam dafür beim Essenfassen einen Nachschlag.

Es finden derzeit auch Wahlen in Frankreich statt - für mich ist alles neu. Es ist interessant, die Wahlpropaganda - also Plakate - zu betrachten. Die einen sagen wählt „Nein", die anderen, wählt „Ja". Im ganzen ist es mir nicht klar, um was es geht. Wer ja wählt, will die Diktatur, und die, die nein sagen, wollen die Freiheit und die Republik. Ich und wir alle sind gespannt, ob die Kommunisten gewinnen, denn die wollen die Gefangenen nach Hause schicken.

Mittwoch, den 8. Mai 1946
Mein 20. Geburtstag. Es war auch unser letzter Arbeitstag bei Estriot. Es kam ganz plötzlich. Der Chef, M. Benoit, sagte mir kurz nach 6.00 Uhr: „Sagen Sie ihren Kameraden, sie sind heute das letzte Mal hier. Man hätte aus Paris angerufen, es sei Schluß mit den Gefangenen!" Warum? Das wußte er nicht. Ich glaubte schon, daß es nun nach Hause geht, aber im Lager wußte noch niemand etwas von dieser sensationellen Neuigkeit.

Donnerstag, den 9. Mai 1946
Zum ersten Mal im neuen Kommando „Depôt". Vor vierzehn Monaten war ich schon mal dort. Es hat sich viel verändert, auch gegenüber der Arbeitszeit bei Estiot. Hier brauchen wir nur von 8 bis 17 Uhr zu arbeiten. In der Mittagszeit durfte ich sogar an den Kanal, Fische beobachten. Ich fühlte mich ganz frei. Die Stunde Mittagszeit war deshalb zu schnell vorbei.

Es kommen Gefangene weg und neue kommen her, man weiß nie warum, wohin, wir erfahren eigentlich gar nichts. Crupski, der von Anfang an mit bei der SNCF war, kam auch weg. Es werden immer weniger von den Alten, die noch hier bleiben. Ich wünsche mir schon, daß wenigstens Franz, Gotthold, Willi und Horst dableiben, weil ich mich mit denen am besten verstehe.

Franz Morbitzer hat mir mal erzählt, daß Ernst König und Heinz Völker über mich reden. Ich hätte Fehler gemacht. Ich weiß aber gar nicht welche. Es ist doch klar, daß man Fehler macht, fast ohne jede Ausbildung. Wenn Heinz meint, er kann es besser machen, dann soll er das tun. Ich weiß nur nicht, was er besser machen soll?

Montag, den 13. Mai 1946
Zum ersten Mal, seit August 1944, mal wieder geduscht. Es war eine Wohltat, warmes Wasser und eine Dusche. Da wird einem bewußt, daß wir keinerlei sanitäre Einrichtungen im Lager der SNCF haben.

Alles läuft seinen Trott. Man bekommt öfter Post, sogar die ersten Päckchen kommen an. Das bedeutet immer, sich ein paar Mal satt essen zu können.
Marga, meine älteste Nichte, wurde am Sonntag vor Ostern konfirmiert.
Es hätte Löhnung geben sollen, aber es war kein Geld dafür da.

Bei meinen Eltern erkundigen sich viele nach mir. Auch Erna Fleitmann aus Dortmund wollte wissen, wie es mir geht. Von Klaus Wein kam ebenfalls zum ersten Mal ein Brief. Er hat noch die gleiche Adresse, Hohenzollernstraße 46, obwohl Pforzheim so zerstört ist. Er wurde im Oktober '45, weil er krank war, aus russischer Gefangenschaft entlassen. Welch ein Glück für Klaus!
Bei uns dagegen gibt es nichts Neues.

Sonntag, den 3. Juni 1946
Mein Schwager Fritz wurde nun auch - am 13. Mai 46 - nach Hause entlassen.
Willi hat Geburtstag, den 20. Wir haben uns gemeinsam zusätzliches Essen gekocht.
Die „Maske" von Rudolf Virchow, er kommt aus Berlin, zu modellieren angefangen. Ein Relief von Franz beendet. Einige Auqarelle sind in Arbeit. Seit ich im Depot arbeite, kann ich wieder mehr malen und modellieren.

Montag, den 1. Juli 1946
Mein Vater wurde 53 Jahre alt.
Ich habe schon lange nicht mehr geschrieben. Sowohl nach Hause als auch in meinem Tagebuch. Wir leben so vor uns hin, ohne Sinn und ohne Ziel.

Sonntag, den 7. Juli 1946
Unsere Anstrengungen, Französisch zu lernen, lohnen sich. Klaus Morgenstern ein Student, nur wenig älter als ich, gibt den Unterricht. Aber von mehr als zweihundert Lagerinsassen haben nur Willi, Horst, Franz und ich durchgehalten. Alle anderen haben scheinbar keine Lust oder keine Kraft mehr, etwas Zusätzliches zu tun. Der Hunger zehrt. Ich kann mich auch nicht mehr so konzentrieren auf meine Malerei. Ich möchte so viel machen und besitze oft auch nicht mehr die Kraft, alles zu bewältigen.

Warum läßt man uns Jungen nicht zurück?
Als der Krieg begann, waren wir gerade zwölf Jahre alt. Und als Hitler die Macht übernahm, gerade mal sieben Jahre jung!! Da wußte noch keiner was von Politik. Außerdem haben wir nur das gesehen, gehört und gelernt, was die Politiker sagten. Wo hätten wir uns denn informieren sollen? Der Staat hatte alles in der Hand. Und heute, mit zwanzig, müssen wir büßen, was andere verbrochen haben! Für was? Weil wir den Krieg verloren haben? Ich habe in der ganzen Zeit bei der Luftwaffe keinen einzigen Schuß abgegeben.

Porträt von Willy Schröder.

Aber wen interessiert das? Wer interessiert sich überhaupt für Gefangene? Die Kumpel, die bei den Bauern gearbeitet haben, erzählen das ganz drastisch: „Kuh kaputt, Grand Maleur, Prisonier kaputt, egal. Neuer Mann kommt von Hauteville."

So einfach kann man das auf einen Nenner bringen. Eine Kuh ist teurer, wir Gefangene kosten nichts! Sind auch nichts wert und jederzeit kostenlos ersetzbar.

Freitag, den 12. Juli 1946
Die Stimmung steigt, welch ein Glück. Ich habe heute von der YMCA, vom Verein Christlicher Junger Männer, einen Ölfarben-Malkasten mit allem Zubehör bekommen. Ich kann es kaum fassen, daß so etwas möglich ist. Ich war gerade in einem miserablen Tief und nun diese Freude.

Nun habe ich Aquarellfarben, Ölfarben, Pastellkreide, Buntstifte - aber wenig Zeit.

Es ist schon ein gewaltiger Unterschied gegenüber dem, wie wir im Waldlager vegetierten. Seit dem Fort d'Hauteville und dem Anfang im SNCF-Lager ist manche Verbesserung festzustellen. Es geschehen auch für uns noch Wunder.

Sonntag, den 14. Juli 1946
In der alten Baracke habe ich Franz beim Schachspielen in Öl gemalt. Es ist das erste Bild mit meinen neuen Ölfarben.
Abends im Kreise der Alten, das sind 20 jährige Gefangene, die nun schon so lange zusammen sind, war es wieder einmal sehr gemütlich. Wir haben ja nun mit Klaus Morgenstern den Französisch-Lehrer. Es geht aufwärts mit dem Lernen.

Pinsel habe ich mir für meine Wandmalerei gerichtet. Heinz Völker hat auch Dekorationen gemalt und Schriften geschrieben. Es wurde ganz nett. Sogar Georg Specht, ein fünfzigjähriger Drogist aus Heilbronn, macht seine ersten Malversuche. Heinz hat mich gegenüber den Spöttern sogar verteidigt. Es ist nun mal so, wer bei der Massse auffällt, egal durch was - siehe meine berühmte gelbe Jacke - der wird verspottet - oder beneidet. Ernst König und Lehmann, den ich auch schon portraitiert habe, schimpfen immer noch, daß ich eine Extrawurst bekäme, aber sie sagen es nur hinter meinem Rücken. Aber es ist mir egal. Meine Stimmung steigt natürlich mit dem Geschenk des Ölmalkastens von der YMCA, ganz gewaltig.

Paul Borgmann meinte zwar, der Malkasten sei fürs Lager und nicht für mich alleine. Wer soll denn sonst außer mir damit malen?

Aber die Männer von der YMCA hatten meine Wandmalereien, die ich mit primitivsten Mitteln in der Kapelle und in den Baracken gemalt habe, gesehen, und das Geschenk war gezielt für mich gedacht. Neid ist schrecklich. Warum ?
Für wen male ich denn ?
Aber wer ist schon zufrieden? Niemand!

Morgen soll ich zum Zahnarzt ins Fort d'Hauteville, dem Hauptlager. Ich bin schon gespannt, wie es dort oben nach zwei Jahren aussieht. Und Alfred Peschke werde ich hoffentlich auch treffen.

Es gibt also auch noch freudige Hoffnung für Gefangene. Malen, zeichnen, arbeiten, Wäsche waschen, flicken, Französisch lernen. Es ist fast zu viel. Und es wird uns nie langweilig. Während die anderen dauernd unter der Langeweile und den primitiven Umständen leiden. Sie tun auch nichts für sich.

Samstag, den 20. Juli 1946
Es geht rauf und runter. Die Zeit verrinnt merklos. Man wird mangels richtiger Ernährung so widerstandslos. Trotzdem ich im Moment keine schwere Arbeit verrichten muß, bin ich dauernd müde.
Wir alle sind „quengelich". Wir sind mit nichts zufrieden. Kommt keine Post, sind wir verärgert, kommen dann Briefe, sind wir traurig über das, was wir von der Heimat hören.
Im Depot haben wir Zeit, wir sind nicht ganz ausgelastet, aber haben keine Bücher zum Lesen. Französisch lernen macht auch nicht immer Spaß. Das Deklinieren der unregelmäßigen Verben ist auch nicht leicht, das Pauken von Verben nicht weniger. Malen oder zeichnen kann man nicht, weil zu viele Menschen in einem zu kleinen Raum leben. Ärger überall!

Ich glaube, ich habe wieder mal Läuse. Es kribbelt so komisch. Gott sei Dank, es war eine Fehlanzeige.
Die ständige Ungewißheit treibt einem zum Wahnsinn. Die Latrinenparolen steigern sich. Bekommen wir eine große oder eine kleine Kelle mit Suppe. Gibt es ein Fünftel oder ein Sechstel Brot. Gibt es Post, Marketenderware, ja oder nein? Gibt es was Neues von der scheinbar tagenden Konferenz der Sieger. Sie bestimmen ja über unser weiteres Los.

Sind wir nächstes Jahr auch noch hier? Was liegt den Siegern an ein paar Millionen Gefangenen? Wo bleibt das Internationale Rote Kreuz... Oh, das ist doch alles beschissen, die denken gar nicht an uns! Die machen doch was sie wollen. Wir haben schließlich den Krieg verloren!

Das sind die Fragen, die uns beschäftigen. Tag für Tag, Monat für Monat, ja eigentlich auch Jahr für Jahr.

Franz Morbitzer beim Schachspielen

Wie schön ist es dagegen, wenn ich ein paar Stunden in „meiner" Kapelle oder in einer leeren Baracke malen kann. Ganz abgesehen davon, daß ich für manches Portrait, das ich für die Wachposten von einem Paßbildchen abmalen muß, schon mal einen Laib Brot bekomme. Kunst geht nach Brot.

Es hat gepfiffen, wir müssen raus...

Samstag, den 27. Juli 1946
Eine der miesesten Wochen in der Gefangenschaft liegt hinter mir. Ich habe seit acht Tagen Magenschmerzen, mal mehr und mal weniger. Ist das ein Wunder? Willi bekam ein großes Paket und wir essen Büchsenwurst mit süßem Gebäck. Wir essen, was wir gerade bekommen können. Da bekommt man Durchfall. Wir sitzen quasi alle dauernd auf dem Donnerbalken und scheißen uns aus.

Endlich kann ich zum Zahnarzt ins Fort. Bis zum Gare de Ville sind wir gefahren worden. Dann ein Marsch durch die Stadt. Das war schon ein großes Ereignis. Ich sah mal wieder was anderes. Aber ich sah auch, daß es den Franzosen gut geht, also auf alle Fälle viel besser als uns. Ich sah gut gekeidete Menschen...

Also, mit dem Lastwagen des Forts ging es hoch. Das Fort d'Hauteville liegt auf einer Anhöhe über der Stadt Dijon. Landschaftlich liegt es eigentlich sehr schön. Nur wenn man erst drin ist, sieht man davon nichts mehr.

Wir waren schnell oben. Das Fort war schön gestrichen worden. Es kam die Wache, dann war da plötzlich Beck. Ich war erstaunt ihn wiederzusehen, er ist jetzt im Fort als Dolmetscher.
Es ging über die Brücke rein ins Fort. Ein beklemmendes Gefühl, die Erlebnisse von Ende 1944, als wir Läuse hatten, in der Pisse lagen, Scheißkübel tragen mußten, kamen wieder ins Bewußtsein...
Heute ist es ganz anders. Beck sagte mir, daß Otto Scharf in einem Straflager sei. Er hat Alfred Peschke schon informiert, daß ich komme. Im Fort war alles sauber... Erinnerungen ade... Da kam auch schon Alfred. Wir freuten uns sehr, uns wiederzusehen. Er bemerkte sofort, daß ich sehr mager geworden war. Ich war der zweite beim Arzt. Alfred besorgte in der Zwischenzeit den Hauptmaler K. Pflug aus Stuttgart und zeigte mir Arbeiten von ihm. Er war mir gleich sehr symphatisch. Er war älter als ich. Er hatte hier im Fort die Chance, nur für die französischen Offiziere zu malen. Ein Traum dachte ich, wäre das, so eine Stelle zu haben. Ich habe mir seine Mappen angeschaut; es waren sehr gute Arbeiten dabei.

Ich habe Geld abgehoben, in der Kantine eingekauft. Bin mit Alfred auf das Zimmer Nr.2 gegangen. Es war die „Stammstube", das heißt der Raum, in dem die angestellten Gefangenen des Forts untergebracht sind. Er zeigte mir das Fort. Kein Vergleich mehr mit dem Alptraum von damals. Überall war es sauber und nett.
Mit Pflug und Alfred ging ich dann in die Malstube. Das gibt es hier tatsächlich. Es war allerhand los, ich kam aus dem Staunen nicht raus. Man stellte mir noch einen „Kollegen" vor. Er war 26 Jahre alt und ein Aquarellist. Überall wurde ich freundlich empfangen. Alfred hat viel Reklame für mich gemacht. Man wußte also, wer ich war. Ich war ganz hin- und hergerissen von der Achtung, die man mir entgegenbrachte. Ich war erstaunt, daß es sowas in Gefangenschaft noch gibt. Das waren wir im SNCF-Lager nicht gewohnt. Dort waren wir nur Schweine. Ich kam mir ganz komisch und sehr unsicher vor. Aber die Zeit drängte, ich mußte wieder weg. Auf Wiedersehen in der nächsten Woche zur Weiterbehandlung.
Den Heimweg mußten wir zu Fuß machen. Ich genoß dadurch die herrliche Landschaft, den Blick auf Dijon. Ich war ganz glücklich, ganz aufgeregt von dem, was ich erlebt und gesehen hatte, bis auf einmal meine Magenschmerzen anfingen und immer stärker wurden.

Mittwoch, den 31. Juli 1946
Ich war wieder beim Zahnarzt.

Sonntag, den 3. August 1946
Seit ich im Fort war ist mir alles zuwieder. Ich arbeite am „Quai" am Hauptbahnhof. Wir müssen dort sehr viel leisten. Wir arbeiten im Staub, im Dreck, im Rauch, im Dampf und bei den Schlacken. Ich komme mir wie ein Idiot vor, wenn ich an die Malstube im Fort denke. Ich darf hier im Lager noch nicht einmal in der Freizeit malen, wenn ich ans Kartoffelschälen und ans Wassertragen denke. Ich meine, man bestraft mich hier, statt zu erkennen, daß meine Malerei auch allen nützt. Und da oben können Maler frei arbeiten, ohne Zwang, ohne daß sie improvisieren müssen. Haben Malmaterial in Hülle und Fülle. Werden geachtet, haben ihr Selbstwertgefühl nicht verloren. Und ich werde bei uns im Lager noch angegriffen, daß der Malkasten nicht mir sondern dem ganzen Lager gehört. Unglaublich, mich kotzt die Drecksarbeit nun noch mehr an.

Den Maler Walter Pflug aus Stuttgart und den jungen Kollegen beneide ich aufs äußerste. Es waren zwei feine, symphatische Menschen. Ich bin Alfred dankbar, daß er mir das alles zeigen konnte. Und ich bin aber auch zutiefst erschüttert über mein beschissenes Los. Jetzt werde ich ungerecht. Im Vergleich zu all den anderen geht's mir im Lager SNCF viel besser, aber ich arbeite ja auch mehr. M. Bidet, unser französischer Lagerleiter, wenn er an Sonntagen ganz stolz seinen Freunden die Kapelle zeigt, stellt er mich vor wie einen dressierten Hund. Aber er stellt mich auch heraus, er hebt mich aus der ganzen grauen Masse heraus wie einen roten Hund.

Sonntag, den 24. August 1946
Heute nacht träumte ich einen wunderbaren Traum. Ich war bei Traudl Kehl. Es ist erstaunlich, daß meine Gedanken immer wieder zu Traudl zurückkehren.
Ich war im Traum zu Hause und besuchte sie bei ihr daheim. Bei ihren Eltern in der Nordstadt von Pforzheim. Wenn ich nun diesen Traum schildern soll, fällt es mir schwer, ihn zu beschreiben. Es war eine so schöne Zeit. Ich möchte auch manches wiedergutmachen, aber schreiben will ich darüber nicht.
Denn, wenn ich wirklich nach Hause komme, wird alles anders sein, auch anders wie es im Traum war. Nichts wird so kommen, wie ich es heute denke. Ich werde neue, jüngere Mädchen kennenlernen, und die alten Geschichten werden vergessen sein.
Die Zeit vergeht. Nur wir im ewigen Gleicherlei meinen, daß alles so, wie wir es verlassen mußten, stehen geblieben sei und denken deshalb immer an die Mädchen von gestern.
Aber es wird so kommen, wie es bei Margot Wohlschlegel war. Auch Traudel würde, bevor ich nach Hause komme, verheiratet sein. Also auch hier - „man muß die alten Geschichten betrachten wie ein zugeschlagenes Buch."
Ja, aber leider wird man immer wieder an Vergangenes erinnert, weil es so wenig Gegenwärtiges und Zukünftiges gibt.
Eines Tages werden auch wir wie neugeboren nach Hause kommen und die Welt mit wissenderen Augen anschauen.
Von unserer Arbeit gibt es nichts zu berichten. Die Eisenbahner streiken mal wieder. Wir dürfen das nicht, obwohl wir doch so viel weniger zu essen haben als die Kommunisten und so viel mehr zu fordern hätten!

Samstag, den 31. August 1946
Eine Überraschung bei der Post. Roland schreibt mir seinen Brief in französisch. Und er teilt mir mit, daß er in Freiburg studiert. Und, auch das überrascht mich, weil wir uns das nicht vorstellen können, in der Turnhalle wird zum Tanz gespielt. Heinz Fränkle, Alfred Kohler und Walter Rosswaag sind die Musikanten. Wir sind hier froh, wenn wir einen Teller zusätzliche Mehlsuppe ergattern können und bei uns zu Hause tanzen sie. Und, was ich noch schlimmer empfinde, meine früheren Freunde können schon mit dem Studium beginnen.

Erna Fleitmann hat mich noch nicht vergessen. Seit einem Jahr hat sie Klavierstunden, trotz der bestehenden Ruinen in Dortmund. Alles lernt Neues, alles geht in die Normalität und wir, wir bleiben dumm.

Freitag, den 6. September 1946
Es sind nun zwei Jahre, daß wir so leben müssen. Unglaublich wie schnell - im Rückblick - die Zeit vergangen ist.
Ich bin im Tief. Warum? Ich lese Philipp Otto Runge. Da bekomme ich es mit der Angst zu tun. Ob ich noch je diese Vollkommenheit in der Malerei erreichen werde? Bin ich - mit meinen 20 Jahren- nicht schon zu alt? Ist es nicht schon zu spät bis wir heimkommen und studieren können?
Lauter quälende Fragen.

Was nützt die glühende Natur
vor Deinen Augen dir?
Was nützt Dir das Gebildete
der Kunst rings um Dich her?
Wenn liebevolle Schöpfungskraft
nicht Deine Seele füllt
und in den Fingerspitzen Dir
nicht wieder bildend wird.

So läßt Goethe den Künstler Philipp Otto Runge sich ausdrücken.

Oh, wie gut das den Tatbestand ausdrückt. Wenn ich die Abbildungen der Werke von Runge sehe und an meine Stümperei denke, dann werde ich sehr deprimiert. Warum kann ich mich nicht weiterbilden? Warum muß ich - neben der schweren Arbeit - noch in der Freitzeit Kartoffeln schälen, statt mich im Zeichnen und Malen zu üben. Warum kann ich nicht mit meinesgleichen über die Probleme der Kunst diskutieren? Ich könnte vor Wut und Schmerz weinen. Im Hauptlager hätte ich eine Chance - aber hier bei der SNCF?

Was haben mir die zwei Jahre gebracht? Erweiterte Menschenkenntnisse trotz allem, und die Kraft zum Überleben. -

Kaum Post und Nachrichten aus Deutschland. Doch haben viele, ich darf nicht im Elend ungerecht sein, an mich gedacht und mir geschrieben. Meine Eltern, meine Brüder und Schwester, die Freunde, sogar einer meiner Lehrer, Prof. Willi Seidel und mein Ausbilder, der Maler Karl Weidner. Im ganzen und sowas zählt man: zwölf Briefe, siebzehn Karten, ein paar Pakete, das war alles in zwei Jahren. Doch nicht so toll? Und aktuell, es kamen wieder drei kleine Pakete und die Stimmung steigt. Ich darf nicht undankbar sein.

Sonntag, den 15. September 1946
Bunter Nachmittag, ja. Neues Stroh, ja. Neue Bude, ja. Es wird was bewegt, egal wie wenig es ist. Ich kam in eine andere Bude. In die ehemalige „Drei". Warum? Ich weiß es nicht. Man sagt, die Kommandos sollen zusammengelegt werden. Nun bin ich alleine, Franz, Gotthold, Willi und Horst blieben in der alten Baracke, nur ich mußte raus. Man gewöhnt sich an alles.

Samstag, den 28. September 1956
Hier im 2. Zug ist es ruhig. Reden kann ich mit niemandem. Horst und Lehmann besuchten mich schon wegen des Französisch-Unterrichts. Aber sonst...
Im Depot ließ uns der Vorarbeiter M. Camil mal wieder duschen. Es ist zwar für uns verboten, im Depot die Wäscheräume zu besuchen, aber Camil läßt uns schon mal rein. Im Lager kann man sich ja nur aus Kübeln waschen. Das Wasser muß man sich erhitzen.
Franz Kuhlmann, unser Lagerleiter, ein Eisenbahner, kam zurück ins Fort. Er ist ja im Rang eines Leutnants und soll entlassen werden. Für ihn wurde Paul Borgmann aus Münster in Westfalen zum „Vertrauensmann" gewählt. So wurde gewählt: dreiundzwanzig Stimmen für Kuhlmann, der ja weggeht.
Zwölf ungültige und zweihundertzweiundzwanzig gültige Stimmen für Borgmann. Kuhlman war mir in seiner ruhigen Art symphatischer. Viele meinen, daß Borgmann, der ehemalige Spieß bei der Wehrmacht, mehr erreichen wird. Paul hat schon viel bewegt, aber den Himmel auf Erden wird er uns auch nicht geben können. Warten wir's mal ab.

Erna Fleitmann schreibt nun öfter. Ich antworte, ohne ganz mit dem Herzen dabei zu sein, aber es hat ja so oder so keinen Sinn. Oh, wie sehnen wir Zwanzigjährigen uns nach Mädchen.

Sonntag, den 29. September 1946
Zum Malen kam ich nicht. Aber die beiden Portaits von Franz und Horst, die ich in Öl gemalt habe, konnte ich firnissen. In der neuen Bude komme ich zu nichts. Zu viele Menschen, zu viele, die man nicht kennt. Horst besucht mich immer. Wir reden über alte Zeiten. Immer dasselbe. Es stumpft ab. Zu Mittag gibt es derzeit Nudeln und Karotten. Ein halbes Brot statt früher ein Fünftel oder gar nur ein Sechstel. Ich wollte was tun, malen, aber was kam: Das Kartoffelschälen.

Donnerstag, den 3. Oktober 1946
Ich habe mir zusätzlich Grießbrei gemacht, der mir auch noch angebrannt ist. So wie eigentlich alles hier.
Klaus Morgenstern brachte mir ein Übungsheft, um mein Französisch weiter zu treiben.
Aber auch Französisch ist fad, weil wir uns ja nicht mit richtigen Franzosen unterhalten können.

Also, was tun? Erinnern, an wen? An Mädchen?
An Erna Fleitmann habe ich zu viel geschrieben. Ich habe ihr Hoffnungen gemacht, die gar nicht stimmen. Gedankenspiele, die nur entstehen, wenn man alleine und einsam ist.
Und einsam bin ich zur Zeit immer öfters. Die Kumpels vom Jahrgang 26 fehlen mir in der neuen Bude. Vorher konnte man doch öfters, wenn man nebeneinander im Stroh lag, seine Gedanken austauschen. Nun liege ich neben Fremden.
Es hat eigentlich keinen Sinn, sich an die Mädchen zu erinnern. Die meisten sind inzwischen verlobt oder verheiratet.
Marga aus Baden-Baden hat nie reagiert. Margot Wohlschlegel, mein großer Schwarm aus der Zeit des Übergangs vom Jugendlichen zum Mann, ist verheiratet. Margot Weingärtner?
Ihre Briefe wurden zu warmherzig, und von Engele - da gibt's keine Adresse mehr. Ausgebombt? oder tot? Wer weiß es?
Sonst gibt es keine neuen Bindungen - wie auch? Hier sehen wir nur Mädchen, wenn wir in unseren Lumpen auf der Straße marschieren.

Sonntag, den 6. Oktober 1946 - Mutters Geburtstag
Briefe gelesen, aber auch das gibt keinen Trost. Heute furchtbar schlechtes Essen: Kartoffeln mit Wasser und davon gibt es eineinhalb Liter, abends sogar nur einen Liter. Wasserholen, Kartoffelschälen - ans Malen ist nicht zu denken. Endlich auch eine Antwort von Marga aus Baden-Baden bekommen. Klaus Wein schreibt: Stahlgraveure und Goldschmiede seien in der Pforzheimer Schmuckwarenindustrie sehr gesucht. Ich will aber kein Stahlgraveur bleiben. Klaus ist schon wieder im 2. Semester in der Kunst- und Werkschule. Prof. Seidel, Prof. Aichele und Prof. Wende sind seine Lehrer und sie sind schon wieder in Amt und Würde.

Mein Bruder Alfred hat Arbeit bei der Bahn in Karlsruhe gefunden. Mutter hat Bedenken, weil im eigenen Haus kein Zimmer für mich frei wäre, wenn ich nach Hause komme. Alle Zimmer in unserem Haus sind mit Flüchtlingen belegt.

Mittwoch, den 9. Oktober 1946
Ein Vertreter der YMCA (Christlicher Verein junger Männer), ein Schweizer, war bei mir. Er brachte mir einen neuen Ölmalkasten und Pinsel, zusätzlich ein paar Äpfel und Zigaretten. Diese eignen sich hervorragend zum tauschen. Ich rauche ja nicht. Aber es gibt Menschen, die ihr

Essen für Tabakwaren weggeben und in der Regel deshalb auch auf der Strecke bleiben.

Wir „Sechsundzwanziger" haben nun auch mit Kurzschrift angefangen. Man muß was tun, um beweglich zu bleiben. Das Französisch wird immer anstrengender. Die französische Grammatik ist ganz schön kompliziert. Das Durchhalten wird dadurch immer schwerer. Aber ich will, und Klaus Morgenstern sagt dazu: „Quant on veut, on peut". Ja, ich will. Die vielen lateinischen Bezeichnungen fallen mir schwer. Gotthold hat es mit seinem Notabitur besser, er lernt viel leichter.

Aber es ist so wichtig, diese Sprache zu beherrschen, um mitzubekommen, was man über uns spricht, um eventuell mit den Franzosen in einen Gedankenaustausch zu kommen, und um ihnen auch unsere Ansichten mitteilen zu können.

Sonntag, den 13. Oktober 1946
Klaus Morgenstern ist nicht nur ein guter Französisch-Lehrer, er kennt sich auch gut in der Literatur und Rhetorik aus.

Er veranstaltete eine Dichterlesung: „Eine Stunde mit Goethe und Schiller." Er begann mit drei Balladen von Schiller: „Die Bürgschaft", „Der Taucher" und „Die Kraniche des Ibykus".

Und mit den zwei Balladen von Goethe: „Der Erlkönig" und „Der Fischer" versuchte Klaus Morgenstern, die sprachlichen Unterschiede der wohl zwei größten deutschen Dichter dazustellen. Es ist ihm sehr gut gelungen. „Der Mensch lebt nicht von Brot allein", hier merkt man's. Es waren wenige da, die sich für sprachliche Feinheiten interessierten. Für mich war es ein Genuß. Es bestätigte meine Sammlung von Gedichten in meinem Poesiealbum, meine Auszüge aus Büchern und die Fremdwörtersammlung und deren Bedeutung zur Verfeinerung der Ausdrucksweise.

Es ist ein Glück und eine Bereicherung für uns, daß wir so aktive Männer wie Klaus Morgenstern bei uns haben.

Neu: In einer Zeitung stand, es gäbe insgesamt in Frankreich noch 700 000 Kriegsgefangene. 200.000 sollen als Zivilarbeiter angeworben werden. Der Rest wird entlassen. „Die Botschaft hör ich wohl, allein mir fehlt der Glaube."

Verstärkt hört und sieht man das Werben der Franzosen um Zivilarbeiter. Das Angebot lautet: Sich für drei Jahre verpflichten, dann ist man frei. Man kann auch einmal im Jahr nach Deutschland in Urlaub fahren und bekommt mehr Geld.

Franz, Gotthold und ich sind grundsätzlich dagegen. Wir sind Gefangene und wollen nur unter Zwang für die Franzosen arbeiten.
Horst und Willi, da hatten wir den Eindruck, daß sie sich dafür interessieren. Aber wir redeten untereinander über dieses Thema nicht mehr.

Mittwoch, den 16. Oktober 1946
Horst wird heute 20 Jahre alt.
Monatelang schleppte sich unser Leben ohne Höhepunkte dahin. Ein einschneidendes Erlebnis war der Besuch im Hauptlager, als ich zum Zahnarzt mußte, und das Kennenlernen der Malstube durch Alfred Peschke. Das Wissen, daß es sowas gab, steigerte meine Unzufriedenheit ins Extreme. Das Leben zwischen Kartoffelschälen und ein wenig Malen in der Freizeit war mir nun, da ich in den Apfel der Erkenntnis gebissen hatte, zu wenig. Da kam Hoffnung auf, als der Lagerleiter Paul Bogmann abends zu mir sagte: „Hans, Du gehst morgen nicht zur Arbeit ins Depot, Du fährst mit dem Auto weg". Ich hatte nun die Hoffnung, daß sich etwas Wesentliches bei mir ändern würde.

Nun, heute morgen, sollten Klaus Morgenstern, unser Französisch-Lehrer, der kleine, blonde Werner Thiel und noch zwei andere Kumpels mitfahren. Das versprochene Auto kam aber nicht. Ohne Arbeit geht ja bei uns nichts. Als wir warten mußten, wurden wir sofort zum Wassertragen eingeteilt. Man muß wissen, daß wir im Lager selbst für so viele Menschen keine Wasserleitung hatten. Vor dem Tor und dem Zugangsweg zur Hauptstraße von Dijon nach Beaune war ein Brunnen. Von diesem Brunnen mußte das Wasser zur Küche getragen werden. Als wir nach dem Wassertragen immer noch warten mußten, kam sofort der Befehl vom langen, deutschen Küchenchef: „Karottenschälen!"
Zumindest einmal was anderes als Kartoffelschälen! Ich hörte, wie man unter anderem auch von einem Designer sprach. Da war ich natürlich noch gespannter, was da kommen sollte.

Endlich kam das Auto. Wir fuhren zum Hauptbahnhof. Beim „Grand Chef", so sagten wir zu jedem Chef außerhalb des Lagers, wurde zuerst Klaus Morgenstern, dann ich vorgestellt. Er: „Parlez vous franais?"
Ich: „Qui, je parle un peu!"

So ging's los. Weiter fragte er mich nach meinem Beruf. M. Bidet, unser Chef, erklärte, was ich im Lager alles schon gezeichnet und gemalt habe. Und natürlich sprach er auch von der Wandmalerei in der Lagerkapelle. Nun, das war scheinbar gut. Als alle vorgestellt waren, war es eine lange, sehr lange Zeit, sehr ruhig. Keiner konnte sich

ja von uns vorstellen, zu was das Gespräch gut sein sollte. Da ging die Tür auf. „Schöner", sagte der Grand Chef, „ab sofort werden Sie hier im Zeichenbüro arbeiten!" Großes Erstaunen, ich merkte gar nicht mehr, was mit den anderen geschah. Mich führte man in ein großes Büro, in dem mehrere Männer in weißen Arbeitsmänteln arbeiteten.
Ein Tisch wurde für mich organisiert, darin war alles, was man zum Zeichnen braucht. M. Bidet, brachte mir mittags persönlich das Essen und meinte dabei: „Le Schöner est maintenant aux premier bureau!" Also, wenn das nicht eine Sensation ist.

Klaus Morgenstern sagte bei seiner Vernehmung: „Je peux aussi dessinner". So kamen wir beide ins technische Zeichenbüro im Hauptbahnhof. Der Nachmittag ging ganz gut rum. Wir meinten, wenn das so über den Winter hinweg bleibt, wäre das nicht schlecht.
Man muß sich mal den Kontrast vorstellen.

Die Herren Franzosen ganz in Weiß. Mit Krawatten und entsprechenden Anzügen. Wir mit zusammengeflickten Klamotten. So, wie der Unterschied bei der Kleidung sichtbar war, so behandelte man uns auch. Es war uns beiden aber egal, denn wir waren Schlimmeres gewohnt und wir waren im Trockenen.
Es wurde die Elektrifizierung der Bahnstrecke Paris-Dijon-Lyon vorbereitet. Wir, Klaus und ich, mußten die Streckenpläne, die Detailpläne kolorieren. Bestimmte Maßnahmen mußten mit bestimmten Farben unterlegt werden.
War das nicht etwas ganz und gar Einmaliges? Es erinnerte mich an meine RAD-Zeit, als ich auf dem Arbeitsgau in Breslau in der Grebschnerstraße als technischer Zeichner eingesetzt war.
Egal, warum wir nun da waren, gegenüber jeder anderen Arbeit, die ich bisher machen mußte, war das der Traum.

Montag, den 11. November 1946

Französischer Feiertag.
Heute war alles schlecht. Ein Lichtblick waren die Nudeln, von Karl, dem langen deutschen Küchenchef. Ein Pudding, den wir uns zusätzlich kochten, gelang nicht, zu viel Wasser, er war mehr zum Trinken als zum Essen geeignet. Malen, dazu war keine Ruhe.
Ruhe kehrte erst am Abend ein. Die Bude, wie immer zu voll. Ich lag in meiner Ecke und hatte ein komisches Gefühl. Ich habe zum ersten Mal „Hamlet" vom großen englischen Dichter Shakespeare gelesen. Es war nicht so leicht geschrieben und zu verstehen.
„Das Erbe von Björndal" von Gulbranssen war leichter zu lesen und verständlicher geschrieben.

Die Unterhaltung mit Klaus über Dwinger und Ettighofer und dagegen Goethe und Schiller zeigte mir mal wieder, wie wenig ich weiß.
Wir versuchten, über den eigentlichen Sinn des Lebens zu diskutieren. Das machte mich unsicher.
Dazu kam ein Brief von Erna Fleitmann, daß sie sich jedem anderen versagt und auf mich warten will. Das vertiefte die Unsicherheit.
Dazu das Verzagtsein beim Französisch lernen, das immer schwerer wird.
Die Unzufriedenheit mit meiner Malerei, die Angst vor der Zukunft mit dem schwachen Geschlecht, das alles bedrückte mich. Das derzeit eigenartige Verhalten von Franz kam noch dazu. Nur Gotthold scheint noch normal zu sein.
Ich möchte lernen, schaffen, denn jeden Tag merke ich aufs Neue, daß ich von vielem nichts weiß. Alle Themen, die nichts mit dem eigentlichen Malen zu tun haben, sind absolutes Neuland für mich. Es fehlt am Allgemeinwissen, wo soll es denn auch herkommen?
Klaus Morgenstern ist nur ein Jahr älter als ich, aber überall so weit über mir stehend, daß ich es fast nicht mehr wage, mit ihm über egal welches Thema zu diskutieren. Was er auch immer einbringt in unsere Gespräche, ist neu für mich.
Ähnlich war es mit Klaus Wein. Was wußte ich denn vom Leben, von der Kunst, von der schöngeistigen Literatur? Nichts. Als ich bei Klaus' Eltern zum ersten Mal in der Hohenzollernstraße in Pforzheim eingeladen war, sah ich im Wohnzimmer einen Schrank voll von Büchern. Bei meinen Eltern - ich will damit nichts gegen sie sagen - gab es ein Buch zur Meisterprüfung für das Zimmerhandwerk, ein Gesundheitsbuch, in das ich manches Mal neugierig meine Nase steckte, und die Bibel. Sonst nichts. Der Vater von Klaus Wein sprach mit uns über unsere Malerei, kritisierte unsere Arbeiten, förderte mich und seinen Sohn Klaus.
Mein Vater ließ mir die Freiheit zum Malen, und das war viel, denn in unserer großen Familie mußte jeder mitarbeiten. Er wünschte sich ja insgeheim, daß sein jüngster Sohn Zimmerman werden sollte. Und da ich Künstler werden wollte, habe ich ihn sicher enttäuscht.
Was wußte ich von allem, bevor ich in die Lehre kam? Ich weiß, daß es überall an Wissen fehlt, aber ich werde meine Zukunft trotzdem schaffen. Ich will den Einstieg in eine nächsthöhere Erkenntnisstufe finden. So schwer hatte ich mir das zwar nicht vorgestellt. Sicher, ich habe mich geändert. Wenn früher meine Gedanken immer um die Vergangenheit kreisten, und ich wehmütig an das Schöne erlebte dachte, das mir nun verloren schien, denke ich heute mehr in die Zukunft. Wenn ich an die Zukunft denke, habe ich eher Angst aufgrund meines mangelnden

Wissens. Ja, gelegentlich habe ich richtige Zukunfts-Angst, die auch noch verdichtet wird durch zunehmende Hiobs-Botschaften aus der Heimat.

Ich mache mir Gedanken über die Religion. Durch das negative Erleben in der kurzen Kriegsphase und der langen Gefangenschaft wird der Zweifel an Gott manches Mal unerträglich. Ohne Glauben zu leben scheint mir sinnlos. Woraus zogen dann aber die großen Meister der Kunst ihre Kraft, Übermenschliches zu schaffen?

Viele Fragen, die mir niemand, zumindest im Moment, beantworten kann. Michelangelo gibt aber dazu eine der Antworten:

„Die echte Kunst ist edel und fromm, durch den Geist in welchem sie arbeitet, denn für die, welche es begreifen, macht nichts die Seele so fromm und rein, als die Mühe, etwas Vollendetes zu schaffen. Denn Gott ist die Vollendung und wer ihr nachstrebt, strebt dem Göttlichen nach. Die wahre Malerei ist nur ein Abbild der Vollkommenheit Gottes, ein Schatten des Pinsels, mit dem er malt, ein Streben nach Vollkommenheit."

Gerne würde ich jetzt mit Klaus Wein reden. Aber er ist schon zu Hause. Er studiert schon wieder Malerei und Bildhauerei und die Goldschmiedekunst. Und bei Klaus Morgenstern habe ich nicht den Mut, mich in meiner Unbeholfenheit, in meiner Unsicherheit, richtig auszudrücken. Es ist leichter, im Schwarzwald die schönen Stimmungen einzufangen, sie zu malen, als mit jemanden zu reden, der so viel mehr weiß. Es ist schwer, den Menschen zu finden, der behutsam lenkt, Geduld hat und mich führen kann. Margot Wohlschlegel konnte das und Walter Sorges. Er hatte mich erkannt, schon als ich erst vierzehn Jahre alt war, erkannt unter vielen spielenden Kindern, als er durch unser Dorf nach Frankreich marschierte. Ich weiß nicht, wo er heute ist, oder ob er noch lebt. Er war in meinem Leben wie eine Sternschnuppe, die aufleuchtet und wieder verglüht.

Gott mag ihn mir erhalten. Mit meinen Eltern, mit meinen Geschwistern, konnte ich nie über solche Dinge reden. Und mit meinen Schulkameraden in der Volksschule schon gar nicht. Sie meinten sowieso „der Zimmermanns-Schöner's Hans, der spinnt."

Mittwoch, den 27. November 1946
„Quel' bonheur d'aimer, quelle bonheure d'être aimé." Welch ein Glück zu lieben und welch ein Glück, geliebt zu werden, ja, das stimmt. Aber langsam wächst die Sorge um die Überreaktion von Erna Fleitmann. Wie sieht das aus, wenn ich nach Hause komme?

Ein Brief an Traudl Kehl, der eineinhalb Jahre unterwegs war, kam jetzt unzustellbar zurück. (Ausgebombt!)
Alfred Peschke informierte mich, daß er am 30. Oktober 1946 nach Hause fahren konnte.

Ich darf zum Zahnarzt, werde ihn also nicht mehr im Fort antreffen. Schade...
Im Zeichenbüro habe ich mich gut eingearbeitet. Obwohl niemand mal mit mir redet. Ich bin der einzige, der noch da ist, die anderen sind wieder im Lager und müssen anders arbeiten.
Horst Gottwalt, er hat immer noch die alten Schwächen. Ich habe mit ihm geredet, aber was sagt Schiller im Wallenstein: *„Das ist der Fluch der bösen Tat, daß sie immer weiter Böses muß gebären."*

Donnerstag, den 28. November 1946
Zum Zahnarzt, aber nicht im Fort d'Hauteville sondern ins „Hospital Militaire". Ich habe furchtbare Zahnschmerzen. Mit dem Dolmetscher wollte ich in der Stadt etwas einkaufen, aber es ging nicht. Dijon ist eine schöne Stadt. Auf dem Weg zum Hospital habe ich das dann auch richtig genossen. In Buchhandlungen habe ich im Schaufenster einen Dürer und Bücher anderer deutscher Maler gesehen. In der Rue de Forge habe ich das „Palais des Beaux Arts" entdeckt. Schön, wenn ich das besuchen könnte. Es war schön - trotz Schmerzen - mal so einen Ausflug durch die Stadt zu machen. Nachmittags im Lager war es dann um so schlimmer. Ich mußte mithelfen, die Latrinenlöcher auszuleeren.

Der I.A.- Schreiber hat mir alles Zeichenpapier weggenommen. Warum? Und Bidet, unglaublich, trotzdem ich nun im Zeichenbüro arbeite, gibt er mir meine zweite Hose nicht zurück. Jetzt habe ich nur die geflickte Arbeitshose. „C'est la guere", meint er. Ich weiß nicht, was das noch mit dem längst beendeten Krieg zu tun hat.

Samstag, den 30. November 1946
Letzter Tag im Zeichenbüro. Nur 45 Tage hat das Wunder gedauert. Vorbei der Traum, den Winter im warmen, im trockenen, bei einer schönen Arbeit zu verbringen. So schön die Einführung durch den Grand-Chef und M. Bidet war, so einfach war das Ausscheiden.
Heute ist Schluß. Kein Kommentar, keine Erklärung. Es war für mich ein Schock. Aber ein zu ertragender Schock. Warum?
Von Anfang an stänkerte die Gewerkschaft, also die Kommunisten. Ein „Boch" - keiner sagte erstaunlicherweise „ein Nazi" - sitzt im warmen, im Zeichenbüro, und unsere Männer müssen auf der Strecke die Drecksarbeiten machen. Es war keine Frage des Könnens, es war nur eine Haßtirade gegen einen Boch, einen Deutschen. Sogar in

der Zeitung wurde mein Fall behandelt. Eigentlich wäre zu erwarten gewesen, daß ich noch schneller wieder auf die Strecke hätte müssen. M. Bidet hatte keine Chance, mir zu helfen. Er konnte sich nicht länger schützend vor mich stellen. Nun ist es vorbei. Es war schön, ein Erlebnis besonderer Art. Sicher gab es in ganz Frankreich - so Bidet- nicht nochmals einen Gefangenen, der in einem solchen Büro gearbeitet hat.
Es war zwar warm im Büro, aber die zwischenmenschlichen Beziehungen blieben kalt. Eigentlich war allen, die da arbeiteten, ganz egal, was aus mir wurde.
Ich mußte wieder ins Depot zum Arbeiten. Ich will es nicht verschweigen, manchem Kumpel machte es Spaß, mich wieder da zu sehen, wo alle waren - im Dreck. Der Neid ist ein starker Antrieb des Menschen. Und warum sollte der Schöner es auch besser haben?

Donnerstag, den 12. Dezember 1946
Wir waren beim Zahnarzt im Hospital Militaire. Auf dem Hin- und Hermarsch habe ich mich mit Eckhard Schuhmann unterhalten. Ich war erstaunt, was bei ihm alles verborgen war. Wir sind schon lange im gleichen Lager, zwar nie im selben Kommando, und wir haben uns nie vorher kennengelert. Seine Ansichten decken sich in vielem, eigentlich fast in allem, mit den meinen. Wir sind uns einig bei den Ansichten über die Jugenderziehung, bei der Achtung vor dem Alter, daß man seine Eltern ehren muß, und politisch wußten wir nicht viel, hatten wir ja nur das gesehen und gehört, was die nationalsozialistische Führung wollte. Ich wünschte mir mehr Kontakt mit ihm, und war von seiner Meinung, in seinem Alter, sehr beeindruckt.

Die Gespräche mit Klaus Morgenstern wurden wieder intensiver und bei jeder sich bietenden Gelegenheit fortgesetzt. Ich ahne mehr, was er schon weiß. Seine Meinung, daß wir durch die Erlebnisse in der Gefangenschaft früher reif und bestimmter geprägt werden, akzeptiere ich. Wir sehen zwar in unserer begrenzten Welt manches klarer, wie brutal und verlogen es bei den zwischenmenschlichen Beziehungen hergeht.
Man muß bei sich selbst die Fehler suchen und nicht versuchen, sie anderen zuzuschieben. Es fehlt am Glauben, an der Bereitschaft zu ergründen, warum in der Gesellschaft der Zerfall der Moral, des Glaubens, ja schlechthin der Kirche, erfolgt.
Durch neue Erkenntnisse, die wissenschaftlich untermauert oder gar behauptet werden, werden alte Werte umgeworfen. Die Grundsätze der Kirche werden erschüttert. Früher wußten es nur wenige.
Der Krieg hatte dazu beigetragen, daß es immer mehr wurden, die an christliche Werten zweifeln. Der Begriff „Werteverfall" tauchte auf. Aber alles war noch sehr unklar, noch sehr verschwommen.

Schleierhaft, alles in Andeutungen, es ist schwer, solche Gespräche aufzuzeichnen. Aber wenn ich es nicht versuche, bleibt alles im Nebel der Unwissenheit verborgen und es gerät in die Vergessenheit.

„Wenn du's nicht im Innern spürst, du kannst es nicht erjagen" sagt Goethe im Faust. Aber wie gelingt es uns Sterblichen einen Blick hinter den Vorhang zu werfen? Wo liegt das Ziel? Wer bestimmt die Richtung?

„Hier steh ich nun ich armer Tor und bin so klug als wie zuvor", läßt Goethe seinen Faust sagen. Er weiß so vieles, was wir noch nicht einmal verstehen. Ich bin so unsicher! Je mehr ich das erkenne, um so mehr bewundere ich Klaus Morgenstern.

Selbst in der Kunstgeschichte, worüber wir ja in der Kunst- und Werkschule einiges gehört haben, weiß ich weniger als er. Was ich auch anspreche, er weiß eine Antwort. Toll! Für mich, ist es ein Tappen in der Finsternis, ein Suchen und nichts finden. Aber klingen da nicht Goethes Worte: *„Wer immer strebend sich bemüht, den können wir erlösen!"* wie eine Erlösung von all den Zweifeln!

Ich freue mich auf morgen, auf ein Gespräch mit Gotthold. Er bleibt bei allem was er sagt, erfaßbarer, begreifbarer. Also laßt uns weiter gemeinsam strebend suchen!

Abschließend ein paar Sätze aus „ Wallensteins Lager":
„Schnell fertig ist die Jugend mit dem Wort, das schwer sich handhabt, wie des Messers Schneide! Wo viel Freiheit ist viel Irrtum, doch sicher ist der schmale Pfad der Pflicht". Also, was ist unsere Pflicht? Weiterzukommen? Aber wie?"
Ein Pater, ich weiß nicht mehr seinen Namen, er kommt aus dem Schwabenland, hatte zu uns über Deutschland gesprochen. Über die derzeitigen Zustände und über dasselbe Thema, das wir diskutieren: „Der Abfall von Gott". Er meinte unter anderem, daß ein englischer Oberst bei einer Jugendversammlung drei wichtige Punkte betont hätte: Treue zu Gott, Treue zu seinem angestammten Vaterland und treu sein unter seinesgleichen!"

Mittwoch, den 18. Dezember 1946
Seit Sonntag herrscht eine ganz verherende Kälte. Ich komme aus dem Frieren gar nicht mehr raus. Trotzdem, daß ich seit Montag im Lager bin und für den Ingenieur Mona eine Zeichnung machen muß, und ich in der Bude des Friseurs arbeiten kann, wo es furchtbar kalt ist. Gott sei Dank, daß heute Weihnachts-Päckchen von meinen

Eltern und von meiner Schwester Hilde eingetroffen sind. Das mildert die Kälte und hebt die Stimmung.

Mit Klaus Morgenstern haben wir die erste Fabel von „Lafontaine“ durchgenommen. „La cigal et la fourmi“. In Französisch natürlich. Kurz das Resümèe, und weil es in unsere Situation paßt. Die Grille singt den ganzen Sommer, die Ameise sammelt im Sommer schon Vorräte für den Winter; klar ist die Aussage: Wer nicht vorsorgt, wird im Winter verhungern. Wir können keine Vorsorge für den Winter treffen: also hungern und frieren wir. „C'est la guerre“ würde mal wieder der Franzose sagen.

Es ist schön und es motiviert, daß wir nun schon so anspruchsvolle Fabeln im Original lesen und sprechen können. Vor dem Erfolg steht der Fleiß. Ein kleines Erfolgserlebnis, das wir bitter notwendig haben. Insbesondere auch nach der großen Enttäuschung nach dem „Rausschmiß“ aus dem Paradies des technischen Zeichenbüros.

Im YMCA-Heft kam eine Abhandlung über Goethe und Schiller, Gottfried Keller und Conrad Ferdinand Meyer. Was ist Kunst? Und was ist Kitsch? Themen, die so wichtig sind unseren Geist, und nicht nur den Körper zu beschäftigen.
Klaus Morgenstern gab mir ein Buch von Goethe. Darin u.a. dieses Gedicht:

Wanderes Nachtlied.
Über allen Gipfeln
Ist Ruh,
In allen Wipfeln
Spürst du
Kaum ein Hauch;
Die Vögelein schweigen im Walde,
Warte nur, balde
Ruhest du auch.

Ist das nicht eine wunderbare Stelle? „Warte nur, balde, ruhest du auch!“ Wir fühlen das im doppelten Sinne. Einmal, wenn wir „Sechsundzwanziger“ hinter der Baracke diskutieren, malen, musizieren und dadurch eine innere Ruhe erleben. Und im anderen Sinne: Der Tod bringt die absolute Ruhe. Wir sind zwar noch dazu zu jung. Aber sehen wir nicht ständig um uns herum Menschen sterben. Junge und Alte. Der Sensenmann nimmt keine Rücksicht darauf. Wir verdrängen deshalb den Tod schon im Krieg, so nun auch in der Gefangenschaft.

„Warte, nur balde ruhest du auch...
Es ist schön, von Erkenntnisstufe zu Erkenntnisstufe zu wachsen. Neue Welten zu entdecken. Blicke hinter die Kulissen des „Leben“ zu werfen, in dem wir immer neue Rollen spielen möchten. Nur, man dürfte nicht gebunden sein an ein Leben in Unfreiheit.

Sondern sollte so frei sein, wie die Gedanken, die keine Grenzen und keinen Stacheldraht kennen.
Zurück vom Träumen, zurück auf den Boden der Realität, denn „Erfüllung ist nichts, Sehnsucht ist alles!“ Diese Worte von Walter Flex, der das Buch „Wanderer zwischen zwei Welten“ schrieb, widmete mir gestern mein Freund Klaus Wein, der schon in Freiheit lebt.
Sehnsucht, ja, aber zurück zur Arbeit, meine Hände sind vom Schreiben bei der Kälte schon ganz steif und kalt.

Unsere Tagesarbeiten sind, neben den Arbeiten auf den jeweiligen Kommandos: flicken, waschen, aufräumen, Essen organisieren, kämpfen gegen Langeweile, aber - immer etwas tun...
Da passen die Verse aus Goethes „Wilhelm Meister“, der Mignon sagen läßt:

Nur wer die Sehnsucht kennt
Weiß was ich leide.
Allein und abgetrennt
Von aller Freude.
Schau ich an's Firmament
Nach jener Seite
Ach! der mich liebt und kennt
Ist in der Weite.
Es schwindelt mir, es brennt
Mein Eingeweide,
Nur wer die Sehsucht kennt
Weiß was ich leide.

Samstag, den 20. Dezember 1946
Diese Woche ist noch ganz gut ausgegangen. Ich konnte fast immer malen und zeichnen. Das war doch besser als im Depôt aufräumen, Lasten zu tragen und auch oft rumsitzen, ohne was zu tun. Aber am Montag muß ich wieder raus. Ich kann es überhaupt nicht verstehen, wie es mir noch gelingt, feinste Rötelzeichnungen zu machen, trotz der groben und schweren Handarbeit.
Meine zweite Hose hat mir M. Bidet immer noch nicht zurückgegeben. Trotz klirrender Kälte. Dann werde ich sie halt am Montag bekommen, es ist doch langsam egal, wann es sein wird. Weihnachten kommt näher und alles ist so trostlos.

Dienstag, den 24. Dezember 1946 Heiliger Abend
Ich war schon im Lager, mußte noch bei der Kälte Wasser tragen und das war sch...

Von Horst habe ich gestern abend Zuckerrüben bekommen, die sie auf dem Verladebahnhof klauen konnten.

Deshalb habe ich heute mittag gekocht. Es gab Zuckerrübensaft mit Milchpulver, Haferflocken und Pudding. Zu Mittag habe ich den Weihnachtsbraten, den meine Mutter mir geschickt hat, gegessen. Es war herrlich. Man kann uns ja mit so wenig glücklich machen. Nach dem etwas kärglicheren Abendessen warten wir auf die Weihnachtsfeier.
Wir, die jungen Alten im Lager, Franz, Gotthold, Heinz, Horst, Willi, Ernst, ein Neuer und ich, wollen zusammen feiern. Sagen wir besser, wir wollen zusammen sein. Borgmann tut ganz geheimnisvoll. Es sollen noch Pakete und Briefpost da sein, aber die werden erst bei der Feier verteilt. Das zeigt in kurzen Worten, wie wenig bei uns im Lager los ist.

Wie mag es dagegen bei unseren Lieben in der Heimat sein? Ich mag mich noch nicht mit dem Gedanken abfinden, daß ich das vierte Weihnachten fern von der Familie verbringen muß, und daß bei uns im Elternhaus alle glüklich beisammen sind. So ist es wenigstens in unserer Familie gewesen. Der Krieg ist zu Ende, aber auch am Heiligen Abend 1946 sehen wir das Ende unseres Leidens noch nicht.

Es steigen nun wieder die Erinnerungen an meine Kindheit auf. Als wir heute mittag beim Wassertragen waren, da sahen alle Bäume, Sträucher, das Gras, durch den Rauhreif wie verzaubert aus. Ich erinnerte mich an die Stunden, in welchen ich mit meinem Vater den Weihnachtsbaum geschmückt habe. Es war warm, es war gemütlich in unserer Stube. Aus dem sogenannten Volksempfänger, dem Radio, ertönten schon die ersten Weihnachtslieder. Mutter richtete das Essen, traf die letzten Weihnachtsvorbereitungen fürs Fest. Wir Kinder mußten so lange in der Küche bleiben, bis die Bescherung begann. Die Tür zum Wohnzimmer ging auf, die Kerzen brannten schon und es gab für jeden etwas. Äpfel, Nüsse, etwas Nützliches zum Anziehen. Vater bastelte für uns auch manches Spielzeug selbst. Alle gingen wir durch das verschneite Dorf mit Mutter zur Kirche. Als Kinder waren wir immer von dem riesigen Weihnachtsbaum in der Kirche begeistert. Auf dem Heimweg, es war inzwischen schon dunkel geworden, sah man ab und zu schon durch die Fenster, an denen die schönsten Eisblumen blühten, Christbäume, an denen schon die Kerzen brannten.
Es war in meiner Jugendzeit immer kalt. Es gab immer Schnee. Das gehörte zu Weihnachten. Es war heimelig, es war typisch deutsch.
Zu Hause angekommen, konnten wir es dann kaum erwarten, daß wir in die warme Stube kamen und mit dem, was uns der Weihnachtsmmann gebracht hatte, spielen durften.

Die letzten Jahre bis 1942 - das war das letzte Weihnachts-Fest für mich zu Hause - war es oft traurig, weil alle meine Brüder im Krieg waren. Es war stiller, besinnlicher, meine Schwester und ich erwarteten auch keine Geschenke mehr. Wir waren glücklich, es warm zu haben und satt zu sein. Ich hätte mir damals nie vorstsellen können, einmal so arm, so traurig und so einsam zu sein, wie ich es in der Gefangenschaft bin.

Ich werde es nie vergessen, wenn mein Vater dann mit fast tränenerstickter Stimme begann: „Stille Nacht, heilige Nacht" zu singen. Kein Auge blieb trocken.

Wir hatten öfters Gäste. Frau Keller, eine Freundin meiner Eltern und ihre Tochter Liesel, der ich mal - so glaubten wir - mit einem Luftgewehr den Bolzen in den Mund geschossen hatte. Die Aufregung war groß. Wir fanden, trotz eifrigem Suchen, den Bolzen nicht. Am nächsten Tag fand Mutter den Bolzen ganz friedlich im Blumentopf der Weihnachtssterne, liegen.

In diesem Jahr ist es umgekehrt. Alle meine Geschwister sind zu Hause und ich bin allein in der Ferne. Werden sie an mich denken, so intensiv wie ich auch an sie denke? „Aus den Augen, aus dem Sinn", sagt ein altes Sprichwort. Ich hoffe, daß das so nicht stimmt und daß wenigstens am nächsten „Heiligen Abend" wir alle vereint sein werden.

Mittwoch, den 25.12.1946 1. Weihnachtsfeiertag
Heute nacht habe ich in der Baracke meiner Freunde geschlafen. Es war so viel schöner, als wenn ich in meiner Bude allein mit Fremden hätte schlafen müssen.

Es ist Viertel vor neun Uhr. Weihnachten, ein Fest der Liebe, von dem wir schon so lange gesprochen haben, ist fast wieder vorbei.
Auf der „Eins", der Bude neben uns, singen sie noch Weihnachtslieder. Franz hat mich gerade besucht. Ich hatte so ein bißchen vor mich hin gedöst.

Wahrscheinlich werden dagegen jetzt im Wohnzimmer meiner Eltern alle zusammen sein. Auf dem Rauchtisch neben dem Sofa steht der Christbaum, die Kerzen werden brennen. Ich denke an die Kinder, die bald ins Bett müssen und von denen ich einige noch gar nicht gesehen habe. Anita und Karin, die Töchter von Alfred und August; Peter und Elly, Hildes Kinder, sind schon groß. Elke und Rose, die beiden Kinder von Walter, gehen schon in die Schule. Marga, die Tochter von meinem Bruder Karl, wurde in diesem Jahr konfirmiert. Die Jahre vergehen.

Morgen müssen wir arbeiten. In Deutschland ist nochmals Feiertag.

In einem der Briefe, die ich bekommen hatte, stand auch, daß meine Mutter im Herbst ernstlich krank war. Und ich wußte nichts davon. Wie furchtbar wäre es gewesen, wenn meiner Mutter was passiert wäre. Oder, wenn sie gar gestorben wäre, wie die Mutter von Horst.

Erst jetzt, in der Fremde, erkenne ich, was man an der Mutter hat. Wie oft sagte meine Mutter: „Euch werden erst dann die Augen aufgehen, wenn meine Augen zu sind." Ich kann das nun hier verstehen. Aber meine Brüder scheinen das noch nicht begriffen zu haben. Sie sind ja auch alle bestens versorgt.

Samstag, den 26. Dezember 1946
Ich bin immer noch im Innendienst. Habe nichts zu arbeiten, weil ich immer noch auf die Zeichnungsunterlagen von Ingenieur Mona warte. Aber ich warte gerne, denn es stört mich niemand.

Sonntag, den 27. Dezember 1946
Das Kommando Depot muß heute arbeiten. Wir sind deshalb nur mit drei Mann auf der Stube. Ich konnte also in aller Ruhe malen. Bis Franz kam und mir von Borgmann erzählte, der immer wieder gegen mich stänkere. Ich ging zu Borgmann und es gab Krach. Meine gute Laune war weg.
Ich soll im neuen Jahr auf ein neues Kommando kommen: SES. Mal sehen, was dort sein wird.

Gotthold war da. Er schreibt das Gedicht von Goethes „Wilhelm Meister" in gotischer Schrift ab. „Nur wer die Sehnsucht kennt, weiß was ich leide."

Wir verstehen uns immer besser. Es bleiben wenige übrig, von denen man das behaupten kann.

Das Wort von der „Sonderstellung", das nun Borgman für mich gebraucht hat, beschämt mich. Wo nehme ich denn eine Sonderstellung ein?

Wo: Beim Wassertragen, beim Kartoffelschälen, beim Scheißkübel leeren? Ist der Neid schon so groß, daß sich schon unser Vertrauensmann, Paul Borgmann, einmischen muß?
Warum war ich denn als technischer Zeichner im Hauptbahnhof? Wahrscheinlich doch deshalb, weil Bidet gesehen hat, was andere - auch meine deutschen Kameraden - nicht sehen wollen. Er sah, was ich für alle in der Freizeit mit meiner Malerei im Lager geleistet habe. Für Borgmann, und das ist sicher nur die Spitze des Eisberges, die ich höre, heißt es „Du hast keine Sonderstellung, merk Dir das."

Ich muß mich zähmen. Ich muß mich beherrschen, damit ich nicht laut schreie!

Dienstag, den 31. Dezember 1946
Es ist überhaupt nichts los. Ich lese meine Briefe. Ich fühle mich etwas verraten. Habe ich diese Unterstellungen verdient?

Auf der neuen Bude, auf dem neuen Kommando bin ich, ein „Alter" im Lager, ganz fremd. Steckt da Borgmann, der ewige „Spieß" dahinter, wie Franz vermutet? Kann er, der ehemalige „Spieß" seine Macht, die er beim Kommiß hatte, nicht vergessen? Muß er auch hier Schicksal spielen? Ich weiß es nicht.

„Und weiter geht das Leben, es kann uns so viel geben, schau vorwärts, nicht zurück"...

Dieses Gedicht paßt am Silvester-Abend, es paßt eigentlich immer!

Klaus Morgenstern war das einzige liebe, bekannte Gesicht am Silvesterabend. Sonst tut sich nichts. Warum?

Ich habe freie Bahn an alle, die mir in meinem bisherigen Leben was bedeutet haben, zu denken.

Aber je mehr ich in der Vergangenheit lebe, je mehr wird mir meine Verlassenheit bewußt.

Die Kumpels sind alle so roh, so fremd. Ich weiß nicht, was ich machen soll. Ja, das beste ist wohl, ich lege mich ins Stroh und hoffe, daß das Jahr 1947 unser Entlassungsjahr wird.

Neuntes Kapitel

Zwei Höhepunkte: André und Gotthold

Der eine Höhepunkt - ein freudiges - der andere war ein grausames Ereignis

1947

Mittwoch, den 1. Januar 1947

Ich war schon im Fort d'Hauteville, als ich am 29. September 1947 begann, alles festzuschreiben, was ich in diesem Jahr erlebt habe. Zum Jahresbeginn kam für mich eine wichtige und entscheidende Wendung.
Was sich durch meine kurze Tätigkeit im technischen Zeichenbüro im Hauptbahnhof von Dijon anbahnte, setzte sich fort. Ich war vom 26. Oktober 1944 an bei der Eisenbahn im Lager Clos Cherpentier und hatte eigentlich immer schlechte Kommandos. Von vielen Einsätzen bei der SNCF habe ich noch gar nicht berichtet. Beispielsweise vom Eisenbahnschienen tragen, vom Ausgraben von Blindgängern, vom Aufräumen im zerstörten Bahnhof, von Drecksarbeiten vor Zivilisten, vom Saubermachen der Gleise und dem Neu-Einschottern. Das Ganze von Hand mit Gabeln, die an der Spitze Kugeln hatten, u.v.m. Sicher werde ich einmal die Ruhe und die Zeit finden, um auch über die ausgefallendsten Arbeiten ausführlich zu berichten. Ich wünschte mir ja Arbeit, die nicht wie bisher überwiegend im Freien stattfand, sondern solche, wie die im technischen Zeichenbüro war.
Warum das nicht klappte, wissen wir ja.
Nun haben es M. Bidet und der Grand-Chef scheinbar doch wieder geschafft, etwas für mich zu tun. Der Begriff einer Sonderstellung tauchte wieder auf.

Also, ich kam in das Magazin der Elektriker-Gesellschaft SES. Außer mir waren noch dort: Albert Neuendorf und Otto Michalek, beides Ostpreußen.
Albert kannte ich schon seit Weihnachten 1944. Ich habe lange Zeit mit ihm an der berühmt-berüchtigten Brücke gearbeitet. Er war schon 50 Jahre alt, ruhig, sympathisch und mit einer besonderen Vergangenheit. Otto dagegen, na, die Franzosen würden sagen: „Oh merde alor".
Das Magazin befand sich gegenüber dem Hauptbahnhof in Dijon-Ville. Morgens und abends wurden wir mit dem Auto geholt und wieder ins Lager gebracht.
Ansonsten waren wir den ganzen Tag überwiegend im Magazin beschäftigt.
Unser Chef war Monsieur Mirlin, ein Ingenieur, der aber mit seinen „schmutzigen" Kleidern zuerst keinen guten Eindruck auf mich machte. Alle sagten aber: „Mensch Hans, hast du Glück, das ist das beste Kommando weit und breit." Nun, on verra, wir werden schon sehen, ich ließ alles an mich herankommen.

Sonntag, den 5. Januar 1947

Die Betreuungsgruppe vom Fort war mal wieder da. Eigentlich genau nur einmal im Jahr, denn das letzte Mal war die Gruppe ebenfalls am 5. Januar bei uns. Sie gestalteten uns einen bunten Abend. Es war schön, aber nicht weltbewegend.

Alfred Berger, ein Stuttgarter, ein Mitglied der Gruppe, erzählte mir, daß Alfred Peschke auf der Reise nach Amerika zu einem Gastspiel sei. Geiger müßte man sein!

Donnerstag, den 9. Januar 1947
Ich war wieder einmal beim Zahnarzt im Hospital Montmuzart. Da erfährt man immer neue Parolen. Und es war immer eine interessante Abwechslung im ewigen Einerlei des Lagerlebens.

Samstag, den 25. Januar 1947
Die Zeit vergeht schnell auf diesem neuen angenehmen Kommando. Wir hatten nicht sehr viel zu tun. Wir mußten Material für die Elektrifizierung der Strecke Paris-Dijon-Lyon aufräumen, sauberhalten und nach Anforderung ausgeben. Heute morgen kamen einige Franzosen. Darunter war ein intelligent aussehender junger Mann, so in meinem Alter, schätzte ich.

Er war freundlich und bei jeder Gelegenheit sehr höflich. Ich merkte gleich, daß sein Deutsch nur auf der Schule gelernt sein konnte. Bald waren wir in einer schönen Unterhaltung. Wo gab's das bisher? Eigentlich hat in all den Jahren kein Franzose mit uns geredet.

Es war auf Anhieb der erste Franzose, der mir so sympathisch war. Ich dachte noch lange an ihn und freute mich, ihn hoffentlich bald wiederzusehen.

Von unserem Dolmetscher habe ich das Buch „Lettres de mon moulin" von Alphons Daudet erhalten. Herrliche Geschichten wie „Les vieux" oder „Les étoiles" und andere habe ich gelesen.

Eine Nachricht in der Tageszeitung „Bourgogne": Die amerikanischen Gefangenen sollen Zivilarbeiter und nach Frankreich ausgeliefert werden. Dagegen sollen die französischen Gefangenen bis zu den Friedensgesprächen Gefangene bleiben.

Sonntag, den 26.Januar 1947
Wir mußten mal wieder zu dem verfluchten Kartoffelschälen. Es war dann doch ganz unterhaltend, weil Gotthold, Franz, Horst und Hans Müller dabei waren.

Dienstag, den 28. Januar 1947
Ich habe sehr viel Post von zu Hause bekommen. Es mischt sich immer ein wenig Heimweh in die Freude, wenn ich Briefe erhalte, die Neues aus der Heimat berichten.
Von dem netten, sympathischen Franzosen, den ich kennengelernt hatte, er heißt André Garnier, habe ich Bücher bekommen. Er will Elektroingenieur werden, studiert in Paris und macht hier am Hauptbahnof ein Praktikum als Elektriker. Er ist Radiospezialist. Von seiner Schulzeit hat er noch deutsche Bücher, die Märchen von Bechstein und Hauff. Dazu zwei französische Titel „L'avare"- der Geizige von Moliére und „Le bourgeois gentilhomme" vom gleichen Autor. Die Bücher sind sehr schwer zu lesen, aber es macht Spaß. Von der YMCA Zirkel, Winkel und ein Lineal bekommen.
Auf dem Hauptbahnhof haben wir den ersten Zug mit Verwundeten, die aus Indochina kommen, gesehen. Es war interessant, es waren viele Menschen anwesend, Musikkapelle und Fahnen wurden geschwenkt. So begrüßte man die französischen Soldaten.

Es erinnerte mich an die ersten Kriegsjahre in Deutschland, wo man so etwas auch erleben konnte. Es war ein toller Tag, an dem sehr viel zusammenkam.

Mittwoch, den 29. Januar 1947
Eine erste Fahrt nach Is-sur-Tille 21 km von Dijon entfernt. Wir brachten Isolatoren an die Bahnstrecke. Es war noch sehr kalt, aber es war mal was anderes. Die Landschaft fand ich sehr eintönig und die Dörfer und die Bauernhöfe sehr schmutzig und in einem zerfallenden Zustand. Ein erster Eindruck.

André Garnier.

Freitag, den 31. Januar 1947
Heute waren wir mit dem Camion in Les Laumes, 75 km von Dijon entfernt, in Richtung Paris. Übrigens leben dort die Eltern von André Garnier. Es war immer noch eisig kalt. Albert, Otto und ich, wir waren auf dem Lastwagen ganz in Stroh eingepackt. Nur so konnte man die Kälte ertragen. Die Gegend ist schöner, hügeliger, aber die Gehöfte machen auch so einen zerfallenen Eindruck. Thema: Landflucht in Frankreich.

Sonntag, den 2. Februar 1947
Klaus Morgenstern veranstaltete eine Morgenfeier. Er las unter anderem: „Nur wer die Sehnsucht kennt, weiß was ich leide", Mignon aus „Wilhelm Meisters Lehr- und Wanderjahre" von Goethe.

Montag, den 3. Februar 1947
André Garnier überbrachte Grüße von seiner Mutter und einen halben Kuchen. Als wir diesen anschnitten, wurde das Messer ganz fettig. Etwas, was wir gar nicht mehr kannten. Denn Fette und Butter gab's bei uns nicht.

Dienstag, den 4. Februar 1947
Klaus Morgenstern wurde ganz plötzlich ins Fort zurückgeholt. Deshalb gab's tolle Gerüchte, aber niemand wußte etwas Genaues. Für uns Französischlernende war das ein großer Verlust. Wir standen wieder einmal ohne Lehrer da. Klaus haben wir sehr viel zu verdanken, denn alles, was wir gelernt haben, kam von ihm. Obwohl er nur ein Jahr älter war als wir, unterrichtete er uns in der französischen Sprache. Er veranstaltete viele interessante, unterhaltsame Stunden auf hohem Niveau. Unvergeßlich sind die Diskussionen über Kunst, Kunstgeschichte, Religion sowie Gott und die Welt. Ein wirklich großer Verlust. Das Leben in Clos Charpentier wurde ärmer ohne ihn.

Donnerstag, den 6. Februar 1947
Welch ein Glück, daß nun André Garnier da war. Er ließ sich zum ersten Mal in der Mittagspause mit uns ins Magazin einsperren, um sich mit mir unterhalten zu können. Wir sprachen abwechselnd Deutsch und Französisch. So macht es Spaß, eine fremde Sprache zu erlernen. Ein Erlebnis von ganz besonderer Art. Wer von den Franzosen hat sich je um uns oder speziell um mich so bekümmert. Albert und Otto beteiligten sich ja nicht mit und an den Gesprächen. André sah auch, was wir zu essen bekamen und schämte sich deshalb oft für seine Landsleute. Er meinte, das sei ja weniger, was wir bekommen, als man im KZ zu essen bekäme!

Sonntag, den 9. Februar 1947
Zum ersten Mal machte unser kleiner Kreis den Versuch, den Französisch-Unterricht fortzusetzen. Aber es fehlte die führende und fordernde Hand. Mal sehen, wie lange wir das ohne Klaus durchhalten werden.
Glücklicherweise macht André dann bei unseren Französisch-Aufgaben die Korrekturen. Man nannte ihn am Bahnhof „Monsieur le Professeur", und das war er auch für uns.

Dienstag,den 11. Februar 1947
Wir waren wieder einmal in Les Laumes. Als wir abfuhren, schien das Wetter schön zu werden, was dann auch in der Tat eintraf. Ich saß ganz alleine auf dem offenen Camion hinten an der Fahrerwand und konnte die herrliche Landschaft so sehr schön sehen.
Am beeindruckendsten war die Auffahrt nach Sombernon. Oben angekommen, wurde man belohnt von einem herrlichen Blick über einen Talkessel, der noch mit Nebelschwaden bedeckt war. Während oben in der Höhe, im Dorf, schon alles von der Sonne beleuchtet wurde.

Doch bald ging's in atemberaubender Fahrt abwärts. Täler, Bächlein und einsame Bauerngehöfte vermittelten einen vertrauten Eindruck. Alles gefiel mir, ich fühlte mich wohl. Oft schien die Sonne auf mich, sie wärmte schon. Das erste Frühlingsahnen zog durch meine Brust und in das aufkeimende Glücksgefühl schlich sich die Bitternis, durch ein fremdes Land, als Fremder, ja als unfreier Mann zu fahren. Heimweh nach den Höhen und Tälern des Schwarzwaldes kam auf.
Abends im Lager war ich enttäuscht, weil keine Post von irgend jemand da war, der das Heimweh verstärkt hätte.

Mittwoch, den 12. Februar 1947
In der Mittagszeit waren André und ich wieder zusammen. Allerdings störten uns der Spinner und der Rote, so nannten wir zwei Wachmänner. Da war viel vom gemeinsamen Glück getrübt.
„Können die es nicht lassen, andere zu quälen?", meinte André. Ich bewundere André immer noch mehr, daß er trotz dieser Typen zu mir kommt. Daß er sich dem Risiko, diffamiert zu werden, aussetzt. Er steht zu einem Menschen, der im Moment ganz unten ist. Er sorgt sich um mich, lehrt mich, liest deutsche und französische Klassiker mit mir, läßt sich mittags einsperren, um mit mir zusammen zu sein. Es ist ein unfaßbares Glück, es ist oder war Fügung, ihn kennengelernt zu haben. Er brachte mir immer wieder Brötchen und Kuchen von seiner Mutter mit, sogar ein Unterhemd für mich. Ich fasse es nicht, daß ich auch noch solches Glück habe.
„La valeur n'a pas besoin de compter les nombres des années."
Das Glück hat es nicht notwendig, die Stunden und Jahre zu zählen.

Donnerstag, den 24. Februar 1947
Meine Schwester wird heute 24 Jahre alt.
Die beiden Spinner und der Rote haben wieder gepöbelt, sind dann aber bald gegangen. Mit M. Mirlin, unserem Chef, haben wir eine Wette abgeschlossen. Er meint, wir werden bis Mitte Juni entlassen. Wenn nicht, will er jedem eine Flasche Wein geben. Da er gerne trinkt, haben wir vorsorglich, denn wir glauben nicht an diesen Termin, gleich mal miteinander angestoßen. Mirlin ist, entgegen dem ersten Eindruck, da er ein wenig schmuddelig angezogen ist, ein sehr, sehr anständiger Mensch. Wir müssen nicht viel arbeiten. Er sagt eigentlich nie was Negatives, und er schätzt offensichtlich auch André. Und er hat eine Nichte, die siebzehn Jahre alt ist. Aber darüber ein anderes Mal mehr.
Das Verhalten von meinem zwei Kumpels, Otto und Albert, ärgert mich ein wenig. Aber so sind die Menschen nun einmal. Zuerst hatten sie über André gelästert und nun, da es etwas zum Teilen gibt, ist er der liebe Gott.

Otto ist ein unbeschriebenes Blatt, während Albert, etwa 50 Jahre alt, einmal Sonderführer in der Ukraine war. Er sagt oft, wenn die Franzosen uns, die Jungen, als Nazis beschimpfen; wenn die wüßten, was ich einmal war! Aber so ist es ja oft, die Täter werden alt, werden dann wegen des Alters bedauert und zu den Jungen sagt man, sie seien die Täter. Verkehrte Welt. Als Albert jung war, da kam der Hitler an die Macht, aber da waren wir noch Kinder.

Freitag, den 14. Februar 1947
In der Mittagspause störten die beiden mal wieder. Aber wir sind das langsam gewohnt. Wir durften heute mal duschen gehen. André hat das organisiert, er gab mir sogar Seife. Es geschehen also doch noch Wunder.
Mit wie wenig kann man, wenn man nichts besitzt, schon glücklich sein ... aber wir. Aber wenn ich sehe, wie sich am Bahnhof junge Paare küssen? Deshalb hat jedes Kommando auch seine negativen Seiten. Denn es ist besser für uns, so etwas nicht zu sehen.

Montag, den 15. Februar 1947
„Spinner" macht Krach. Ein Höhepunkt, er hat alles mögliche zerschlagen. „Es kann der Beste nicht in Ruhe leben, wenn es dem bösen Nachbarn nicht gefällt." Ich habe mich bei M. Mirlin, ebenso wie auch André, darüber beschwert. Es soll besser werden???
Als Ausgleich, so hatte ich das Gefühl, nahm mich M. Mirlin zweimal mit zum „Horloger". Es waren schöne Spaziergänge durch die schöne Stadt. Jetzt bin ich schon so lange in und um Dijon herum, aber die Stadt habe ich noch nie richtig sehen können.

Mittwoch, den 19. Februar 1947
Wir hatten Erfolg mit unserer Beschwerde. Das Magazin darf vom „Spinner" und dem „Roten" nicht mehr betreten werden. Ich kann nun mit André ungestört lesen, schreiben und sprechen.
Aus dem Lager in Chenôve sind zwei Männer getürmt. Wir alle bekamen dafür einen Tag lang nichts zu essen. Es geht dem Frühling zu und immer öfter hört man, daß Mitgefangene aus dem Lager flüchten. Der Traum von Freiheit trübt jede Vorsicht.

Donnerstag, den 20. Februar 1947
Wieder eine Fahrt nach Les Laumes und zurück. Auch die schönste Gegend macht keinen Spaß, wenn man bei klirrender Kälte auf einem offenen Lastwagen sitzt. Spinner war auch dabei. Er verhält sich aber manierlich, wahrscheinlich hat er nun doch die Nase voll und läßt uns in Ruhe. Im Refectoire einen Freund von André getroffen. Sie waren zusammen auf dem Gymnasium in Semur. M. Gig, so hieß er, hatte ein ganz kleines Radio bei sich. Seit vier Jahren hörte ich mal wieder Musik erklingen. Wie arm wir doch sind. Auf was wir alles verzichten müssen.

Freitag, 21. Februar 1947
Der 26. Geburtstag meines Bruders August.
André ist krank und fährt nach Hause, nach Les Laumes, wo seine Eltern wohnen.
Wie leer und inhaltslos ist die Stunde am Mittag ohne ihn. Ich beginne, mir einen Holzkoffer zu bauen. Albert hilft mir dabei, überhaupt wird die Zusammenarbeit mit ihm immer besser. Er erzählt aus seiner Heimat, er lebte in Allenstein bei Königsberg in Ostpreußen. Wir reden ununterbrochen, wenn wir die Isolatoren abschrauben. Ich habe schon den Spitznamen „petit bavarde" bekommen.

Entnazifizierung! Die Arbeit fällt deshalb aus. Mittags mußten wir zum PD3 und arbeiten. Nach eineinhalb Jahren dieses Schreckenskommando mal wieder gesehen. Konnten aber, weil es regnet, gar nicht arbeiten. In der Gepäckabgabe habe ich mich mit Arbeitern unterhalten. Die wollten es nicht glauben, daß ich meine Sprachkenntnisse nur in der Gefangenschaft und nicht schon in der Schule erworben habe. „C'est bien imposible d'apprendre le francais comme - tu le sais - en captivité?"

Montag, den 3. Februar 1947
Wir waren mit dem LKW in Darcay unterwegs. Auf der Strecke von Blaisy-Bas nach Somberon gab's einen Riesenunfall. Für uns ging alles glimpflich ab. Es lag noch soviel Schnee, daß ich dachte, ich sei im Schwarzwald.
Es schneite ununterbrochen und die Aufmerksamkeit mancher Fahrer läßt bei so einem außergewöhnlichen Wetter halt nach.

In Blaisy-Bas einer Gruppe von Ingenieuren zugeschaut, die vor einem Gasthaus hielten. Es war eine sehr schöne Frau dabei. Ich gab den Pferden von unserem Stroh zu fressen, was diese auch offensichtlich mit Heißhunger taten. Zum Dank dafür beschimpfte mich eine alte Frau „Boch".
Bald fuhren wir weiter, immer schön langsam den Berg hinauf. Es war so winterlich ruhig. Ich war, eingekuschelt in meinem Stroh, eingeschlafen. Plötzlich gab es einen Knall. Wir flogen unsanft gegen die Wand und der Wagen stand.

Als ich, noch etwas verschlafen, hinten rausschaute, lag ein Personenwagen ganz schön demoliert im Straßengraben. Ein älterer Herr war im Begriff auszusteigen, zwei Kinder weinten, die Fahrer schimpften, es war ein tolles Durcheinander. Es war nun schon der zweite Unfall an diesem Tag. Also, mir ist nichts passiert. Die Landschaft, tief verschneit, war trotzdem schön, es war alles gefroren, alles sah so verzaubert aus. Langsam ging's weiter, und es wurde spät, bis wir abends im Lager waren.

Dienstag, den 4. März 1947
André stieg in der Mittagspause durch das Schalterfenster, das sich in der Tür befand, bei uns ein, da wir schon eingeschlossen waren. Seit Klaus nicht mehr bei uns ist, hat André es ja übernommen, unsere Französischarbeiten zu korrigieren. Als dann nachmittags M. Mirlin kam, war André immer noch bei mir. Mirlin lachte und meinte „N'a-t-il pas trouvé le trou".
Roland Böhringer schrieb mir mal wieder, er wolle nach Südamerika auswandern, weil man in Deutschland keine Chance mehr habe. Und das, obwohl er Jura studiert!?

Freitag, den 7. März 1947
Der „Commandant du Fort" war mit einer Commision bei uns im Lager der SNCF. Sie haben die Zustände zurechtgerückt. Die Essenbüchsen - im wesentlichen von dem Ami-Abfall - dürfen nicht mehr benützt werden. Wir sollen Kochgeschirre erhalten.
Die Pakete, die wir bekommen, dürfen auch nicht mehr von M. Bidet geöffnet werden.
Es scheint so, als ob es besser würde. Amtlich: Die über 45 Jahre alten Gefangenen kämen in Bälde zur Entlassung. Wir hoffen mal wieder, daß sich was tut.

Sonntag, den 9. März 1947
„Heute machen wir mal Theater", unter diesem Motto startete ein bunter Nachmittag.
Wir, der Kreis des Jahrgangs „Sechsundzwanzig" machten eine Feststellung: Fast jeder hatte im Moment eine Brieffreundin. Ein Zeichen des beginnenden Frühlings. Gotthold hatte Else, sie schrieb die meisten Briefe. Heinz hatte eine Helga, Ernst sein Bärbele - dahinter steht die Anmerkung: „Fest". Willi, der Großstadtmensch aus Düsseldorf, hatte mehrere - aber keine schrieb ihm Briefe. Horst sprach von Helene, Franz hatte niemand - und ich? Eigentlich hatte auch ich keine Brieffreundin. Richtig geschrieben hat mir immer wieder Erna Fleitmann. Vielleicht war sie eine Ausnahme.

Überhaupt, so langsam scheint es, daß das Thema „Eins" der Gefangenschaft sich zum Thema „Eins" vom Kommiß annähert. Dazu gibt es aufffällige Beispiele: Beim Theaterspielen sind ein paar Frauen-Darsteller, die besser aussehen, als manche Dame in natura. Wird es da nicht verständlich, daß mancher diesen Damen unter den Rock greifen möchte.

Ein Posten, den wir den Knieschieber nannten, flog heute raus. Er soll, so die Lagerleitung, mit den Gefangenen unerlaubte Geschäfte gemacht haben. Zwei Päckchen von meinen Eltern erhalten - in dem einen war Speck drin. Ich wußte gar nicht mehr, wie gut der schmeckte. Früher war ich darauf gar nicht so scharf, aber heute.

Endlich habe ich mich mal wieder zum Malen aufgerafft. Der CVJM hatte zu einem Malwettbewerb eingeladen.

Man mußte die oder das Bild nach Paris einsenden. Mein Thema, das ich malen wollte, war: „Der Brief" oder „Heimweh". Immer, wenn man von zu Hause einen Brief bekommt, dann wandern die Gedanken in die Heimat, sind nicht mehr in der Gegenwart. Sie wandern oder fliegen in die lieblichen Täler des Schwarzwaldes. So reifte in mir die Idee: „Ein brieflesender PG am Fenster unserer Baracke sitzend, einen Brief in der Hand, aufschauend, sieht er statt dem Schwarzwald Stacheldraht. Aus den Wolken schaut das Antlitz seiner Mutter ihm entgegen.

Als Gegensatz spiegelt sich in der Fensterscheibe der Wachturm als Beispiel der rauhen Wirklichkeit.

Heinz Ties saß mir als Modell für den PG, der Rest war Fantasie. Es war schön, dieses Thema zu malen. In meiner „Kapelle" war es ruhig und still. Nicht oft bin ich aber in der Lage, so etwas zu gestalten.

Es war ein Erlebnis der besonderen Art, dass ich zu einem solchen Wettbewerb aufgefordert wurde. Die Aufgabe, mich damit zu beschäftigen, hob mich mal wieder aus dem tristen Alltag heraus. Ich bin auf ein entsprechendes Ergebnis gespannt.

Das Lesen ist doch neben dem Träumen das einzig Schöne in der Gefangenschaft. Obwohl ich weiß, daß selbst die schönsten Träume, das tiefste Sehnen, nicht um einen einzigen Zoll größer macht. Und ich weiß, daß Lesen auch „Zeitvertreib" bedeutet.

Wenn man sich in einen lesenswerten Roman vertiefen kann, vergißt man natürlich die Wirklichkeit. Sie bleibt aber bestehen, sie wird, wenn man vom Träumen, vom Lesen erwacht, nur noch bedrückender.

So habe ich zum Beispiel Ganghofer's Buch „Das Schweigen im Walde" angefangen. Es sprach mich sofort an, als ich die Zeilen las: *„Wer nicht eine Minute übrig hat, um sie an einen schönen Traum zu verlieren, wie arm ist der in seiner Seele".*
Ja, so dachte ich, und ich war glücklich, bestätigt und zufrieden.

André hat mir Zeitungen besorgt. Ich sehe ihn zur Zeit wenig und bin deshalb auch etwas betrübt. War man es gewohnt, mit ihm zusammenzusein, dann sind Otto und Albert kein Ersatz. Es scheint immer so zu kommen: Nach einer gewissen Zeit hat man sich alles erzählt und Neues gibt es nicht zu erleben. So schwächt sich also jede Beziehung ab. Freundschaft lebt vom gemeinsamen Erleben. Wir erleben ja nichts.
Ein Tag ist wie jeder andere. Also, was bleibt - die Flucht in eine andere Welt. So wird leider oft aus Freundschaft Gleichgültigkeit, man wird sich sogar überdrüssig. Oft denke ich, wie schade, aber es nützte nichts.
Ich habe „Das Schweigen im Walde" verschlungen. Ich war begeistert. Es war schön.
Ein Thema, das ganz meinem derzeitigen Seelenleben entspricht. So habe ich mir meine Ideale vorgestellt, so fand ich mich in diesem Buch wieder. Mit Gotthold lange hinter der Baracke gelegen und über den Inhalt des Buches gesprochen.

Zitat: *„Das ist auch so ein Plätzchen, das nicht jeder lieb hat, man muß nur schauen können, um das alles mit Freude zu erfassen. Schon gleich habe ich gedacht, das ist auch einer, der sehen kann."*

So war es auch bei uns. Es war schon fast Zeit zum Zapfenstreich, als Franz vom Geigenspielen kam. Ja, wir verstanden uns, auch ohne viel Worte zu verlieren. Ja, wir waren uns auch in der Meinung einig, daß unsere alte Ecke noch gedanklich lebt. Daß Sie uns lieb und wert war, weil wir uns nun schon lange kannten.
Daß wir uns wahrscheinlich nie so nahe gekommen wären ohne unsere Ecke, in der wir auf engstem Raum zusammenleben mußten. Aber jetzt hat man uns ja - ich weiß nicht warum - auseinandergerissen!
Unsere so lange bestehende Ecke existiert nicht mehr.

Gotthold kenne ich seit dem 26.10.1944. Er kam mit den ersten ins Lager Clos Chapentier. Seitdem verbindet uns eine enge Freundschaft.
Franzl's Bekannschaft machte ich im Sommer 1945. Ich lag unter einem Baum und schnitt ein Köpfchen in Gips. Das fiel ihm auf. Wir kamen ins Gespräch und er konnte so schön von seiner Heimat, dem Sudetenland, erzählen. Er war mir sofort sympathisch.

Sonntag, den 22. März 1947
Es kamen viele Briefe. Erna Fleitmann meinte, ich schreibe nächstens einen ausführlichen Zivilbrief.
Wir haben endlich, nach so langer Zeit, entsprechendes Eßgeschirr bekommen. Zwei Jahre lang mußten wir aus Abfallbüchsen der Amis essen. Ich bin auf dem Egalzustand, obwohl ich neben dem Kochgeschirr auch meine erste Unterhose in der Gefangenschaft bekommen habe. Vielleicht ist mir deshalb alles so egal, weil man begreift, was das heißt, nach zwei Jahren Gefangenschaft eine Unterhose und ein anständiges Eßgeschirr erhalten zu haben!

Dienstag, den 25. März 1947
Vor drei Jahren rückten wir in Crailsheim ein! So schnell vergeht die Zeit und wir werden alt.
Mit dem Camion sind wir weggefahren. Wir sollten zwar nur das Material vom Magazin aufladen, aber ich brachte den Fahrer dazu, daß er uns mitnimmt. Er ging nach Chagny. An unserem Lager in Chenove vorbei in Richtung nach Beaune, dahin, wo ich einst als Soldat beim Rückzug herkam. Es ist eine schöne Gegend. Die Côte d'Or, die goldene Küste - Weinberg an Weinberg. Damals erlebte ich einmal einen Jabo-Angriff in einem Weinberg liegend. Die Bombensplitter flogen nur so um mich herum. Ich hatte Glück. Ich lebe noch. Heute flogen die schönen Ortschaften an uns vorbei. Albert und ich sitzen auf der Pritsche und ließen unsere Beine herunterhängen und freuten uns, daß wir wieder einmal aus dem Magazin ins Freie in den beginnenden Frühling dürfen. Ja, diese Gegend ist freundlicher als die gegen Les Laumes und Is sur Tille. Vor allem das frische Grün der Reben war so belebend. Hier war wirklich die Côte d'Or, von der man so viel hörte, aber noch nie was sah. In Chagny war schnell alles erledigt. Die Franzosen tranken einen Rouge, wir schauten in die Röhre und schauten dafür die schönen Fachwerkhäuser an. In den alten, engen Gassen spielten Kinder. Wir konnten Pärchen beobachten, die in Ruhe spazieren gingen, oder geschäftige Leute, die schnell und hastig vorbeieilten. Es war ein Stück Normalität. Eine Normalität, von der man uns ausschloß. Die wir auch ganz selten beobachten konnten. Es wurde nun schnell dunkel. Auf der Heimfahrt ging hinter den fernen Hügeln der Côte d'Or die Sonne unter.

Ihre letzten Strahlen vergoldeten wirklich alles. Es war eine fast unwirklich scheinende Stimmung. Es war wirklich eine goldene Gegend. Ganghofer sagte es ja: *„Man muß das aber sehen und registrieren können."*
Wir waren müde, als wir im Lager ankamen. Was wird morgen M. Mirlin sagen, weil wir mit dem Camion weggefahren waren?
„Ça ne fait rien, pas qu'il etait joli!"

Mittwoch, den 26. März 1947
"Il n'a rien dit", er sagte nichts, und es war gut so. André hat mir das Monatsheft „Arts et Industrie" besorgt. Es gibt sie noch, die Kunst und die Welt, von der wir träumen.

Donnerstag, den 27. März 1947
Heute war Gotthold wirklich einmal bei mir, auch ohne irgendeinen Wunsch zu haben. Das kam so: Nachdem wir so lange - zweieinhalb Jahre lang - nebeneinander geschlafen haben, sind wir seit einiger Zeit in getrennten Baracken untergebracht. Ich kam in die „Zweite" und Gotthold, Horst, Willi, Heinz und Franz in die „Vierte". Es war für mich schlimm. Keiner wußte, warum wir auseinandergerissen wurden? Nun, ich nehme an, weil ich einen Sonderstatus habe und im Magazin arbeite. Es war vorher, beim Gemeinsamsein, sehr viel schöner. Also, Gotthold wollte mich einfach nur besuchen! Toll! Ich hatte mir eine Staffelei gebastelt und sie ihm voller Stolz gezeigt.

Sonntag, den 30. März 1947
Ich malte in der Kapelle an meinem Bild „Der Brief" oder „Heimweh". Dieses Bild soll mal André bekommen. Franzl und Gotthold waren dabei, wir sprachen über Ganghofers Buch und stellten fest, daß wir uns immer besser verstehen. Gemeinsam schrieben wir dann unseren ersten Aufsatz in französischer Sprache. Wir waren mit dem Ergebnis sehr zufrieden. Statt in Französisch, wie im Original, will ich den Text fürs Tagebuch in Deutsch schreiben.

„Ein Tag im Lager Clos Charpentier".

Am Sonntag stehen wir normalerweise etwas später auf. Noch im Bett, oder besser gesagt im Stroh, frühstücke ich Brot und schwarzen Kaffee. Anschließend machte ich mein Bett. Nachdem ich meine diversen Aufgaben erledigt habe, gehe ich in meine Kapelle, um zu malen. Zum ersten Mal malte ich mit meiner selbstgebastelten Staffelei, es ging ganz prima damit. Bald kam Franz, um mich zu besuchen. Er suchte das Buch „Das Schweigen im Walde" von Ganghofer, und begann darin zu lesen. Zwischendurch redeten wir über alles Mögliche. Gotthold kam auch zu uns.
Während ich malte, sprachen wir über unsere Zukunft. Alles ist so schön friedlich, so ruhig, daß wir ganz die schlechte Gegenwart vergaßen. Auf diese Art verging die Zeit schnell und wir merkten plötzlich, daß es schon Mittag war. Ich beendete meine Arbeit und wir gingen essen. Nachmittags, es war sehr schönes Wetter, legten wir uns hinter die Baracke hinter dem Stacheldraht in die Sonne. Dann begann ich im „Faust" von Goethe zu lesen. Franz spielte mit der Geige. Gotthold machte seinen Französisch-Unterricht und ich träumte mit Faust.

Ich liebe es, so allein zu sein, ohne Lärm, den ich nicht leiden kann. Als Gotthold seine Übungsaufgaben beendet hatte, kam er zu mir. Wir übten gemeinsam die Verben in der Vergangenheit. Dann kam auch Franz. Wir fühlten uns, in der Sonne liegend, wie der Taugenichts von Joseph von Eichendorff. Wir schauten in den Himmel, wo die Wolken ganz langsam ihren Weg zogen. Während dieser Zeit dachte jeder für sich an seine Heimat und an seine Eltern. Alles ist so ruhig, so schön, man hört keinen Laut. Aber leider vergeht die Zeit viel schneller, wenn man sich glücklich fühlt.
Nach dem Abendessen lernten wir nochmals unsere Französischaufgaben. Bis um neun Uhr die Zeit kam, ab der man uns jeweils in die Baracken einschließt. Der größte Teil der Kumpels war schon eingeschlafen, als ich noch einen Brief an meine Eltern schrieb. Anschließend legte ich mich auch hin. Es war, trotz der Härte der Gefangenschaft, ein schöner Tag. Es bleibt eine schöne Erinnerung und ein bißchen waren wir auch stolz, daß wir solche Aufsätze in Französisch schreiben konnten. Aber nun Schluß für heute und ab ins Stroh.

Montag, den 31. März 1947
A'la fine du mois, un proverbe francaise:
„Qui ne songe qu'à soi quand la fortune est bonne, dans le malheure n'a point d'amis."
„Wer nur an sich denkt, wenn das Glück es gut mit ihm meint, hat im Unglück keine Freude."

Donnerstag, den 1. April 1947
Zum ersten Mal habe ich mit M. Mirlin Krach gehabt; das kam so: M. Petiot, der Magazinverwalter, wollte, daß Albert ihm ein Tischchen schreinert. Ich meinte zu ihm, daß M. Mirlin das nicht gerne sieht. Wenn sie ihm aber ein bißchen zu trinken geben, dann wird er nichts dagegen haben. Das gab Krach. Aber am Ende war alles wieder gut, nachdem ich mich mit Mirlin ausgesprochen hatte, denn Petiot hat alles übertrieben und manches umgedreht.
Bei der rasenden Heimfahrt bin ich so von der Pritsche geflogen, daß ich fast alle Knochen gebrochen hätte. Aber dieser Gefahr sind wir immer ausgesetzt.

Donnerstag, den 3. April 1947
Heute fuhr auf dem Bahnhof ein Zug mit deutschen Juden durch. Sie waren auf dem Weg nach Palästina, sagt man.
André hat mir viel Eßbares gebracht. Dazu kam abends im Lager noch ein Päckchen von zu Hause. Nun bin ich für Ostern versorgt.
Den „Sous préfet aux champs" von Alphons Daudet gelesen. Die kleine Erzählung hat mir viel Spaß gemacht.

Freitag, den 4. April 1947
Vor vier Jahren kam ich nach Südfrankreich. Was ist in dieser Zeit nicht alles passiert.
M. Mirlin erlaubt mir, im Magazin zu malen. Er möchte auch ein Bild von mir haben. Wir durften wieder duschen, das hatte ja André für uns durchgesetzt. Einen Kochherd mußten wir in den 5. Stock hochtragen. Dabei haben wir ein junge hübsche Frau kennengelernt. Überhaupt, das Thema Frauen wird immer dringender. Sie, die Frauen, so sagt man, seien der Anfang vom Übel.
Gotthold war da. Wir vertieften das Thema Frauen und hatten dann unsere von André korrigierten Aufsätze gelesen. Roger und Horst haben viel Mist gebaut. Später ging die Diskussion über Fausts „Glaubensbekenntnis" weiter. Dazu passend eine französische Aussage: „Je crois, que le monde soit gouverné, par une puissante sage et immense".

Das weicht natürlich von der christlichen Anschauung ab - oder Gott ist eben diese weise und unendliche Kraft.

André Garnier bekam heute das Ölbild „Sehnsucht" von mir.

Sonntag, den 6. April 1947, Ostersonntag
Schon lange hatten wir keine Gelegenheit mehr, so richtig zusammen zusein. Ich hatte ja, sowohl von André, als auch von meinen Eltern, jede Menge zusätzliches zum essen. Dieses Mal hat das gemeinsame Kochen besser geklappt als an Weihnachten, als Franz meinen mühsam mit Zuckerrübensaft gemachten Pudding mit Haferflocken und anderem mischte. Wir hatten es zwar gegessen, aber es schmeckte „furchtbar". Das Wetter war schlecht, wir konnten deshalb nicht ins Freie. Wir sprachen über die Kritik von André, mein Bild „Sehnsucht" betreffend. Er meinte das Portrait meiner Mutter, das in den Wolken erscheint, würde zu überirdisch wirken, was ja von mir beabsichtigt war. Sehnsucht nach der Heimat ist natürlich mit Sehnsucht nach der Mutter - oder bei Verheirateten nach der Frau - verbunden. Alle anderen haben eigentlich meine Gefühle, die ich mit diesem Bild ausdrücken wollte, verstanden.

Albert Neuendorf ist am Sonntag ins Fort gekommen, er soll mit den über fünfundvierzigjährigen entlassen werden.

Mittwoch, den 9. April 1947
M. Mirlin hatte im Magazin seinen Radioapparat dabei. Es war mal was ganz besonderes, Musik zu hören. Mirlin war ganz stolz, als er einen schweizer Sender reinbrachte und mich fragte: „Alors Hans, comprends tu?"
Wir waren mal wieder in Les Laumes. Die Landschaft hat sich nun schon ein schönes grünes Kleid angezogen. Es war ein Genuß, in der warmen Sonne zu sitzen und Felder und Wälder zu schauen, wie sie an uns vorbeiflitzten. In Les Laumes ging ich nach dem Esssen an einen Bach, um mein Kochgeschirr zu spülen. Ich war alleine - ohne Bewachung - über die Felder gegangen. Es blühten schon die ersten Blumen. Ich habe mich frei und glücklich und zugleich auch traurig gefühlt. Außerhalb des Lagers wird man mehr an die Unfreiheit erinnert als innerhalb des Stacheldrahtes. Als ich so am Bach saß, erinnerte ich mich an das Enztal, wo ich als freier Mensch des öfteren gemalt habe. Ich füllte mein Kochgeschirr mit Blumen, um einen Frühlingsboten mit ins Lager zu bringen.

Sonntag, den 13. April 1947
Ich konnte den ganzen Morgen lang in der Kappelle malen. Kein Mensch störte mich. Nachmittags, als die Sonne schon angenehm wärmte, legten wir uns an den schon gewohnten Platz hinter der Baracke. Diesen Ort, der eigentlich nur von uns besucht wird, haben wir schon richtig lieb gewonnen. Im Rücken die Baracke, vor uns der Stacheldraht, rechts steht der Wachturm, dann die große Mauer, alles einschließend. Der Blick sieht in der Ferne Hügel und den Himmel, immer wieder den Himmel. Das ist alles, was wir sehen können. Hier, so paradox es klingt, haben wir schon manche schöne Stunden verbracht.

Montag, den 14. April 1947
Wir fuhren nach Is sur Tille und nahmen einer jungen Frau Möbel mit. Dafür belohnte sie uns mit Wein, Brot und Käse. Es gibt immer mal wieder Menschen, die mit uns fühlen. Aber das ist leider sehr selten. Normal ist, wir sind zum schaffen da, und man braucht sich bei uns nicht bedanken. Den Nachmittag über habe ich wie ein Faulenzer gearbeitet.

Dienstag, den 15. April 1947
André hilft mir, ein Detektor-Radio zu bauen. Und es gelang. Nun kann ich in meiner Schlafecke ganz heimlich Musik hören. Wir haben heute bei der SNCF-Garage aushelfen müssen. Und nach Feierabend lange auf die „Blaisianer" gewartet. Eigentlich funktioniert bei den Franzosen nie etwas so richtig pünktlich.

Donnerstag, den 17. April 1947
Wieder im Magazin, sah ich André auf dem Dach des Bahnhofsgebäudes sitzen. Er mußte etwas warten. Da zog er ein Journal raus und las. Das sah komisch aus, ich mußte von Herzen lachen.
André nennen seine Mitarbeiter ja etwas spöttisch „Monsieur le Professeur", weil er alles so ernst, so gewissenhaft nimmt. Im Ganzen gleicht er mehr einem Deutschen als einem Franzosen, die alles nicht so ernst, alles etwas leichter, nehmen.

Während der Heimfahrt meinte M. Bidet: „A partir de demain tu restera au camp pour dessiner!" Ich war gespannt, was es zum Zeichnen geben wird.

Freitag, den 18. April 1947
Nun, ich blieb tatsächlich im Lager. Allerdings hatte Bidet noch gar keine Vorbereitungen getroffen. Mir konnte es egal sein, denn es war ganz ungewohnt ruhig. Weder Kartoffelschälen noch Wassertragen störte das Nichtstun. Ich machte es mir in der Bude des Frisörs bequem. Doch das Lagerleben verschont niemanden. Ich mußte doch zweimal Wasser tragen. Weil ich so entspannt auf die Dinge wartete, die da kommen sollten, betrachtete ich sogar diese Arbeit als Spaziergang. Ansonsten las ich in dem Buch „Züricher Novellen" von Gottfried Keller. „Das Fähnlein der sieben Aufrechten", „der Burgvogt" u.v.m.
An André schrieb ich einen Brief, in dem ich mich entschuldigte wegen des Wortwechsels, den wir vor zwei Tagen hatten. Wir debattierten über den Film: "La batallion du ciel", ein Thema, das wir sehr gegensätzlich verteidigten. Ich wurde etwas zu heftig, weil wir auf Erden kein Zuckerschlecken haben, und der Himmel weit weg ist.

Mittwoch, den 19. April 1947
Das Kommando Solong arbeitete nicht. Deshalb waren wir mal alle wieder zusammen. Nach alter Sitte haben wir uns im Freien gewaschen.

Freitag, den 21. April 1947
Endlich erfuhr ich, was ich tun soll. M. Bidet brachte die Zeichnung, die ich vor Weihnachten für ihn angefertigt habe. Mit diesem Motiv muß ich nun fünfzehn Menuekarten machen. Das Thema: „Gourmands et Gourmets se recontrent chez Constance". Allerdings fehlt zum Arbeiten noch das Papier. (Siehe Seite 56)

Samstag, den 22. April 1947
Das beschädigte Wandgemälde renoviert. Vor genau zwei Jahren hatte ich es gemalt. Es ist ein Motiv aus unserem Dorf. Das Rathaus mit dem Blick zur Kirche.

André antwortet auf meine Entschuldigung: Er hätte an meiner Stelle als Gefangener genauso reagiert.

Von Paul Borgmann, unserem Lagerleiter, habe ich einen Auftrag bekommen. obwohl er nicht gut auf mich zu sprechen ist. Ich soll für unsere Theatergruppe ein Plakat gestalten. Thema: „Großes Varieté - Es leuchten die Sterne".

Montag, den 24. April 1947
Den ganzen Tag gemalt. Bidet hatte nichts dagegen. Das Papier für die Menue-Karten fehlt immer noch. Mein Selbstbildnis fertig gemalt.
Der Postenchef meinte dazu - „egal Bismarck" - weil ich so ein ernstes Gesicht gemalt habe. Darüber haben wir alle gelacht. Das Bild, das ich für M. Mirlin malen muß, geht auch seinem Ende zu. Für den Dolmetscher ein neues Bild begonnen. Also, wie immer in der Freizeit, habe ich viel zum Malen, allerdings nicht für die SNCF.
Abends besuchten mich Horst, Franz und Gotthold. Auf einmal, alle drei, sonst kam tagelang niemand in meine Bude.

Mittwoch, den 26. April 1947
Wieder hatten wir Gelegenheit, uns im Freien zu waschen. Es gibt ja keine sonstigen Waschgelegenheiten, genausowenig, wie es Toiletten gibt.
Anschließend im Buch „Sinnensinnflut" gelesen. Ein Thema, über das man als Gefangener lieber nichts lesen sollte. Trotzdem einiges dabei gelernt. Klaus Morgenstern, unser Lehrer, der nun im Fort ist, ließ mir Grüße ausrichten.

Sonntag, den 27. April 1947
Wir lesen gemeinsam aus dem Buch „Aus dem Leben eines Taugenichts" von Eichendorff. So vergeht der Sonntag schnell, und wir träumen vom Taugenichts und seiner Art zu leben. Gotthold bekommt nun immer öfter Briefe von seiner Freundin Else. Er ist immer von den Briefen begeistert. Er erzählt uns viel von Else, die uns immer besser gefällt. Else ist geistreich und zugleich schreibt sie in fast mütterlichem Stil. Und was wichtig ist, Sie kann beides glänzend vereinen.

Freitag, den 28. April 1947
Den „Taugenichts" zu Ende gelesen:

"Schläft ein Lied in allen Dingen,
die da träumen fort und fort
und die Welt hebt an zu singen,
triffst du nur das Zauberwort"

Zum ersten Mal in Gefangenschaft Tischtennis gespielt. Lebe ich nicht ganz so, als ob ich in Ferien wäre?
Es geht mir gut. Es ist derzeit ruhig. Und trotzdem - oder deshalb - kommt das Heimweh immer stärker. Je besser es uns geht, je mehr zieht es uns nach Hause. Überhaupt

kommt mir alles komisch vor. Der Unterschied zwischen dem Leben im Lager von 1945 und heute ist für mich dermaßen groß, daß es nicht mehr erklärbar ist. Wenn ich betrachte, wie die anderen arbeiten müssen und dagegen meine Arbeit vergleiche, muß ich doch sehr zufrieden sein .Nachdem Gotthold von der Arbeit kam, haben wir uns hinter die Baracke gelegt und Französisch gelernt. Nicht sehr lange, denn es wurde langsam dunkel und alles in ein solch intensives Rot getaucht, daß wir alles vergassen und wir uns dem Schauspiel des Sonnenuntergangs widmeten. Ich war so in Gedanken versunken, war gar nicht mehr da, als Gotthold mich aus meinen Träumen schreckte.
„Er fragte, wo bist Du?"
Ich antwortete ihm: „Das wirst Du doch nicht verstehen!" Worauf er mir lange böse war. Ja, ich habe mich in manchem in ihm getäuscht, denn er war viel sensibler, empfand so viel tiefer als ich dachte. Da fiel mir der Satz ein: *„Der Mensch wird immer ein Rätsel sein, wenn du ihm dich nicht mit Liebe und Verstehen nahst."* Und auf französisch: „Il n'y a pas une plus grande joie, que de voir une ame, qui s'ouvre en face d'une autre".
Ja, Gotthold Krell war so eine empfindliche Seele, die sich in Freunschaft immer mehr öffnete und mich auch in seinen intimsten Gedanken teilhaben ließ.
Wir haben dann noch einen ausführlichen Bericht an Claus Morgenstern geschrieben, der uns nicht nur beim Lernen der französischen Sprache ein Lehrmeister war. Er war ein Freund, ein Mensch, der immer wußte, von was er redete und der uns oft unseren miesen Alltag vergoldete.

Ich hätte nicht so ein Urteil, wie unser Frisör und Sanitäter, der aus dem Schwarzwald kam, über Eichendorffs „Taugenichts" gefällt. Der Sanitäter meinte in schönster Mundart „S'isch schee, awer doch en Kitsch".

Szenenwechsel. „Die Hamburgische Dramaturgie" von Lessing ist jetzt der Gegenstand meiner Aufmerksamkeit. Hier hörte ich zum ersten Mal vom französischen Theater, von einer „unité de temps et unité de bien". Lessing bringt sehr viel Neues, aber seine Gedanken sind so wenig nachvollziehbar, daß ich mich bald wieder anderen Interessen zugewendet habe.

So ist dann das leichtere Leben: Wenn der Chef, M. Bidet, nicht da ist, spielen wir Tischtennis. Der erste Schreiber ist ganz verrückt danach, sobald der Alte raus ist, ertönt schon der Ruf „Schöner viens voir."

Mittwoch, den 30. April 1947

Das Wetter ist schön, die Bäume stehen schon in voller Blüte. Durchs Fenster sehe ich zwar nur ein bißchen Grün, das Weiß-gelbe der hohen Mauer und den strahlend blauen Himmel. Wer kann bei einem solch schönen Wetter noch stillsitzen? Die Sehnsucht nach Freiheit packt mich...es sind oft nur Kleinigkeiten, die schuld sind, daß ich in tiefe Depression verfalle.
Abends erhalte ich durch Außenkommandos einen Brief von André. Er schreibt: J'ai passé quelques jours à la campagne". Er schildert seine Eindrücke von der ländlichen Gegend. Er bedauert, daß ich nicht frei sein kann, um mit ihm das zu erleben. Gleichzeitig vertröstet André mich auf den kommenden Frühling, den ich dann ganz bestimmt wieder im Schwarzwald verbringen würde. Ein Satz, der den Künstler in mir erfreut. André meint: „Un veritable enchantement de couleurs à la campagne" würde seine Sinne betören. Und die Realität bedeutet für uns, für kurze Zeit glücklich zu sein. Fünf Päckchen, einen Brief von meiner Mutter und einen Brief von meinem Freund Roland, habe ich bekommen.

Donnerstag, den 1. Mai 1947

Es wird langsam schöner und wärmer. Man merkt, daß der Frühling sich behauptet. Die letzten zwei Wochen waren für mich, als ob ich Ferien gehabt hätte. Aber nur im Vergleich zu den anderen PG's.
Ich mußte fast nichts arbeiten. Ich konnte also malen, zeichnen, lesen, wie und wann ich wollte. M. Bidet sagt zu allem ja. Und das ist ja die Hautpsache. Von André erhalte ich wertvolle Briefe. M. Mirlin, mein Chef vom Magazin, hat mich wieder angefordert.
Mit Gotthold und Franz verbindet mich eine tiefe Freundschaft. Eigentlich könnte ich mich wohlfühlen, wenn man wüßte, wie lange wir noch hier sein müssen. Zum ersten Mal ertönte im Lager ein Radio: Musik und Nachrichten aus Deutschland. Wie fremd und doch vertraut das alles klingt.

Freitag, den 2. Mai 1947

Ich bin immer noch im Lager. Ich habe heute die Zeichnungen für den Chef beendet und morgen kann ich ohne Arbeit im Lager bleiben. So etwas gab es noch nie. Ab Montag muß ich wieder zu SES. Dort hoffe ich, dann wieder André zu sehen.

Samstag, den 3. Mai 1947

Mit M. Bidet eine lange und interessante Unterhaltung gehabt. Er ist mit meiner Arbeit sehr zufrieden, betonte er. Und er könne das beurteilen, weil er auch schon Menuekarten gezeichnet habe. Er war im Beruf technischer Zeichner gewesen. Es war gewissermaßen eine Auszeichnung, daß er, der Chef, sich so mit mir unterhalten hat. Wir machen alles, um nicht im Einerlei der Tagesarbeit unterzugehen. Immer - nach dem Abendessen - verschwinden wir hinter die Baracke. Zwischen Mauer und Barakkenwand ist immer ein stilles Plätzchen. Wir wurden da kaum gestört, denn außer unserer Gruppe des Jahrgangs „Sechsundzwanzig" verirrt sich sonst niemand hierher, um zu lernen. Wir machen französische Übungen. Einer muß vorlesen und übersetzen. Wir arbeiten an der deutschen Grammatik ebenso wie an der französischen. Gotthold, macht sich da als neuer Lehrer unentbehrlich. Nur so kann man die Langeweile im Lager überwinden, an der die meisten, die nichts tun, leiden.

Montag, den 5. Mai 1947
Ich bin wieder im Magazin. Die schöne Zeit der Malferien ist vorbei. M. Mirlin habe ich das für ihn gemalte Bild gebracht. André konnte nur kurz da sein, weil der Dicke, M. Jurzagnay, uns immer stört.

Dienstag, den 6. Mai 1947
Der dritte Geburtstag in Gefangenschaft. Daß ich als Gefangener meine Volljährigkeit begehen würde, hätte ich mir nie vorstellen können. Nun, es wurde ein außergewöhnlich schöner Tag. Ich will versuchen, ihn zu beschreiben, um gegen das Vergessen etwas zu tun. Das Tagebuchschreiben ist auch eine bleibende Erinnerung an wirklich gute Kameraden. Als ich aufwachte, sah ich zuerst nichts als Blumen, Blumen und nochmals Blumen. Durch das Lachen meiner Kameraden wurde ich schnell munter. Sicher habe ich einen komischen Eindruck gemacht, als ich so um mich herum nur Blumen sah. Am Bettende stand Walter Wolf, der Berliner, eine treue Seele, mit einem großen, weißen Fliederstrauß, und wünschte mir als erster alles Gute zu meinem 21.Geburtstag.

Es folgten alle, die mit mir in dieser Bude lagen. Nur zwei Mann schlossen sich den Gratulanten nicht an.

Gerade war ich mit waschen und anziehen fertig, als ich drüben aus der 4. Baracke einen feierlichen Zug kommen sah. Allen voran Gotthold mit ebenfalls einem großen Fliederstrauß, es folgten Franz und Horst. Bei uns angekommen, baten sie mich, ich möge rauskommen. Es war mir so recht wunderlich zumute, als ich die drei Lieben da in der Morgensonne stehen sah. Sie gaben auch ein recht hüsches Bild ab mit ihren Blumensträußen.

Gotthold war ganz gerührt, er hielt mir eine kleine Rede. Ich erinnere mich nicht mehr an seine Worte, aber er wählte sie gut. Er brachte mir wieder mal ins Bewußtsein, welch gute Feunde ich besitze. Er gab mir den Strauß, wünschte mir alles Glück und baldige Freiheit. Franz hatte mir ein Gedicht von Eichendorff „Freundschaft" geschenkt, mit dem er sich viel Mühe gemacht hatte, es fein säuberlich in der Kunstschrift Fraktura zu schreiben. Horst brachte mir Metallecken für meinen selber gebauten Holzkoffer, die ich mir schon lange gewünscht hatte. Ich muß sagen, ich war dermaßen erfreut über meine Freunde, die mir so außergewöhnlich gratulierten.

Bald mußten wir raus zur Arbeit. Ich freute mich jedoch den ganzen Tag über diese so wohlgelungene Überraschung. Vor allem das Blaysi-Kommando war stolz darauf, daß sie die Blumen ins Lager geschmuggelt hatten, ohne daß ich davon etwas merkte. Ich ware eigentlich gerührt, weil ich meinen Kumpeln so etwas nicht zugetraut hatte.

Im Magazin kam der Dicke, und ich mußte sein Motorrad putzen. Das verlangte er zum ersten Mal von mir. Es war mir ein Zeichen, daß ich mich nicht zu wohl fühlen sollte. Es erinnerte mich sinngemäß an die Worte von Goethe: *„Doch berührst du mit dem Scheitel die Sterne, dann haften die Sohlen nirgends mehr, und mit dir spielen Wolken und Winde."*

M. Mirlin dagegen gab mir Wein zu trinken. Doch hatte ich den ganzen Tag eine mißmutige Stimmung, auch, weil André nicht da sein konnte. Nur wenn ich an meine Freunde und die schöne Überraschung vom Vormittag dachte, kehrte wieder Friede und Freude bei mir ein.

Im Lager, gab's dann eine andere Überraschung. Alle sprachen davon, Zivilarbeiter zu werden. Ein Thema, das immer wieder auftauchte. Ich wollte das nicht werden. Ich war Kriegsgefangener und wollte nicht für die Franzosen auch noch freiwillig arbeiten.
Bald kamen Franz und Gotthold, die mich zu einem Ständchen einluden. In „meiner" Kapelle, wo wir schon so manche schöne Stunden verbrachten, war es schön ruhig. Das noch einfallende abendliche Licht hob die Gestalt des Erlösers vom Dunkel des Hintergrundes hervor. Das ergab eine feierliche Stimmung. Gotthold und ich nahmen Platz. Franz und Kurt Borofski fingen an, auf ihren Geigen zu spielen. Leise schwangen die Töne vom „Großmütterchen" im Raum. Mit vielen weiteren Melodien unterhielten uns die beiden. So ging's bis zum Zapfenstreich. Glücklich gingen wir auseinander. Während ich nun diese Zeilen niederschreibe, steht um mich herum ein Strauß neben dem anderen. Ein Blütenmeer im Mai. Geschenke von Freunden, die mehr bedeuten, als ein Festmahl, das wir natürlich nicht hatten. Mit den schönen Erinnerungen an den Tag meiner Volljährigkeit bin ich dann eingeschlafen.

Samstag, den 7. Mai 1947
Ich habe mal wieder Paulette gesehen. Paulette ist die Enkelin meines Chefs im Magazin. Sie besuchte ihren „Grandpère". Ich muß es schon sagen, sie gefällt mir

Franz, Horst und ich an meinem 21. Geburtstag.

schon sehr gut. Schon, als ich sie zum ersten Mal im Magazin sah, ging die Sonne im sonst tristen Alltag auf. Sie ist siebzehn Jahre jung, evangelisch, sieht gut aus und ist, trotz ihrer Schüchternheit, sehr freundlich zu mir. Nie so von oben herablassend, wie es die Büroangestellte bei Estiot gegenüber uns Gefangenen war.
Am Nachmittag, Paulette war schon wieder weg, begegnete ich auf dem Bahnhofsplatz zwei deutschen Frauen. Das heißt, ich wußte natürlich nicht, daß es Deutsche waren. Sie waren von PG's umringt, wurden als was ganz Besonderes bestaunt. Sie sahen ja auch ganz gut aus, und sie sprachen deutsch. Das Ganze spielte sich mitten im größten Verkehr des Bahnhofsplatzes ab.

Die Franzosen staunten ... auch für mich war es nur ein kurzer schöner Spuk. .. Frauen, freundlich, schön und deutsch, das gibt's ja nicht.

Am nächsten Tag war Paulette wieder im Magazin. Sie war freundlich aber zurückhaltend. Sie gefällt mir immer besser, was auch kein Wunder ist, wenn man keinerlei Berührungspunkte zu jungen Mädchen hat.
Ich nahm mir ein Herz und fragte M. Mirlin, ob ich nicht seiner Enkelin schreiben dürfte. Ich möchte gerne meine Französischkenntnisse erweitern u.a.m. Er stimmte meinen Wünschen ohne Weiteres zu. Ich war ganz beglückt. Morgen werde ich den ersten Brief wagen und man wird sehen, was draus wird? N'est ce pas?

„Frisch gewagt ist halb gewonnen", und ich öffnete mein Herz, indem ich Paulette schrieb. In meinem besten Französisch, versteht sich...
„Sie werden sicher sehr erstaunt sein, von mir einen Brief zu erhalten" und so weiter...
Also, ich war gespannt, wie es weitergeht, das heißt, wie sie reagieren, ja wie sie antworten würde.
Ich hatte nicht nur mit M. Mirlin, sondern auch mit seiner Frau über Paulette gesprochen. Beide machten mich ganz verrückt...
„Paulette habe den Brief erhalten und sei ganz content"! Sie würde mir umgehend schreiben. Madame Mirlin meinte noch: „Ich bedauere sehr, daß Sie nicht in Feiheit sind, denn sonst könnten Sie mit Paulette spazierengehen!"

Sonntag, den 11. Mai 1947
Mit Gotthold spielte ich Tischtennis. Er spielt noch sehr langsam, gibt sich aber große Mühe. Er erzählte mir von seiner Freundin Else, die immer so schöne Briefe schreibt. Ich berichtete von meinem Glück mit Paulette, die mir niedliche Briefe zukommen ließ. Es war Mai, wir waren einundzwanzig Jahre jung und sehnten uns nach Liebe, nach ein bißchen Freundlichkeit, nach Wärme und Verständnis für unser bitteres Los.
Die Sonntage - also die wenig freie Zeit- vergehen immer im gleichen Trott. Waschen, nähen. Wenn entsprechende Lebensmittel vorhanden waren, dann konnten wir uns im Freien, auf offenen Feuerstellen, zusätzlich was kochen. Über unsere schwere, tagtägliche Arbeit, über das, wie man uns schikanierte, redeten wir eigentlich nie.

Dadurch, daß wir uns ständig weiterbildeten, daß wir immer was taten, lenkten wir uns vom Tageseinerlei ab. Abends machten wir uns über das Partizip passé her. Und das ist eine heikle Angelegenheit.

Ich sprach einmal mit André darüber. Selbst er fand eine Stelle, wo er sich nicht sicher war. Überhaupt war es erstaunlich, wenn wir oft mit Arbeitern französische Grammatik besprochen haben, diese sich dann oft am Kopf kratzten, und sich mit einer entsprechenden

Antwort schwertaten. Da hörten wir oft: „Comme ci or comme ça?" Sie waren oft unsicherer als wir. Also da waren wir wieder zufrieden, aber wir waren dadurch nicht klüger geworden.

Montag, den 12. Mai 1947
Die Spannung in Erwartung des ersten Briefes von Paulette. Die Alten waren noch verrückter als ich. Sie schrieb sehr frei, daß Sie sehr stolz und zufrieden sei, daß ich ihr schreiben würde. Sie sehe keine Unterschied zwischen uns Deutschen und den Franzosen.
Sie meinte unter anderem „je vous trouve très sympatique".
Nun, für den Anfang finde ich das gar nicht schlecht.

Mittwoch, den 14. Mai 1947
Endlich habe ich mal wieder André getroffen. Er ließ sich mit uns über die Mittagszeit einsperren, um Zeit zu haben, mit mir zu diskutieren. Es waren Augenblicke des Glücks. Wir lasen uns gegenseitig deutsche und französische Klassiker vor. Sprachen darüber, tauschten Meinungen aus und steigerten so unsere gegenseitigen Sprachkenntnisse.
Am Nachmittag wartete ich die ganze Zeit auf Paulette. Endlich, kurz vor fünf Uhr, kam sie. Sie wollte nicht hereinkommen, sie hatte Hemmungen, sie schämte sich. Ich mußte sie ins Magazin reinholen. Leider konnten wir nicht viel miteinander sprechen, aber alleine schon der Händedruck war ein beglückendes Erlebnis. Oh, es war toll...
Aber ich fand noch eine Gelegenheit, uns näher zu kommen. Beim Einpacken von Material brauchte ich eine Hilfe. Ich bat sie, mir zu helfen. Sie tat es, wir kamen uns zum ersten Mal sehr nahe. Ich vergesse nicht, wie sie sich bewegte, sich bückte. Etwas ganz Neues für mich, ich roch ihre Nähe, es war amtemberaubend. Und nichts blieb als die Erinnerung, daß es so etwas noch gibt. Sie ist so reizend, so schüchtern zu mir. Im Brief, in ihren Texten, ist sie so viel freier. Ich hoffe, daß es noch besser wird. Aber auf was kann ich hoffen in einer Atmposphäre des Eingesperrtseins!

Donnerstag, den 15. Mai 1947, Himmelfahrt
Gotthold Krell wird 21. Ganz früh brachte ich ihm einen Blumenstrauß und das Portrait. Es war eine Rötelzeichnung, die ich von ihm gezeichnet habe. Es war herrliches schönes Wetter und wir verbrachten einen sehr schönen gemeinsamen freien Tag.
Wir erzählen uns, wie es wohl wäre, wenn wir unseren 21. Geburtstag zu Hause feiern könnten. So in entsprechenden Vorstellungen und Erinnerungen schwelgend, verging die Zeit schnell. Wir kamen auf die tolle Idee, an die Universität von Dijon zu schreiben, um mit Studenten,

*Gotthold Krell 21. Geburtstag *15.5.1926 - † 20.8.1947.*

mit gleichaltrigen Franzosen, eventuell auch mit Mädchen, Kontakt aufzunehmen. André unterstützte uns in diesen Gedanken und es sollte sogar zustande kommen.
Wieder im Magazin, war es mir den ganzen Tag lang so langweilig. Ich hatte wenig zu tun. Niemand forderte Material an. Ich schaute dem lebhaften Bahnhofsbetrieb zu. Alles ekelte mich an. Als ich Paulette noch nicht kannte, war ich mit meinem Los mehr zufrieden als jetzt. Ich las oder schrieb, ich war immer beschäftigt, aber jetzt kreist mein Gedanke um Paulette. Ich denke daran, was sein könnte. Ich hoffe auf Dinge, die so nicht sein können, nicht sein dürfen.
Wenn ich das Treiben auf dem Bahnhof sehe, die Menschen immer zwei und zwei gepaart, da könnte ich oft wahnsinnig werden. Aber es muß ja alles vorbeigehen.
Die Sinnlichkeit wurde drängender. Gotthold und ich tauschten unser Gedanken darüber aus. Er sprach von Else, ich von Paulette.
Immer öfter reden wir im Vertrauen zueinander, das Los des Gefangenseins durch eine Flucht zu beenden. Immer

wieder gelingt es Kumpels zu flüchten. Wir hören aber nicht, ob die Flucht gelang? Nur, wenn wieder welche eingefangen wurden, hört man, wie man sie bestraft. Ja, eigentlich wird das ganze Lager durch Essensentzug bestraft. Es ist unmenschlich, damit alle zu bestrafen, weil wir ja schon so wenig zu essen haben. Und es gelingt den Franzosen, damit die Deutschen gegeneinander aufzubringen. Man muß gegen jedermann vorsichtig sein. Haben wir nicht das Recht, unsere Freiheit zu erlangen?

Sonntag, den 18. Mai 1947

Franz, Gotthold und ich setzten die Idee, Kontakt mit der Universität aufzunehmen, in die Tat um. Es war ein tolles, gelungenes, gemeinsam konzipiertes Schreiben. Wir schafften einen tadellosen Brief - hatten zwar Bedenken, daß wir manche Phrase übertrieben haben, aber wir waren zufrieden, überhaupt etwas gewagt zu haben. Nun, wir werden sehn, wie man reagiert. Eigentlich müßten die etwas mehr gebildeten Franzosen auch wissen, daß es unter den Deutschen auch normale Menschen gibt, die keine Täter sondern Opfer sind.
Paulette ist für drei Wochen in Ferien. Ich empfinde, daß ich nun noch mehr alleine bin als vorher. Ein Glück, daß es André gibt. Er wird nun aber nach Paris gehen, um dort zu studieren. Er wird mir als Freund, als unendlich verständlicher Mensch, fehlen. Uns wird er nun nicht mehr die Korrekturen bei unseren Französisch-Aufgaben machen können. Wie hieß es doch bei Margots Gedicht *„vielleicht begegnen wir uns alle nur um aneinander reicher und reifer zu werden. Das Abschiednehmen gehört dann zum Glück des Beisammenseins, es ist ein Teil davon"*.
In einer unserer letzten Unterhaltungen erzählte mir André von deux instincts. „Instinct de mort et de sexuelle". Ahnten wir damals schon, daß sowohl der Instinkt des Todes, wie auch der Instinkt des Sexuellen uns immer mehr in eine ungewisse Zukunft treiben wird? Vom Tode waren wir schon immer umgeben. Im Krieg genauso wie in der Gefangenschaft. Auch hier starben noch lange nach Kriegsende viele Menschen an Unterernährung. Der Tod wurde eigentlich unser ständiger Begleiter.
Und in dem Maße aber, wie die Ernährung besser wurde, nahm auch das Bewußtsein für sexuelle Wünsche zu. Viele verkrafteten auch dieses Wünschen nicht.
Ich konnte ausnahmsweise mit dem Wagen des Kommandos Colonges nach Chenôve zurückfahren. Gotthold war im Lager, er ist krank.

Mittwoch, den 21. Mai 1947

Paul Borgmann, der Dicke, ehemaliger Spieß, unser heutiger Lagerleiter sprach: „Man hat sich beschwert, daß Du für die Franzosen malst. Der Malkasten gehört dem Lager und nicht Dir." Er wollte zwar diese ungeheuere Feststellung beschönigen, aber ich sollte den Kasten mit allen Malsachen abgeben, was ich aber nicht machen werde. Es ist eine unglaubliche Sauerei. Ich hatte durch meine Malerei keinerlei Vorteile. Abgesehen davon, daß ich mal für ein Porträt ein Stück Brot bekam. Alles, sowohl die Kapelle, die Baracken, die ich ausgemalt habe, auch schon zu einer Zeit, als ich keine Farben von der YMCA hatte, habe ich für alle gemalt. Ich dachte, ich hätte damit einen Beitrag geleistet für etwas mehr Menschlichkeit im Lager.

Die Marienbilder, die Dekorationen fürs Lagertheater, für wen war das wohl? Die YMCA kam doch auf mich nur deshalb, weil unser französischer Lagerleiter, M. Bidet, jeden Sonntag jede Menge Leute in die Kapellen führte. Und er mich präsentierte wie etwas Besonderes, das auch ihn aufwertet. Wer steckt nun hinter solchen Aussagen? Der Neid, ich weiß es nicht! So eine Schweinerei!

Das war für lange Zeit meine letzte Tagebucheintragung. Warum?

Mittwoch, den 22. Oktober 1947

im Hauptlager Fort d'Hauteville
153 Tage lange habe ich keine Eintragungen in mein Tagebuch gemacht. Seit Mitte August bin ich im Hauptlager. Langsam wurde ich ruhiger. Das Erlebte wird bewältigt. Der Alltag hat mich wieder voll im Griff. Ich kann beginnen, alles aufzuarbeiten, was in diesen zweiundzwanzig Wochen geschehen ist.
Als ich im Wonnemonat Mai dieses Jahres im Magazin, im Hauptbahnhof in Dijon, mit André über den „Instinct de mort" und den „Instinct sexuelle" diskutierte, konnten wir nicht ahnen, daß der Tod so schnell seine grausame Rolle spielen würde. Und natürlich auch, daß das Sexuelle, Triebhafte im Menschen, dabei ebenfalls eine wichtige Rolle spielte.
Nur drei Monate später nach diesem Gespräch war unser Freund Gotthold Krell tot. Er wurde am 22. August 1947 grausam und so sinnlos ermordet.
Mich und einige andere brachte man ohne jede Begründung ins Fort. Wir wurden eingesperrt. Kaum war ich aus dem Gefängnis heraus, wurde ich „employé", also Angestellter der Lagerverwaltung, und sitze als solcher im „Bureau des effectives".
Hier habe ich Zeit, über alles nachzudenken, nachzugrübeln, mir Klarheit zu verschaffen, warum alles so kam, wie es gekommen ist?
Warum, fragte ich mich ständig, mußte das so kommen?

Das „Warum" wird noch lange mein Tun beherrschen. Vielleicht wird dieses „Warum" zur Frage, warum sich alles änderte.

On verra! Denn das „Warum" zeichnete sich schon in Briefen ab, die so zu deuten waren, als ob sie das Unglück als Prädestination haben ahnen lassen.

Rückblick

Sonntag, den 18.Mai 1947

Gotthold, Franz und ich strengten uns an, den Brief an die Universität in Dijon in unserem besten Französisch zu schreiben:
Sicher werden Sie sehr erstaunt sein, einen Brief von drei jungen deutschen Studierenden zu erhalten, die hier, vor den Toren der Universitätsstadt Dijon, in Kriegsgefangenschaft leben.
Wir wünschen uns, mit jungen Franzosen oder Französinnen in einen regen Briefkontakt zu kommen.

Wir sind seit 1944 im Lager Clos Charpentier der SNCF. Niemals hatten wir die Gelegenheit, durch die Arbeiterklasse verstanden zu werden. Nun hoffen wir, daß durch den gewünschten Gedankenaustausch ein besseres Verständnis entstehen könnte. Wir wissen, und wir sind so ehrlich es zuzugeben, daß unter uns, während des schrecklichen Krieges, viele Fehler gemacht worden sind.
Ist es aber nicht eine der vornehmsten Aufgaben der Jugend aller Nationen, an dem Wiederaufbau Europas teilzunehmen? Deshalb möchten wir ein nützliches Mitglied, ein Befürworter für die Einheit der Völker sein. Der national gepflegte Haß sollte vergessen sein. Goethe sagte darum einmal: ‚Wer versteht, der haßt nicht'.
Wir möchten dazu beitragen, das Verständnis zwischen so bedeutenden Nationen wie Frankreich und Deutschland zu verbessern.
Wir bitten Sie deshalb, die Freundlichkeit zu haben, uns zu antworten, uns Adressen von jungen Studenten mitzuteilen, die bereit sind und Interesse haben, sich mit uns auseinanderzusetzen.

Dijon, den 27. Mai 1947

Die Antwort der Universität Dijon, Faculte des lettres, lautete: *Ich habe Ihren Brief erhalten. Ich habe mit meinen Studenten gesprochen. Es haben sich zwei Studenten gefunden, die es akzeptieren, Ihnen zu antworten. Es sind - es folgten zwei Adressen. Ich denke, daß diese Ihnen schreiben werden, und, daß ich auch noch einen Dritten finden werde, der sich dem Vorhaben anschließt. Es scheint mir, daß durch eine solche Korrespondenz entsprechende Resultate erzielt werden können. Sie sollten Ihren Briefpartnern natürlich sagen, ob es Regeln gibt. die beachtet werden müssen beim Schreiben mit* Kriegsgefangenen. *Glauben Sie bitte an meine besten Gefühle.* *H. Bianquis, Professeurin*

Gotthold Krell kam ins Hospital, um dort operiert zu werden.
Er schrieb uns am Freitag,den 20. Juni 1947:
Lieber Hans und Franz, Ihr werdet staunen: Trotz des mir stets anhängenden Pessimismus habe ich mich hier sehr gut eingelebt. Die ganze Umgebung, sei es Mensch oder Natur, war nur neu. Und dieser Umstand ließ mich die alte Atmosphäre vom Lager vergessen. Doch der Schein trügt. Nun ist mir schon alles bekannt; es gibt nichts Neues mehr, ausgenommen die Parolen natürlich, die hier stärker umherschwirren als bei Euch. Etwas fehlt mir! Ich meine weder das Essen, das hier keinen Grund zur Klage bietet, noch die Behandlung. Die Antwort liegt sehr nahe und dürfte nicht schwer zu erraten sein. Ich vermisse Eure Nähe!
Das ist keine abgedroschene Phrase; glaubt mir, es ist die bittere Wahrheit! Ich lese in allen greifbaren Büchern, versuche mich über diesen Schmerz hinwegzusetzen, doch alles bleibt beim kläglichen Versuch haften.

Am Dienstag, den 17. Juni, um 11 Uhr, wurde ich operiert. Mit den seltensten Gefühlen bestieg ich den Operationstisch und fiel der Wirkung der Narkose zum Opfer. Um drei Stunden gealtert, erwachte ich in einem Bett, um dessen Komfort Ihr mich beneiden würdet, wenn Ihr ihn nur kennenlernen könntet.
Nun muß ich eifrig das Bett hüten, das natürlich jetzt ein anderes geworden ist, doch immerhin etwas weicher als Eure Ruhestatt im Stroh. Ich kann sogar schon etwa aufstehen. Neben den Schmerzen, die sich nachts oft heftig einstellen, fühle ich mich sehr wohl. Was aus mir wird, weiß ich noch nicht. Es sind zwei Komponenten in mir wirksam: Einmal die Beziehungen zu Euch, und zweitens hoffe ich, daß die Fortuna mir gnädig ist.

Sonntag, den 22. Juni 1947

Ja, Gotthold, ich kann mit Dir fühlen, denn schon lange hat in mir wie auch in Dir der Gedanke gelebt, vom Lager wegzukommen. Wirklichkeit ist, nur einer von uns ist weg, aber wir sind nicht zusammen. Glaube mir, ich fühle genau so wie Du das Fehlen des anderen. Ich will nicht klagen. Das Leben geht auch so im ewigen Trott weiter, aber es fehlt mir die abendliche Entspannung, wenn wir gemeinsam französische Literatur gelesen haben.
„Britanicus" von Racine haben wir aufgegeben. Es ist sehr schwer zu lesen. Es strengt unheimlich an, hinter den Sinn der Aussagen zu kommen. Und immer unterbrochen durchs Suchen der Wörter im Wörterbuch, wird das Erfassen des Inhalts nicht leichter. So haben wir uns entschieden, in „Lettres de mon moulin" von Alphons Daudet zu lesen. Es ist leichter zu begreifen, es macht mehr Spaß. Der Autor spricht uns mit seiner klaren Sprache an.

Einige Abende gehen so mit dem Lesen und Übersetzen mit Franzl rum. Die restliche Zeit bin ich alleine und mir bleibt nichts anderes, als an Dich zu denken.
Gestern nachmittag habe ich wieder lange mit meinem kleinen französischen Freund gesprochen. Ich bin immer wieder erstaunt, mit welchem Ernst dieser erst zehn Jahre alte Knabe das Leben betrachtet. Wir sprachen über die Schule. Sie scheint nicht schlecht zu sein. Wir redeten über Geographie, und da er schon soviel zu wissen scheint, fragte ich ihn, welches der größte Strom Europas sei? „C'est la Seine", antwortete er, ohne zu zögern. Na, meinte ich, das sei der größte Fluß Frankreichs, aber nicht von Europa. „Si, si, antwortete der Knabe, „La France est L'Europa!"

So einfach könnte das Leben für uns alle sein, wenn dieser nette Junge recht hätte, und wir alle in diesem Europa vereint wären.
Übrigens, er brachte mir zwei Bücher. Das eine „Grammaire de la 8iem Classe" und das zweite: „Exercises de la meme classe".
Nun, die achte Klasse ist bei uns die vierte, denn hier geht's von der zwölften zur zweiten Klasse und nicht umgekehrt, wie bei uns. Komisch? Komisch ist, daß der Junge mit mir spricht, wie mit einem Menschen. Wie sich dagegen die Alten verhalten, das wissen und bedauern wir. Nun, Gotthold, die Bücher haben leicht lesbaren Stoff. Die Fabeln von La Fontaine, Gedichte, Geschichten, auch den „Robinson", findet man darin.
Was soll ich Dir noch schreiben? So lange sind wir ja noch gar nicht getrennt. Ich hoffe, Dich bald wiederzusehen.

Hospital, am 28. Juni 1947
„Es geht mir gut", schreibt Gotthold. „Französisch lernen kann man in dieser Umgebung nicht. Also ist man zum Nichtstun verurteilt. Das scheint normal zu sein, denn ein sehr bekannter Philosoph meinte dazu: Der Mensch sei faul seit seiner Geburt! Also pflegen wir das Faulenzen.

Wann ich zurückkomme oder überhaupt, das weiß ich nicht. Wenn ich nicht zurückkomme, sei nicht traurig. Denke an das Ende des Buches ‚Ursula'. ‚Vielleicht treffen wir uns alle nur, um aneinander reifer und reicher zu werden. Das Abschied nehmen ist dann ein Teil des Glücks des Beisammenseins' ... weißt Du noch...
Mein lieber Hans, ich bin glücklich, Dein Freund zu sein und hoffe, das noch lange sein zu können.

Samstag, den 5. Juli 1947
Lieber Gotthold, es ist schon spät, alle liegen im Stroh. Das sind die Stunden, wo meine Seele wandern geht. Sie fliegt zu Dir, der nun für mich, für uns verloren ist. Liegt nicht etwas Tragisches darin, das Gute erst dann zu erkennen, wenn es schon verloren ist?

Bist Du denn aber verloren?
Jemanden, den man ganz verstanden hat, kann man nicht verlieren, und daran will ich glauben.
Als ich Deinen Brief gelesen habe, fiel mir der Name von Else Albrecht auf. Der Name Deiner Brieffreundin, die Dich all die Zeit so wunderbar begleitet hat. Sie hat es verstanden, für Dich - und damit auch uns - wegen der grausamen Gefangenschaft, immer die passenden Worte zu finden, um Dich zu trösten. Wir alle haben Dich wegen dieser Briefe beneidet und Else, unbekannterweise bewundert.
Nun Gotthold, ehrlich gesagt, haut es bei uns nicht mehr hin. Seit Du weg bist, haben wir nichts mehr Gescheites gemacht. Ich bin so richtig auf dem Egalzustand angelangt. Das heißt, daß mir alles egal ist.

Nur das Träumen ist mir noch geblieben, und da denke ich oft, wie schön es wäre, wenn ich jetzte bei Dir sein könnte. Es ist lächerlich, aber doch wahr, ich habe Sehnsucht nach Dir und den Stunden hinter der Baracke, wo wir uns aus der realen, schlimmen Welt in eine Traumwelt flüchteten. Dabei fällt mir ein Gedicht von Eichendorff ein:

> *Es scheinen so golden die Sterne,*
> *am Fenster ich einsam stand*
> *und hörte aus weiter Ferne*
> *ein Posthorn im stillen Land.*
> *Das Herz mir im Leibe entbrannte*
> *da hab ich mir heimlich gedacht:*
> *Ach, wer da mitreisen könnte*
> *in der prächtigen Sommernacht.*

Diese Zeilen drücken natürlich viel besser meine Gedanken aus als mein Gekritzel.
Ja, wer da so mitreisen könnte... wenn man seinen Gedanken, die wegflogen, folgen könnte? Gotthold, da könnte wir oft zusammensein! Glaubst du nicht, daß es geht? Ja, es geht...

Es ist noch gar nicht lange her seit unserer Trennung. Und alles ist schon in den Bereich des Erinnerns getrieben. Und man sagt ja, in der Erinnerung soll alles noch schöner sein. Ja, so wird es wohl sein.
„Wie eine halbverklungene Sage, kommt erste Lieb und Freundschaft mit herauf". So geht es heute schon, wie wird es in Monaten sein?
Soll es uns gehen, wie all den anderen? „Aus dem Auge, aus dem Sinn!?" Nein, nein, Du hast mir so viel gegeben,

daß wir uns nicht mehr verlieren können. Ja, lieber Gotthold, nun ist es aber genug, es ist spät, die Augen fallen mir zu.

Sonntag, den 6. Juli 1947

Wie sind die Gedanken gleich klarer. So klar und heiter wie ein schöner Morgen. Am Abend neige ich zum Sinnieren, er macht mich melancholisch. Ich habe nochmals Deinen Brief gelesen. Es ist unser Schicksal, das Schicksal der Gefangenen, machtlos den Dingen, die da kommen werden, ausgeliefert zu sein. Wir werden mehr fremdbestimmt, als daß wir selbstbestimmend eingreifen können. Ja, Du hast recht. Auch ich denke an die schöne, aber traurige Geschichte von „Ursula". Ob es bei uns auch so werden wird?

Jetzt können wir uns noch schreiben. Unsere Briefträger funktionieren noch. Wenn Du aber erst vom Hospital weg kommst, was wird dann? Ich wünsche Dir, daß Du in ein gutes Kommando kommst, wo es Dir besser geht als hier bei uns.

Alles strebt einem Ende zu. Gestern habe ich gehört, daß André noch in diesem Monat „surveillant" wird und nach Paris kommt. Das ist ein großer Schlag für uns alle. Ich kann es mir gar nicht vorstellen, ohne seine ausgleichende, gelegentliche Gegenwart zu sein. Er hat die Liebe, die Güte, die Großzügigkeit der Franzosen repräsentiert. Wer wird unsere Schulaufgaben korrigieren? Ich fürchte, daß dann, wenn nun auch er nicht mehr da ist, unser Unterricht entgültig zu Ende ist.

Mittwoch, den 9. Juli 1947

„Ein Gott ist der Mensch, wenn er träumt - ein Bettler, wenn er nachdenkt." Lieber Hans, Dein Brief hat mich zutiefst ergriffen. Laß uns die Erinnerung ein Paradies der träumenden Gedanken sein. Laß sie selig in Arkadien wandeln unter Lorbeer und Ölbaum, doch sei wachsam in der Gegenwart; denn jetzt soll sich das zeigen und erproben, was wir uns sind. Ich vergleiche unsere Freundschaft zu gerne mit einem unzerreißbaren Gummi: Je länger er sich dehnt, desto größer ist die Kohäsion. Wir sind uns nicht verloren, da unsere Gedanken sich begegneten, blühten, aneinander reicher wurden, und nun sollten sie Früchte treiben. Jeder läßt die seinigen sprießen. Ja, Hans, er läßt ihnen nun einmal beflügelt freien Lauf ins All, wo sich die unsrigen Gedanken anziehen und finden, denn sie sind ja gleichen Ursprungs. So stehen wir in einer unsichtbaren doch fühlbaren Verbindung. Ich weiß, tausend Menschen um mich herum verstehen mich nicht: Diejenigen, mit denen ich weder Fühlung aufgenommen habe noch aufnehmen werde. Sie lächeln über mich, obgleich sie nicht wissen, weshalb, denn sie sind mir fern. Doch einen kenne ich, der mir zeit- und raumlos so greifbar nahe ist; er soll mir das sein, was niemand sein kann: Und das alles drückt das Wörtchen „Du" aus.
Die Erinnerung läßt uns die Zeit, die wir zusammensein durften, und für die ich der Allmacht überaus dankbar bin, erleben. Aber unsere innere Verbundenheit ist es, die uns räumlich wohl getrennt, weiterhin zusammenwirken läßt.
Die Erkenntnis macht mich glücklicher und ist mir ein Trost für all die bittere Zeit! Weshalb bittere Zeit?
Ja, Hans, legte man uns denn schon in die Wiege, daß wir über alles nachsinnen und uns schwere und dumpfe Gedanken machten? Glaubst Du an eine Prädestination?

Es ist schon leicht, glücklich zu sein und ruhig mit einem seichten Herzen und eingeschränktem Geiste.

Doch wollen wir diese Leidlosen, die Realisten, nicht beneiden, weil ihre Seele so arm ist, daß sie nichts bedarf, noch etwas Höheres verlangt. Wer ist nun glücklicher: Wir oder die anderen? Oder wessen Herz schlägt höher: Das unsrige oder das der anderen? Jeder schwimmt in seinem Niveau und dünkt sich im Elysium!

Dienstag, den 15. Juli 1947

Ach, wie gerne ließ ich Dich wissen, was ich denke, was ich fühle, ja, was ich überhaupt bin.
Du weißt dies ebenso gut, wie Du die Schwierigkeiten und deren Ausführungen bei meinem geringen Wortschatz kennst. Wie glücklich sind doch jene, die fühlen und diese Gefühle auch in Worte ausdrücken können. Doch willst Du einige tiefgreifende Erläuterungen meines Innenlebens haben, dann greife nach Hölderlins „Hyperion"! Es ist das erste Buch seiner Art, das mir so naheging; und dort, Hans, es ist so, wirst Du sehr viel meiner Seele reflektiert finden. Und was noch ebenso bereichernd ist, Du wirst ein Hohelied auf unsere Freundschaft finden, gerade so, als sei es für uns geschaffen. Welche Seelengröße, welche Gefühlstiefe und Lebenserfahrung lassen es zu einem Werk werden, das ich mit Dir unbedingt durcherleben möchte, denn „durcharbeiten" wäre hier falsch angewendet.
Und was zu dem Wort „durchleben" gehört, wirst Du fühlen und empfinden, wenn Du des Buches habhaft wirst! Ich bin so davon beeindruckt, daß ich es einige Zeit zur Seite legen mußte, um nicht meine Umgebung zu vergessen. Zur Zeit ist die Literaturgeschichte das Ausflugsziel meines zweiten Ichs geworden und dort ist es vor allem die Philosophie, die mich fesselt.

Besitzt Du dieses Buch auch? Für mich ist es eine kleines Vermögen! Hans, Du schätzt mich höher ein, als ich es bin. Verstehe mich, es ist nicht das alte Thema der

Minderwärtigkeitsgefühle. Nein, vielmehr hatten wir eine Freundschaft, die uns aus diesem Grauen, dem Chaos dieser Welt entrückte. Jeder von uns trug dem anderen eine Welt zur Schau, eine Welt seiner Ideale!

Und da liegt der hohe Wert der Freundschaft: Jeder bildet seinem Partner eine Welt, die dieser liebt zu besitzen. So setzen wir uns über die äußere arme Welt hinweg. Wir flüchten ins Reich der Metaphysik, um dort wunschlos glücklich zu sein oder unser Elysium zu finden.
Von hier aus betrachtet frage ich mich, ob ich Dir Dein Sehnen erfüllt habe? Trug ich ein bißchen dazu bei, Dir und Deiner jugendlichen Sehnsucht, das, was Dein Wunsch war, zu erfüllen? Schmeichle mir nicht, sei wahr!

Gotthold hatte im Hospital Zeit, wahrscheinlich zuviel Zeit, um sich selbst zu zerfleischen. Tun wir das aber in dieser ausweglosen Situation nicht alle? Die Briefe zeigen einen jungen Mann, der innerlich zerrissen ist und nicht (noch nicht) weiß, was er will! Und dazu paßt Hölderlins „Hyperion", den ich zur gleichen Zeit gelesen habe. Sein Belarmin ist das Ideal einer Männerfreundschaft. Ich war ebenso begeistert davon, wie Gotthold.

Dienstag, den 17. Juli 1947
Lieber Hans!
Deine Sehnsucht nach dem Land, „wo die Zitronen blühen, wo im Laub die Goldorangen glühen", glaube ich, verstehen zu können. Doch wie soll ich Dir erklären, daß Du wahrscheinlich ein falsches Bild in Dir trägst?
Vielleicht bedeutet es sogar, Dich vor Enttäuschungen zu schützen, denn die Klassik sah ein anderes Italien, als wir es sehen dürfen. Es war das Land der Kunst und somit das Land der methaphysischen Schönheit, der geistigen Freiheit (denn: Schönheit ist Freiheit des Geistes). Und dieser hohe Kulturwert, das Übersinnliche, bilden selbstverständlich mit der von Dir gepriesenen und allseits bekannten geographischen Schönheit eine Harmonie, deren Wert bekannt ist! Das Land blieb so, wie es war, doch die hohe Ausgeglichenheit des Altertums, wo blieb sie?
Leider Hans, verschwand sie. Und bei uns bleibt die humanistische Verpflichtung das, was die einst so stolze Menschheit besaß, unseren Geist bilden zu lassen. Der gleicht den Göttern, der imstande ist, das zu rekonstrurieren!
Aber ohnehin bleibt der ewig besungene Süden das Paradies des Künstlerauges. Der ewig blaue Himmel, das schillernde und beruhigende Meer und vor allem seine Städte, die Kultur- und Kunstzentren des Altertums, sie sind es, die locken und uns immer anziehen. Doch Goethe suchte die ideele Freiheit und damit verbunden die übersinnliche Schönheit.
Er war Mensch; und was sucht der Mensch dort?
Er sucht die längst gestorbenen oder schlummernde innere Reichtümer der Menscheit, die nun der erhabene Grieche und weniger der Römer fühlen oder besser gesagt, durchleben durfte. Wie arm wären wir, könnten wir uns das nicht strebend nachvollziehen. Und möchtest Du gerne wissen, was ich alles unter den Begriff dieser Güte stelle? Es sind nicht die alten abgedroschenen Phrasen, nein Hans, es sind wenige, weitreichende Abstrakta, aus denen sich viele logische Unterteilungen erörtern lassen.

Hast Du, wie ich, die Literaturgeschichte erhalten, dann kannst Du diesen Abschnitt nachlesen, wenn nicht, will ich Dir gerne Auskunft geben.

Was bedauere ich doch, daß ich keine humanistische Schulbildung genossen habe, deren Aufgabe vor allem ist, diesen Zwiespalt, den so stark geführten, zwischen Sensualismus und dem Idellen zu überbrücken.

Wir müssen uns diese goldene Brücke selbst von unserem Innern heraus bilden. Ich selbst stehe noch mitten in diesem harten Kampf zwischen diesen beiden Richtungen - das heißt dem Realismus und dem Idealismus.

Beide gleich stark und in lieblicher Harmonie vorhanden zu haben ist ein Besitztum, das zu erreichen unser Ziel sein sollte. Doch wie vielen hat diese Kluft das Genick gebrochen, hat den Bruch mit der Welt verursacht.

Zurück zur Realität. Stell Dir vor, in welche Versuchung ich hier komme. Mir gegenüber im Büro sitzt ein reizendes Mädchen. Der Hinweis dürfte genügen, denn ich will nicht in sinnliche Verwirrung kommen. Man darf sich bei keinem Entschluß von der „Sinnesflut" leiten lassen, denn so schwache Momente sind schon oft zum Verhängnis geworden.
P.S. Über den Besuch von Petiot freue ich mich.

M. Petiot ist einer der Studenten von der Universität in Dijon, die mit uns Briefkontakt aufnehmen wollten. Er besuchte Gotthold im Hospital.
M. Petiot, der nach Mainz fuhr, um seine Deutschkenntnisse zu verbessern, nahm von Gotthold zwei Karten und einen Zivilbrief mit. Darin schreibt Gotthold an Else:

Liebe Else,
was bedeuten all die kleinen, irdischen Nöte, gegen die großen seelischen? Was heißt es, von Ungeziefer (Wanzen, Flöhe usw.) geplagt zu werden, gegen eine innere menschliche Bedrückung?
Sei mir auch in Zukunft ebenso gut wie bisher. Vergib mir

diese Offenheit. Eben gerade deshalb, weil Du mein volles Vertrauen besitzst, muß ich Dir alles offenbaren. Seit drei Jahren bin ich von Dir getrennt, vom Menschsein wurde ich ferngehalten. Ich versuche, meine Natur zu bezähmen, was mir bisher gut gelang. Doch nun empört sie sich gegen mein zweites Ich, das zu unterliegen droht.

Der Trieb, der Leben erwecken sollte und oft doch nur den Tod bringt, ist es, der nach außen drängt, der mich im Innersten erschüttert. Ist das eine so große Sünde, Elschen, wenn man Mensch ist?

Die Kantsche Sittlichkeit, der kategorische Imperativ ist immer noch mein. Ich versuche, trotz dieser Spannungen, sittlich zu leben. Mein moralischer Mensch wird trotzdem den physischen zu besiegen wissen.

Und Gotthold schrieb am 3. August 1947:

Meine liebe Else!
Nach nun fast vierzigmonatiger schwerer, bitterer Abwesenheit, ist mir heute die überaus günstige Gelegenheit geboten worden, einen Zivilbrief zu schreiben und abgeben zu können. Und zwar wird ihn ein Student der hiesigen Universität in Mainz an Dich absenden, da er dort zur Vervollkomnung seiner deutschen Sprachkenntnisse seine Ferien verbringen wird.
Wir machten mit ihm die Bekanntschaft über die Professorin der Hochschule für deutsche Literatur. Sie vermittelte uns einige gewünschte Adressen einiger französischer Studenten, um einen Gedankenaustausch zu begünstigen. Soeben haben wir wieder zwei Briefe an die Uni geschrieben, natürlich in französischer Sprache.

Doch die gemeinen uns hassenden Vorgesetzten sind nicht im geringsten damit einverstanden, da der rein politische Haß, von den Hetzschriften geschürt, uns nicht als Menschen anerkennen will, obwohl sie ihre Schwächen und unsere Überlegenheit einsehen müssen. Aber gerade da liegt die Niedrigkeit ihres gemeinen Charakters, daß die Wahrheit vertuscht werden soll. Wie ich anfangs schon andeutete, wurde uns nichts geschenkt als Soldat. Ehre und Ruhm, die Verteidigung des Vaterlandes war unser Ziel, das wir verfolgten. Doch es kam anders: Das Elend, die unsägliche Not der Gefangenschaft wurden uns beschert.

Die Zeit war schwer. Anfangs erstreckte sich die Knute dieser reinen Willkür auf rein äußerliche Begebenheiten, so auf Verpflegung, Bekleidung und Behandlung. Alles war trotz Kälte, schwerster Arbeit und guten Willens unsererseits völlig unzulänglich, ja unmenschlich. Später, nach etwa dreißig Monaten, besserte sich alles erheblich. Doch von Humanität der Franzosen war nichts zu merken. Bald aber kamen die inneren, seelischen Nöte dazu. Ja sie verdrängten durch ihre Probleme die ersten in den Hintergrund. Ich schrieb Dir diesbezüglich schon eine Karte (3.8.47). Nimm mir die darin gezeigte Offenheit bitte nicht übel, denn Du besitzst mein Vertrauen mehr denn je. Man kann die vulgären Ausdrücke, die wir hören, nicht gebrauchen, da sie gar so schmutzig sind. Doch sie nehmen Formen an, diese Spannungen, die mich zum letzten und höchsten Entschluß reif machten, um nicht noch mehr in solche gefährlichen Sphären zu geraten.
Nun, liebstes Elschen, ich vertraue Dir alles an, im Glauben, daß Du stark genug dafür bist. Wir wollen versuchen, die Freiheit zu erringen, das höchste irdische Gut. Es ist alles aufs beste vorbereitet, wir können alles gewinnen, doch Verluste kann es für uns nicht geben.Drücke den Daumen, denn, wenn Dich diese Nachricht erreicht, sind wir schon auf der Reise, wenn die äußeren Umstände nicht gegen uns sind. Also, sei unbesorgt, wenn die Post ausbleibt, und behalte alles für Dich allein.
Ich hoffe, Dir bald in die Augen sehen zu dürfen, die Hand Dir zu reichen. Es würde mein glücklichster Tag sein. Doch auch etwas Angst trage ich in mir vor dem Wiedersehen, vor dem öffentlichen Leben, denn ich bin Mensch und somit schwach.
Werde ich der allgemein um sich greifenden Sinnlichkeit, die mir bis jetzt noch unbekannt ist, nicht zum Opfer fallen? Darf ich mich Dir anbieten, als Freund, damit Du mich ordentlich ins Leben einführst?
Wird nicht meine jetzt so herrlich blühende Phantasie und Gedankenwelt in die Brüche gehen oder dem strengen Realismus zum Opfer werden? Es wäre schade um all das Schöne, was man sich hier errungen hat. Doch ich will stark sein wie bisher, will alles ertragen.
Im Hospital las ich Hölderlins Buch „Hyperion", das mir eine neue Welt eröffnete und viele Lehren gab.
Wie schön ist das Leben, das sich zwischen den Polen der Freundschaft und der Liebe bewegt! Die erstere habe ich hier erleben dürfen und bin der Allmacht dankbar dafür. Sie hat mich reich gemacht. Doch, wo ist die zweite? Ich vermisse sie! Ich werde sie mir suchen müssen, und da liegt der Grund der berechtigten Angst. Dich werde ich wohl kaum verschmerzen können.
Es wurde mir erleichtert durch mein Fernsein, doch wie wird es daheim werden?
Elschen, es ist kein Sexualismus oder keine Sinnlichkeit, es ist wahre Liebe, die mich treibt und zu vielem fähig macht.
Ich denke oft an „Werther": „Himmelhoch jauchzend und zu Tode betrübt ist die Seele, die liebt". Oder: „Wie kann

sie einen anderen lieben, wo ich sie doch so ganz und gar liebe"...

Ach Else, wie soll ich das alles schreiben, was mich belebt, was ich fühle? Lies „Ursula" oder „Hyperion" und Du weißt alles. Ach, wie ist alles so schön mit Dir und so öde und leer ohne Dich. Doch laß mich aufhören damit.

Sei aber unbesorgt, es ist alles so ungefährlich, das eine ist wie das andere. Sollte die Reise glücken, und das müßte sie bei all den Berechnungen und etwas Glück, dann Elschen, will ich das Elend, die Not, vergessen, ein neues Leben soll beginnen!
Ich muß schließen und es ist schon so spät und das Ungeziefer plagt mich schon. Wanzen, Läuse und Flöhe sind unsere zahllosen Haustiere, deren Besitz kein Glück bringt. Doch sind diese Sachen nur äußerlich... ***ich werde in dem Brief noch ein Bild von mir und meinem Freund, dem Maler, mitsenden.*** *Ein Freund von uns ist nun schon seit drei Tagen auf der Heimfahrt.*
Alles, was mich hielt ist nun weg und nun ist es fast leicht, sich zu dieser Tat durchzuringen. ***Mein bester Freund wird mein Gefährte sein.*** *Doch hörte ich noch, daß man mir Steine in den Weg legen will. Allerdings, von Seiten der Deutschen und zwar vom* ***„Vertrauensmann": Es ist eine Schande, daß der diesen Titel trägt.*** *Doch es geht hart auf hart, und ich habe Trümpfe in der Hand, die ziehen werden. Auch sind wir nicht auf den Kopf gefallen. Also, drücke beide Däumchen, und bete für Deinen Dich...(ich darf es nicht schreiben)... Gotthold.*

Gotthold ist wieder im Lager, nicht mehr im Lazarett und ich kam ins Hauptlager zurück.

Clos Charpentier, den 19. August 1947
Liebster Hans!
Ich möchte Dir schnell noch ein paar Zeilen schreiben. Es ist kurz vor dem Zapfenstreich. Die Wirklichkeit ließ mich nicht damit fertig werden zu begreifen, daß ich jetzt alleine bin. Ja, stell Dir vor, man stellte mich als Kandidat zum Vertrauensmann auf, neben Horst und einigen anderen. Ich blieb natürlich schon in der Vorrunde stecken, was ja auch so gut ist, denn es würde mir ja nicht in den Kram passen. ***In den drei Tagen, seit Du weg bist,*** *habe ich mich mit Schiller beschäftigt. Und gestern bin ich auf den lächerlichen Gedanken gekommen, einen Vortrag zu halten. Das Thema: „Moses Erziehung und Wirken". Ja, Du darfst ruhig lachen! Wie nun der Anklang bei den Zuhörern war, kann ich nicht beantworten. Ich habe dabei am meisten gelernt, zumal das Thema weder religiös noch politisch beschattet war. Es war gewiß interessant! Über die Zukunft weiß ich nichts?! Was treibst Du denn nun da oben? (Im Fort d'Hauteville).*

Dieses Bild legte Gotthold dem Brief an Else bei. Es wurde wenige Wochen vorher im Lager Clos Charpentier aufgenommen. Wir waren in Ami-Klamotten, die man den „Norwegern" abgenommen hatte. Es war Gottholds letztes Bild.

Was stellt eigentlich Klaus Morgenstein dort vor?
Über Deine Zukunft würde ich gerne mal etwas erfahren. Das Leben hier ist sehr, sehr einsam, das was mich noch hielt, besteht nicht mehr.

Fort d'Hauteville, Mittwoch, den 20. August 1947.
Gotthold konnte nichts mehr über meine Zukunft erfahren. Als ich am 20. seinen Brief bekam, war er schon tot.

Als Else Albrecht die Briefe mit der Ankündigung „der Reise" bekam, war Gotthold schon tot. Er war auf eine andere Reise gegangen, von der es bis jetzt noch keine Rückkehr gab. Gotthold Krell, 21 Jahre jung, er wurde so grausam und sinnlos ermordet.

Wie die französische Presse über diesen Mord an einem Deutschen berichtet.

Bericht aus der Tageszeitung „Dernier Dépêche":

Die Gendarmerie von Gevrey-Chambertin ist dabei, eine Reihe von Fluchten durch Fluchthilfen aufzudecken. Eine erste Festnahme hat stattgefunden.
Seit einiger Zeit flüchten vom Kommando "Clos Charpentier" in der Nähe von Saulon-la Rue, wo sie auf einer Baustelle der SNCF arbeiten, eine große Anzahl von deutschen Kriegsgefangenen. Die Gendarmerie von Gevrey-Chambertin, welche schon seit langem arlamiert war, hatte bis zum heutigen Tag keinen Erfolg. So hat man festgestellt, daß die jeweilige Flucht nicht aus dem Lager selbst erfolgt, sondern an Ort und Stelle, wo die Gefangenen jeweils arbeiten. Die Hypothese einer französischen Komplizenschaft wurde dennoch vorgestern wieder aufgenommen.
Am 20. August 1947, gegen siebzehn Uhr, haben zwei deutsche Kriegsgefangene auf ihre Weise versucht zu fliehen. Als sie ohne gute Aufsicht waren, führten sie ihren Plan aus. Der eine von den beiden, Gotthold Krell, wurde mit zwei Gewehrschüssen durch den Wachposten Nergey erschossen. Er wurde ins Militär-Hospital de Montmuzard eingeliefert, wo er wenig später verstarb.

Als man die Kleider des Getöteten durchsuchte, fanden die Gendarmen von Gevrey-Chambertin zwei Straßenkarten von „Michelin" und einen Kompaß, ebenso wie einen Brief, adressiert an ein junges Mädchen aus Saulon-la Rue, in welchem ein Rendezvous auf gestern abend vereinbart war. Das junge Mädchen wurde sofort verhaftet und zur Gendarmerie nach Gevrey-Chambertin gebracht, wo sie zur Zeit sorgfältig verhört wird.

Sie verteidigte sich, sie gehöre keiner Kette an, die sich spezialisiert hätte, um deutschen Kriegsgefangenen zur Flucht zu verhelfen. Die Ermittler sind nicht weit davon entfernt, sie zu verdächtigen, ein Mitglied einer sorgfältig organisierten Fluchthilfe-Kette zu sein.
Die Untersuchung geht weiter und man erwartet weitere Verhaftungen. Zum Schluß wollen wir noch mitteilen, daß der Kompagnon des unglücklich Getöteten, Harald Fischer, auch gefangen wurde, aber er verweigert jede Aussage.

Paris, den 2. September 1947

Mein lieber Hans,
endlich habe ich Nachrichten von Dir. Ich fand die Zeit, seit ich von Dir nichts mehr hörte, sehr lang. Foroni hatte mir gesagt, daß Du in Fort d'Hauteville bist, aber ich weiß nicht warum. In Deinem Brief sagst Du auch nicht warum. Aber ich habe es erraten, als ich in der Zeitung vom traurigen Ende von Gotthold las. Wie hast Du das ertragen? Wie mußt Du geweint haben! Vielleicht kannst Du den Brief lesen, den ich an Horst geschrieben habe.

Die Menschen müssen verrückt sein, sich so wegen politischen Ideen zu töten. Es ist normal, daß ein Junge wie Gotthold versucht, nach Hause zu kommen. Und, war es die Aufgabe des Bewachers, zu töten? Welch eine schöne Pflicht! Wo ist denn der überlegene Geist der Menschen?

Das geht gegen die Natur. Er verhält sich schlimmer als ein Tier. Als ich die Zeitung las, wollte ich es nicht glauben. Ich habe eine andere Zeitung gekauft - aber es war wahr! Ich konnte es einfach nicht glauben, daß Dein Freund so tierisch getötet wurde. Ich habe niemals Gotthold, nie Horst, nie Franz, gesehen. Und trotzdem, es scheint mir, als ob ich sie alle kenne. Du hast mir soviel von ihnen erzählt, daß auch sie meine Freunde sind.
Armer Gotthold! Er hoffte so sehr, frei zu sein! Es ist in der Natur der Sache, daß ein P.G. versucht zu fliehen.
Und nun, mein lieber Hans, siehst Du, wie gefährlich es trotzdem ist? Ist es nicht besser, noch ein bißchen zu warten, und das Leben zu erhalten?
Horst hat mir geschrieben, daß das, was die Zeitungen veröffentlicht haben, nicht wahr sei. Was ist also die Wahrheit? Und Du, warum hat man Dich nach Hauteville gebracht? ***Hat man Dich denunziert, weil Du mit Gotthold fliehen wolltest?***
Glücklicherweise sehe ich, daß es Dir im Fort d'Hauteville nicht so schlecht geht und Du Dein Unglück mit Geduld trägst. Mußt Du dort lange bleiben? Ich hoffe, daß Du mir jetzt so oft als möglich durch Landesdorfer schreiben kannst. Ich kann Dir per Post schreiben. Es ist nicht notwendig, den Namen des Expediteurs zu nennen. Es genügen mein Name und meine Adresse. Für mich wird es schwieriger werden Dir zu schreiben, denn ich bin nicht mehr in Dijon sondern in Paris. Seit dem 9. September bin ich in der Schule, um „Chef de brigade" zu werden. Der Kurs wird gegen Weihnachten zu Ende sein, aber ich weiß nicht sicher, ob ich nach Dijon zurückkomme. Trotz alledem werde ich alles Mögliche tun, um Dir zu schreiben. Ich habe am Samstag frei und werde deshalb nach Dijon gehen. Ich hoffe, „Landesdorfer" zu sehen, um ihm diesen Brief zu geben, ebenso einen Brief für Horst und die Bücher. ***Ich bewahre Deine Tagebücher auf,*** *ebenso wie die Fotos von Horst, Franz und Gotthold. Ich schreibe heute nicht so viel, weil ich nicht weiß, ob ich alles frei schreiben kann.*
Hoffnung, mein lieber Hans, die Entlassung wird bald kommen!
Soweit André.

Montag, den 8. September 1947
Eine Karte von Franz Morbitzer, die erste aus Deutschland, bestätigt die erfolgreiche Flucht von Franz und Ernst König. Die beiden sind drei Tage vor Gottholds Fluchtversuch und seinem tragischen Tod geflohen. Franz schreibt:

Mein lieber Hans!
Da ich hoffe, ***daß Dir Fortuna ebenso hold war wie mir, wage ich es, Dir gleich in die Heimat zu schreiben*** *und Dir von hier (Ohnenheim) herzliche Grüße zu senden. Meine Wanderung ging am 28.8.47 zu Ende und war schöner, als ich es mir je hätte träumen können.*

Stell' Dir mal vor, Hans, wir haben den schönen Schwarzwald von Lörrach bis Stuttgart auf Touristenpfaden durchwandert! Wie herrlich war das doch! Mein ganzes Leben lang werde ich daran denken müssen. Was bedeuten da die Strapazen, die Stunden, in denen man vor Verzweiflung nicht mehr aus und ein wußte, sie sind ja so schnell vergessen. In Erinnerung bleibt nur das Schöne, das einmalige Erleben in der Natur.

Meine Eltern und Geschwister traf ich gesund an. Die Wiedersehensfreude war unbeschreiblich groß. Was ich nun in der Freiheit beginnen werde, weiß ich noch nicht. Zum jetzigen Schuljahr kam ich zu spät. Ich muß ein Jahr warten. Was ich inzwischen arbeiten kann, entscheidet sich morgen auf dem Arbeitsamt. Sonst fühle ich mich hier sehr einsam, das heißt, ich habe keine Freunde wie Dich und Gotthold.
Es war doch so schön mit Euch beiden.

Ohmenheim, den 1. Oktober 1947
Der Brief von Franz an mich. Der Text ist so geändert, daß bei der französischen Kontrolle nicht sofort begriffen wird, was Franz meint.

„Als ich am 30. August d.J. endlich aus russischer Gefangenschaft entlassen wurde, schrieb ich Dir sofort eine Karte an Deine Heimatadresse, denn ich hatte gehofft, daß auch Du zu Hause seist. Doch nicht Du, sondern Dein Bruder Alfred antwortete mir, und da hörte ich von Deinem Pech und von Gottholds Tod. Das hat mich schwer getroffen. Der arme Gotthold hat sich so ein Los nicht verdient und Du das Deinige auch nicht.

In seinem Brief bat mich Alfred, gleich nach Königsbach zu kommen. Sofort nachdem ich eine Kennkarte hatte, fuhr ich zu Deinen Lieben. Sie nahmen mich auf, als wärst Du es gewesen. Da mußte ich über die Gefangenschaft erzählen, tausenderlei Kleinigkeiten wurden gefragt und Deine liebe Mutter wurde nicht müde, mich auszufragen. Ganz stolz auf ihren Jüngsten, führte sie mich ins Wohnzimmer, wo der von Dir modellierte Goethekopf stand und die Wände mit Deinen Bildern geschmückt waren. Hans, Du bist ein geborener Künstler, nie werde ich an Dir und Deiner Kunst zweifeln.
Am nächsten Tag durfte ich Deine Zeichnungen und Deine Fotoalben sehen. Während ich gedankenvoll Blatt für Blatt betrachtete, war es mir, als erlebte ich mit Dir noch einmal all jene schönen Stunden, in denen Du mir von Deiner Jugend und Deinem Schaffen erzähltest. Deinen Atem glaubte ich zu spüren und Deine Stimme zu hören, die zu mir sprach. Tief beeindruckt von Deiner Kunst und im Vertrauen auf Deine Zukunft, verließ ich das Zimmer.
Dein Bruder Alfred zeigte mir Königsbach. Das Schloß, die Kirche und das Rathaus und den Heustätt. Bei jedem Schritt mußte ich denken: Hier ist es gewesen, hier hat er seine schöne Jugend verlebt, hier"...

Franz schwärmte vom Badnerland, besuchte in Karlsruhe noch einen gemeinsamen Kameraden aus der Gefangenschaft, Alfred Ehrbrecht, und fuhr über Heidelberg nach Hause... das er, als Sudetendeutscher , natürlich vermißt.

Er schreibt weiter: *„Jetzt beginnt der Daseinskampf, der noch härter ist, als man sich das in Gefangenschaft vorstellte; denn ich bin arm und hier im Lande als Flüchtling im doppelten Sinne ganz fremd. Knecht sein will ich nicht, und so bieten sich Schwierigkeiten über Schwierigkeiten. Der Besuch der Lehrerbildungsanstalt bleibt so ein Traum. Das schöne Zivilleben sieht für mich so ganz anders aus, als wir es uns in Gefangenschaft ausmalten. Das einzige was schön ist, sind die Freiheit und die Natur. Beides genieße ich, und sie geben meinem unruhigen Inneren den ersehnten Frieden.*
Wie ganz anders ist es bei Dir! Ich habe Deine Heimat erlebt und kann sagen, Du hast auch alles, um ein glükklicher Mensch zu werden. Auch zur Schule kannst Du sofort gehen, und für die Zukunft braucht Dir nicht bange sein. Dir fehlt nur die Freiheit. „Daß Du sie bald erringen mögest, wünsche ich Dir von Herzen."

Es waren die ersten Hinweise, daß in der Heimat nicht alles Gold ist, was glänzt. Und trotzdem, Franz war in Freiheit und wenn er meint: „Du hast noch alles, um ein glücklicher Mensch zu werden", dann war das erstmal hier so nicht richtig.

Ich bin unter Hunderten von Menschen hier im Fort alleine. Einsam, ein Mann, der als Employé - also als Angestellter einer Verwaltung - seit dem 1.9.47 - im Trockenen saß, mehr Zeit hatte und nachdenken konnte. Alle meine Freunde, Wegbegleiter seit 1944,

waren weg. Gotthold war tot. Franz war in der Heimat, Horst war als Lagerleiter in Clos Charpentier, Willi in Lamergel als Zivilarbeiter, André zum Studium in Paris. Der einzige aus der Zeit von Chenôve und der SNCF war Klaus Morgenstern. Und der war Sekretär des Kommandanten und hatte wenig Zeit. Ich habe keine Bücher mehr, alle meine Malsachen sind weg, das schrieb ich am 20.8.47, also am Tag, als Gotthold ermordet wurde, an meine Eltern.
Am 2.9.47 teilte mir Horst mit, daß ich meine Malsachen wieder bekommen würde. Und Paul Borgmann schrieb: *„Lieber Hans! Der Fall mit dem Malkasten geht klar, wie mit Horst besprochen, jedoch wird er erst Ende der Woche ins Fort hochgebracht! In alter Frische, Paul."*

Was sind das für neue und so falsche Töne?

„Es war nicht so, wie es in der Zeitung stand", schrieb Horst Gottwald an André. Wie war es dann. Keiner kann es so richtig sagen.
Und an Harald Fischer, der dabei war, komme ich nicht ran. Ich wurde vor der Flucht von Franz, Ernst, Gotthold und Harald ins Fort gebracht, dort ein paar Tage eingesperrt, ohne daß mir jemand irgendwelche Gründe dafür nannte.
Wieso nicht die anderen? Es war jeweils im Lager unter uns Gefangenen nicht ganz unbekannt, wer flüchten wollte. Eigentlich hatte ja Gotthold und ich es geplant, gemeinsam zu flüchten. Das große Problem war, daß wir in unterschiedlichen Kommandos arbeiteten.
Ich in Dijon, Gotthold entgegengesetzt in Gevrey-Chambertin. Aus dem Lager auszubrechen ist noch niemandem gelungen. Und Borgmann wollte das auch nicht, weil sonst alle darunter leiden mußten.
Dazu kam, daß ich versuchte, vorzeitig entlassen zu werden, weil ich 1943 unehrenhaft aus dem Jungvolk entlassen worden war. Und sicher hatte ich auch Angst. Aber Gotthold und ich wollten es trotzdem wagen, aus dem Lager auszubrechen! Es kam alles ganz anders!

Nun, man erzählt sich folgendes:

Nach Beendigung der Arbeit versteckten sich Gotthold und Harald hinter oder unter Eisenbahnschwellen. Normalerweise hatten die Wachposten nicht viel Zeit zum Suchen, weil das Kommando pünktlich mit dem Zug zurückfahren mußte. An diesem unglücklichen Tag versäumte das Kommando den Zug, und damit hatten die Posten Zeit zum Suchen. Es stimmt aber nicht mit der Zeitangabe. In der Zeitung stand: „Um 17.oo Uhr wurde Gotthold Krell durch zwei Gewehrschüsse vom Posten Nergey auf der Flucht erschossen". Auch das stimmt so nicht! Gotthold flüchtete nicht. Er lag wehrlos hinter den Schwellen und wurde einfach so ermordet. Ich habe nie etwas gehört, ob dem Posten ein Prozeß gemacht wurde. Überhaupt war alles so geheimnisvoll.

Warum kam ich ins Fort und nicht Gotthold, Franz und Ernst? Wurde ich, wie André vermutet, denunziert? Warum dann nicht die anderen?
Warum hatte Gotthold so schnell reagiert, als man mich ins Fort brachte? Warum hatte er Harald Fischer mitgenommen? Von dem vorher nie die Rede war.

Selbst an Else hat Gotthold noch geschrieben, „mein bester Freund wird mich begleiten." Harald war nie in unserem Kreis der „Sechsundzwanziger."
Was war mit dem Mädchen? Ich hörte davor nur, daß Gotthold von ihr schwärmte. Eigenartig, daß er davon nie was sagte! Nun, es ist zu spät, er wird nie mehr was sagen können.

Warum ließ man mich nach allem, was geschah, zur Beerdigung? Warum ließ man es zu, daß Klaus Morgenstern mich zum Angestellten machen konnte. Er wußte schon alles über Gottholds Tod. Er sagte aber nichts.

Gerade komme ich von unserem Lagerpfarrer. Er hat lange mit mir gesprochen. „Er ist nun sehend geworden. Die Kugel mußte auch an Gott vorbei." Das sagte ein Pfarrer. Das ist für mich kein Trost!

Klaus Morgenstern schaffte es. Ich bekam die Genehmigung vom Kommandanten, zur morgen stattfindenden Beerdigung zu gehen.

Samstag, den 23. August 1947
Um 6.00 Uhr ging ich weg vom Fort. Gegen 7.20 Uhr war ich im Hospital. Um 9.00 Uhr war die Einsegnung im Toten-Raum des Hospitals. Pfarrer Levin sprach die so üblichen tröstenden Worte. Zu Fuß gings zum Heldenfriedhof. Ein großes Denkmal und viele kleine Kreuze, eins unter ihnen nun auch für Gotthold.
Vom Lager der SNCF waren nur Paul Borgmann, der deutsche Lagerleiter, und der Sani Otto Zimmermann, da.

Man erzählte mir, daß Gotthold nicht sofort tot war, sondern erst im Lazarett gestorben sei.

Seine Kameraden aus dem Kommando durfte Gotthold nicht helfen. Er soll sehr gelitten haben. Wie grausam das alles ist! Wer hat da Vorsehung gespielt?

Im Fort, getrennt von allen Kameraden des Kommandos 770, hörte ich später, als Horst Gottwalt Nachfolger von Paul Borgmann wurde, so manches. Horst kam immer mal als Lagerleiter ins Fort. Aber jeder hielt sich mit Aussagen zurück. Ich kann jeden verstehen. Keiner wollte in den

Verdacht kommen, zu fliehen. Jeder war dann gefährdet. Ich habe mich nie so sehr um all die Gerüchte und Tatsachen bekümmert. Horst war immer auf dem Laufenden. Er wußte, wann und wie es Flüchtenden gelang, nach Hause zu kommen. Er wußte aber auch, was mit Fliehenden geschah, wenn man sie wieder eingefangen hat.

Ich kann Gotthold immer besser verstehen. Er war der einzige von uns, der eine feste dauerhafte Beziehung hatte: Else Albrecht. Ihr kündigte er auch an, daß er auf die Reise geht...
Es begann, wie so oft in der Liebe, mit romantischer Schwärmerei.
Gotthold kannte Else schon von zu Hause. Im Mai 1944 schilderte er ihr, wie er als Soldat nach Südfrankreich kam. Fürsorglich legte er diesem Brief einige Gramm Brötchenmarken bei. „Hoffentlich kannst Du sie verwenden oder bist Du so vornehm und nimmst nichts von einem armen Landser an?"
Lange hörten sie nichts voneinander. Gotthold bekam erstmals Post von Else im Frühjahr 1946. Er schrieb ihr am 31.3.46: *Draußen die vielgeprießene und versprochene Freiheit, hier - im Lager - nur Stacheldraht und Zwang.*

Unwillkürklich wird man hier zum Pessimisten und Zweifler! Die große Frage taucht auf: Gibt es noch einen Gott und eine Gerechtigkeit? Sieht man die teure Heimat und die Liebgewordenen wieder?

Ist man von Gott und aller Welt verlassen?

Gotthold an Else: Ostern 1946

Heute, am Fest der Wiedererwachung der Natur, will ich Dir ein paar Zeilen schreiben. Nun ist die Macht des von den Gefangenen so gefürchteten Winters endgültig gebrochen. Die Natur hat sich die schönste Farbenpracht zu eigen gemacht. Alles grünt und blüht, als hätte sie sich eigens für diese Fest geschmückt. Eben las ich Goethes „Osterspaziergang", der mich so entzückte.
Meine Gedanken waren bei Dir, liebe Else, wie gerne hätte ich mit Dir die heimatlichen Wälder durchstreift. Aber das alles ist ja unmöglich... Doch hoffe ich, daß auch das Glück einmal den Weg zu mir findet und mich die Heimat wiedersehen läßt.

Gotthold an Else am 19. Mai 1946

Dein Brief kam zu meinem 20. Geburtstag hier an. Ich schließe daraus, daß Du meinem armen Los einen übergroßen Optimismus entgegenträgst, da Du doch von meinem baldigen studieren schriebst.
Obwohl ich doch wünsche, dieses Studium baldigst antreten zu dürfen, weiß ich immer noch nicht, wann und wie ich heimkomme. Dieses kleine, unscheinbare und doch so wichtige Wörtchen „wie" gibt mir sehr zu denken, denn mein geistiger Zustand ist auf den Nullpunkt gesunken, da mir hier jedes geistige Exerzitium vergällt wird.
Hätte man nicht einen besonders starken Willen, man wüßte nicht, wie sehr man gesunken wäre!

Else Albrecht, langjährige Brieffreundin von Gotthold, setzte nach Gottholds Tod den Briefkontakt mit mir fort.

Gotthold an Else am 2. Juni 1946

Deine beiden Briefe haben meine trübe Stimmung wieder gehoben, sie gaben mir die Gewißheit, daß ich noch nicht ganz in Vergessenheit geraten bin. Sie bedeuten mir sehr viel: „Wo ein treues Herz gefunden, treue Lieb und treuen Mut, da ist aller Gram verschwunden..." ... gibt es für uns noch ein größeres Glück? Das Glück der Minne?

„Oh, wenn sie ewig grünen bliebe, die schöne Zeit der ersten Liebe." Ich wünsch mir: „Un été en clair de lune à deux! Romantisch? ja!"

Gotthold an Else am 23. Juni 1946
Ich kann nicht soviel Trost und Hoffnung in so wenige Zeilen legen wie Du! Es ist ein Meisterstück, man kann Dich nur loben! Ich habe ja so gar keine Erfahrung im Umgang mit dem zarten Geschlecht! Ich brauche deshalb dringend jemanden, mit dem ich einen Gedankenaustausch pflegen kann, und wer könnte da besser sein als Du!?
Das Leben stellt einem seltene Probleme und verhilft einem zu wunderbaren Anschauungen! Ich habe mich schon dazu aufgerafft, die Bibel zu lesen, aber nicht als guter Christ sondern als Wissensdurstiger!

Gotthold an Else am 18. August 1946
Wie hast Du den Sommer verbracht? Hast Du viel Freude? Hast Du mit Freunden getanzt? Nur Fragen an eine Person, die man liebt ...
und Angst hat, sie zu verlieren...

Gotthold an Else am 2. September 1946
...Ich kann nicht näher auf Deine so einfachen und doch so wichtigen Lebenswahrheiten eingehen. Aber sie haben mir schon die allzu harte Wirklichkeit erleichtert. Ich will auch alles geduldig wie ein Lamm ertragen und nicht murren gegen die Prädestination, keinen Klagebrief will ich Dir noch schreiben.

Gotthold an Else am 22. September 1946
Ich habe Deine ‚Gardinenpredigt' erhalten. Ich bin überzeugt, daß Du Dich ganz in meine mißliche Lage hineinversetzt hast. Du wirst also verstehen, daß ich Angst habe, Dich zu verlieren und auf solche Fragen verfiel, denn ist dieses verwunderlich, wenn man tagsüber Schrott stapelt, abends und sonntags Waschfrau und Schneider zugleich vertreten muß. Also, liebe Else, Du wirst meinen Geisteszustand unter die Lupe nehmen und einen großen Defekt feststellen. Sollte ich wieder auf solche Grübeleien verfallen, dann lese einfach drüber weg.

Gotthold an Else am 10. November 1946
Wer könnte Dir meine Grüße besser zutragen als die Kasiopeia, die schöne Königin der Antike? Sie, die der märchenhaft schönen Andromeda das Leben schenkte und deren Mutterherz während der Gefangenschaft ihrer Tochter die furchtbarsten Qualen erleiden mußte, sei mir ein Vorbild auf meinem Leidenswegen.
Ich will geduldig sein wie sie. Und sollte nicht auch mir, wie ihr, durch Pegasus eine Erlösung zuteil werden? Liebe Else, ich möchte Dir etwas anvertrauen, aber verspreche mir hoch und heilig zu schweigen. Else, je t'aime! Hör mein Flehen und verschließe mir bitte nicht Dein liebes Herz!
Das erste Mal ergriff mich das mysteriöseste aller Lebensgeheimnisse. Du wirst nur ein abfälliges Lächeln für das Gestammel haben und mich einen dummen, törichten Jungen schelten. Hab' Geduld mit mir! Nun sei die Kasiopeia die Brücke, auf der sich unsere sehnsuchtsvollen Gedanken eine gute Nacht und einen frischen Morgen wünschen!
Laß sie, die Kasiopeia, den Garant sein für die glücklichere Zukunft unseres fernen Lebens.
„Quel bonheur d'aimer, quel bonheur d'être aimé."

Gotthold an Else am 17. November 1946
Ich möchte Dir sagen, daß ich einen großen Teil meiner Freizeit dem Vorklassiker Klopstock widme. Denn ich kann mich sehr gut in den Zustand seiner ersten Liebe, die er in seinen Briefen kundtut, hineinfühlen. Ich möchte Dir alles erzählen, aber ich kann meinen Gefühlen nicht die Fassung in Worten geben. Ach, liebe Else, ich bin überglücklich, könnte ich Dich nur etwas davon spüren lassen. Die Kasiopeia sei die Künderin! Grüßt Du sie noch allabendlich? Aber wie kann ich Dir das antun, Dich eines solchen Verfehlens zu verdächtigen!

Gotthold an Else am 9. Dezember 1946
Winter - wieviel Glück bedeutet er für den Freien und wieviel Sorgen für den Gefangenen.
Jüngst stand ich, die Nacht hatte ihren Schleier über das Land gezogen, alleine, in Gedanken versunken, in der Nähe einer Laterne.
Überall Dunkelheit und Finsternis und mittendrin dieses gleißende Licht. Und als die ersten Schneeflocken sanft und weich durch das Licht fielen und die Erde langsam bedeckten, zog mich das magisch an. Ich verglich das Leben mit diesem kleinen Naturwunder, den Flocken. Das Leben kommt aus der Finsternis, ist plötzlich im Licht und verschwindet wieder in der allgegenwärtigen Dunkelheit. Woher kommt es? Wohin geht es? Niemand weiß es! Der arme Mensch, das Ebenbild Gottes und er weiß keine Antwort auf eine der wichtigsten Fragen. - ‚Da steh ich nun ich armer Tor und bin so klug als wie zuvor', läßt Goethe den Faust sagen. ‚Und sehe, daß wir nichts wissen können, das will mir schier das Herz verbrennnen!'

Gotthold an Else am 5. Januar 1947
Ich wollte immer den Schmerz unterdrücken, wollte die Realität nicht wahrnehmen, aber was hilft's? Ich fand mich damit ab, wenn es auch bitter war.
Wir schreiben das Jahr 1947. Was wird es uns bringen? Am Ende des vergangenen Jahres sah ich die Kasiopeia so selten. Ich deutete das schon fast als ein schlechtes Omen. Doch wie ganz anders fing das neue Jahr an. Abends grüßt sie mich mit zauberhaftem Glanz. Doch auf

meinem Abendspaziergang entlang der Mauer und des Stacheldrahtes erschien sie mir so unerreichbar fern. Ich sah sie wie im Traum. Aber von ihrem geheimnisvollen Glanz hatte sie nichts verloren. Sie war so schön, so bezaubernd!

„Nur wer die Sehnsucht kennt,
weiß was ich leide
Allein und abgetrennt von aller Freude
seh ich ans Firmament
nach jener Seite!
Ach, die mich liebt (?) und kennt, ist in der Weite,
Es schwindelt mir es brennt
mein Eingeweide.
Nur, wer die Sehnsucht nicht kennt,
weiß was ich leide."

Schriebe ich Dir schon wieder: Ich liebe Dich, würde es unwahr klingen; würde ich das Gegenteil behaupten, entspräche es nicht der Wahrheit. So begann Gotthold seinen Brief an die von ihm so verehrte Else. Und weiter: *Ich muß Dir eine tieftraurige Mitteilung machen, und zwar, seit einigen Tagen hat mich eine Schilddrüsenwucherung befallen, die wahrscheinlich einen Kropf zur Folge hat. Kannst Du verstehen, was das für einen Zwanzigjährigen bedeutet, der voller Hoffnung in die Zukunft schaute? Aber das sei mein Trost: ‚Durchgrüble nicht das einzige Geschick. Dasein ist Pflicht und wär's ein Augenblick.'*

Gotthold an Else am 10. März 1947

Weihnachten ist lange vorbei. Doch wer kann es mir verdenken, daß ich in Tränen ausbrach, als ich die mit soviel Liebe und Hingabe verpackten Zweiglein und Kerzen sah! Und ich weiß jetzt noch nicht, wie mir geschah, als ich Eichendorffs Gedichtband in den Händen hielt!

Wer kann meinen Gefühlen mehr Ausdruck verleihen, als gerade seine Gedichte von Abschied, Sehnsucht und Heinweh? Ich kann nicht anders, nennt mich Schwärmer oder Romantiker, seine Worte treffen mich, rühren mich an. Wie kann ich Dir je für alles danken?
Das kleine Wort ‚frei', was bedeutet es für mich, für uns. Jeder Wunsch geht darauf zu, doch bleiben - schon lange - alle Wünsche unerfüllt. Ich wollte, Du könntest es so verstehen, wie ich es in mir trage! Die Enttäuschungen des Lebens werden immer bitterer. Gott oder ein gütiges Geschick - nenn es wie es Dir beliebt - möge uns allen gnädig sein.

Gotthold an Else am 16. März 1947

Liebste Else. Ich sitze auf meiner Pritsche, die mir als Bett dient. In der Baracke neben uns spielt die kleine Lagerkapelle, ‚wem Gott will rechte Gunst erweisen, den führt er in die freie Welt'...
Wie muß Eichendorff die Natur geliebt haben, und wenn man seine Verse liest, wie spürt man da den Verlust der Freiheit hinter dem rostigen Stacheldraht!
Wie ergriffen und wunschlos glücklich sind die, denen die Natur täglich neues reiches Geschenk wird. Ein Geschenk, in dem sie frei und ungebunden wandern können.
Wald, wieviel Sehnsucht läßt dieses Wort in mir aufklingen. Ganghofers ‚Schweigen im Walde' ließ mir so recht bewußt werden, was uns nicht alles fehlt. Bald wird wieder neues Leben erwachen, überall, hier, daheim, und doch, welch ein Unterschied: dort Freiheit, Genuß der herrlichen Natur und hier? - Es blies schon zum Zapfenstreich. Bald wird alles schlafen und es wird ruhig werden. Meine Gedanken werden abgelöst von einem berauschenden Traum von Dir. Wie herrlich hatte sich meine jugendliche Phantasie alles ausgemalt, hatte Luftschlösser gebaut. Und nun soll ich alles wie ein zugeschlagenes Buch betrachten? Nimmer mehr öffnen? Es sei denn nur, wenn Du es willst. Mein Trost, pflücke die Blumen am Wegesrand, nicht aber die Sterne vom Himmel.

Gotthold an Else am 13. April 1947

Gestern, gegen Abend, suchte ich mir ein stilles Plätzchen hinter den Baracken. Ich legte mich in das nun schon grüne Gras. Ich sah der untergehenden Sonne zu. Ich sah den ostwärts wandernden Wolken nach. Meine Gedanken zogen mit. Ich ließ alles Schwere, Erdrückende zurück, ich fühlte mich frei. Ich dachte an den Taugenichts von Eichendorff und war wunschlos glücklich. Doch es fehlt mir was.. als von der Sängerbaracke durch die Entfernung gedämpft, das Lied: ‚Nach der Heimat möcht ich wieder'...herüberklang, da wußte ich was mir fehlt. Die Sehnsucht nach der Heimat war durch nichts zu verdrängen.

Gotthold an Else am 1. Juni 1947

Ich bin so glücklich und ich habe auch Grund dazu. Ein jahrelang gehegter Wunsch ging mir in Erfüllung.
Ich habe seit langem einen - nein ich lüge - zwei Freunde gefunden. Gefunden ist nicht der richtige Ausdruck. Ich muß sagen: Das Schicksal oder Gott führte uns zusammen. Seit einiger Zeit reifen nun segensreiche Früchte aus dieser innigen Freundschaft! Wir lesen deutsche und französische Dichter und immer finden wir in uns die gleichen Gedankengänge. Es ist alles vergoldet dadurch, und das Hohelied Salomons auf die Freundschaft, verspricht nicht mehr als unsere Freundschaft erzeugt. Wir sind gleichaltrig, der eine ist Kunstmaler, während der andere die Geige wunderbar spielt. Beide können ihren innersten

und tiefsten Gefühlen Ausdruck geben, nur ich darf es nicht, das Geschick will es so. Ich bin mit ihnen glücklich und freue mich an ihren Künsten.
So verbleibt Dir Dein Gotthold.

Gotthold an Else am 1. Juni 1942 (2. Karte an Else)
Hätte ich ahnen können, daß Dir meine Gedanken soviel Kummer bereiten, daß Du Dir keinen Rat mehr weißt, würdest Du von allem nichts erfahren haben. Verstehe mich richtig: Ich brauche jemanden, dem ich es anvertauen mußte, denn es ist ja alleine alles so schwer zu ertragen. Ich wüßte niemanden, zu dem ich vertraulicher und offener sprechen könnte als zu Dir. Mit einem Brief in Französisch wären mir Unannehmlichkeiten erwachsen, deren Ausmaß Du nicht ermessen kannst. Also Else, sei unbesorgt, gewinne Deine Ruhe wieder, es ist alles nur halb so schlimm, wie Du es Dir ausmalst. Du brauchst Deine Kraft, um Lehrerin zu werden und ich werde wieder gesund.

Gotthold an Else am 16. Juni 1947
Ein langgehegter Wunsch ist in Erfüllung gegangen. Ich bin im Lazarett. Ich glaubte die Vergangenheit schnell zu vergessen, und in der Tat, es schien auch so. Es war nun alles neu. Die Menschen waren fremd, und so vergaß ich all das alte Leid, das mich quälte. Doch jetzt kommen die ersten Bedenken. Ich mußte auch gleichzeitig die Freunde verlassen, die ich in den dreißig Monaten liebgewonnen hatte. Und damit auch das segensreiche Lernen und Schaffen, das uns verbunden hat. Und morgen werde ich operiert werden. Aber wie kann ich nur das betäubende und angsterregende Wort gebrauchen, wo es doch nur einen kleinen Schnitt bedeutet, dessen Heilung nur wenige Tage in Anspruch nimmt. Ich mußte bis heute früh arbeiten, nun bin ich auch über ein paar Tage Ruhe froh.

Gotthold an Else am 31. Juli 1947
Ich bin wieder auf dem alten Arbeitsplatz angekommen und muß somit auch die Arbeit fortsetzen. Nach sechswöchigem Aufenthalt im Hospital wurde ich für gesund befunden. Die Operationswunde ist gut verheilt. Durch eine Durchleuchtung waren meine Befürchtungen, Gott sei Dank, umsonst. Ich fühle mich sehr wohl und bin nun wieder kerngesund. Ich bin darüber sehr froh, denn seit einiger Zeit war ich auf einem Nullpunkt angelangt. Oder besser gesagt, ich hatte den Egalzustand erreicht, dessen Ursache wohl bei der übergroßen Hitze zu suchen ist. (60°) Eisen und Wasser werden tagsüber so heiß, daß man es (das Eisen) kaum ohne Gefahr zu laufen anfassen kann. Badegelegenheiten gibt es hier überhaupt nicht. Doch sind diese Probleme nur Äußerlichkeiten.
Gute Nacht wünscht Dir Gotthold.

Es folgten die Briefe, die der französische Student über Mainz an Else Albrecht sandte, und die Else erst bekam, als Gotthold schon ermordet worden war. Was ging in Gotthold alles vor, um sich so schnell zur Flucht mit einem anderen zu entscheiden? Und, was muß ein so junger Wachposten denken, was drängte ihn zum Handeln, um einen so wertvollen, so wehrlosen Menschen wie Gotthold Krell, einfach ohne jeden Grund zu erschießen?

Else Albrecht bekam einige Briefe und Postkarten mit dem Vermerk „décédé" (tot) am **22.8.47** zurück, obwohl das Unbegreifliche erst am **20.08.47** geschah. Sonst war die Post doch nie so schnell! Einer dieser Briefe, den Else an Gotthold am **3. September** in Richelsdorf schrieb, als Gotthold schon tot war, und der auch mit „décédé" zurückkam, möchte ich abschließend noch vollinhaltlich festschreiben:

Lieber Gotthold!
Nun steigen schon wieder die Herbstabende ins Land. Wie schnell ist doch der Sommer vergangen! Vor lauter Arbeit, Kampf mit den alltäglichen Dingen, verliert der Mensch des XX. Jahrhunderts gänzlich die Naturverbundenheit und damit sich selbst. Wer kann eigentlich noch richtig schauen, sich still besinnen, wahrhaft mitleiden, aus der Innerlichkeit leben?
Wenn man ein solch schlichtes Lied von Claudius liest, einen Richter - oder Spitzweg - oder Moritz von Schwinds Bilder betrachtet, fühlt man nicht manchmal, daß wir etwas nicht mehr haben, vielleicht die Ruhe, ein ‚Abgeklärtsein', daß wir keine Feierabende mehr kennen im tiefsten Sinne, daß wir noch lärmen, schreien können, aber zum Feste feiern nicht mehr taugen, weil uns eine Festlichkeit fehlt. Ich weiß dem allem keinen direkten Namen zu geben, aber vielleicht verstehst Du mich auch so. Es gibt wenig Menschen, die sich noch über den Alltag erheben. Am Samstag habe ich ein solches Menschenkind erlebt und das war so ungemein wohltuend. Ein nettes, kleines Frauchen, nicht gerade eine Schönheit zu nennen, aber lieb, mit guten frommen Augen. Eine Schlesierin, die alles verloren hat, aber innerlich überquellend reich ist. Ich lernte sie in der Dämmerung kennen, wir kamen uns näher und haben uns gleich für den Abend zum Musizieren verabredet. Christa, unsere Gemeindehelferin, sie, drei gute Stimmen, das genügte vollauf. Frau R. hat eine ausgebildete Stimme und wie süß sang sie das Lied: ‚Schlaf Herzenssöhnchen'. Du kennst es gewiß.
Ein einfaches Wiegenlied vom Kind, zu dem die Englein kommen, es im Traum lächeln lassen, und später, ja, dann steigen sie auch noch herab, aber - um die Tränen abzu-

wischen -. Ist es nicht köstlich, daß sie es tun? Dir auch - lieber Gotthold - wenn Du traurig bist. Und ich befehle Dich ihren Händen an, nun, wo ich mich sehr um Dich sorge!
Deine Else

Gotthold hat diesen Brief nicht mehr gelesen. Aber vielleicht oder ganz bestimmt wurde er von den Englein, so wie es Else wünschte, aufgenommen. Die Tränen müssen die Englein jetzt andern abwischen. Ich hoffe inbrünstig, daß unser Freund Gotthold nun nicht mehr leiden und nicht mehr weinen muß. Dem Brief war ein Edelweiß beigelegt - eine nie vergängliche Blume - sie hätte man auf sein Grab legen können - aber auch das Edelweiß kam mit dem Vermerk „décédé" zurück.

„Ein altes Wort sagt, daß jung sterben muß,
Im Lenz des Lebens, wen die Götter lieben:
Auf seine Stirn drücken sie den Kuß,
Der ihn entführt der Welt, der kalten, trüben.

Wer um dich trauert und dich jetzt beweint
- ein jeder der dich kannte, mußt dich lieben! -
Er bleibt mit dir im Geist vereint
der in der dunklen Welt zurückgeblieben.

Was hatte Gotthold, was hatten wir, gerade einundzwanzig Jahre alt, bisher im Leben? Er - Gotthold - wurde entführt vom kalten trüben Leben. Ich blieb zurück, in der dunklen Welt. Wir waren nun fast drei Jahre bei der SNCF im Lager Clos Charpentier in Chenôve. In einem Lager ohne sanitäre Anlagen, ohne Toiletten, ohne Betten, wir lagen nur auf Pritschen im Stroh, wir mußten, einschließlich der Sonn- und Feiertage arbeiten, natürlich gab's kein Urlaub oder Freizeit.

In allen meinen Tagebuchnotizen - ebenso wie in denen von Horst und den Briefen von Gotthold - haben wir nie, oder fast nie, über die Arbeit, die wir machen mußten, geschrieben. Wir notierten uns nur das, was über dem Tagesgeschehen lag, das Weiterbilden, das Lernen, das Lesen, das Malen, das Musizieren. Ja, auch über das Philosophieren schrieben wir. Über alles was dazu beitrug, die grausame Realität zu vergessen, dachten wir nach und notierten es, um es nicht zu vergessen! Heute, hier im Fort alleine, einsam und dabei, Gottholds sinnlosen Tod zu verkraften, will ich versuchen im Rückblick mal festzuhalten, was Teil unseres Lebens war. Ich will schildern, wie die Zwangsarbeit aussah und wie wir darunter leiden mußten." „Il est dur de mourir en printemp."

Ja, es ist schlimm, im Frühling des Lebens zu sterben und so - wie wir - zu leben. Warum, oder wozu war und ist das noch notwendig? Warum mußten wir leiden, mußte nun auch noch Gotthold so grausam sterben? Natürlich erlebten wir im Krieg den sinnlosen, vielfachen Tod. Natürlich sterben in Gefangeschaft Tausende an Unterernährung, an Krankheiten, bei Unfällen, auf der Flucht, aber so wie Gotthold durch einen sinnlosen Mord?...

Im ersten Winter 1944/45, es war noch Krieg - wir waren gerade achtzehn Jahre alt, das war eine schlimme Zeit. Wenn unser Aufenthalt im Waldlager bei den Partisanen schon eher mit der Phantasie von Karl May erzählt werden müßte, dann war es auf der Baustelle an der Eisenbahnbrücke - auf der Strecke Dijon-Paris - unglaublich schwer. Es war kalt, wir hatten keine Winterkleidung und die Wachposten, Russen und oder Polen, schlugen uns aus reinem Haß oder Übermut. Schon die Tatsache, wie man uns zur Baustelle transportierte, auf prall gefüllten Lastwagen, wie Vieh, ohne Rücksicht auf Verluste. Nur ein toter Deutscher war in den Augen der anderen auch ein guter Deutscher.
Als ich am 1. Advent 1944 zur Arbeit in die Ami-Küche kam - Wahnsinn - war ich geschockt! Was vernichteten die Amis nicht alles, damit wir nicht vom Abfall leben konnten! Sie lebten im Überfluß - wir hungerten. Ich erinnere mich daran, wie Gotthold und ich damals einen Beutezug zur Abfallgrube machten. Wir sahen - oder besser gesagt, wir ahnten die Macht des Geldes, die perfekte Kriegsmaschinerie, ein Cheep pro Mann, Öllokomotiven... Was konnten, hatten wir dagegen zu bieten? Nichts!
Im Hauptbahnhof in Dijon, im gleichen, in dem wir noch als Soldaten 1944 auf den letzten Zug nach Deutschland gewartet hatten, mußten wir Aufräumarbeiten leisten. Die zerstörten Bahnanlagen und Gebäude aufbauen, verbogene Schienen beseitigen. Es gab dabei immer wieder Unfälle. Aber was soll's - ein neuer „Boch" war schnell vom Hauptlager angefordert und ersetzte den Kranken oder Toten!

Sicher war es ein Höhepunkt, das Ausgraben von Blindgängern der Luftangriffe. Ein junger Wachmann - so unser Alter - trieb uns an. Wenn wir dann mit dem Pickel kräftig zuschlugen, schrie er wieder „doucement". Man konnte es ihm nie recht machen. Aber Angst hatte auch er, daß wir zusammen in die Luft gehen könnten. Eigentlich durfte man solche Arbeiten nur durch Freiwillige machen lassen. Uns zwang man dazu. Es wurde versprochen, wenn einer sechs Blindgänger ausgegraben hätte, käme er dafür nach Hause. Voraussetzung dafür war natürlich, daß der Betroffene nicht vorher mit dem Blindgänger in die Luft geflogen war. Das Versprechen, wenn man schon mal sechs Bomben ausgegraben hatte, wurde aber nie gehalten.

Das Transportieren von Eisenbahnschwellen war Schwerstarbeit. Ohne Hilfsmittel auf- und abladen. Das Verlegen auf der Strecke, wir waren immer dabei.
Grausam schwer war auch das Tragen von Eisenbahnschienen. Die gab's in Längen von bis zu sechzehn Meter und in unterschiedlichen Höhen. Getragen wurden die Schienen mit Zangen für je zwei Mann. Je nach der Länge einer Eisenbahnschiene waren beim Tragen bis zu acht Mann beteiligt. Ein Glück war, daß man uns ja die Lederschuhe abgenommen hatte und wir Holzschuhe tragen mußten. Mancher Fuß wäre weg gewesen, wenn eine Schiene fallengelassen worden wäre. Aus den Holzschuhen kam man noch raus. Die Schuhe waren zwar kaputt, aber die Füße noch ganz. Ich hatte besonderes Pech. Da ich einmeterachtzig groß war und nur zweiundfünfzig Kilo wog, kam ich beim Tragen oft nicht aus dem Kreuz raus, weil andere kleiner als ich waren. Das hinderte unsere Aufseher nicht, mich mit dem Schippenstiel ins Kreuz zu schlagen und mich so zu bestrafen, weil ich mich nicht genügend anstrengen würde, obwohl ich - aufgrund meiner Körperlänge - nichts dafür konnte. Das Trauma, Eisenbahnschienen tragen zu müssen, verarbeitete ich im Lager mit Tuschezeichnungen.

Dijon-Ville am 10.9.1947.

Albert Neuendorf, der mit mir im ESE-Magazin gearbeitet hatte und aus Altersgründen entlassen wurde, schrieb an meine Eltern am 17. Mai 1947: *Schlecht ging es uns in der ersten Zeit, als wir bei einem Brückbau beschäftigt waren. Damals war die Verpflegung noch sehr viel schlechter, als sie zur Zeit ist: Nur Kartoffeln und Wasser und davon auch nicht zuviel. Das Essen war dazu fast auch immer noch sauer.* *Dabei kam die schlechte Behandlung durch die Wachposten, die gerade bei den jüngeren Jahrgängen oft furchtbare Formen annahm. Hans ist da auch - eben weil er jung war und groß, und er als Kriegsfreiwilliger angesehen wurde - oft ohne Grund verprügelt worden. Und nach der Arbeit, im Lager, wurde weiterschikaniert.*

Die Jungen mußten rund ums Lager Hinternislaufen machen. Hinter jedem künstlichen Hindernis stand ein Posten mit der MP im Anschlag. Mit Fußtritten wurde nicht gespart. Das ging dann so lange, bis sie nicht mehr konnten und vor Erschöpfung zusammengebrochen sind. Erst dann hatten die armen Jungs Ruhe.

In einer Nacht - und das geschah öfters - wurde eine elektrische Glühbirne, die über Hans hing als er noch schrieb, vom Posten ausgeschossen. Nach dem Brückenbaukommando kamen wir an eine andere Baustelle, dort gingen auch wieder die bekannten Schikanen los. Fußtritte und Hiebe mit dem Schippenstiel waren nichts Seltenes. Dann kam Hans zu einer Firma, die Eisenkonstruktionen für Brücken machte. Dort war wohl die Behandlung etwas besser, dafür die Arbeit um so schwerer und die Arbeit zu lang. Das Kommando ging bei Dunkelheit raus und kam bei Dunkelheit wieder ins Lager.

Dann fing Hans mit malen an, und seit der Zeit geht es ihm wohl etwas besser. Später kam er dann zum Hauptbüro als Zeichner, das war wohl seine beste Zeit in der Gefangenschaft. Ein warmes Büro, angenehme Arbeit und kein Posten hinter seinem Rücken. Allerdings, schon kurze Zeit später schrieb die kommunistische Zeitung, wie es möglich wäre, daß Deutsche im Hauptbüro arbeiten, wo doch französische Zeichner arbeitslos seien. Nach knapp zwei Monaten war Hans wieder raus aus der warmen Stube.

Soweit ein Auszug aus dem Bericht von Albert Neuendorf an meine Eltern.

Zwei ganz schlimme Arbeiten waren das Schottern und das Saubermachen des Schotters, der unter den Eisenbahnschienen und den Holzschwellen lag. Mit einer Gabel, deren Gabelspitzen mit einer Kugel endeten, mußten die Schottersteine unter den Schwellen rausgeholt, vom Schmutz gesäubert und dann wieder eingeschaufelt werden. Jeder Gefangene bekam eine bestimmte Strecke zugeteilt, die er an einem Tag bewältigen mußte. Im Sommer - bei Temperaturen von bis zu 60° in der Sonne - war das grausam. Während die Posten genüßlich Rotwein aus ihren Feldflaschen tranken, bekamen wir dagegen noch nicht einmal Wasser.
Bei Estiot, Albert schrieb gerade darüber im Brief an

meine Eltern, war ich als Schmied, als Schweißer, als Nieter, als Blechbieger und was weiß ich, in welchen Berufen wir noch tätig sein mußten.

Albert schrieb darüber in seinem Brief: *Dort wurde nicht sehr schikaniert, aber die Arbeitszeit war lang. Außerdem mußten wir zusätzlich zur Arbeitszeit, morgens und abends von der Stadt ins Lager, jeweils sieben bis acht Kilometer zu Fuß laufen.*

Überhaupt, meint Albert, der Sonderführer in der Ukraine war, in seiner Schilderung für meine Eltern:
Hans wird wohl noch längere Zeit das schwere Los der Gefangenschaft ertragen müssen. Die Entlassungen gehen nur sehr schleppend vor sich, denn solch gute und billige Arbeiter bekommt der Franzose nicht so leicht wieder. Es ist das größte Unrecht, was man je erlebt hat, wenn man die Jungen, die das Pech hatten, in französische Gefangenschaft zu geraten, obwohl sie auch nur ihre Pflicht taten, wie jeder andere auch, jahrelang nach dem Kriegsende dort festhält. Während andere schon lange ihrem Beruf nachgehen oder ihre Ausbildung beenden können.
Soweit ein weiterer Auszug von Albert zu unserer beschissenen Situation.
Über das Magazin, in dem ich auch mit Albert zusammenarbeitete, entnehme ich seinem Bericht:
Seit Silvester 1946 sind wir dann zusammen auf einem Arbeitsplatz ge-wesen. Es ist das Lager für elektrischen Geräte, Telefone usw. für die Eisenbahn. Wir waren drei Mann, und wie immer sind die kleinen Kommandos die besten. Dort hatte auch Hans einen französischen Studenten als Freund, welcher uns einige Annehmlichkeiten verschafft hat. So z.B., daß wir jeden Freitag duschen können. Wir mußten Material ausgeben, stapeln, ordnen und gelegentlich auf Baustellen transportieren. Das waren oft schöne Ausflüge.

Soweit der Bericht von Albert Neuendorf.

Kartoffeln waschen, schälen, Wasser holen am Brunnen vor dem Tore, Fäkalien-Kübel entsorgen, nie ging uns die Arbeit in der sogenannten „Freizeit" aus. An freien Sonntagen wurde gewaschen, geflickt, wir nähten uns Unterhosen aus Stoffen, die vorher als Vorhänge in den Waggons der SNCF waren. Selbst Nähnadeln und die zum Nähen notwendigen Fäden mußten wir uns selber machen. Der Deutsche war zu allem fähig und erledigte alles zur größten Zufriedenheit der Franzosen.

Eine Blamage erlebten die, die uns ständig schikanierten, mit der Androhung „wartet bis die Garde kommt". Gemeint waren die ehemaligen regulären französischen Soldaten, die in Deutschland in Gefangenschaft waren.

Es gab keine Schelte oder gar Prügel, was die Pessimisten erwartet oder erhofft hatten. Die Heimkehrer - also die Garde - verstanden uns und kannten das Los der Gefangenen aus eigenem Erleben.

Erinnern möchte ich mich auch an so gute Kameraden, die schon zu Hause oder noch in Chenôve, oder wo anders waren. Ernst Britz, der lange bei Estiot dabei war. Albert Neuendorf hatte ja an meine Eltern geschrieben. Karle Eisenmann aus Heilbronn ...
Ehrmann aus Karlsruhe, der oft mit Franz Geige spielte. Alfred Peschke, der große Virtuose auf der Violine. Natürlich Horst, der noch in Chenôve ist. Willi ist inzwischen als Zivilarbeiter in Lamargel, beide waren mit mir zusammen seit dem Waldlager. Und natürlich Franz und Ernst, die schon zu Hause sind.

Ich habe im Moment nichts zu tun. Langeweile schleicht sich ein... Gedanken an schöne Stunden mit meinen Freunden im Lager Clos Charpentier kommen.
Dieser Sommer hat alles verändert. Nichts ist mehr so, wie es einmal war...
Selbst an eine so selbstverständliche Sache wie das Brotteilen erinnert man sich, denn es war ein wichtiger Vorgang. Es gab für den ganzen Tag für vier Mann ein Brot. Und das mußte korrekt geteilt werden. Die tollsten Waagen wurden erfunden, gebastelt und damit wurde, von allen sichtbar, das Brot geteilt und gewogen. Eine tägliche bedeutende Zeremonie! Der Teilende selbst durfte nur das letzte Stück nehmen. Teilen mußte jeden Tag ein anderer.
„Unser täglich Brot gib uns heute", wird so bedeutsam, wenn man so wenig davon bekommt.

Es fällt mir noch etwas ein. Wir haben ja nur zwei- oder dreimal etwas vom roten Kreuz bekommen. Und meistens pro Kopf sehr wenig. Einmal aber gab es viele Nudeln. Leute wie Willi aßen die alle auf einmal, oder wenigstens auf ein paarmal auf! Leute wie ich meinten, man muß so eine gute Gabe lange strecken. Also jeden Tag ein bißchen verwenden, um die Suppe dicker und damit bekömmlicher zu machen. So gedacht, so getan!

Nach acht Tagen, als wir abends nach Hause kamen, waren alle Nudelreste weg. Die Lagerleitung meinte: derjenige, der die Nudeln aufgespart hat, steht unter Fluchtverdacht, also wurden alle Nudeln, während wir bei der Arbeit waren „konfisziert". Sie tauchten dann in der allgemeinen Suppe für alle wieder auf. Willi meinte dazu, sein Bauch brauche nichts mehr herzugeben.

Wenn ich in der Zeit der Ruhe an so vieles denke, sollte ich mich auch an die Personen erinnern, die gut zu mir waren. Der Anteil derer, die an unserem Los teilnahmen - den wir erlebten - war ja mehr als gering. Die Menschlichkeit befindet sich scheinbar nur in Büchern.

Seit 1.9.1947 bin ich nun Employé (Angestellter) der Verwaltung im Fort d'Hauteville. Ich arbeite im „Bureau des effectives". Ein Raum in dem auch mein Bett steht. Ein kleines Fenster mit Blick auf die Brücke, die den Wassergraben überwindet, der mal als Hindernis angelegt worden ist und das Fort umgibt. Diese Arbeit oder diesen Posten verdanke ich sicher zwei Gründen: Der erste ist: Klaus Morgenstern, der Sekretär des Kommandanten. Und der Tatsache, daß ich bei ihm in Clos Charpentier Französisch lesen und schreiben gelernt habe. Und er kannte natürlich auch meine Malerei. Und er erinnerte sich sicher unserer positiven Diskussion über Gott und die Welt.

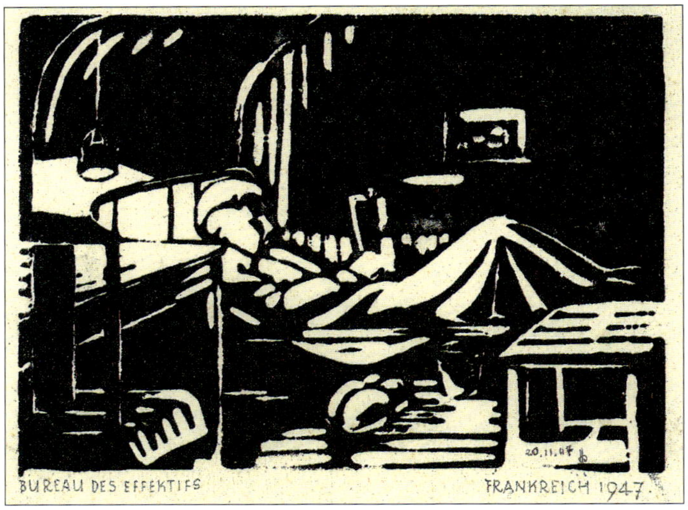

Alles geht dadurch nun wieder seinen geordneten Gang. Alles wird normal, wenn man von Normalität in unserer Situation sprechen kann, weil alles wieder, wie schon so oft, bei Null beginnt. Warten, hoffen, sich vor Sehnsucht nach irgendwas verzehrend. Nie die Hoffnung aufgebend, neue Menschen kennenzulernen, mit denen man nicht nur über das „Thema Eins", das Essen, oder in zunehmendem Maße nun auch über die Sexualität reden kann.

Mittwoch, den 22. Oktober 1947
(Meine erste Tagebucheintragung im Fort, wenn ich mal die Notizen im kleinen Kalender, den ich mal vom CVJM erhalten habe, beiseite lasse.)
Warum soll ich immer in die Vergangenheit schweifen? Die Gegenwart erfüllt mich auch manches Mal mit Freude. Trotzdem steigt in mir so richtig das Heimweh auf, nachdem ich Storms Novelle „Immensee" gelesen habe.
Welche Gefühle hat sie in mir geweckt. So denke ich an meine Jugendzeit, die so lange zurückzuliegen scheint. Und doch steht das Bild jener Tage ganz klar vor mir. Ich vergesse, daß ich hier im Büro hinter dicken Mauern sitze, die Gegenwart verschwindet und ich bin zu Hause. Also doch schon wieder die Vergangenheit?

Mittwoch, den 5. November 1947
Es ist immer wieder erstaunlich, wie schnell „Normalität" einkehrt und die Zeit verfliegt. Es ist soviel passiert, es hat sich soviel ereignet, ich kann es gar nicht alles erfassen. Trotzdem ich - im Vergleich zu Clos Charpentier - sehr viel Freizeit habe, komme ich kaum zum Schreiben.

Am 1. November ging der Transport mit Entlassenen für die Ami-Zone weg. Dabei war Walter Wolf und Ignaz Günter. Walter nahm von mir acht Bücher und das **Madonnen-Bild,** eine Kopie der heiligen Familie von **Raffael,** das ich für meine Eltern gemalt habe, mit. Diese Sorge um dieses Bild, und wie ich es nach Hause bringen wollte, habe ich nun gelöst. An Weihnachten wird es bestimmt bei meinen Eltern sein.

Bald wird nun wieder Weihnachten sein und an ein Nachhausekommen ist immer noch nicht zu denken. Wir erleben nun immer öfters, daß Mithäftlinge nach Deutschland kommen, denn hier werden die Transporte nach der Heimat zusammengestellt. Für uns, die bleiben müssen, nur weil wir jünger sind, ist das oft unfaßbar, daß andere die Glücklichen sind und in die Heimat kommen. Ich habe es nun mit meiner politischen Vergangenheit versucht. Wenn ich es damit schaffen würde, bis zu meinem zweiundzwanzigsten Geburtstag im nächsten Mai zu Hause zu sein, wäre ich glücklich. Aber ich habe wenig Hoffnung.

Am 20.9.1947 schrieb ich an meine Eltern:
Erinnert Ihr Euch noch an die Affäre im November 1943, als ich umgehend unehrenhaft aus der Hitlerjugend entlassen wurde? Könntet Ihr mir über diese Angelegenheit eine „amtliche Bescheinigung" besorgen? Wie Ihr ja wißt, war ich nie ein großer Freund des Jungvolkes. Obwohl ich Jungzugführer war. Durch meine Malerei hatten ich und mein Freund Klaus Wein andere Interessen.
Es war am 10.11.43 in Pforzheim, ein sogenannter Kreisparteitag. Klaus und ich gingen zum malen an den Wildsee im Schwarzwald, statt zum Dienst. Schon in Königsbach, als ich in Spondleranzug, mit Rucksack auf dem noch das Malstühlchen war, das Haus verließ, sah ich nur uniformierte Menschen. Gleich um die Ecke bei

Madonna (Kopie) - eine meiner ersten Studien in Fort d' Hauteville. Ich kopierte alte Meister, um mich in der Ölmalerei zu üben. Nebenstehend einer von vielen Holzschnitten, die in dieser Zeit entstanden.

Schneider Fränkle kam mir Egons Vater, Eugen Schöner, Stammführer in der Flieger-HJ, in Uniform entgegen.

So ging's bis nach Pforzheim weiter, in jeder Gemeinde stiegen nur Uniformierte ein. Am Hauptbahnhof gab es wohl, ohne Klaus und mir, keine Zivilisten. Aber wir wollten ja malen und jetzt war alles zu spät. Wir waren sowieso schon bei unseren Fähnleins nur noch „z.b.V.", also zur besonderen Verwendung. Dienst taten andere, wir nicht.
Sonst ist Euch ja alles bekannt. Ich bitte Euch nun, mir alle Nachteile, die ich dadurch hatte, daß ich gegen die Pflicht rebellierte, amtlich mitteilen zu lassen. Sofortiger Abbruch in der Kunst- und Werkschule, Beendigung der Lehrzeit, ohne Abschluß. Sofortige Einberufung zum RAD, obwohl ich noch nicht dran gewesen wäre. Die Ausweisung mit Schimpf und Schande, die mich auch noch im RAD verfolgte. Vergeßt keine Kleinigkeit, alles ist wichtig, um mir ein Zeugnis auszustellen, das beweißt, daß ich gegen das Regime war. Daß ich Opfer und ein Kämpfer dagegen war. Ich hoffe, daß Ihr mir diese Unterlagen so bald als möglich zusendet. Vater soll mal schauen, was er machen kann. Wenn ich das hier überzeugend darstellen kann, werde ich wahrscheinlich, so hoffe, ich, früher entlassen.
Stellt den Wert der Kunst gegen die Befehlsform der Nazis ins rechte Licht, damit ich meine Gründe ausführlich darstellen kann, warum ich dagegen war. Redet mit meinem Freund Roland, er kann Euch, da er Jura studiert, beraten. Soweit mein Text.
Als Antwort kam mit Datum vom 6. Oktober 1947 (Mutters Geburtstag) von der Gemeindeverwaltung Königsbach folgende eidesstattliche Erklärung:

Es erschienen heute
1. *Günther Kratt, Student in Königsbach, Bahnhofstr. 9 geb. 10.4.1926*
2. *Eugen Schöner, Rechner in Königsbach, Walther-Rathenau-Str. 14, geb. 7.1.1899*
3. *Karl Miertschke, Hauptlehrer in Königsbach, Schulstr. 6 geb. 2.7. 1894*

alle persönlich bekannt und geschäftsfähig. Sie erklärten: Wir waren während des Krieges in der hiesigen Hitlerjugend tätig und können daher dem obengenannten Hans Schöner bestätigen, daß er im Jahre 1943 wegen Ungehorsam aus dem deutschen Jungvolk ausgeschlosssen wurde. Daraufhin meldete sich Hans Schöner freiwillig zur Luftwaffe um einer Zwangseinziehung zur Waffen-SS zu entgehen. Wir bestätigen die Richtigkeit unserer Angaben an Eides statt.
Vorgelesen, genehmigt und unterschrieben.
Die drei Unterschriften und die des Bürgermeisters Fränkle.

Diese Bescheinigung dokumentierte nicht das, was war und auch nicht das, was ich wollte. „Ungehorsam", ein blödes Wort! Der Erfolg war deshalb Null. Der Kommandant des Forts meinte außerdem: „Ich sei ja wohl noch zu jung gewesen, um gegen die Nazis zu sein." Daß wir Jungen aber dauernd als Nazis dargestellt wurden und darunter leiden mußten, dazu waren wir wiederum nicht zu jung!
Also keine frühere Heimkehr. Ich war den dreien dankbar, daß sie überhaupt was gemacht haben. Günther Kratt war unser Fähnlein- und dann Jungstammführer, wurde sogar deshalb später zum Militär eingezogen, er war quasi - durch sein Amt - in der Heimat kriegswichtig! Eugen Schöner, mit dessen Sohn Egon ich in die Schule ging, war wie schon erwähnt, Stammführer. Er war unser Nachbar und immer ein symphatischer Mann. Lehrer Mierschke, bei ihm hatte ich Zeichenunterricht, sonst wußte ich über ihn so wenig, noch nicht einmal, daß er in der NSDAP war.
Also, außer Spesen nichts gewesen. Dabei spürte ich sowohl beim RAD als auch später bei der Luftwaffe, daß in meinem Stammbuch der Eintrag „Entlassung aus der HJ" vorhanden war. Ein Glück, daß viele Offiziere nicht auch noch politisch motiviert waren.

Sonntag, den 8. November 1947

Heute ist soviel auf mich eingestürmt, daß ich ganz nervös wurde. Gegen zehn Uhr kamen fünfzehn Mann aus dem Lager Clos Charpentier an. Es war eine herzliche Wiedersehensfreude unter uns alten Kumpels. Sie alle freuten sich, endlich diesem SNCF-Lager entkommen zu sein. Heinz Völker aus Kassel-Oberzweren und Rudi Wirchow aus Berlin waren die beiden, denen ich mich am meisten gewidmet habe.
Heinz brachte mir meine restlichen Bücher mit, worunter sich auch meine restlichen Briefe sowie die Briefe von Gotthold und Franz befanden. Es gab viel Neues zu erzählen, bis ich abends in aller Ruhe die Briefe, welche Else an Gotthold geschrieben hat, lesen konnte. Welch ein Schmerz zog durch meine Brust, als ich all die schönen und lieben Worte las. Ach, wie kann gerade Gotthold, der so geliebt und verehrt wurde, so ein Schicksal erleiden? Mir wurde beim Lesen mal wieder bewußt, mehr als je zuvor, wie schlimm es war, daß er aus dieser Welt scheiden mußte. Else schrieb in ihrem Brief vom 1.8.1946:
Mit gebrochenem Herzen hat noch keiner die Glücksburg erreicht. Heiter muß man sterben können, auch wenn man finster gelebt hat. Nur wer das Inferno in seiner

Seele gemeistert hat, wird ein Sohn des Lichts und hat die Prüfung bestanden.

Ihm lächelt der Weltengott zu und ruft ihn zu sich...
Die Engel sind immer da und breiten die Schwingen aus über den, der sie ruft. Gott verläßt keinen, er bittet um den letzten Sünder. Er ist in jedem Blutstropfen so gegenwärtig wie im Himmel!

Ich weiß nicht, ich kann Gotthold immer mehr verstehen, wie sehr er Else geliebt, wie sehr er an ihr gehangen hat. Es ist aber auch wunderbar, wie sie es verstand, einem Menschen immer wieder Mut und ein bißchen Freude zu geben. Wie muß ihr nun zumute sein?

Es fallen mir wieder so viele, schöne Erinnerungen ein. Zum Beispiel „der Schneeflockenbrief", der mich auch an das fallende Laub an der Renault-Tankstelle, wo ich gearbeitet habe, erinnert. Oder: „Un étè en solei á deux", Une lettre francais" usw.
Alles tritt wieder so vor meine Augen, als ob es gestern gewesen sei. In unsere Ecke beim Postempfang, wie war da Gotthold immer so glücklich, einen Brief von „seiner Else" zu empfangen. Wie haben solche Briefe wirkliche Sonnenstrahlen in seinen Käfig geworfen. Und wir, die anderen, die nicht eine solche treue Seele als Brieffreundin hatten, bekamen einige Wärmestrahlen davon ab. Nun liegt er schon lange in fremder Erde begraben. Doch wie mir heute Heinz erzählte, ist er nicht ganz vergessen, denn Therese, die im Polizeibericht erwähnte junge Französin, bringe ihm alle Tage Blumen auf sein einsames Grab. Eine geheimnisvolle Frau, von der Gotthold wenig zu mir sprach.

Von meinem Freund Klaus Wein aus Pforzheim bekam ich heute einen Brief. Welch ein Gegensatz, wenn er mir darin voller Stolz von „seiner Gunde", einem Mädchen, das ich noch nicht kenne, erzählt. Hier das pulsierende, freudige Leben, hinter mir die Worte, die eine Toten betreffen.

Wie schrieb Else einmal so deutlich: „Durch das Leid muß man erst stark werden!" Ja, das hört sich gut an, ist aber im Leid so schwer zu realisieren. Wie erscheint mir nun alles so nichtig, was ich diesen Sommer erlebt und erlitten habe! Richtig gebeugt habe ich mich unter der Last der sinnlichen Begierde. Es war der erste Angriff und ich konnte oft nicht widerstehen. Schwach ist der Mensch...
Paulette, die Nichte von M. Mirlin, war mit ihren siebzehn Jahren so kindlich, so schön und noch so naiv. Sie war, seit ich es vergessen hatte, mich von Margot Wohlschlegel zu verabschieden, das liegt nun dreieinhalb Jahre zurück, das einzige Mädchen, das mir die Hand reichte. Sie war das einzige Mädchen, das es bedauerte, daß ich nicht frei war. Der einzige, mit dem ich darüber sprach, ist tot. Und ich schäme mich, wobei ich mich frage, wofür?

Sonntag, den 9. November 1947
Der Tag war schnell vorbei. Man spürt schon wieder den frostigen Hauch des Winters. Überall fällt das Laub und das stimmt mich traurig. Es erinnert alles ans Sterben. Was haben wir eigentlich noch vom Leben zu erwarten? Wir sind so jung und schon so pessimistisch!

In zunehmendem Maße hören wir aus Briefen, daß überall große Not in Deutschland herrscht. Es bestehen kaum Chancen im Berufsleben unterzukommen, und trotzdem oder erst recht sehnen wir uns nach Hause. Als mir Horst während eines Spaziergangs erzählte, daß seine Mutter gestorben ist, von seinem Leid, da mußte ich mit meinem Los wieder zufrieden sein. So wenig ich bisher auch erlebt habe und wie schwer die Gefangenschaft auch zu ertragen ist.
Wie komisch ist doch unser Gefangenenleben. Wir haben hier im Fort zwei Generäle und etliche Offiziere, denen Kriegsverbrechen nachgesagt werden, und die doch uns gegenüber so große Vorteile im Lager haben. Sie brauchen nicht arbeiten. Sie werden - wenn kein Verfahren gegen sie läuft - schon sehr früh entlassen. Warum behandelt man uns so mies und die Offiziere so gut? Dabei hatten sie, wenigstens die ranghöheren Offiziere und die Generalstabsoffiziere so viel mehr Wissen, so viel mehr Macht, mit der sie Tausende von Landsern, so wie wir es waren, in den Tod treiben konnten!
Sie müßten eigentlich mehr bestraft werden als wir! Sie sind mitverantwortlich, zumindest gedanklich, daß wir so lange nach Kriegsende noch Zwangsarbeiten leisten müssen. Und was machen die Herren Offiziere, sie lassen deutsche Gefangene heute noch bestrafen, wenn sie nicht richtig gegrüßt werden. Das richtige Grüßen scheint den Deutschen so wichtig zu sein. Es begleitet uns selbst in der tiefsten Not! Ist das nicht der pure Wahnsinn?
Einer der Generäle hat scheinbar nur noch zwei Schulterstücke an denen man seinen Rang erkennen kann. Ein Schulterstück trägt er auf seiner Uniformjacke, das andere auf seinem Mantel. So bestückt, steht er im Hof des Forts und läßt sich grüßen! Was muß doch im Hirn eines solchen armen Menschen vorgehen? Ich weiß es nicht!
Unglaublich, aber wahr. So ändern sich die Zeiten. Noch während des Krieges, als wir in die Gefangenschaft kamen, verschwanden ganz schnell Orden und Ehrenzeichen, keiner wollte mehr gewesen sein, als ein einfacher Soldat. Einige Zeit später, manches lief wieder in geordneteren Bahnen, da tauchten plötzlich überall wieder Rangabzeichen auf. Wir, die Jungen, des Jahrgangs

Neunzehnhundertsechsundzwanzig, waren sauer, daß wir nun solche Typen wieder grüßen sollten. Wir wehrten uns dagegen. Aber es gab dann solche Offiziere und Unteroffiziere - mit den wieder aufgetauchten Rangabzeichen - die schuld waren, daß die Franzosen uns bestraften, weil wir nicht grüßten! Wann überwinden wir diesen Schwachsinn? Ich glaube nie? Traurig, daß Menschen sich so verhalten.

Wenn ich darüber nachgrüble, über die Ungerechtigkeit zwischen den Menschen und dann noch an meine Freunde in der Heimat denke, die schon wieder studieren, die ihrem Beruf trotz aller Schwierigkeiten nachgehen können, dann könnte man heulen. Es ist schon traurig - also: *„Ein Gott ist der Mensch, wenn er träumt, ein Bettler, wenn er nachdenkt."*

Freitag, den 14. November 1947

Andrés Mutter schrieb mir einen bemerkenswerten Brief. Es hat mich so gefreut, von dieser außergewöhnlichen Frau Post zu erhalten. Warum außergewöhnlich? Es war im Sommer diesen Jahres, ich mußte auf den Gleisen zwischen den Bahnsteigen saubermachen. Diese Arbeit, z. B. Scheißhaufen mit der Schippe zu entfernen, wenn junge Mädchen zuschauen und uns verspotten, ist grausam.

Das ist schlimm und unsere Situation wird noch schlimmer, wenn man sensibel ist. Da, eines Tages, ich lief auf dem Bahnsteig mit meiner zusammengeflickten Kleidung in Holzschuhen, kam mir eine elegante Dame entgegen, die mich sah, auf mich zuging und sagte: „Sie sind bestimmt Monsieur Hans!" „Dann sind sie Madame Garnier!", antwortete ich ganz spontan. Sie war's, sie war die Mutter von André. Sie genierte sich nicht, mich zu umarmen und zur Begrüßung mich auf die Wangen zu küssen. Unglaubliche Blicke ringsumher ... was geht hier vor? Menschlichkeit oder nur Spott und Häme... wir sind doch auch Menschen, auch wenn wir den Krieg verloren haben.
Und diese Frau schrieb mir, anstelle ihres Sohnes André, ins Fort:
Lieber Hans,
wir freuen uns, daß wir von Ihnen Positives gehört haben. Ich schreibe Ihnen, weil ich glaube, daß ich das wieder darf und weil ich Sie um Geduld bitte, weil André im Moment so wenig schreiben kann. Er ist mit seinem Studium in Paris sehr beschäftigt und hat Ihnen deshalb noch nicht geschrieben und er ist auch ein wenig nachlässig. Trotzdem, er denkt oft an Sie und wir sprechen oft über Ihre traurige Situation!
Und leider, mit einem traurigen Bedauern, können wir nicht viel für Sie tun. Ich weiß, daß wir immer noch riskieren, deshalb von unseren Landsleuten schlecht angesehen zu werden, weil wir uns für Sie interessieren. Aber ich bin vor allem eine Mutter, und Sie haben das Alter meines Sohnes, sind Student wie er und Maler, wie meine Mutter.

Auch sie interessiert sich für Ihre unglückliche Jugend. Ich sehe darin nichts Schlechtes. Und wir hatten Verwandte, die in deutscher Kriegsgefangenschaft waren. Der eine wurde während eines Bombardements von einem deutschen Kameraden gerettet. Wir wissen, daß Sie leiden unter dem Verlust Ihres Kameraden Gotthold. Aber, mein Kind, denken Sie an Ihre Mutter, und seien Sie nicht unvorsichtig oder leichtsinnig, Ihr Leben zu verlieren.
Ich hoffe, Sie haben jetzt in Ihrer neuen Position alle Ihre Lehrbücher erhalten, und Sie können sich damit weiterbilden und sich damit auch etwas zu zerstreuen. Ihr deutscher Kamerad hat sie sicher alle gebracht? André wird Ihnen noch weitere französische Broschüren senden.
Wenn Sie dürfen, schreiben Sie uns bitte. Und zu gleichen Zeit sagen Sie uns, ob Sie das Recht haben, ein kleines Päckchen zu empfangen. Wir möchten Ihnen gerne einige Lebensmittel senden. Haben Sie die Möglichkeit zum Malen?

Meine Mutter, Sie ist dreiundsiebzig Jahre alt, malt derzeit Bilder mit Pastellfarben. Sie gelingen ihr immer noch sehr gut, deshalb bedaure ich es sehr, daß ich sie Ihnen nicht zeigen kann.
Trotz Ihres hohen Alters ist es schön, so ein Talent zu besitzen. Gerade arbeitet sie an einem Stilleben, komponiert mit Äpfeln, drapiert auf Stoff. Sie auch, mein liebes Kind, haben Talent, obwohl sie noch so jung sind. Sind Sie nicht zu traurig, vielleicht werden Sie zu Weihnachten schon zu Hause sein. Welche Freude würde das für Sie bedeuten.
Mit den besten Grüßen, mein lieber Hans, verbleibe ich, die Mutter von André.
Oh, wie freut es mich, die Bekanntschaft solch mitleidender Menschen gemacht zu haben. *„Ein bißchen Freude hat man not, ach wie's täglich Stückchen Brot."*

Montag, den 17. November 1947

In den letzten Tagen und Wochen - auch durch den Kontakt zur Malstube - beschäftige ich mich immer mehr mit der gegenwärtigen, mit der modernen Malerei. Es drängt dermaßen viel auf mich ein, daß ich oft das Wesentliche übersehe. Das Für und Wider ist sehr stark. Es wird von Menschen geprägt, die andere Ansichten, und/ oder anderes erlebt haben. Ich habe einen etwa gleichaltrigen Leutnant kennengelernt. Er muß hier im Fort warten, weil man ihn eines Kriegsverbrechens verdächtigt.

Als Baden damals von den Franzosen eingenommen wurde, so hört man gelegentlich, soll geplündert, sollen viele Frauen vergewaltigt worden sein.

Gestern abend wollten wir ins Theater - so etwas gibt es inzwischen hier auch - aber Klaus Simon und ich kamen nicht rein, obwohl wir Karten hatten. Als wir durch die Stube „Neun" einen Blick hinter die Kulissen warfen, sahen wir viele „halbnackte" Frauen. Es gibt Männer, die die Rollen der Frauen besser spielen und besser aussahen als manche Frauen. Was täuscht man sich nicht alles vor. Aber es gibt natürlich keine einzige richtige Frau im Fort.

Am Sonntagabend in der Stube „Fünf", wollte Simon mir den Begriff „Form" klar machen. Es war mir unmöglich, seine Ausführungen zu verstehen und sie hier wiederzugeben. Es ist alles noch unreif in mir. Ich brauche viele Anregungen, die ich mir aus vorhandenen Büchern erarbeite. Simon führt alles zurück auf Gott. Ich bin Gott zwar dankbar, daß ich Simon kennengelernt habe, weil er mir so viele Anregungen gibt, aber manches Mal gehen mir unsere Gedanken bei den Diskussionen zu weit.

Der Winter hat nun bei uns Einzug gehalten. Seit ein paar Tagen liegt Schnee, der nicht mehr wegtaut. Da ich ja seit 1. September „employé" bin, darf ich auch einmal in der Woche mit den Offizieren eine Spaziergang machen. Mit Klaus Simon dabei nicht über Kunst, aber dafür übers Skifahren im Schwarzwald gesprochen.
Wir haben diesen Ausgang genossen. Zurück im Fort, nehme ich mir mal wieder Zeit, um einiges festzuschreiben. Gestern abend hat es nun geklappt und wir gingen ins Theater, das wohl mehr ein Varieté war. Es war sehr unterhaltsam. Es gab auch einen Degenschlucker. Der Meixner gefiel uns auch sehr gut, denn er gibt ein tadelloses Mädchen ab. Er ist so überzeugend in der Rolle, daß manche meinen, sie müßten dem armen Kerl unter den Rock greifen.
Von der SNCF hören wir, daß immer öfters gestreikt wird. Etwas, was wir ja bisher nie gekannt haben. Wir hoffen nur, daß dadurch keine Heimtransporte ausfallen.

Donnerstag, den 4. Dezember 1947
Abends...es fällt mir schwer das auszudrücken, was ich gefühlt habe, beim Lesen des Buches ... von Jens Peter Jacobsen. Alles ist in mir durcheinander, noch nie war mir ein Buch so unklar und anschaulich zugleich. Es sind herrliche Gedanken, die der Autor mir gleichsam immer wieder vor die Seele stellt. Und ebenso herrlich sind die Lebensweisheiten; so tief wie er sie prägt, sie führen immer zu Gott.

Es geht uns doch allen so, daß wir denken „ich habe doch wenig Böses getan" in der Hoffnung, so vor Gott bestehen zu können. Doch in der Stunde des Todes steht alles vor uns, näher, ergreifender, da gibt es kein zurück.

Jacobsen sagt in diesem Buch so deutlich, so erbarmungslos: *„Daß selbst die schönsten Träume, das tiefste Sehnen, nicht um einen Zoll größer machen".* Und dann wieder: *„Denn ein nüchternes Leben hatte ja nur den Wert, den die Träume ihm gaben."*

Ja, so war es, ich und meine Freunde, waren in den Jahren der Gefangenschaft immer hin- und hergerissen. Die Realität, die tägliche schwere Arbeit, wie man uns schikanierte, das machte uns hart. Das tägliche Träumen von einer anderen Welt machte uns weich und unbrauchbar für die Gegenwart.
Und Jacobsen schreibt weiter:
„ ...denn für die Pferde, die weder Sporen noch Peitsche dulden, ist das Leben nicht leicht. Bei jedem Schmerz, der sie trifft, fahren sie dahin auf wilden Wegen den gähnenden Abgründen zu. Sobald der Weg steinig ist und die Fahrt schwer wird, wissen sie sich nicht anders zu helfen, als die Fuhre umzuwerfen und im tollen Galopp dahinzusprengen."

Dagegen sagt wieder Selma Lagerlöf in „Gösta Berling" einen Satz, der für uns immer bedeutend war: *„Wer versteht, der haßt nicht". „Alles verstehen heißt alles verzeihen."* Ist es denn so einfach, kann man alles auf so einen Nenner bringen?

Wo beginnen die Zweifel, wo beginnt die Frage, ob wir vor Gott doch nicht versagt haben? Jacobsen läßt seinen Niels Lyhnen dazu sagen:
„Glücklich ist, wer in seinem Schmerz beim Tode eines seiner Lieben nur über die Leere, die Vereinsamung, den Verlust zu weinen hat. Denn schwerer und bitterer sind die Tränen, die sühnen sollen, was entschwundene Tage an mangelnder Liebe zu dem, der jetzt tot ist, gesehen haben, an dem man nichts von dem, was man verschuldete, wiedergutmachen kann. Denn nun kehren sie zurück: Nicht nur die harten Worte, die sorgfältig vergifteten Antworten, der schonungslose Tadel und die gedankenlose Wut, sondern auch die scharfen Gedanken, die nicht in Worte geformt wurden, vorschnelle Urteile, die einem durch den Sinn fuhren, stummes Achselzucken und ungesehenes Lächeln voll von Hohn und Ungeduld: Das alles kommt zurück wie vergiftete Pfeile, die den Schaft tief in die eigene Brust senken, den stumpfen Schaft, denn die Spitze brach ja ab, in jenem Herzen, das nicht mehr schlägt. Es schlägt nicht mehr! Du kannst nichts wieder gutmachen, nichts! Jetzt hast du genug

Liebe in deinem Herzen, aber jetzt ist es zu spät! Geh an das kalte Grab mit deinem vollen Herzen! Kannst Du den Toten näherkommen? Pflanze Blumen und flechte Kränze, bist Du ihm deshalb näher?"

In dieser ernüchternden Klarheit fand ich ähnliches in den beiden Büchern von Gulbranssen. „Ewig singen die Wälder" und „Das Erbe von Björndal".
Ist es unbegreiflich, daß ich mir über solche Themen nie Gedanken gemacht habe, obwohl man in der kurzen Zeit des Krieges Menschen sterben sah. Erst als Gotthold starb, da fing es an. Was heißt, fing es an? Kann denn das im Sinne des Gedenkens anfangen? Müssen solche Gefühle nicht schon lange in mir geschlummert haben? Hat es denn überhaupt einen Sinn, darüber zu schreiben, denn wir werden doch immer im Dunkeln wandeln!

Montag, den 8. Dezember 1947
Die Tage schleichen wieder im alten Trott vorbei. Es ist alles öde und leer, in mir und außerhalb von mir. Da mußte ich mal wieder einen Tritt bekommen, der mich vom Träumen löst und mich vorwärts bringt.
So sprach ich gestern abend lange mit Helmut. Er sagte mir unverblümt die Wahrheit. Ich bin nun wieder angestoßen worden und will in mindestens zwei Bereichen, wo es bei mir mangelt, weiterlernen: Ich will wieder Englisch und Mathematik lernen. Ich sehe es ja ein, daß ich irgend etwas lernen muß. Im Lager Chenôve, bei der SNCF, war man abends tot, ausgelaugt von der harten Arbeit. Da war die Flucht in die Träume - so meine ich - berechtigt. Und trotzdem haben wir - unser Kreis - uns weitergebildet. Hier im Fort dagegen lastet mich die Büroarbeit nicht aus und ich tue nichts! Die Malerei ist doch mehr oder weniger nur Spielerei geworden. Ich bin sogar so mutlos geworden, ob aus dem Malen, oder aus mir selbst, daß ich daran zweifle, ob jemals etwas Vernünftiges werden wird.

Zur Zeit ist die Lage in Frankreich sehr kritisch. Es wird immer wieder von Streiks, sogar von Generalstreik, gesprochen. Früher hörte ich gelegentlich von André einiges über die komunistische Gewerkschaft und deren negativen Einfluß auf die SNCF. Aber es interessierte mich damals und auch heute nicht. Und was nicht interessiert, wird nicht registriert.

Was mich deshalb mehr trifft ist das Ausbleiben von Päckchen, denn etwas Zusätzliches zum Essen wäre gerade jetzt sehr wichtig. Es wäre schlimm, wenn vor Weihnachten jegliche Post ausbleiben würde, nur weil die Kommunisten streiken! Und so ist es dann auch eingetroffen.

Donnerstag, den 18. Dezember 1947
Im Moment bin ich ausgelastet und finde kaum Zeit zum Schreiben:
Erstens das Vergleichen der Berufskartei und zweitens die Arbeit für die Transformierung der PG's in „Travailleur's libres". Es nehmen doch mehr Deutsche das Angebot an, Zivilarbeiter zu werden an, als ich dachte.
Willi Schröder beispielsweise, mit dem ich seit dem Waldlager und Clos Charpentier zusammen war, trat die Stelle, die er in Lamargel bei einem Holzhändler als PG hatte, nun als Zivilarbeiter an. Ich glaube, daß diese Entscheidung auch durch eine - so Willi - sehr hübsche Lehrerin im Ort, beeinflußt wurde.
Leutnant Simon erzählte mir voll Freude und Genugtuung, daß er bei der Konfrontierung mit dem Manne, mit dem er verwechselt wurde, in einer Minute freigesprochen worden sei. Ein Stein sei ihm vom Herzen gefallen. Es ist nicht leicht mit dem Vorwurf zu leben, man sei ein Kriegsverbrecher. Aufgrund dieser „Deplo-quage" meinte er glücklich, müßte man eigentlich feiern. Kurz vor dem Appell hat er mich dann „feierlich" zu einer kleinen, gemütlichen Stunde eingeladen. Leider fiel der Termin mit der evangelischen Adventsfeier zusammen. Ich hab mich für Simon entschieden. Da ich gerade doch noch vier Päckchen von zu Hause bekommen hatte, trotz Streik, war unsere kleine Feier, auch von dieser Seite aus, sehr nett geworden. Allerdings hat er sonst alles auf seine Kosten genommen. Vor allem sprachen wir über Rainer Maria Rilke, den er sehr verehrt. Er gab mir von diesem ein paar wunderschöne Gedichte und trug folgendes passendes Gedicht vor:

Advent...
Es treibt der Wind im Winterwalde
die Flockenherde wie ein Hirt,
und manche Tanne ahnt, wie balde
sie fromm und lichterheilig wird,
und lauscht hinaus. Den weißen Wegen
streckt sie die Zweige hin - bereit,
und wehrt dem Wind und wächst entgegen
der einen Nacht der Herrlichkeit.

Unsere Unterhaltung drehte sich dann um den Vergleich zwischen Malerei und Bühnenkunst.. also Dekoration im besten Sinne. Denn für mich ist manche moderne Malerei keine Kunst sondern Dekorationsmalerei, eben weitgehendst Effekthascherei! Es würde zu weit führen, unsere Gedanken meinem Tagebuch anzuvertrauen. Aber was ganz schlimm ist, er wird nun, nachdem er freigesprochen ist, bald, das heißt am 28.12.47, mit dem Transport für die englische Zone nach Hause fahren. Ich freue mich für ihn ohne jede Einschränkung, aber muß ich denn immer das

Pech haben, wenn ich mich mit jemandem gut verstehe, daß ich ihn dann verliere? Es waren in all den Jahren immer Trennungen, die schmerzlich waren.

Bei meinem Geburtsdatum stand einmal:
„Ach Gott, das ist ein schlimmes Ding, dem einen wie dem anderen, wenn zweie, die sich lieb gehabt, getrennte Wege wandern."
Und noch eine Aussage, die derzeit passend ist:
„Alles wie sonst... und doch im Tiefsten ein kleiner Riß, ein kleiner Sprung... Daseinsfäden gleiten auseinander."

Feitag, den 19. Dezember 1947
Es ist endgültig: Klaus Simon fährt am 29.12. nach Hause. Ich kann es noch nicht fassen, daß er von mir gerissen wird. Klaus Simon gab mir zwei schriftliche Arbeiten und zwar ein Gedicht und einen Aufsatz über den Rilke Vers:

„Ich lebe mein Leben in wachsenden Ringen
die sich über die Dinge ziehn.
Ich werde den letzten vielleicht nicht vollbringen
aber versuchen will ich ihn."

Es ist unglaublich, wie Klaus Simon es versteht, in die Worte des Dichters Verstand und Klarheit zu bringen. Vieles wird verständlicher, aber ist so schwer, das alles in Worte zu fassen.

Samstag, den 20. Dezember 1947
In vier Tagen wird Weihnachten sein. In sechs Tagen werde ich wieder unter so viele Menschen alleine, einsam sein, denn Klaus fährt in seine Heimat, nach Münster in Westfalen. Es kam vieles zusammen: Helmut, dessen Nachfolger ich werden sollte, erzählte mir alles, was sich in den drei Tagen, in denen ich nicht da war, ereignet hat. Im Januar fahren Winkler und Peters nach Hause, da will oder möchte ich ihren Platz einnehmen. Ich habe mir alles reichlich überlegt und es ist besser, wenn ich ein bißchen malen kann, als ewig an der Berufskartei zu sitzen. Es ist wie bei allem, es gibt Vorteile und eben auch Nachteile, doch ich glaube, daß die Vorteile ein klein wenig überwiegen!

Weihnachten 1947
Hier im Fort ist eigentlich keine richtige Stimmung, um Weihnachten zu feiern. Daß Klaus fährt, belastet alles. Trotzdem konnten wir im kleinsten Kreis zusammen sein. Ich selbst denke an Weihnachten, aber an das Fest zu Hause. Welch ein schönes Fest, aber die Erinnerung verklärt so manches. Wenn aber am Heiligen Abend alles auf die Dämmerung wartet, wenn wir als Kinder schon tagelang vorher beim ins Bett gehen sagten: Noch dreimal muß ich ausschlafen, dann kommt das Christkindlein. Das Dorf lag immer im tiefen Schnee. Ich stehe in Gedanken am Fenster, das voll von Eisblumen ist und sehe den langsam zu Boden schwebenden Schneeflocken zu. Der Himmel ist blaugrau, wirkt schwer, es sieht nach noch mehr Schnee aus. Ich fühlte mich im warmen Wohnzimmer so richtig wohl. Doch nach dem Mittagessen kommt Bewegung in mich, denn Vater schmückt den Christbaum. Ich als Jüngster in der Familie darf ihm helfen. Was gibt es da nicht alles zu sehn.

Bunte Glaskugeln, goldene Glöcklein, Sterne, Wachskerzen, die Tannenspitze wird gekrönt von einem wippenden silbernen Vogel, auch richtige Äpfel und Nüsse werden an die Tanne gehängt. Es ist ein feierlicher Moment, wenn mein Vater, aus seiner Werkstatt kommend, in der er den Baum richtete, in die Stube tritt. Ganz geschickt hat er vorher den Baum schön gleichmäßig gemacht, Zweige eingesetzt, wenn es leere Stellen gab.
Der Christbaumständer besteht aus drei übereinandergesetzten in sich versetzten Eichenholzplatten. Alles war geregelt, alles lief Jahr für Jahr genauso ab, so lange ich denken kann. Dabei sagte mein Vater kein Wort. Still und besonnen schmückte er den Tannenbaum. Nur ich durfte ihm helfen, ihm den Christbaumschmuck reichen, gelegentlich schon mal selber das Engelshaar auf den Baum streuen. Ich war schon sehr stolz darauf, meinem Vater so helfen zu dürfen. Langsam wurde aus einer Tanne, wie es so viele im Wald gab, ein ganz individueller, schöner Weihnachtssbaum. Wenn der Baum endlich prachtvoll dastand, war die Weihnachtsstimmung perfekt. Obwohl durch das Weihnachtsbrötchenbacken meiner Mutter schon tagelang vorher ein stimmungsvoller Duft im Haus lag.
Jeder hatte noch was zu tun und die Zeit verflog wie im Fluge. Nach dem Abendessen steigerte sich die Spannung und die Erwartung stieg, was noch alles kommen wird.
Es war schon dunkel, als wir in die Kirche gingen. Ein Gefühl der Erwartung, aber auch ein Gefühl, daß etwas Besonderes geschah, war in uns. Der Schnee erhellte die Dämmerung. Beim Läuten der Glocken traten wir in die Kirche ein, in der ein riesiger Christbaum stand, der uns Kinder mächtig beeindruckte. Wenn ich die Augen halb geschlossen habe, dann blinkte und blitzte es, als sei der Baum lebendig, als wollte er mir was sagen. Aber eifrig gingen wir nach der Kirche nach Hause, wir konnten - ungeduldig - fast den Gottesdienst nicht abwarten. Schon hörten wir, wie gelegentlich Weihnachtslieder gesungen wurden und der Schein schon brennender Kerzen, spiegelte sich im Schnee, der vor Eiseskälte so schön knirschte. Daheim war dann alles schon soweit gerichtet, daß wir in die gute Stube durften, wo all die schönen Geschenke lagen und über allem der Glanz der Kerzen strahlte.

Es war an einem der Kriegswintertage, an dem die Eltern, meine Schwester mit ihren Kindern und ich alleine zu Hause waren. Ich vergesse nie, wie Elly und Peter, die Kinde meiner Schwester, dieses Weihnachtswunder gar nicht fassen konnten. Ja, sie wußten gar nicht, wohin sie mit ihren glänzenden Augen zuerst hinschauen sollten. Es war schön, als dann mein Vater begann, „Stille Nacht, heilige Nacht" zu singen. Da war es uns allen so schwer ums Herz. Mutter und Hilde konnten ihren Tränen nicht mehr halten, die ihnen leise über die Wangen kullerten. Die Kleinen, darüber ganz erstaunt, schmiegten sich eng an ihre Mutter. Sie konnten ja nicht wissen, daß ihr Vater, Fritz Büchert und ihre Onkels, Karl, Walter, Alfred und August irgendwo in der Fremde an der Front waren, wo sie als Soldaten ihre Pflicht erfüllen mußten.
So war für uns die Freude etwas getrübt, weil wir daran denken mußten, wie wohl unsere Lieben nun im Krieg dieses Weihnachten verbringen mochten.
Jetzt ist es umgekehrt: Ich sitze in der Fremde, meine Geschwister, mein Schwager, alle sind zu Hause. Zu den zwei: Elly und Peter, haben meine Eltern noch mehr Enkel bekommen, die ich noch gar nicht gesehen habe. Es ist nun das fünfte Weihnachten, das ich fern von zu Hause, ohne meine Familie, verbringen muß. Nun, es ist spät geworden, im Schlaf werde ich vergessen, wo ich bin, und daß es einmal anders war.

Montag, den 29.12.1947
Klaus ist weg und alles ist wieder, wie es schon so oft war, eine drückende Einsamkeit! Es war eine schöne, aber kurze Zeit, die wir zusammen sein konnten. Er hat mir sicher viel geholfen, das Abschiednehmen von Gotthold und den Abschied von all den Kameraden aus dem Lager Clos Charpentier zu erleichtern. Als schönen Abschluß konnten wir noch mit Eckhard und Klaus Weihnachten verbringen. Es war still und so gemütlich, als Klaus den „Kornet" von Rilke vorlas. Ach, jetzt habe ich keine Lust mehr, darüber zu schreiben.
Nach Weihnachten gingen wir ins Theater. Klaus hat mir vorher das Du angeboten, wir sahen „Turandot" und so schnell war alles vorbei..was kann nun noch kommen?

Montag, den 29.12.1947
Ich fühle mich furchtbar elend... ich weiß nicht, was ich machen soll, alles ist mir zuwider. Es war mir klar, daß nach einem Hoch, mit einer solchen Fülle von Erlebtem, ein Tief, eine solche Leere, kommen muß. Ja, Klaus ist unwiderruflich weg.... ich muß wieder einmal eine angefangene Geschichte beenden. Aber das Leben geht weiter unaufhaltsam seinen Weg...
Aber, zitieren wir zum Jahresende, Friedrich von Schiller, der sagt, was wir fühlen, besser als ich:

Hoffnung

"Es reden und träumen die Menschen viel
Von besseren künftigen Tagen;
Nach einem glücklichen, goldenen Ziel
Sieht man sie rennen und jagen.
Die Welt wird alt und wird wieder jung,
hofft immer auf Verbesserung.

Zehntes Kapitel

1948

Donnerstag, den 1. Januar 1948
Das alte Jahr mit Hoffnung beendet. Was bleibt uns auch anderes übrig. Wir können leider nicht bestimmen, wann dieser Zwangsaufenthalt, der nun schon vierzig Monate dauert, zu Ende sein wird.
1947 hat vieles verändert. Ich bin wieder im Fort d'Hauteville, von wo aus wir 1944 nach Chenôve in's Arbeitslager der SNCF gekommen sind.
Ein neues Jahr beginnt, wird es ein Jahr voll von Sorgen und Nöten sein, oder wird es uns auch Freude bringen? Doch die erste Frage am Beginn eines neuen Jahres ist:
Wird es uns endlich die Freiheit bringen?

Den Silvester-Abend haben wir in einem Gemützustsand verbracht, der nicht normal war. Die meisten tobten - auch ohne Alkohol - wie beim Karneval. Warum? Es tobte in den Köpfen das Thema "Weiber". Ich, oder wir sagten: Die blöden Männern.
In unserem Büro kam kein warmer Ton zustande. Warum? Ich weiß es nicht. Vielleicht sind *wir* diejenigen, die nicht normal sind.
Oder doch? Sollten wir nicht viel mehr bereit sein, für all das Schwere, das, was uns das „Neue Jahr" bringt.
So zu toben, ausgelassen fröhlich zu sein, hat ja wenig Sinn.
Als Hinweis auf ein anderes Leben sollte der Gottesdienst heute morgen dienen. Ich will versuchen, im Glauben fest zu werden, denn Gott wird uns immer richtig führen.
„Jesus geh' voran"... singen wir, und es wurde mir warm ums Herz, als wir diese seit der Kindheit so vertrauten Verse sangen... Inhalte, die ich seit Jahren nicht mehr gesungen hatte.

Den Nachmittag verbrachte ich mit Eckhard und Helmut Walter, einem jungen Mann mit dem ich bisher kein Wort gesprochen habe. Man muß die Geschichten rechtzeitig enden lassen - ja - aber auch rechtzeitig neue beginnen, denn das Leben geht weiter, auch wenn wir alleine sind, ja auch wenn wir sterben...

Montag, den 5. Januar 1948
Ich finde keine Zeit zum Schreiben. Das Zusammenstellen des Transportes für die Ami-Zone und der anschließend für die Russische-Zone, nimmt uns sehr in Anspruch. Viel Freizeit bleibt da nicht.

Ich habe den ersten Brief von Else Albrecht erhalten. Sie war die Brieffreundin von Gotthold Krell. Gotthold las uns oft Briefe von ihr vor. So war sie, mit ihren Briefen, auch für uns eine wertvolle Kraft im Dunkel der Haft. Sie schreibt unter anderem über Gotthold: *Ich wollte durch mein Gedenken in Briefen und im unendlichen Glauben an seine schöne Seele, eine Mauer gegen sein hartes*

Schicksal bauen, aber eine Mauer, die ihm den Weg in die Welt nicht versperren sollte. Ich wollte ihm Licht geben, viel Leuchten, solange er das Leuchten im Dunkeln brauchte.
Und in einem anderen Brief: *Jede Freundschaft, ich rede nicht von einer Liebe, obwohl die das größte Geschenk, nicht Verdienst ist, will Gottesgeschenk sein. Man kann deshalb nicht mit Gottesgeschenken spielen, diese Gabe ist, weil sie von Gott kommt, auch Aufgabe. Man ist verantwortlich für den anderen, für die Seele des anderen. Man hat das Licht, die Freude, mit ernstem Herzen zu schenken, und Gott zu bitten, daß man es in Ehrlichkeit kann, daß es einem immer wieder zur Wahrheit hilft.*
Warum schreibe ich Ihnen dieses so offen?
Weil sie Gottholds Freund gewesen sind. Weil sie nicht an Gottholds Schicksal irre werden sollen und an den Menschen im Allgemeinen!

Dienstag, den 13. Januar 1948
Ich war krank und fühlte mich nach dem Fieber noch gar nicht so wohl. Ich bin müde in einem so naßkalten Wetter, und habe mal wieder keinen Mut. Im Revier habe ich zwei nette Kameraden kennengelernt: Kurt Bretz aus Karlsruhe und Josef Jupenlatz aus Pforzheim. Beide warten auf den nächsten Ami-Transport. Sie sind nicht viel älter als ich - aber waren Unteroffiziere - und werden deshalb früher entlassen.
Ein gewisser Hans Denis, 47 Jahre alt, Holländer, und Angehöriger der Christlichen Wissenschaften, fiel mir besonders auf. Er sprach in einer Art und Weise, daß man gleich merken konnte, wessen Geistes Kind er war. Auch hier - oder besser gesagt er - führte das Gespräch sofort zu Gott. Er meinte, daß die Menschen sich wieder mehr Gott zuwenden müßten, um den Anforderungen der „Jetztzeit" zu genügen.
Unter anderem sprachen wir auch über die Ehe und damit auch über die Erziehung der Kinder. Es war für mich erstaunlich, mit welch einfachen Worten, er wesentliches erfaßte und zum Ausdruck brachte. Er redete auch - was in unserer Zeit gar nocht so üblich war - über die rein geschlechtliche Triebhaftigkeit und wie schwer es sei, als junger Mensch sich davon das richtige Bild zu machen.

Daran - so meinte Denis - liege schon ein Fehler bei der Kindererziehung. Es gäbe zu viele Tabus.
In einem gewissen Alter begännen instinktiv, sowohl bei den Mädchen als auch bei den Jungs, die Fragen nach der Herkunft der Kinder. Er sei normal, dieser Wissensdrang der Jugendlichen. Hier sei es ganz besonders wichtig, daß Eltern ihre Kinder aufklären. Das sei gut so!
Wichen die Eltern den an sie gerichteten Fragen aus, fühle das Kind, daß hier etwas nicht stimme.
Oft und leider weit verbreitet, müßten die Heranwachsenden dann oft schmutzige Bemerkungen, Andeutungen, die eher Angst als Freude vermittelten, von älteren Gespielinnen oder Freunden hören. Die Ergebnisse seien bekannt.
Schade, daß dieses Thema nur angedeutet wurde, denn die Zeit im Revier während der Krankheit war viel zu kurz.

Donnerstag, den 15.1.1948
Post, endlich mal wieder Post aus der Heimat. Besonders ergreift mich dabei ein Brief von Franz Morbitzer, der die Freiheit, die ersehnte, nun zu Hause ganz anders, als wir sie uns vorstellten, erlebt.
Ja, so schreibt Franz, *auch ich finde mich nun allmählich in mein Schicksal und komme langsam wieder ins Gleichgewicht. Wie hast Du denn diesmal Weihnachten alleine gefeiert? Denkst Du auch noch an das Haferflocken-Pudding-Gemisch, das wir Anno 1946 verzehrten? Die Erinnerungen lassen einem nie los! Und Sylvester?*
Das habe ich heuer ganz eigenartig gefeiert. Bis um 21.oo Uhr hatte ich bei der Eisenbahn Dienst. Und dann als alles zum Tanzen ging, schritt ich langsam und gedankenverloren am Tanzsaal vorbei, wo die Jugend wirbelte und lärmte, vorbei in mein Quartier.
Kurz vor Mitternacht aber stieg ich auf einen nahen Berg, um das Jahresende für mich alleine in Gotttes freier Natur zu feiern. Da stand ich mutterseelenallein in romantischer Mondnacht über der Stadt und schaute auf die vielen Lichter herab. Dann, es schlug zwölf Uhr, läuteten alle Glocken von nah und fern. Vom Kirchturm her hörte ich die Hörner blasen. Dann wurde es wieder still, nur die Wasser der Kocher rauschten und manches Mal drangen Stimmen aus dem Tanzsaal an mein Ohr.

Da fühlte ich mich, in meiner Einsamkeit, so erhaben über all das Volk da unten - wenn ich auch sonst im Alltag unter ihnen stehen muß, weil mich das Schicksal so arm gemacht hat. Hans, in dieser Stimmung mußte ich an Dich und Gotthold denken. Und später: *Vor wenigen Stunden noch stand ich frei und froh, wie ein König auf einer Höhe, und schaute erhaben auf die Stadt herab, und am nächsten Tag muß ich wieder im rauchigen Bahnhof arbeiten, als der niedrigste der Rangierarbeiter - ganz unten - Papier sammelnd, Bahnsteig fegend. Das ist schwerer zu ertragen als damals, als wir in der Gefangenschaft bei der SNCF das gleiche tun mußten!*
Franz hat seine Heimat, das Sudetenland, verloren. Er muß nun ohne entsprechenden Schulabschluß, statt Lehrer zu werden, bei der Eisenbahn ganz unten beginnen.

Er meinte in seinem Brief: *Du merkst Hans, ich bin in der richtigen Stimmung. Die Wanderung auf den Berg hatte mich so fröhlich gestimmt. Gotthold würde mich einen Schwärmer schimpfen. Aber ich bin einmal so, himmelhoch jauchzend - und zu Tode betrübt. Die ganze Tragik des Menschen liegt in diesen fünf Worten!*
Also ein Gefühl, das uns nicht nur in der Gefangenschaft beherrscht.
Armer Franz, ich bedaure ihn. Er hätte als Flüchtling, in der neuen Heimat, sicher ein besseres Los verdient.

Sonntag, den 25. Januar 1948
Der Tag, an dem ich als Maler auf die Stube Nr. 7 kommen soll, rückt immer näher. Es fehlt aber noch die Genehmigung des Kommandanten. Ich bin mir allerdings immer noch nicht im klaren, was für mich besser sein wird.
Überhaupt, seit ich krank bin, ist mir wieder alles zuwider. Dazu kommt das Verhalten von Horst - der nun Lagerleiter in Chenôve ist - gegen mich. Ich bin halt nicht mehr bei der SNCF, hier bin ich einer unter vielen! Ich muß mich halt dreinfinden! Die große Frage ist, wie geht es weiter als Maler.

Eine Skizze von meinem neuen Arbeitsplatz in Fort d' Hauteville.

Mittwoch, den 28. Januar 1948
Ich habe es geschafft. Auf meinem neuen Arbeitsplatz schreibe ich die ersten Zeilen. Unglaublich, aber wahr. Ich bin Maler in der Malstube des Fort d'Hauteville. Während ich in all den Jahren im Lager Clos Charpentier tatsächlich nur in in der knappen Freizeit malen oder zeichnen konnte, gibt es hier schon seit langem ein „Atelier", in dem Maler ausschließlich für die Offiziere arbeiten können. Und ich gehöre nun auch dazu! Bis jetzt gefällt es mir sehr gut. Aber es gibt soviel Neues, daß ich mich erst mal beruhigen muß.

Natürlich war ich im Lager Clos Charpentier als Maler und Portraitist bekannt. Hatte aber nie große Vorteile dadurch, im Gegenteil, viele meiner Kumpels meinten: „Du bist nichts Besonderes, Du bekommst keine bevorzugte Behandlung! Und nun...
...es ist unfaßbar. Ich kann von morgens bis abends malen, zeichnen... unfaßbar schön.

Nach dem Tod von Gotthold bin ich nun schon monatelang im Fort. Allerdings hatte man mich ohne jeden Grund erstmals in den Bunker gesteckt. Dann allerdings kam ich als „Employé" zum Stamm, wurde also Angestellter der Verwaltung. Da steckte sicher Klaus Morgenstern dahinter, daß ich direkt vom Gefängsnis diese Stelle ins Bureau des Effectives bekam. Aber nun? Erstmal ist es egal, wie es dazu kam, ich habs erreicht.

Dieser Tage bekam ich auch den Brief, datiert vom 13.1.1948, von der Kriegsgefangenenhilfe der Y.M.C.A. 13, Avenue Raymond Poincarè, Paris, 16e.

Unsere Ausstellung „Gefangenenkunst" ist am 23. November '47 beendet worden. Wir haben deshalb Heute ihre uns übersandten Werke: ein Ölbild und ein Foto, welche bei uns unter der Nr. 14, 15 eingetragen waren, zurückgesandt. Und so weiter...
...als Anerkennung erhalten Sie ein Zigarettenetuis.
Die Kommision künstlerischer Sachverständiger hat folgendes Gutachten über Ihre Arbeit abgegeben:
„Begabung zur Malerei. Sinn für Farben. Ihre Bilder zeugten von Phantasie und Ideenreichtum." Ich freute mich, das zu hören. Wenn auch die Anerkennung in Form des Zigarettenetuis für einen Nichtraucher wohl nicht das richtige war. Allein die Tatsache, daß ich mich bei einer solchen Ausstellung betätigen durfte, war toll. Weiter war außergewöhnlich, daß ich diese Nachricht nun als „angestellter" Maler bekam.

Und, so ist das ja oft, fast zur selben Zeit kam ein Brief von meinen Eltern, die sich über das von mir gemalte Ölbild *"die heilige Familie"*, so sehr gefreut haben.

Ich kopierte dieses Motiv von Raffael, konnte es dem Heimkehrer Wolf mitgeben, der es auch persönlich meinen Eltern brachte. Sie freuten sich sehr und schrieben, alle Leute würden das Bild bewundern.

Die Nachrichten aus Deutschland häufen sich. Insbesondere hat Klaus Simon mir gleich zweimal geschrieben. Er hat meinen Eltern in einem ausführlichen Zustandsbericht über mich berichtet, und unsere Freundschaft geschildert, so wie ich es hätte nicht schreiben können.

Am 5.1.48 schrieb Klaus Simon aus dem Entlassungslager: *Vorläufig ist man immer noch ein Stück Fleisch mit einer Nummer, bald darf ich wieder Mensch sein.*

Minden, den 11. Januar 1948
Ich stehe seit meiner Ankunft am 6.1., in einer solchen Fülle von neuen Bildern, Menschen und Eindrücken, daß ich sie unmöglich alle bewältigen kann. Ich bin im Augenblick nur Aufnehmender, hörend, sehend. Die Tage sind randgefüllt mit Erleben, Forderndem, ich muß erst ganz langsam hineinfinden.

Alle Menschen, auch die scheinbar bekannten innerhalb des engsten Familienkreises sind Bücher geworden mit sieben Siegeln, die erst langsam und behutsam geöffnet werden müssen. Gott sei Dank nimmt man viel Rücksicht und drängt mich nicht in das neue Leben hinein.

Und später sagt Klaus: *Die jetzt ‚gängige' Mädchenwelt ist mir völlig unbekannt; als ich fortging waren es Knospen, nun sind sie ein vollaufgeblühter Blumenflor. Aber auch in dieser Beziehung sind meine Schritte langsam. Das Leben ist für einen Heimkehrer beglückend und gefährlich zugleich. Viel Angestautes, Entbehrtes möchte sich Bahn brechen, über die Ufer schäumen und doch darf das nicht sein. Unser abseitig gelebtes Leben, muß langsam, stetig in das Hier einmünden. Ich hatte bisher eine nette, kurze Kaffeestunde mit dem ‚bewußten' Mädchen. Die Jahrgänge unseres Wegganges sind über uns hinausgewachsen, wir müssen wieder tiefer schauen. Die große Sorge ist ein anständiger Anzug. Vorläufig laufe ich in der Marineuniform meines älteren Bruders herum, die etwas zivilisiert wurde. Die Kleidungsfrage scheint weit schwieriger zu sei, als die Herbeischaffung von Lebensmitteln.*

Minden, den 16. Januar 1948
Ja, Hans, so merkwürdig es klingen mag, ich vermisse gerade in diesen ersten Tagen eine Möglichkeit, mich für kurze Stunden, aus all dem Trubel, dem anstürmenden - wie wir es im Fort d'Hauteville konnten - etwas zurückzuziehen. Ich möchte langsam auch wieder selbst sprechen lernen, nicht nur immer aufnehmen. Ich möchte mein Ich ausfragen können, was es denn nun eigentlich zu all dem Neuen sagt. Die Welt ist eine ganz andere geworden, als die, die wir verließen. Die äußeren Bilder sind - soweit vorhanden - noch bekannt, aber das Leben, das in diesen Jahren durch sie hindurchfloß, muß neu erfahren werden. Dieses Leben, das jetzt so intensiv, so geballt in einem Augenblick, gelebt wird. Nicht die fließende Zeit hat ein Recht, Vergangenheit, Gegenwart und Zukunft drängt sich in diesem Einen zusammen, das Jetzt und Hier heißt. Und hat man es ausgesprochen, so ist es schon vorbei, ein Anderes geworden.
Der Augenblick, die kleinste Zeiteinheit, die Sekunde ist jeglichem Ding als Stempel aufgedrückt.
Mir fällt der resignierende Hölderlin-Vers ein:

Doch uns ist gegeben,
Auf keiner Städte zu ruhn,
Es schwinden, es fallen
Die leidenden Menschen
Blindlings von einer
Stunde zur anderen,
Wie Wasser von Klippe
zu Klippe geworfen,
Jahrelang ins Ungewisse hinab.

Hölderlin zerbrach im Geistigen: Er kannte keinen Gott, er kannte nur die Sehnsucht ohne Ziel.
Unsere Menschen sind gezeichnet vom Materiellen, von der Not des Allltags, der reinen existentiellen Angstfrage:

Werden wir morgen noch leben können?

Aber ich glaube, diese Frage ist trotz ihrer Dringlichkeit und Unabweisbarkeit nur sekundär. Die Angst, die eingekeilt zwischen den Materien liegt, kann nur möglich sein, weil wir keine geistige Heimat mehr besitzen, weil wir das Vertrauen in den Menschen, in die Welt, in Gott verloren haben.
Wir müssen um Vertrauen, um Liebe kämpfen und das Gift des Mißtrauens jedwedem Ding gegenüber aus unseren Herzen reißen. Mancher wird daran zerbrechen, aber ein Ziel sehen, ein Ziel: Das ist heute alles, sonst bleiben wir Treibholz auf dem chaotischen Meer des Lebens.
Hans, dies sind erste Eindrücke. Sie ermutigen nicht sehr, und doch gibt es so viel Positives: Ansätze, Keime, die in die Zukunft weißen, so daß wir kein Recht zum Verzweifeln haben.
Dieser Blick in die Zukunft muß uns frei bleiben und deshalb meine ich, wir müssen hier, in diesem Leben, mit seinen Attributen der Unruhe und des Gehetztseins immer wieder die Verbindung zu dem äußerlich gesichterten Leben der letzten vier Jahre suchen.

Vergangenes - für mich Vergangenes - und Zukünftiges müssen sich verbinden zum Gegenwärtigen, müssen es ausweiten über den begrenzten Horizont des Augenblicks.
Wir müssen auch unsere Zeit wieder unter dem Aspekt des Ewigen sehen lernen.
Hans, bewahre Dir ein wenig Idealismus, religiösen Idealismus, denn dieser ist realistisch, und Du wirst auch dieses Leben, das Gefahr ist, bestehen.

Klaus Simon schildert das oder sein neues Leben eindrucksvoll. Einladungen, Tanzvergnügen, an denen er nicht immer teilnimmt. Er schätzt die Behaglichkeit und Wärme seines Zuhauses bei seinen Eltern. Hat sich auch ein bißchen in das bewußte Mädchen, von dem er mir im Fort erzählte, verliebt. Aber erstaunlich - sie sei nun zu alt für ihn - Klaus meint *Ich brauche Verständnis für meine besondere Situation, eine leitende Hand, die mich in dieses Leben hineinführt.*

Hatte das nicht auch Gotthold genauso formuliert? Wer braucht das nicht? Wir, die zurückblieben im Elend, gemessen an dem, was Klaus oder auch Franz schreiben, brauchen auch eine Hand, die uns führt. So schön, so erbauend alle Briefe sind, die nun von allen Seiten zu uns kommen, um so mehr sehnt man sich nach der Freiheit. Wir sehnen uns aber nach etwas ohne das Ziel zu kennen.

Auf meine Heimkehr werde ich noch warten müssen, die Sehnsucht wird durch die dermaßen schöne Schilderung der Ankunft von Klaus Simon immer stärker werden.
Ich bin eigentlich froh und glücklich, daß so viele Menschen an mich denken, obwohl ich so weit und schon so lange von zu Hause weg bin. Denn das Sprichwort: „Aus den Augen, aus dem Sinn" stimmt hier scheinbar nicht! Andererseits, wenn ich lese, wie die zu Hause, trotz aller Schwierigkeiten, in Frieden leben, ist das schon sehr schwer zu ertragen.
Deshalb zeichnet der folgende Bericht, den Klaus an meine Eltern sandte, mein aktuelles Leben sehr treffend.

Minden, den 15. Januar 1948
Liebe Familie Schöner! Heute endlich kann ich das Versprechen einlösen, das ich vor meiner Abfahrt aus Dijon Ihrem Sohn Hans gab; nämlich einmal objektiv und ungehemmt über das Leben dort und über Hans zu berichten. Ich war von Ende Oktober bis zum 27.12.1947, also zwei Monate, im Fort d'Hauteville als vermeintlicher Kriegsverbrecher. Am 12.12. wurde ich dem Belastungszeugen gegenübergestellt, der Irrtum stellte sich heraus, und ich wurde freigelassen.
In Gefangenschaft geriet ich bereits im Mai 1944 bei Cassino und war dann drei Jahre in einem Offizierslager in *Nordafrika, anschließend ein halbes Jahr in Südfrankreich, von wo ich dann zur Verfügung des Gerichts nach Dijon beordert wurde.*
Dies nur als kurze Vorstellung.

Im Fort d'Hauteville lernte ich Anfang November, gelegentlich eines Spaziergangs, den wir Offiziere damals mit der Stammannschaft des Forts machten, Hans kennen. Über dieses mehr zufällige Gespräch hinaus stellten wir gemeinsame Interessen fest, so daß ich Hans bat, wenn es seine Zeit erlaube, mich öfters aufzusuchen.
Ich lebte zu der Zeit, sehr für mich und freute mich daher umso mehr, einen Menchen gefunden zu haben, mit dem ich über die Fragen sprechen konnte, die mich so interessierten.
Darüber hinaus stellten wir im Verlauf unserer Gespräche eine gewisse, ergänzende Wesensgleichheit fest, die der Anfang einer wirklich beglückenden und über den grauen Gefangenenalltag hinweghebenden Freundschaft wurde.

Ich hatte mich in den Gefangenenjahren etwas mit der Kunstgeschichte, besonders mit der Modernen, beschäftigt, und habe auch vor, in diesem Fach zu studieren.

Hans hingegen füllte seine Freizeit oft mit Malen, Zeichnen und mit der Herstellung von Linolschnitten aus. So ergab sich ein Gespräch, in dem wir beide Gebende und Empfangende waren.
Hans brachte mir oft seine Bilder und bat mich um meine Stellungnahme. Ich fühlte mich eigentlich noch gar nicht berechtigt, über diese Dinge zu urteilen, da ich ja selbst noch Laie bin. Aber die Offenheit und Natürlichkeit, mit der Hans diese Bitten aussprach, ließ mich einen Ton finden, der nicht der des Lehrers zum Schüler war, sondern der zweier Freunde, die gemeinsam in das Gebiet ihrer Interessen hineinfinden wollen.
Hans machte mich des öfteren beim Betrachten von Bildern auf Dinge aufmerksam, die eben nur ein Malerauge wahrnehmen kann, und ich versuchte, ihn in die Problematik der heutigen Kunst etwas einzuführen. Er brachte mir viel vom Praktischen her, während ich mich mehr mit dem Theoretischen auseinandergesetzt hatte. So ergaben sich immer Gespräche, die uns gegenseitig förderten. Oft, wenn Hans, manchesmal etwas überschwenglich, mir danken wollte, für das, was ich ihm sagte, mußte ich mir beschämt gestehen, daß eigentlich ich derjenige war, der so hätte danken müssen.
Von dem Gebiet der Kunst, das wohl immer das Hauptthema unseres Zusammenseins war, kamen wir auch in andere Bereiche des geistigen Lebens, in denen ich mich etwas sicherer fühlte (ich habe mich während der langen Gefangenschaft schon ziemlich intensiv auf

mein Philologiestudium vorbereitet), und es als eine Beglückung empfand, Hans etwas von meinen eigenen Ansichten und Meinungen erzählen zu können.

Nun wird es Sie sicher interessieren, was Hans zu tun hat, wie er seinen Tag verbringt und wie er aussieht.
Wie Sie ja wissen, gehört er zum Stamm dieses Hauptlagers. Der Stamm setzt sich aus denen zusammen, die ständig im Fort bleiben und die organisatorische Abwicklung des Lagers in den Händen haben. Es handelt sich hierbei in der Hauptsache um die Abstellung, Verlegung und Hereinberufung der Arbeitskommandos und um die Aufstellung der Repatrierungslisten, gemäß den vorgesehenen Entlassungs-Kategorien. Das Fort mit seinem Stamm von 120 Mann ist also die Zentrale für alle außen arbeitenden Gefangenen.

Hans, der auf dem "Bureau des Effictives" arbeitet, das die personellen Angelegenheiten der P.G zu behandeln hat, hat eine normale Arbeitszeit von 8 bis 12 Uhr und von 14 bis 16 Uhr. Oft bleibt ihm für Privatbeschäftigungen zwischen dieser Arbeitszeit noch einiger Raum. Bei größerem Anfall von Arbeit, besonders wenn Heimkehrertransporte zusammengestellt werden und abgehen, müssen wohl auch noch Überstunden gemacht werden. Seine Arbeit ist körperlich nicht anstrengend. Der Stamm des Forts hat den Vorteil, geheizte Zimmer zu besitzen. Daher verbringt man auch außerhalb der Arbeit seine Zeit in den Büroräumen und geht nur zum Schlafen in die großen, ungeheizten, gemeinsamen Säle.

Verpflegungsmäßig sind die Stammannschaften gegenüber denen, die sich zufällig für einige Zeit im Fort aufhalten, um dann wieder auf ein Kommando zu gehen, bessergestellt.
Das ist insofern gerechtfertigt, da sie, die Stammannschaft, im Fort nicht die Möglichkeiten haben, sich auf Nebenwegen etwas Zusätzliches zum Essen zu beschaffen.
Wenn auch dieser Verpflegungssatz für manchen unzureichend sein mag, so ist das eine durchgängige Erscheinung fast aller Lager. Ein Existenzminimum bietet er ganz gewiß, oft geht er sogar darüber hinaus.
Aber als junger Mensch hat man natürlich immer Hunger, uns ging es genauso. Anlass zu Befürchtungen bestehen dieserhalb nicht.
Hinzu kommt, daß das Essen in der Gefangenschaft einen viel breiteren Raum einnimmt, als im normalen Leben: Es ist eine der wichtigsten Beschäftigungen, die den Tag einteilen.
Als ich Hans am 27.12. verließ war er gesund. Sie werden also den Hans wiedersehen, wie er sie vor vier Jahren verlassen hat. Allerdings wird er sich in seinem Wesen geändert haben. Diese Jahre machen reifer, ernster und älter - aus dem Jungen ist ein Mann geworden.
Soweit der Bericht von Klaus Simon an meine Eltern

Ich selbst komme zur Zeit nicht mehr zum Schreiben, weil jeden Abend zu viele Leute in die Malstube kommen und mich in meiner Ruhe stören. Es ist schön, wenn man besucht wird, aber wenn zu viele kommen, findet man nicht die nötige Konzentration, um mit der neuen Situation fertig zu werden.

Anfang Fabruar erhielt ich von André einen Brief: *Du wirst glauben, daß ich Dich vergessen habe, nachdem ich so lange Zeit Deine Briefe nicht beantwortet habe. Jeder Brief von Dir macht mir sehr viel Freude und deshalb schäme ich mich, daß ich Dir nicht mehr schreibe. Denn ich verstehe, wie sehr Du Dich freust, einen Brief zu erhalten. Es ist ja ein Sonnenstrahl ins Innere Deiner Einsamkeit. Und ich möchte, so gut wie ich das kann, Dir helfen, Dein aktuelles Los besser zu ertragen.*
Wo ist die schöne Zeit geblieben, in der wir zusammen diskutieren konnten?

Wir waren nicht immer einer Meinung, aber es war notwendig und angenehm, daß wir unsere Ideen aus tauschen konnten. Denn das ist eine der besten Mittel sich gegenseitig kennenzulernen, und darüber hinaus unsere beiden Länder. Wenn die ganze Welt sich so verhalten würde, wäre es möglich, daß wir niemals Krieg miteinander hätten. Unglücklicherweise ziehen die Menschen es vor, sich zu töten! Vielleicht ist das viel einfacher, als sich gegenseitig zu verstehen. Das ist aber eine traurige Wahrheit!
Jetzt können wir nicht mehr miteinander reden, außer Du wirst Zivilarbeiter? Wäre das besser?"

Sonntag, den 8. Februar 1948
Mit Walter Gaudig komme ich ganz gut zurecht. Er ist älter als ich. Er hatte die Chance, hier zu malen, schon seit einigen Monaten. In vielen Dingen der Malerei hat er mir Vorbildliches gezeigt. Eigentlich ist er sehr ruhig, redet nicht viel, aber malt dafür um so besser.

Vor allem hat Walter mir die Augen geöffnet, wie man Schnee malen kann. Schnee empfinden wir weiß, weil wir wissen, daß Schnee weiß ist, aber Schnee paßt sich jeder Umgebung an. Er ist mal blau, gelb, rosenrot usw. - Es ist erstaunlich, wie viel lebendiger dann Schnee wirkt. In einem Ölbild von den Schweizer Bergen konnte ich das neue Wissen realisieren.

Nein, die Angst, ob ich mich richtig entschieden habe, besteht nicht mehr. Ich möchte nicht mehr ins „Bureau

Ein Beispiel das zeigt, wie man Schnee malen kann...

des effectives" zurück. Es war allerdings schon tausendmal besser als alle Kommandos in bei der SNCF, aber daß ich nun den ganzen Tag, die ganze Woche, ja die ganze Zeit malen kann, kann durch nichts anderes ersetzt werden. Höchstens durch die Freiheit. Und mein Freund Klaus Wein hat mir am 12.1.48 geschrieben, ich könnte jederzeit, sofort in der Kunst- und Werkschule weiterstudieren. Ist das nicht wunderbar und gleichzeitig zum Heulen? *Ich bin heute* - so schreibt Klaus - *zum ersten Mal wieder in der Schule gewesen. Über die Feiertage habe ich an zwei figürlichen Schmuck-Anhängern gearbeitet. Sie sind für die geplante Ausstellung der Zunft „Turm" gedacht. Sie wird am kommenden Samstag eröffnet. Du kannst Dir denken, wie gespannt ich auf eine entsprechende Resonanz bin. Es wird nun langsam Zeit, daß beim Goldschmieden was Brauchbares herauskommt. Wenn ich daran denke, daß ich im Mai 23 Jahre alt werde und eigentlich noch nichts bin und nichts habe, wird mir ganz angst. Man kann sich nur trösten, daß es bei vielen noch schlimmer ist. Doch ist das für Dich ein trauriger Trost!*

Samstag, den 14. Februar 1948
Wie schnell verliert man hier seine Nerven. Nun haben wir viel zu malen und schon hat man die Nase voll. Es gibt immer an Aufträgen zu arbeiten..
Außerdem bin ich dabei, das Gotthold-Gedächtnisbild zu vollenden. Doch bin ich mir noch nicht im klaren, ob ich es nun Gottholds Eltern oder Fräulein Albrecht schenken soll. Ich war zwar überzeugt, es Else zu geben, aber Rudi Virchow hat mich davon wieder abgebracht. Er meinte, das sei kein Bild für Gottholds Freundin. Wahrscheinlich gebe es doch an Else.
Zuerst sollte es nur eine einfache Erinnerung sein. Aber ich habe es nun symbolisch zu gestalten versucht. Von oben scheint das Licht der Erkenntnis, das allein die Helligkeit in die Szene bringt. Es flutet über den Erlöser zum Sarg, der real sehr stark im Licht steht. Die Totenwache, durch Willi, Horst, Heinz und mich selbst, soll mehr nebensächlich sein, ja, oder gar fast verschwinden, daß man es nur ahnt, daß jemand wacht. Die Totenwacht entsprach ja auch nicht der Realität.
Das Bild soll aussagen, daß jeder, der diese Erde verläßt, unter dem Schutz des Erlösers steht und dem Licht der Erkenntnis nahe sein wird. Wenn es mir gelingt, das auszudrücken, dann soll es doch Fräulein Else Albrecht erhalten.
Denn dann kann nicht mehr, wie Rudi es meint, beim Anschauen des Bildes, beim Betrachten, nur Schlechtes und Unangenehmes hervorgerufen werden, sondern es erinnert daran, daß wir jederzeit bereit sein müssen zu sterben. Daß der Tod ein Teil unseres Lebens ist!

Ich habe mal wieder die Briefe von Else Albrecht an Gotthold gelesen. Ich verstehe dieses Mädchen und was Gotthold an ihr hatte, immer mehr. Und fast möchte ich sagen, ich liebe sie immer mehr.
... Und weiter geht das Leben
es kann dir so viel geben...
... meint in ihrem Gedicht Marga Teuscher.
Und wirklich, das Leben geht weiter, ob wir wollen oder nicht. Die Hoffnung, daß wir dieses Jahr nach Hause kommen und, wie andere, die ihr Glück schon gefunden haben, auch unseres finden werden, bleibt bestehen.

Aber hier lebt man trotz Malerei so vor sich hin. Zusammen mit Rudi Virchow frischen wir unser Französisch auf. Sonst kommt von Clos Charpentier kein Ton. Wenn nicht André und seine Mutter schreiben würden, meinte ich, ich wäre in einer anderen Welt.
Madame la professeur Bianquis, ebenso wie ihre Studenten, insbesondere M. Petiot, der Briefträger, schweigen...
Kann man es ihnen übelnehmen? Nein!

Sonntag, den 15. Februar 1948
Ich lese Goethes „Hermann und Dorothea". Welch edle Gefühle er darin auszudrücken vermag, ist einfach herrlich. Ich hatte einmal in Chenôve damit begonnen, aber jetzt, da ich alles zu Ende gelesen habe, entsteht ein so klares Bild vor mir. Wieviel mehr begreife ich nun von der Reinheit der Frau. Bis jetzt habe ich Frauen auch nur so widersprüchlich empfunden. Obwohl Tolstoi einmal über Goethe gesagt haben soll: *„Goethe hat nur das Schöne gesehen!"*

Vielleicht hat Goethe auch das andere Gesicht, das Zwielichtige, der Frauen gesehen, es aber nicht sehen wollen?

Gestern abend war ich im Kino, so etwas gibt es nun im Hauptlager auch. Ich sah den Film: "Tout mon coeur Veronica". Er hat mir sehr gut gefallen. Der Film wurde von den Nazis verboten, sagte man uns, weil die Hauptdarstellerin eine Jüdin war. Wie blöde! Hätte man mir das nicht gesagt, hätte ich nie geglaubt, daß Franziska Gaal eine Jüdin sei, denn sie ist bezaubernd. Und das auch noch, nachdem wir jahrelang keine deutsche Frau mehr gesehen haben.

Heute morgen sprach der Pfarrer über Masken. Er meinte, jeder Mensch sei gelegentlich oder immer gezwungen, mit einer entsprechenden Maske zu leben. Die Menschen wollen immer das Scheinen, was sie sein wollen. Das würde schlußendlich zum Nihilismus führen? Da würde sich der Teufel die schlimmste Maske aufsetzen, das Nichts!

Schwer zu verstehen, aber der es sagte, war auch noch ein junger Pfarrer.
Ich wollte nochmals ins Kino gehen, weil man damit für zwei Stunden die Zeit totschlägt. Wie schlimm, aber stimmt das etwa nicht?

Man vergißt die Gegenwart, flüchtet in eine unreale Wirklichkeit und erleidet anschließend, in unserer Situation, um so schlimmer den folgenden Katzenjammer.
Wir kommen gerade vom Kino und es hat uns wieder gut gefallen. Die Veronica weckt Wünsche, die - seit es uns hier, zumindest was das Essen angeht, besser geht - nicht leisten können. Ein schöner Schein, meinten mit mir Rudi, Eckhart sowie der neue Pfarrer, er heißt Helmut Fischer. Wir meinen alle, daß es nun endlich Zeit sei, daß wir nach Hause kommen, sonst könnte man noch durch solch schöne Frauenbilder wahnsinnig werden.

Ein Sonntag-Nachmittag, am 22. Februar 1948
Es ist selten so schön ruhig, wie das sonst nur bei uns in der Malstube ist. Ich selbst mache keine Ausnahme, ich bin nach all den Jahren des Verzweifeltseins ruhiger

geworden. Ich reiße mich von meinem in Arbeit befindlichen Bild los, um den Vormittag zu schildern.
Es war Gottesdienst mit Abendmahl-Feier. Zum letzten Mal hatte ich bei meiner Konfirmation am Abendmahl teilgenommen. Seitdem sind acht Jahre vergangen, in denen ich mehr oder weniger vom Weg, den uns Jesus Christus zeigt, abkomme. Immer und immer mehr machten wir uns, seit wir in Gefangenschaft sind, Gedanken über die Religionen. Gotthold, Franz und ich, uns war die Religionslehre nicht ganz fremd. Das in ihr enthaltene Gedankengut war nicht schlecht. Aber unser Schicksal ließ und zweifeln.
Als dann Gotthold so ein tragisches Ende fand, Franz zu Hause war, wurde bei mir immer mehr die Frage laut: „Warum muß denn das so sein?"
Damals, Siegfried Wend war noch unser Lagerpfarrer, sagte er mir: *Nicht warum fragen, sondern wozu mußte das alles sein?*
Wozu? Das war der Anfang, um noch mehr zu zweifeln. Wozu kann ein solch hirnloser Mord gut sein? Ich weiß es nicht!
Siegfried Wend, ein Pfarrer, wie man ihn sich wünscht, reichte mir das Abendmahl...
... und er hat mich in ganz neue Zweifel gestürzt. Schade, daß er nur zu Besuch bei uns im Fort war. Und wir gemeinsam diese Zweifel hätten beseitigen können. Oder es wenigstens im Dialog hätten versuchen können. Und dieses Zweifeln an Gottes Gerechtigkeit erinnerte mich wieder an: *„Ein Gott ist der Mensch, wenn er träumt, ein Bettler wenn er nachdenkt."* Aber können wir leben ohne über alles nachzudenken? Nein, also sind wir Bettler!

Dienstag, den 24. Februar 1948

Sehr viel Arbeit und schöne Aufträge beim Malen, damit vergeht die Zeit schneller, und man denkt nicht mehr nach, weil wir keine Bettler sein wollen! Und weil ich trotz allem das Leben bejahe!
Es kamen schon lange keine Päckchen mehr, und deshalb macht sich der Hunger wieder bemerkbar. Im Clos Charpentier konnte ich durchs Malen manchen Laib Brot verdienen, hier läuft nichts extra, die Offiziere zahlen nichts! Die Liebesgaben von zu Hause sind deshalb um so wichtiger. Meine lieben Eltern sind ja auch so erfinderisch. In der Butter - was hier etwas ganz Besonderes bedeutet - ist schon mal ein Ring eingebettet. In der Marmelade schon mal unsichtbar eine Eppo-Uhr. Mein Vater, der für Schmuck- und Uhrenfirmen arbeitet, kann das im Gegengeschäft besorgen. Und für mich können damit Tauschgeschäfte gemacht werden, um dadurch mehr Essbares zu ergattern.

Aber ich mußte meine Tagebuchnotizen unterbrechen, um zum Vortrag von Pfarrer Siegfried Wend zu gehen. Der Vortrag war nicht so interessant wie der gestrige. Siegfried erläuterte nochmals den Kampf der Kirchen gegen den Nihilismus. Die evangelische Kirche will sich um den kommenden Lebenskampf kümmern, will den Heimkehrenden moralische Unterstützung geben, und denen, die noch in Gefangenschaft ausharren müssen, Trost spenden. Die Meinung über die Trost spendenden Kirchen haben wir ja von Rilke gehört! Sie ist nicht positiv!
Nach dieser Abendandacht, bei der auch General Täglichsbeck anwesend war, verabschiedete sich dieser, da er mit dem nächsten Transport nach Hause kommt. Ebenso fahren Freunde mit, die ich durch Klaus Simon kennenlernte: Dr. Langer und Oberleutnant Hoffmann.
Langsam werden es immer weniger. Wir, die Jungen, müssen bis zum Schluß bleiben. Wann aber für uns dieser Schluß sein wird, sagt niemand, wahrscheinlich weiß das auch keiner.
Ich freue mich ja schon darauf, daß es bald Frühling und damit wärmer wird. In der Malstube habe ich dauernd kalte Füße. Immer friert man. Im „Bureau des effectives" wurde geheizt, deshalb war es schön warm - na, Kunst muß halt leiden.

Mein „Kollege" in der Malstube: Walter Gaudig.

Heute besuchten mich Leutnant Morel und der Colonel, dabei waren auch noch andere Offiziere. Sie schauten meine Bilder an. Es war schon mal was Besonderes, dieser Besuch und die große Zahl der Besucher. Es gefällt ihnen alles gut. Die Bilder gehören ja auch den Offizieren. Warum sie mich besuchten und was sie wollten, das sagten sie nicht.

Mittwoch, den 25. Februar 1948

Mit der Malerei ist alles so unendlich schwer. Ich sehe wohl, wie Walter Gaudig alles anders malt, auch warum, aber ich selbst fasse alles ganz anders auf. Kann ich oder will ich kein "Gaudig" werden? Walter gibt sich bestimmt viel Mühe, aber es hilft mir nicht allzuviel. Vielleicht kommt es noch - er malt ja schon einige Jahre länger als ich. Er hatte sein Studium schon vor und während des Krieges beendet. Ich habe mal gerade in die Kunst- und Werkschule hineingeschnuppert.Trotzdem, wenn ich seine Bilder mit meinen vergleiche, meine ich oft, so werde ich es nie schaffen. Manches Mal möchte ich alles hinwerfen, aber ich glaube, das liegt nicht nur am Können und in der Begabung. Ich sehe und empfinde alles anders als Walter!

Sonntag, den 29. Februar 1948

Immer wieder treffen aus Clos Charpentier alte, lang bekannte Gesichter ein, die von hier aus entlassen werden. So fahren Karl-Heinz Ziegler und vor allem Karl Eisenmann aus Heilbronn, er ist schon älter, mit dem Ami-Transport nach Hause. Es ist ein dauerndes Wiedersehen und zugleich Abschied nehmen. Ob wir uns nochmals in der Freiheit begegnen werden?

Montag, den 1. März 1948

Es ist schönstes Wetter. Unser Spaziergang der Stammmitglieder und der noch restlichen Offiziere nach Daix war sehr schön. Das Rauskommen aus den Kasematten, in die frische Luft, ist schon sehr wichtig. Vorher, im "Bureau des effectives", sah ich ins Freie, sah den Himmel - in unserer Malstube sieht man dagegen nichts - außer dem, was wir mit unserer Phantasie gestalten.

Beim Spazierengehen fliegen natürlich auch die Gedanken raus aus dem Alltag. Sie wandern nach Hause. So dachte ich heute sehr intensiv an den Spaziergang am Kirchberg in Königsbach. Er, ein Südhang, lag schon immer sehr früh in der Sonne. Spaziergänge mit Freunden sind plötzlich so deutlich vor mir, daß die Gegenwart verdrängt wird.

Im Fort, am Abend, sprach Siegfried Wend über seine Erlebnisse, über Land und Leute in Finnland. Es war schön zu hören, daß es da oben Menschen gibt, die die Freiheit über alles schätzen. Und die, in den unendlichen Weiten der rauhen Natur, Gott näher sind als wir.

Neu ist, ich habe wieder Hunger. Scheinbar sind doch alle Künstler auch Hungerleider.
Neu ist auch, daß keine Gefangenen mehr, die dem Stamm angehören, früher entlassen werden. Das trifft uns. Jeder kann also nur streng nach seiner Kategorie fahren. Das heißt wir, unsere Jahrgänge, werden die letzten sein. Wann?
Und warum müssen wir - die Jungen - die letzten sein?

Dienstag, den 2. März 1948

Was es nicht alles gibt. Ich las in einem Heft: „Charakterzeichnung als heilseelsorgerliche Aufgabe. Der Autor ist ein Eduard Le Seur. Nun passierte danach folgendes: „Als ich an meinen Platz in der Malstube kam, saß dort meine Mutter. Ich freute mich dermaßen, daß ich sie überschwenglich küßte. Beide weinten wir Tränen der Freude und des Leids. Sie sorgte sich. Ich sagte ihr immer wieder, daß es mir gar nicht so schlecht gehe und daß ich die paar Monate bis zur Heimkehr auch noch aushalten würde.
Beim Verabschieden war meine Mutter plötzlich nicht mehr da, wie das so bei Träumen der Fall sei.
Wir liefen alle auf eine hohe Brücke, die scheinbar wie eine Zugbrücke einer Burg war. Tief im Tal konnte ich einen kapitalen Hirsch erkennen, auf den ein Flugzeug Jagd machte. Als das Flugzeug zum ersten Anflug ansetzte, erkannte ich an einem Wasserfall, auf einem Felsen liegend, meine Mutter.
Beim zweiten Anflug stürzte der Hirsch, ebenso wie meine Mutter, von den MG-Garben tödlich getroffen in den Fluß.
Es war ein schwerer Ab- und Aufstieg. Endlich lag meine Mutter aufgebahrt im Fort. In einem wunderbaren Schrein war unsäglich viel Silber- und Goldschmuck enthalten, den meine Mutter bei sich hatte. Drei Ringe vielen mir besonders auf. Zwei große, an denen ein kleiner Ring angebunden war. Sie sahen aus wie Eheringe. Lange dachte ich darüber nach, wie meine Mutter ins Fort gekommen ist und wie es möglich ist, daß sie tot vor mir liegt.
Ganz langsam dämmerte es mir, daß alles ein Traum war.

Den Rest der Nacht verbrachte ich schlaflos. Immer wieder mußte ich an den Traum denken und noch mehr an jenes Heft, in dem der Autor - Le Seur - schrieb, daß es Telepathie gäbe, daß es Momente gibt, wo Soldaten an der Front, viele Kilometer von der Heimat entfernt, gefallen sind, und es die Mutter oder die Braut des Gefallenen, im

Blick auf meinen neuen Arbeitsplatz in der Malstube im Fort d' Hauteville

gleichen Moment gespürt oder geahnt haben.
Ich konnte nicht mehr weiterdenken, denn der Gedanke meine Mutter könnte tot sein, ist furchtbar!

Freitag, den 5. März 1948
Der Hunger ist besiegt, denn es kamen viele Päckchen. Roland Böhringer sandte mit ein Englisch-Buch.
Wir machten einen herrlichen Spaziergang.
Es wird immer wärmer. Willi Schröder ist inzwischen Zivilarbeiter geworden. Da gab's dann noch bei der Post ein Gedenkblatt zur Erinnerung an die Zerstörung der Stadt Pforzheim. 90 Prozent der Stadt liegen in Schutt und Asche. Mehr als 25000 Tote soll es gegeben haben. Auch alle meine Verwandten, die in Pforzheim wohnten, sind tot. Auch mein Onkel Johann, von dem ich meinen Vornamen habe. Mein Vater hat, was noch von den Toten übrig war, beerdigt. Das öffnet die Augen im Sinne von Kriegsverbrechen. Es muß ja furchtbar sein, wie soll es da weitergehen? Ich glaube, wir in Gefangenschaft dürfen jetzt nicht mehr klagen.

Sonntag, den 7. März 1948
Es ist ein herrliches Wetter - in der Volkschule sagten wir da: „Herr Lehrer, das Wetter ist schön, wir wollen spazieren gehen:" Wir dürfen. Ich bin ganz aufgeregt, weil wir heute zum ersten Mal ohne Wachposten spazieren gehen dürfen. Man hat endlich mal wieder das Gefühl, als ob sich was zum Positiven verändern würde. Die kleinen, notwendigen Vorbereitungen erinnerten mich an jene längst vergangenen Zeiten, als wir jedes Wochenende im Schwarzwald wandern gingen. Klaus Wein und ich saßen bei einem solchen Ausflug, mal an der Enz und aquarellierten. Zufällig traf uns da der Direktor der Kunst- und Werkschule, Frank. Er war erstaunt, ja befriedigt, uns so am Wochenende malend zu sehen. Ab dem Zeitpunkt hatten wir bei Frank „einen Stein im Brett".
Das waren schöne Zeiten. Inzwischen hat man das Wandern verlernt, weil ich immer im Lager eingesperrt war. Viele P.G.'s, die bei Bauern waren, und ins Fort zurückkommen, erzählen, daß sie oft mehr als zehn Kilometer weit an den Wochenenden gewandert seien. Das war bei uns, bei der SNCF, nicht denkbar. Heute erst kann ich nachempfinden, wie saumäßig dreckig es uns bei der SNCF in Clos Charpentier ging. Glücklicherweise verglichen wir damals die Zeit mit 1944 und 1944 war ja alles noch viel schlimmer. Doch es ist vorbei, wir sehen - oder hoffen - daß unsere Zeit der Gefangenschaft nun doch zu Ende gehen wird.
André schrieb in seinem Brief vom 29.1.48 zum Thema Entlassung: „Mieux vaut tard que jamais". „Lieber spät als gar nicht."

Es ist nach einem herrlichen Tag abend geworden. Zeit, um die ersten Eindrücke dieses ersten Ausganges - allein, ohne Posten - zu schildern. Ab 13.30 Uhr waren wir im Freien. Es ging in Richtung Plombières. Wir wanderten durch ein schönes Tal, das oft an den Schwarzwald erinnerte, den Berg hinauf bis wir auf dem obersten Felsen standen. Von da aus hatten wir eine herrliche Aussicht. Oh, es war schön da oben, gleichsam über allem Trubel, zu stehen. Es war ruhig, die Sonne schien schon so warm. Unten im Tal sahen wir die Liebespaare spazierengehen. Was soll ich da noch schreiben? Es war schön und traurig zugleich.

Klaus Wein schrieb in seinem letzten Brief: „Erfüllung ist nichts, Sehnsucht ist alles!" Von Walter Flex aus dem Buch: Wanderer zwischen zwei Welten.
Er schreibt: *Ich glaube, daß wir so lange wir leben, immer, wahrscheinlich auch in der Freiheit, daran denken müssen, daß auch wir Wanderer zwischen zwei Welten sind. Sofort, wenn etwas in Erfüllung geht, treibt uns die Sehnsucht auf weitere, fernere Ziele zu.*

Montag, den 8. März 1948
Ich weiß mal wieder nicht so recht, was ich tun soll. Als Maler - und wahrscheinlich auch mit anderen Menschen brauche ich Harmonie, um positives zu schaffen. In ausgleichender Harmonie gelingt alles - aber ohne...

Nun sei es, wie es will. Eckhard Dehlinger, der oft dabei war, als Klaus Simon noch da war, kommt mich nun immer öfters in der Malstube besuchen. Wir erzählen uns Jugenderlebnisse. Das versetzt uns nicht nur in schönere Zeiten zurück, wir versuchen auch die Jugendzeit psychologisch zu ergründen. Wir reden über das Verhältnis Sohn zur Mutter, oder und später zur Frau. Das Ganze betrachtet aus der Sicht der christlichen Lehre, ein wenig trocken, erstaunlich aber auch deshalb weil Eckhard noch ein Jahr jünger ist als ich. Er ist erst zwanzig Jahre jung und außerordentlich belesen.
Wir sind ja im allgemeinen oft geneigt, über solche Standpunkte nicht zu diskutieren, weil das Thema Frau zu oft nur aus der Sicht des Thema „Eins" gesehen wird.

Donnerstag, den 11. März 1948
Oft, zu oft, wenn ich male, lenkt mich die Erinnerung an Engele von der Arbeit ab. Das ist Irmgard Engelbrecht aus Pforzheim. Die Briefe, die ich an sie schrieb, kamen als unzustellbar, mit dem Hinweis „Ausgebombt" zurück. Wahrscheinlich ist es der nun beginnende Frühling, der mich an jenen herrlichen Frühling im Jahr 1943 erinnert. Heute ist es der Frühling der Sehnsucht, vor fünf Jahren war es ein erfüllender Frühling. Erfüllung, was man damals so darunter verstand. Beides sind Frühlinge, bei beiden erwacht die

Natur zu neuem Leben. Sie schmückt sich in den schönsten Farben, als ob sie wüßte, daß sie im Herbst des Lebens, im Winter, wieder sterben muß. Alles im Leben, so sagt man, sei nur eine Zeitlang wichtig.

Wenn man, wie damals, im Grase liegend, träumt, dann gibt es kein Fort d'Hauteville mit seinen vielen Kasematten, in die nie die Sonne scheint, aus denen man den Himmel nicht sehen kann, dann gibt es keine Wachposten, keine Gefangenschaft. Darum, die Gedanken sind frei, dann bin ich zu Hause, in meiner Jugendzeit.
Ich denke an jenen verhängnisvollen Abend, als ich Engele zum erstesn Mal sah.

Träume ich oder ist es Wirklichkeit. Bei unserem Elternabend im Gasthaussaal des „Grünen Baum" war sie von ihrer Schulkameradin Margot Weingärtner eingeladen. So schnell wie nie war ich in sie verliebt. Es gab ein tolles Durcheinander, endlich war sie mein, und dann ging's in den Frühling hinein. Der Frühling, der mir in diesem Jahr schöner als sonst erschien. Alles blühte nur für uns und wir waren glücklich bei Ausflügen in der großen zauberhaften Natur. Aber das Glück, es dauerte nur einen kurzen Frühling lang. Heute, als hartgewordener P.G., wundere ich mich oft, wenn ich daran denke, daß zum Beispiel Margot Wohlschlegel zu unserem ähnlich kurzen Glück 1944, sagte: „Ich staune Hans, daß es schon acht Wochen dauert!"
Wie lange dauerten damals acht Wochen. Aber was sind dagegen acht Wochen in einer schon mehr als vier Jahre dauernden Gefangenschaft? Nichts!
Doch damals, die Wochen des jugendlichen Glücks, des ersten Verliebtseins, sie sind unvergeßlich und sie klingen auch heute noch in mir nach.
In vielen trüben Stunden kommen sie, die Glückstage, hervor, gleichsam mahnend: Was bedeutet schon das Leid, wenn man sich solcher Stunden ohne Scham erinnern kann?
Heute steht man anderen Dingen anders gegenüber, anders deshalb, weil das Leben so sinnlos scheint. Wer kann da noch in die Zukunft schauen?
Langsam verstehe ich die Existenzphilosophie, die da vereinfacht meint: Man muß nur in der Gegenwart leben, nie in der Zukunft, da uns diese ewig im ungewissen lassen wird. Eine Bewegung der Gegenwart mit Diskusionen nach der Frage des Menschseins, der Besinnung auf die menschliche Existenz in ihrer Endlichkeit. Ist es deshalb sinnlos sich Gedanken über die Zukunft zu machen? Ist es besser, von der Hand in den Mund zu leben? Ja, wir haben es so gelernt in der Gefangenschaft. Und Hunderttausende, die auf den Trümmern Ihrer Habe sitzen, denken die auch so? Haben auch sie keine Hoffnung mehr?
Wie wird das werden nach dem verlorenen Krieg, nachdem nun wir die Entrechteten sind? Wie wird der Konflikt zwischen Rußland und Amerika sich auswirken? Ist der Kapitalismus so viel besser als der Kommunismus?

Kann man es uns verdenken, wenn wir sagen: Heute lebe ich. Und morgen wird man sehen, wie es weitergeht. Wir, die Kleinen sind doch nur Spielbälle der Großen! Wer das auch immer sein mag: die Großen!?

Einer der schlimmsten Gedanken war immer: Nach einem Krieg nicht in der Familie in Frieden leben, sondern in der Angst an einen noch schrecklicheren Folgekrieg denken zu müssen!
Wie sollen wir Jüngeren nun daran denken, eine Familie zu gründen, sich eine neue Existenz aufzubauen, der Religion zu vertrauen, wenn wir noch nicht mal wissen, wann man uns aus dieser unwürdigen Zwangslage entlassen wird.
Aus der Sicht des Glaubens sieht dann aber vieles schon anders aus. Aber darüber ein anderes Mal mehr.

Freitag, den 12. März 1948
Eckhard zeigte mir seinen Bilder-Album. Er hat zwei sehr schöne Schwestern im Alter von neunzehn und zwanzig Jahren. Herrliche Fotos, wenn man sie anschaut, könnte man schon verrückt werden.
Zurück zur Realität: Eben werden die Namen des Russentransports vorgelesen: 350 Mann gehen zur Filzung, als ob die noch was hätten, was man beschlagnahmen könnte.
Abends gibt sich Siegfried Wend, ein sympatischer Pfarrer, mehr noch: ein Freund, alle Mühe, uns auf andere Gedanken zu bringen. Sein Thema lautet: „Aberglaube und Wunderglauben". Er führte unter anderem aus, daß die Wunder des Alten und Neuen Testaments möglich sein können, in dem Moment wo wir Gott als höchste Instanz anerkennen. Er kann sich jederzeit über die von Menschen gebildeten Grenzen hinweg setzen. Das erscheint dem normal gebildeten Menschen wiederum als unbegreiflich, also glaubt der Mensch an Wunder. Aberglaube sei - so Wend - bis zu einem gewissen Grad Blödsinn!

Zum Beispiel „der Dreizehnte", oder „die schwarze Katze", die einem über den Weg läuft; das Käutzchen, das in der Nacht vor einem hellerleuchteten Fenster schreit, bedeutet den kommenden Tod. Alles kann natürlich zu einem Unglück führen, wenn man daran glaubt. Genau so wie der Glaube Wunder bewirken kann. Es gibt natürlich Kräfte zwischen Himmel und Erde, die unbestreitbar größere Macht auf uns haben. Jesus selbst hat das anerkannt, als er sagte: „Ich bin auf die Welt gekommen, um die Mächte der Finsternis zu zerstören!"

Friede auf Erden: Jesus kam nicht, um diesen Frieden auf Erden zu schaffen, wie wir es meinen, sondern um Frieden im Menschen zu stiften!

Sonntag, den 14. März 1948

Gerade war feierliches „Scheiß-Kübel" ausleeren. Die Betreuungsgruppe macht das nun zum „eintausendsten" Male. Toll, wenn es nach so vielen Jahren immer noch keine Sanitären Anlagen gibt, also geht es mit Musikbegleitung besser...

Anläßlich des Beethoven-Abends, dessen Einladungskarten ich gestaltet habe, saß der Kulturreferent, Richard Schäfermeyer, neben mir. Er sollte in der „Hauteville Zeitung", so etwas gibt es nun auch, seine Kritik über diesen Abend veröffentlichen. Er schlief allerdings sehr fest und sehr lange. Also wird daraus nicht viel werden, ein Kommentar meinerseits ist unnötig. Schade für die schön gedruckten Karten!

Fast hätte ich sie vergessen, die große Neuigkeit: Horst kam gestern mit noch zwanzig Mann von Clos Charpentier zurück, Er war ja dort, Nachfolger von Paul Borgmann als Vertrauensmann geworden, oder besser gesagt, er war nun deutscher Lagerleiter. Viele von den Ankommenden kenne ich, sie würden "bloquiert" für M. (was wahrscheinich Minen bedeutet. Das ist das härteste Kommando in den Kohlebergwerken - von dort kamen nur wenige wieder gesund und lebend heraus)

Neu ist, und das ist die Überaschung: Horst wird ab sofort Zivilarbeiter. Und das kam so. Auf der anderen Straßenseite, gegenüber vom Lager Clos Charpentier, lebt eine Mutter mit ihrer sehr hübschen neunzehnjährigen Tochter. Sie heißt - wie die Enkelin von M. Mirlin, meinem ehemaligen Chef im Magazin, Paulette. Horst hat sie kennengelernt, und um mit ihr zusammenzusein, hat er sich nun freiwillig gemeldet. Allerdings meinte Horst, und das kann man auch verstehen, er müßte in die Russische Zone heimkehren, das will er nicht, und außerdem ist seine Mutter vor einiger Zeit gestorben.

Also zwei Gründe, die für seine Entscheidung, Zivilarbeiter zu werden, sprechen, und natürlich ist die hübsche Tochter der wahrscheinliche Hauptgrund. Wir werden sehen, wie das nun wird und ob er zu dieser Familie mit der reizenden Tochter kommen wird.

Am späten Nachmittag machten wir noch einen Spaziergang - wieder alleine. Zwar nicht lange und nicht weit weg, aber wir konnten, na was wohl, promenierende Pärchen auf der Straße sehen!

Wir werden die Gefangenschaft noch durchstehen. Ich melde mich nicht, wie nun mein langjähriger Freund Horst und vorher Willi und viele andere, wegen Mädchen als Zivilarbeiter. Bis Weihnachten werden wir wohl zu Hause sein. Ich wurde nicht freiwillig Kriegsgefangener und werde nicht freiwillig für die Franzosen arbeiten.

Dienstag, den 16. März 1948

Die Patronin von Horst holt ihn ab. Er kommt also doch in diese Familie, in der es neben der besagten Tochter noch viele Kinder, aber scheinbar keinen Vater gibt. Manche sagen: Der Weg zur Tochter führt über die Mutter. Seine zukünftige Chefin sieht ziemlich schlampig aus. Da sie angeblich viel Geld hat, könnte sie sich eigentlich besser pflegen und kleiden. Aber Horst hat sich ja in die Tochter verknallt und - so hoffen wir - nicht in die Mutter. Horst nahm Bücher und ein kleines Päckchen von mir mit, das er zu meinen Eltern schicken wird.

Mittwoch, den 17.März 1948

Künstler sagt man, sind in ihren Ansichten nicht sehr zimperlich. Im Moment, siehe Horst und andere Zivilarbeiter, ist das Thema "Eins" nicht mehr das Essen, sondern wie beim Komis "die Frauen". Denn *die* Liebe, über die wir sprechen, kann für die Allgemeinheit ja nicht gültig sein. Sehr verstärkt wird nun das Thema "Eins". Man meint und sagt: Es wären die drei "P's" die die Welt zusammen halten.

Das erste „P" die Punz, das zweite „P" das Portmonnaie, das dritte „P" der Pimmel! Toll, echt, einfach, aber kann das so sein? Nun, Walter, mein Künstler-Kollege, zählt mir einige Beispiele auf, die von großen Künstlern zu allen Zeiten festgehalten wurden. Dabei ist „die Leda mit dem Schwan" noch das harmloseste. Er selbst hat viele Stunden lang dieses sinnlichste aller Themen gezeichnet und gemalt. Ich selbst habe mich mal mit Heimkehr zur Frau und der Heimkehr zur Mutter auseinandergesetzt.

Walter zitierte einen Malerkollegen, der vor meiner Zeit da war, er hieß Otto Benischke, der meinte sogar, ein guter Pimmel, sei mehr wert als Geld, Verstand, Wissen usw. Sehr wahrscheinlich, frage ich mich nun, habe ich mich bei allen Mädchen in die ich verliebt und die ich umschwärmt habe, mich in diesem oben genannten Sinne, falsch verhalten? Es war nur eine Frage, denn ich bereue mein bisheriges Verhalten nicht.

Hermann Löns meint zwar in seinem Roman „Das zweite Gesicht", „Frauenvolk und Nesselkraut", wer sacht zufaßt, kriegt Blasen auf die Haut". Und in den Lebensansichten

Heimkehr zur Mutter.

Heimkehr zur Frau.

des Kater's Murr, von E.T.A. Hoffmann steht gar etwas zum Zweifeln:

„Sehnsucht, heißes Verlangen erfüllt die Brust, aber hat man endlich das gewonnen, nach dem man rang mit tausend Not und Sorgen, so erstarrt jenes Verlangen alsbald zur todkalten Gleichgültigkeit, und man wirft das errungene Gut von sich, wie ein abgenutztes Spielzeug. Und kaum ist dies geschehen, so folgt bittere Reue der raschen Tat, man ringt aufs Neue und das Leben eilt dahin in Verlangen und Abscheu."

Und ein weiteres Zitat von Alexander Dumas, entnommen dem Buch „Der Fall Clemençeau."
„Für die Frauen gibt es überhaupt nur zweierlei: Das Gute und das Schlechte. Sobald sie einmal von dem Ersten abweichen, dann sind sie nicht ein, zwei oder drei Viertel schlecht, sondern sie werden es durch und durch. Es kommt nicht darauf an, wie oft sie sündigen. Der erste Fehltritt bedeutet alles; die anderen sind nur dessen unvermeindliche und logische Folge. Der Bruch mit der Zucht und Sitte kommt ihnen am schwersten an; ist dies einmal geschehen, so kommt alles andere schon von selbst."
Und: *„Im Zustand des sexuellen Darbens bekommt ihr Wesen, und wenn sie die reinste Seele hätte, entweder etwas Abweisend-Herbes oder etwas Buhlerisches jedem Mann gegenüber, der einigermaßen Eindruck auf sie macht. Und im Gegensatz zu ihr hat die befriedigte, glückliche Frau etwas Mütterlich-Gütiges, demetrisch Reines im Verkehr mit dem Manne."* Und, bitte beachten, das sagt eine Frau: Grete Meisel-Hess.
Und da es alle anderen besser sagen können als ich, noch ein Zitat, das alles wieder in eine entsprechende Relation bringt!

„Ja, was war die Liebe? Sie war wie das Maßliebchen, das sich beim Nahen der Nacht weit öffnet, und sie war wie die Anemone, die sich vor einem Hauch schließt und bei der Berührung stirbt. So war die Liebe.
Sie konnte heute micht lieben, morgen dich und die nächste Nacht ihn, so unbeständig war sie. - Aber sie konnte auch festhalten wie ein unzerbrechliches Siegel und gleich unerlöslich bis zur Todesstunde flammen, denn so ewig war sie." Aus „Ursula".

Was will dazu ein einundzwanzigjähriger Mensch sagen, der bisher mehr als vier Jahre lang in Gefangenschaft war, in Lagern, ohne jede Berührung zu irgendeiner Frau. Der glücklich in der Erinnerung an viele schöne Stunden mit Mädchen lebte, der glücklich war, daß er Paulette, die Enkelin seines Chefs, mit der Hand berühren konnte?!
Was könnte man da sicher noch alles erzählen - so vieles wie damals in Crailsheim, wo alles begann. Da paßt alles nicht. Ich lasse mir deshalb von niemandem meine Einstellung zu Frauen zerstören!

Donnerstag, den 18. März 1948
Es ist Wahnsinn, heute kam die Nachricht, daß ich nach Auxonne versetzt werde. Hört denn das nie auf? Man wird, ohne gefragt zu werden, verschoben wie ein Stück Vieh!
Es ist schon interessant, daß ich als Maler angefordert wurde. Bevor ich in die Malstube ins Fort gekommen bin, wäre ich glücklich gewesen. Un nun, es ist zum Kotzen... Jetzt muß ich wieder neue Beziehungen aufbauen und bestehende beenden. Als Horst mir die Nachricht brachte, wollte ich es gar nicht glauben. Ich ging sofort aufs „Bureau des effectives", dort wurde es bestätigt. Klaus Morgenstern, unser ehemaliger Lehrer und heutiger Sekretär des Komandanten, war da, er sagte, daß Dewig mich halten wollte, aber ich muß weg.

Samstag, den 20. März 1948
Der letzte Tag im Fort d'Hauteville ist angebrochen. Ich hoffe, daß das nun für immer der letzte Tag sein wird. Ein langes Kapitel in meinem noch so kurzen Leben ist damit beendet.

Hier hat sich vieles Positives und noch mehr leidvolles abgespielt, wie wird es nun in Auxonne werden? Ich weiß es nicht. Es ist schon wieder 11 Uhr nachts, die Zeit rast. Ich wurde nicht gefilzt. Nach dem Abendessen muß ich auf die „Vierzehn" ziehen, dort werden wir um 02.30 Uhr geweckt. Um 03.oo Uhr wird's dann losgehen. Es ist Schluß mit der Zeit als Maler, kaum daß sie begonnen hat. Walter Gaudig, Rudi Virchow und besonders Eckhard Dehlinger, werde ich vermissen. Wie heißt es so schön bei „Ursula" und wie oft habe ich das nun zitieren müssen: „Vielleicht begegnen wir uns alle nur, um aneinander reifer und reicher zu werden. Das Abschiednehmen gehört dann zum Glück des Beisammensein, es ist ein Teil davon."

Sonntag, den 21. März 1948 Frühlingsanfang. 1. Tag in Auxonne
Welch eine Fülle von Gedanken strömten heute durch mich. Anfang und Ende vom Fort d'Hauteville, dies muß ich bewältigen. Damals 1944, die Hoffnung auf der Fahrt von Dijon nach Auxonne nach Hause zu kommen. Da flog der Zug in die Luft. Das Hoffen war vorbei. Viele, die ich damals kannte, waren nicht mehr da... unter anderem mein Schulkamerad Rudi Schickle. Vor Auxonne, an der Brücke über die Saône standen Offiziere. Der Oberschnäpser von den Fallschirmjägern steht wieder vor mir, wie er drohend mit der Handgranate spielte und ein Pferd und einen Wagen von einem Bauern requirierte. Das kurze Glück in der warmen September-Sonne auf dem Wagen und dann das Aus - besser gesagt, der Anfang von so viel Leid... der Kriegsgefangenschaft, 43 Monate liegen dazwischen...
Ich bin fast nicht fähig zu schreiben, die Hände zittern mir, weil so viele Erinnerungen auf mich einstürmen. Deshalb will ich mich kurz fassen.

Heute morgen um 02.00 Uhr wurden wir geweckt. 02.45 Uhr ging's los. Gott sei Dank, daß unser Gepäck gefahrern wurde. Nach ungefähr einem zweistündigen Marsch, der übrigens sehr beeindruckend war, kamen wir am Bahnhof "Porte-Neuve" an. Über den Marsch ist noch kurz zu sagen, daß er in einer sternenklaren Vollmond-Nacht stattfand.
Gesang, die freudige Stimmung der Heimkehrer, die mit mir nach Auxonne, das ein Entlassungslager war, kamen, über uns ein tiefblauer Himmel mit unzähligen Sternen.

Die nächtlich erleuchtete Stadt bot lange nicht mehr gesehene Reize. Ein besonderes Erlebnis war, als wir gegen vier Uhr am „Hotel de la Cloche" vorbeikamen, weil dort gerade ein Ball sein Ende genommen hatte. Viele Paare, festlich gekleidet, in überschäumender Stimmung, kamen aus dem Haus. Was haben die wohl gedacht, als sie uns arme Schweine sahen? Was ich dachte, brauche ich wohl nicht zu schreiben...
7.20 Uhr fuhren wir endlich ab nach Perrigny. Überall auf der Strecke das Wiedersehen mit ehemaligen Arbeitsstätten, mit so vielen Vertrauten: Depôt, Poste I und Poste II. Das Erinnern war überall, als wir gegenüber dem P.D. 3 hielten. Es war 8.oo Uhr. Der Zug sollte um 10.30 Uhr weiterfahren. Da kam Felix, ein Sanitäter, den ich gar

nicht näher kannte, auf die Idee Horst Gottwalt, der ja nun Zivilarbeiter war, zu besuchen. Unsere Meinungen gingen hin und her. Sollten wir oder wollen wir? Ich drängte, Wagner fragte den Marokaner, der sagte ja. Also dachte ich, es ist verrückt, aber ich gehe mit.

Los ging's, schnell durchs Hauptlager gewetzt. Quer über die Felder. Schwer atmend kamen wir beim Clos Charpentier, unserem ehemaligen Lager, an. Über die Straße, die von Dijon nach Beaune führt weg, hinein zur Familie Hazalath. Toll, das ist das passende Wort für alles, was wir sahen. Horst war leider nicht da. Wir bekamen zu essen, was wir wollten, konnten noch mitnehmen, was wir mochten, es war unglaublich wie großzügig Madame Hazalath war. Sie war - so der Eindruck den ich noch vom Fort hatte, gutmütig aber etwas schlampig.

Als wir gegessen hatten, noch mitnahmen was wir konnten, ging's dann gemütlich zurück zu unserem Zug.
Je näher wir dem Hauptlager kamen, desto mehr schlug mir das Herz in banger Ahnung. Der Zug war weg. C'est merde! Doch welch ein Glück für uns, er war nur ein paar hundert Meter weiter nach Osten rangiert worden. Der Marokkaner war zumindest genau so froh, wie wir, daß dieses Abenteuer so glücklich endete. Um 10.30 Uhr fuhren wir, wie es geplant war, endlich weiter. Es lief nun ganz toll, die Stimmung stieg, und bald waren wir in Auxonne. Zweimal fuhr ich nun die gleiche Strecke mit dem Zug. Damals, im September 1944, dachten wir, es geht endlich nach Hause... Heute wußte ich, daß meine Zeit immer noch nicht so weit war um nach Hause zu fahren.

Ich wurde nun wieder einmal in ein anderes Lager versetzt. Dann begann ein langer, schwerer Marsch. Im März ist es in dieser Gegend schon ganz schön warm. Das Gepäck mußten wir nun tragen, es war sehr schwer. Ich mußte daran denken, was wir am Anfang der Gefangenschaft fühlten: "Besitz belastet, der Habenichts ist frei!" Während ich diese Zeilen schreibe, spühre ich , quasi immer noch die Last meines Gepäckes auf meinem Rücken. Die Landstraße, die wir marschierten führt nach Dôle. Das Entlassungslager lag zwei bis drei Kilometer außerhalb der Stadt in Richtung Dôle.

Es war für mich bedrückend, in der Stadt und später auf der Straße, elegante Autos, junge Leute zu sehen, und wir dagegen, wie Lastesel bepackt, schwitzten unter der Sonne.
Ein Glück war der Besuch bei Madame Hazalath, denn unsere Marschverpflegung bestand nur aus ein paar Pellkartoffeln und 100 gramm Fett. Im Lager angekommen, es geht ja alles zu Ende, auch so ein endlos scheinender Marsch, hatte ich zuerst sehr schlechte Eindrücke. Die verschwanden aber in dem Moment, als ich in der schönen Baracke, in der ich jetzt schreibe, eingezogen war. Sie ist größer und heller als die Stube im Fort. Die Kantine gefällt mir auch, man kann alles kaufen wenn man Geld hat. Die Kantine ist deshalb so gut bestückt, weil man den Gefangenen, die nun nach Hause fahren, noch die letzten Francs aus der Tasche ziehen will.

Der Platz zwischen den vielen Baracken ist groß, man kann da spazierengehen. Im Fort war alles alt und eng. Die Hoffnung steigt, daß hier alles etwas großzügiger ist, als in Hauteville, obwohl wir alle mehr Schlechtes als Gutes über dieses Lager gehört haben. Aber Morgen mehr.

Montag,den 22.3.1948

Schlecht geschlafen, es fehlt der Schlafsack und es ist nachts noch ganz schön kalt. Den einzigen Bekannten den ich traf, war Kuppke, ein Berliner. Er arbeitet hier als Sattler. Von ihm ließ ich mir eine wunderbare Tasche aus einem Stück einer Zeltplane, nähen.

Bis jetzt hat sich zwar noch nichts getan. Niemand bekümmert sich um mich.
Es gab morgens Kaffee ohne Brot. Das Brot gibt es erst am Mittag. Die Verpflegung scheint schlechter als in Hauteville zu sein? Manche Bevorzugung vom Fort für den Stamm gibt es hier scheinbar auch nicht.

10.45 Uhr. Ich besuchte den Gottesdienst. Der erste Eindruck, den ich vom neuen Pfarrer, Hans Dach, bekam, war nicht so besonders. Die Predigt, die er über Jesus Einzug in Jerusalem hielt, war meiner Meinung nach in vielen Details geradezu verdreht.
Ich sprach mit dem deutschen Lagerführer wegen meiner Anforderung. Der meinte, daß man mich als Anstreicher brauchen könnte. Das war ein Schock. Keiner weiß nun, was mit mir geschehen soll. Wenn dies der Fall wäre, so hoffe ich, daß man mich umgehend ins Fort zurückschickt. Alles hatte ich vom Fort mitgenommen, den Eßslöffel habe ich aber vergessen.
15.30 Uhr. Ich habe nochmals mit dem Vertrauensmann gesprochen. Er bestätigt wieder, daß von meiner Anforderung keiner etwas weiß. Er betont nochmals, daß ich ein Komando als Anstreicher bekomme. Nachdem ich ihm dann alles erzählt habe, meinte er, ich solle warten bis der Komandant da ist. Besser gesagt, bis der geplante Heimkehrer-Transport zusammengestellt und weg ist.

Was soll das nun werden?

Dienstag, den 23. März 1948
Der Tag fing gut an. 4.30 Uhr aufstehen; ich mußte die Decken der Heimkehrer zählen. Anschließend nochmals schnell ins Bett. Nach dem zweiten Aufstehen mußte ich zwei „Cabinets" saubermachen. Jetzt wurde ich als Stubenbetreuungsmann eingeteilt und ich soll aufpassen, daß mich der Leutnant nicht sieht. Ich möchte aber daß er mich sieht, dann bekomme ich endlich meine Arbeit oder man sagt mir wenigstens Bescheid, was läuft.

Das ist ja nicht zu fassen. Da holt man mich vom Fort d'Hauteville hierher und keiner weiß was davon. Es ist ja wohl ganz beschissen, ja zum Kotzen, welch ein Sturz? Ich habe Hunger, keine Aussicht auf Arbeit als Maler. Wäre ich nur in Hauteville geblieben! Das konnte aber nicht ich bestimmen.
Hier im Lager gibt es einen Bildhauer, Moritz Teusch heißt er, aber er weiß auch nichts von meiner Anforderung.

Wie soll das nur enden?
Man wird mir irgendeine Arbeit zuweisen, wo es beschissen ist. Oh, warum muß ich das auch noch erleben? Ich bin mal wieder auf dem Egalzustand angekommen. Ich habe zu nichts Lust. Doch ich habe richtig Lust zum Fluchen. Soll nun kommen was da will, ich will endlich klar sehen. Haben die mich im Fort weggeschickt um mich loszuwerden? Das würde ich Klaus Morgenstein doch nie zutrauen. Sein Chef, der Komandant, wollte mich ja sogar behalten.
Der Bildhauer hat einen schönen Arbeitsraum, er wohnt auch nicht schlecht. Doch ich bin hin- und hergerissen, im Fort war es schöner, habe ich gar Heimweh nach den Kasematten?
Er, der Bildhauer, sagt zu allem Übel auch noch über die Mädchen: „Nimm sie, so lange du kannst." Oh, ich bin total durchgedreht, bin ich verrückt?

Mittwoch, den 24. März 1948
Langsam wird es mir zu toll. Mir geht alles auf die Nerven. Mit einem Schlag habe ich, was ich im Fort hatte und was ich war verloren, und hier ist nichts zu tun. Es ist nicht zu fassen. Wenn die wirklich einen Kunstmaler und keinen Anstreicher brauchen, dann wäre ja einer da.
Ich habe nochmals beim Vertrauensmann nachgefaßt, er will deshalb noch versuchen, mal mit jemandem zu sprechen. Welche Ausflüchte, das spüre ich, es scheint für mich so zu sein, daß er gar nichts tut. Und ich, ich komme nicht an die Offiziere ran. Dazu ist schlechtes Wetter, so kalt, daß ich friere. Meine Nerven liegen blank.
Karl Kuppke, der hier schon einige Zeit arbeitet, meint: „Die schicken Dich nicht mehr in's Fort zurück".
Es ist zum Verrücktwerden. Nach so langer Zeit in Gefangenschaft, mit dem stetigen Aufstieg bis zur Malstube im Fort, und nun so was? Was stimmt da nicht?

15.30 Uhr. Heute mittag mußte ich Mistlöcher leeren. Kann ich noch tiefer fallen? Ich merke in jeder Stunde, in jeder Minute, daß ich wieder ein P.G. bin. Ein armes Schwein, nachdem es mir so gut ging ist jetzt alles sehr schwer zu ertragen!
Mein erspartes Geld, mit dem ich mir Schuhe kaufen wollte, geht fürs zusätzliche Essen drauf. Mein Brot, das auch für den morgigen Tag halten sollte, habe ich auch schon gegessen. Was Hunger bedeutet, merkt man hier wieder. Wenn ich nun ans Fort denke, wo es mir besser ging, aber dort habe ich auch schon geklagt. So gehen alle Träume zu Ende. Es kommt nie was Besseres nach.

Karfreitag, den 26. März 1948
Gestern nachmittag mußten wir einen Waggon Kohle ausladen. Arbeit, wie in schlimmsten Zeiten der Gefangenschaft. Was will ich denn, ich bin wieder P.G. Ich hatte meine Drillichhosen gerade zum Waschen eingeweicht, also mußte ich meine Ami-Hose anziehen. Sie ist nun ganz schwarz. Aber es geht mir ja gut, wenn ich schon zwei Hosen habe. Früher gab es das nicht. Also, was will ich denn klagen?
Die Franzosen lassen mich wieder spüren, daß man Gefangener ist. Es wurde mir ganz besonders bewußt, als hinter unserem Lastwagen eine ganze Zeit lang ein wunderbarer englischer Wagen fuhr. Offenes Verdeck, ein herrliches Sportmodell. Darin saßen: ein junger, tadelos gekleideter Mann in meinem Alter, daneben ein hübsches Mädchen, etwa 18-19 Jahre alt. Die beiden fuhren in den Frühling hinein.
Sie schauten mich, der ganz dreckig auf dem Lastwagen saß, ruhig an, ohne sich das geringste anmerken zu lassen.
Wir dachten beim anschließenden Kohlenschippen daran, daß wir auch mal wieder auf der Sonnenseite stehen werden. Es wurde spät, bis wir ins Lager zurückkamen. Das ist der Unterschied - Zivil und P.G. - Ich könnte heulen.

Heute morgen habe ich nun Wäsche gewaschen. Moritz Häusler, einer vom Stamm, sagte mir, er hätte gehört, daß ich morgen oder übermorgen mit der Malerei anfangen könnte? Also weiß man doch was von mir!
Wie mag das weitergehen? Ich hatte mir nicht träumen lassen, daß ich nochmals solche Arbeiten machen muß.

Samstag, den 27. März 1948
Es geht wieder los mit dem Kartoffelschälen. Jetzt nicht für uns, sondern für die Marokkaner. Das sind auch arme Schweine, denen man einmal im Monat den Puff in's Lager bringt. In einem Bus kommen dann einige Nutten,

wir sehen mal von weitem zu. Traurige Situation für beide Seiten.
„Dackel", so nennen wir einen Art „Spieß", sagt zu mir: „Vielleicht nächste Woche kannst Du malen, vielleicht auch nicht!"

Ostersonntag, den 28. März 1948
Einen ersten Bericht über Auxonne an meine Eltern geschrieben. An Feiertagen merkt man es am schlimmsten, das Heimweh.
Hier habe ich schon glücklicherweise wieder in Moritz Häusler einen Kumpel gefunden, der so lebendig erzählen kann. Es macht Freude, mit ihm zusamnen zu sein und lernen kann man auch einiges. Und ich vergesse meine beschissene Lage.

Ostermontag, den 29. März 1948
Gestern nachmittag konnten wir mit den Fußballspielern ins „Hospital Regional" fahren. Ich ging hauptsächlich deshalb mit, um mal was Neues zu sehen. Es gab nichts Neues, aber ein paar alte Gesichter von der ehemaligen SNCF habe ich entdeckt. Die Mädchen, die man sehen konnte, waren mir wichtiger als das Fußballspiel.
Nach der Rückkehr gab es was Tolles zum Essen: Zwei Eier und Kartoffelsalat. Bei Moritz war es dann doch noch gemütlich. Ich lerne einen Sanitäter kennen, der sich auch zur Gilde der Kunst zählt.

Mittags konnte ich mich erstmals in die Sonne legen. Da kamen die Erinnerungen an Clos Charpentier, an Gotthold und die Freunde. Ich kam mir wieder mal so einsam vor. Eigentlich bin ich das ja auch und ich müßte mich ja langsam daran gewöhnen.
Außer Moritz Häusler fesselt mich niemand hier. Es ist ja auch nur ein Durchgangslager für Gefangene, die entlassen werden.
Ich las in einem Buch „Junker und Gefährte" von Kaeser. Es erschien mir interessant zu sein, später langweilte es mich. Wahrscheinlich gibt es zur Zeit nichts, was mich erheitern kann.

Dienstag, den 30. März 1948
Das Leben regelt sich. Die erste Post ist bei mir auf den Tisch geflattert. Ich könnte toben, fluchen, schreien und gleichzeitig resignierend mit den Schultern zucken. Das kam so: Ich mußte den ganzen Tag in der Küche arbeiten. Teilweise hat mir diese Arbeit sogar Spaß gemacht - wenn ich dagegen ans Kohlenschaufeln denke. Gegen halb vier waren wir fertig, da mußte ich noch eine Wasserleitung reparieren. Ich stand im Dreck, es regnete, ein Heimkehrertransport kam, der Posten war gemein, alles fast wie im ersten Winter 1944.

Das alles empfinde ich als wahnsinnige Belastung, weil's mir ja als Mitglieder der „Stammbesatzung" im Fort so gut ging. Dazu steht in einem Brief:
Komme bald, es ist alles so schön bei uns.
Ich weiß wirklich nicht mehr, was ich machen soll. Eine ungekannte Dimension von Verzweiflung macht sich in mir breit.

Donnerstag, den 1. April 1948
Nein, es ist kein April-Scherz, ich habe es geschafft. Ich bin wieder in Amt und Würden. Mein Gott, wie notwendig war das.
Heute kam „Dackel". Ich gab ihm die Entwürfe fürs Atelier. Er legte sie dem Leutnant vor. Sie gefielen ihm. Alles überstürzt sich nun. Ausmessen des Raumes, ausrechnen wieviel Farbe ich benötige, wie viele Pinsel, Leinwand usw..
Ich stellte alles zusammen, schrieb eine Liste. Kaum war ich fertig, als es schon in die Stadt ging. Und das im Personenwagen mit dem Komandanten und dem „Dackel" persönlich.
Die Drogerie „de la paix" war geschlossen. Wir erledigten noch etwas im Hospital, zurück zur Drogerie, sie war immer noch zu. Pech.
Ins Lager zurück. Am nächsten Morgen nochmals, wir kauften ein - es war wie ein Traum. Im Fort war eigentlich alles da, weil schon immer Maler da waren. Hier, in Auxonne mußte alles neu eingerichtet werden. Vier Mann wurden für mich abestellt, um mir zu helfen, mein Atelier herzurichten. Alles geht nun hopp,hopp, seit der Komandant dahinter steht. Unser Vertrauensmann staunt nur noch etwas säuerlich und ich bin glücklich, daß diese Scheißbehandlung ein Ende hat.

Freitag, den 2. April 1948
Ich bin müde, ich setze mich selbst unter Druck, und es ist erst elf Uhr. Wir waren mal wieder in der Stadt um Material einzukaufen. Aber es gab nicht viel, ein paar Pinsel, etwas Farbe...
Dagegen waren die beiden Zimmer in der Baracke ausgeräumt und die Wände abgekratzt. Alles ist bereit. Nun liegt es an den Franzosen. Der Leutnant sagte heute im Laden: „Es rentiert sich nicht mehr für die drei Monate, die wir noch da sind, teure Farben zu nehmen". Was wollter er damit sagen? Werden wir in drei Monaten entlassen?
Nun, es ist mir egal, die Hauptsache ist, daß ich wieder malen kann. Endlich ist alles notwendige Material da. Wir haben die Wände und Decken gestrichen. Gott sei Dank, daß ein „Anstreicher"da war. Er ist ein patenter Junge und so ging alles ganz schnell.

Samstag, den 4.April 1948
Gerade habe ich einen tollen Kampf ausgefochten. Es war gegen vier, ich kam vom Kino - „Schenkt man sich Rosen in Tirol" wurde gespielt - und wollte es mir in meiner Stube gemütlich machen. Beim Feuermachen gab es furchtbaren Rauch. Ich habe die Fenser und Türen aufgerissen und dabei mein Malwasser umgeworfen. Es lief über meine Aquarelle und Zeichnungen. Das war schade, aber ich habe mich wieder beruhigt.
Die Stille kehrt ein, sie ist wohltuend und ich kann langsam sagen, daß ich mich auch hier schon wieder eingelebt habe.
Wie überall findet man natürlich viele Mängel. Vor allem macht uns die Frage zu schaffen, wie sich künftig die Amerikaner und die Russen verhalten. Die Franzosen stellen das Verhältnis dieser ehemaligen Verbündeten immer wieder in Frage.
Vor allem: Was geschieht mit uns Kriegsgefangenen? Sind wir das überhaupt noch - oder sind wir nicht vielmehr schon längst vergessene, billige Arbeitskräfte?

Die Sehnsucht nach Hause zu kommen wird stärker. Wir werden dauernd mit Heimkehrern konfrontiert. Laufend gehen nun von hier aus Transporte in alle Besatzungszonen ab. Und es ist festzustellen, wie sehr die Männer, in den letzten Wochen, Tagen und Stunden vor dem Abgang eines Transportes, unter den immerwährenden Strapazen und Schikanen leiden. Trotz dem vor ihnen stehendem Heimtransport. Ich kann sie verstehen. Denn die Übergangstage, als ich zu Beginn diese harte, unmögliche Arbeit wieder verrichten mußte, dauerten für mich so lange wie eine Ewigkeit. Alles erinnerte mich wieder an den Kriegswinter 1944/45 und der war grausam. Jetzt, nach dem ich wieder meine geregelte Arbeit als Maler habe, kann ich aufatmen, ja, ich kann mich glücklich schätzen.
In der letzten „Brücke", eine Zeitung für Gefangene, die von der YMCA herausgebracht wurde, stand ein guter Artikel über die Sturheit. Es ist gerade jetzt zu beobachten, daß die Sturheit gewaltig zunimmt.

Gestern abend hörte ich dazu ein passendes Gespräch: "Jetzt werde ich stur. Ich schaue, wo und wie ich jemand bescheißen kann, und ich werde es dann auch tun. Ist man nicht stur, ist man doch immer der, der beschissen wird." So sagte mir ein Kumpel. Derselbe verkauft nun an Heimkehrer seine Suppe für fünf Franken. Das schien mir doch der Höhepunkt zu sein. Ich sagte es ihm auch. Er meinte: „Was, andere treiben es ja noch viel schlimmer!" Und bei dieser Ansicht bleibt er stur.
Dasselbe erlebe ich mit dem Haß. Ist es nicht schon schlimm genung für den kleinen Mann, daß alles auf die Spitze getrieben wird? Einerseits verständlich, wenn man sieht was wir leisten müssen und wie unmenschlich wir behandelt werden. Andererseits muß man jedweden Haß verurteilen. Goethe sagte einmal, daß er auf einer Stufe stände, wo man keinen Haß mehr kennen würde, wo man sozusagen über dem Haß, über den unterschiedlichen Auffassungen der verschiedenen Ländern, stehen würde. Ob Goethe, oder die Schicht, in der er lebte, wohl schon mal jahrelang so in der Scheiße gesteckt haben, wie wir? Könnte er nach dem, was wir erlebt haben, noch so reden? Ich wünschte mir, daß sich mehrere trotzdem an das Sprichwort halten würden: „Wer versteht, der haßt nicht!"

Montag, den 5. April 1948
Meine Räume sind fast fertig. Viele schauen rein. Auch Moritz. Dem einen ist es zu hell, dem anderen zu dunkel. Man kann es nicht allen recht machen, aber mir gefällt es.

Dienstag, den 6. April 1948
Else Albrecht wollte mir einen Ostergruß senden, der aber erst jetzt ankam. Wenn ich lese, was sie uns wünscht, und mit was ich mich auseinander setzen muß, zum Beispiel das Thema: „Haß und Sturheit" dann liegen Welten zwischen uns.
Else Albrecht schreibt:
In diesem Frühling sind Sie allein und ich kann mir denken, wie Sie unter dieser Einsamkeit leiden müssen. Und doch, eigentlich kann Ihnen den Frühling niemand nehmen, kein Stacheldraht, keine Bewachung, kein Fernsein von der Heimat. Manches Mal gibt es einen einsamen Frühling, aber er braucht nicht trostlos zu sein; nicht trostlos, wenn die Sonnenstrahlen ihr Herz berühren."
Sicher hat sie recht, denn ein bißchen Freude braucht der Mensch, so dringend wie tagtäglich das Stückchen Brot!
Also, mein neuer Stubengefährte heißt Lorenz Hartung und ist Schneider von Beruf. Er schneidert für die Offiziere und teilt „mein" großes Atelier mit mir. Er ist angenehm, freundlich und wir teilen uns alles.

Mittwoch, den 7. April 1948
Es fand eine Kunstausstellung im Hospital statt. Und ich konnte sie nicht besuchen.

Samstag, den 10. April 1948
Mit der Zeit normalisiert sich alles. Die Post kommt wieder regelmäßig und damit reißt der Faden zur Heimat nicht ab. Gestern war ich beim Komandanten zu Hause. Er hat ein reizendes, kleines Mädchen und wohnt wunderschön. Es ist ein besonderes Erlebnis nach so vielen Jahren, mal wieder eine Privatwohnung zu sehen.

Mein neues Atelier liegt im Lager Auxonne. Ich teile es mit dem Schneider Lorenz Hartung.

Ich lese gerade den Roman von Paul Bertoldy „Liebe". Er ist in der gleichen Art geschrieben, wie die Erzählung zweier Liebenden im Buch "Ursula". Es ist fast unbegreiflich welch herrliche Gefühle in diesem Buch geschildert werden. Er, der Autor versteht meine Seele, drückt aus, was ich empfinde. Er läßt Richard - den Liebenden sagen:

"Man ist nie der, als den man sich gibt vor anderen, oder man gibt sich nur in einer oberflächlichen Wesenseite; das Tiefe hütet man ängstlich, weil es nur wenige gibt, die es verstehen. Und doch ist es gerade dieses Geheime, Unausgesprochene unserer Ansichten und Gefühle, das uns am untrüglichsten zueinander führt".

Wenn ich daran denke, daß ich noch nichtmal zweiundzwanzig Jahre alt bin, und daß beim Lesen solcher Bücher Gefühle und Empfindungen in mir geweckt werden, dann könnte man schreien, ausrasten oder ganz einfach verrückt werden.

Gestern abend, als die Musik-Sendung für Kriegsgefangene im Radio kam, und die wir hier nun auch mal hören können, dann liegt Lachen und Weinen eng beisammen. Man merkt, daß uns nach mehr als drei Jahren Gefangenschaft so vieles fehlt. So geht es mir natürlich auch, wenn ich dieses schöne Buch lese, in dem das Glück der Liebe in allen Farben geschildert wird.

Dann wird man um so mehr an das bestehende Elend erinnert. Der Autor läßt darin unter anderem seinen „Helden" sagen:
„Merkwürdig, dachte er, eine Frau ist nur wahrhaftig reizvoll, wenn sie bekleidet ist, dann ist sie Geheimnis, oder, falls sie nackt ist, im Liegen, dann ist sie Verführung."
Ich denke immer öfters an Else. Die Gefühle, die ich ihr gegenüber empfinde, waren schon da, als Gotthold mir oft ihre Briefe zeigte.
Heute möchte ich fast glauben, daß ich in sie verliebt bin. Beim Malen der ersten Blumen, heute morgen, dachte ich nur an sie. Aber das hat ja alles keinen Sinn, ich muß zurück auf die Erde, wo es uns ja momentan gar nicht so gut geht. Ich bin noch in keiner Weise fähig, Geld zu verdienen, da darf man auch nicht von der Liebe träumen.

Sonntag, den 11. April 1948
Ich lag in der Sonne, um mich „rösten" zu lassen, als mich Lorenz holte, um mit ihm zum Gottesdienst zu gehen. Ein neuer evangelischer Pfarrer ist da. Heinrich Kuhn, er ist Jahrgang 1925 und kommt aus Chalon. Er machte einen tadellosen Eindruck auf uns, leider waren nur fünf Mann anwesend.

Montag, den 12. April 1948
Ich fühle mich immer noch am wohlsten, wenn ich ganz alleine bin. Es ist fast Zapfenstreich und ich bin immer noch in meinem Atelier. Es ist unglaublich schön, in dieser Situation einen eigenen Raum zu haben. Lorenz, wenn er da ist, und im Scheidersitz auf seinem Tisch arbeitet, stört mich nicht. Wenn da nicht so ein „verzehrendes" Feuer wäre.

Donnerstag, den 15. April 1948
Ich habe nichts zu tun, weil ich keine Farben habe. Leutnant Paradon hat mir fünf Tuben gebracht, damit soll ich nun ein sehr großes Ölbild malen. Eine Kopie „Aufziehendes Gewitter" von Eduard Schleich. Wie stellt er sich das vor? So lauten halt meine Aufträge. Die Offiziere bringen mir Kunstpostkarten, die ich dann für sie kopieren muß.

Dienstag, den 20. April 1948
Vor vier Jahren wurden wir in Südfrankreich vereidigt. Das fällt mir gerade so ein, daß da auch Adolf Hitler geboren wurde. Wen interessiert das noch? Hier gibt es Tage, wo man nur aus der Haut fahren könnte. Seit zwei Tagen versuche ich nun schon, den Leutnant zu sprechen, aber ich treffe ihn nie allein. Das Bild für Leutnant Paradon "Aufziehendes Gewitter" hängt mir schon zum Halse raus - wie soll man "große" Bilder malen, wenn alle Voraussetzungen dafür fehlen?
Aber so ist da Leben. Es gibt ein dauerndes Auf und Ab. Ich erhielt heute vom Leutnant die sensationelle Genehmigung zum Ausgehen. Das kam so: Eigentlich hat diese phantastische Entscheidung eine längere Vorgeschichte. Die Offiziere, für die ich malen muß oder darf, sind nicht alle Kunstsachverständige, aber sie schätzen die Malerei hoch ein. Also versuchte ich zum widerholten Male, ihnen, den Herren, klar zu machen, was eine Kopie und was ein Original bedeutet. Es dauerte eine Zeitlang, aber die meisten haben es schnell begriffen. Nun herrschte zwar noch der Gedanke, wenn ich mich im Umkreis von zwanzig bis fünfundzwanzig Kilometern frei bewegen darf, daß ich flüchten würde. Das, so waren wir uns alle einig, lohnt sich nicht mehr, weil wir ja schon bald entlassen werden sollten. Also alles war klar. Für mich glich das einem Wunder. Zwar konnten wir im Fort d'Hauteville als Stammbesatzung auch zwei oder dreimal ohne Bewachung spazierengehen, aber das nur in Gruppen. Hier sollte der freie Ausgang ganz alleine für mich gelten. Eigentlich unfaßbar, aber es ist wahr. Ich bin glücklich, daß alle Offiziere begriffen haben, daß ich nun in Auxonne an der Saône, in der näheren Umgebung, Motive aquarellieren konnte. Von den Aquarellen werde ich dann, je nach Wunsch der Offiziere, Original Ölgemälde malen. Jede Seite hat davon mehr. Ich, daß es wieder Spaß macht zu malen. Die Offiziere, daß sie Original-Schöner-Bilder besitzen und keine Kopien von Kunstpostkarten.

Schnell vergißt man da wieder die Tage, wo niemand was mit mir anzufangen wußte und ich „Scheißhäuser" und anderes putzen mußte. Welch eine miserable Organisation muß das hier sein, wenn so etwas überhaupt passieren konnte. Nun, ich bin glücklich, daß ich malen kann, und noch glücklicher daß ich ohne jede Einschränkung aus dem Lager darf.

Mittwoch, den 21. April 1948
In der neuen „Brücke" erschien am 17.4.48 folgender Artikel.
„Pforzheim exportiert. Der amerikanische Außenhandel in New York übernimmt die gesamte Produktion von fünf Pforzheimer Modeschmuck-Fabrikanten zur Einfuhr nach Nordamerika. Die amerikanische Gesellschaft versorgt die fünf Pforzheimer Firmen mit Rohstoffen und Material und liefert auch Nahrungsmittel für die Arbeiter der Fabriken."

Toll, so eine Nachricht!

Auch im Radio hörte ich eine Meldung, in der man davon sprach, den Ruf, den sich Pforzheim als „Goldstadt" in der ganzen Welt erworben hatte, wiederzugewinnen. Eine der ganz wenigen Nachrichten, die positiv klingen und in mir die Hoffnung wecken, daß es nach der Zeit als P.G.

noch Chancen für die Zukunft gibt und es wieder aufwärts gehen kann.

Samstag, den 24. April 1948
Felix Löhle aus Maximiliansau, der lange mit mir in Chenôve war, ist zur Entlassung hierher gekommen. Auch er nimmt einen Teil meiner Bücher mit nach Hause. Damit habe ich nun schon fast alles Belastende weg, was mich bei meiner Enlassung behindern könnte. Es war für mich natürlich ideal, Bilder, Bücher und anderes, immer mal in kleinen Mengen, Heimkehrern aus unserer Gegend in Baden mitzugeben, denn ich alleine hätte das alles nicht mitnehmen können.

Mit dem zusätzlichen Geldverdienen durch das Portraitieren oder das Malen sieht es noch schlecht aus. Wenn es so weiter geht, werde ich arm nach Hause kommen. Leider! Aber sonst habe ich mich schon ganz gut eingelebt.

Der Briefverkehr läuft nun gut. Elses Briefe beeinflussen mein Fühlen und Denken. Es ist unbeschreiblich, wie mich Briefe von ihr glücklich machen. Dazu kommt noch, daß die Schwester eines Mitgefangenen, Elisabeth Jaques, mir nun auch sehr lesenswerte Briefe schreibt. Sie schickte mir sogar ein Portrait-Photo von sich.
Wie wird das, wenn ich zu Hause sein werde?
Meine Eltern habe ich nun gebeten, daß sie das Bild von Gottholds Tod an Else senden sollen.
Wie ich erfahren habe, hat man Eckhard Dehlinger, ein Freund vom Fort, vierzehn Tage lang eingesperrt. Warum? Das konnte niemand sagen.
Der Gottesdienst stand unter dem Thema: „Meister, wo herbergest Du?"
Felix Löhles Transport ging heute ab.

19.30 Uhr in „meinem Atelier". Es ist auf einmal so gemütlich hier. Das macht bestimmt Elses Bild aus, das nun immer so schön neben mir steht. Ich bin wahrhaftig verliebt. Es ist schön, weil man in diesem Zustand so manch anderes verdrängt. Aber wie heißt es doch in dem Gedicht von Ernst so schön:

Jugend
Augen ein wenig versonnen,
Wünsche ein wenig begonnen,
Herzen ein wenig verschenkt
Glück eh man's bedenkt.

Aber ich träume trotzdem von unserem ersten Rendezvous. Wie wird die erste Begegnung mit Else sein? Ich denke auch daran, daß es noch sechs bis acht Monate sein werden, bis wir uns sehen können. Was bedeuten diese wenigen Monate, gemessen an der langen Zeit der Gefangenschaft. Hoffentlich wird morgen das Wetter besser, da ich morgen meinen ersten Ausgang habe.

Sonntag, den 25. April 1948
Mein erster Spaziergang, alleine, ohne Bewachung, ohne Auflagen...
Es war schon ein komisches Gefühl, als ich so alleine aus dem Lager ging. Das bedeckte Wetter drückte wahrscheinlich die Stimmung, denn sonst hätte ich aus voller Brust singen müssen: „Wem Gott will rechte Gunst erweißen, den schickt er in die weite Welt"...
Nun, ich hatte mich gut vorbereitet. Ich zeichnete mir eine ganz kleine Landkarte mit der Umgebung von Auxonne. Im Westen begrenzt von Collonges, im Norden von Pontarlier, im Süden von Dôle und im Osten von einer Linie, von Pésmes bis Mont Roland. Viele Ortsnamen, die seit Jahren, von der Gefangennahme bei Pésmes an, und später in der Zeit der SNCF, mir bekannt sind. Diese Gegend wird nun für einige Zeit mein Gebiet sein.

Alles ist neu: Der Weg durch die Stadt Auxonne. Bisher bin ich mal in der Kolonne schwerbepackt durchmarschiert, zwei- oder dreimal im Auto durchgefahren, nun allein, frei, zu Fuß. Es ist nicht zu fassen. Kein Mensch dreht sich um.
Alles ist so normal - nur in meinem Hirn ist nichts normal. Wenn man so viele Jahre weggesperrt ist, dann meint man, jeder müßte reagieren, wenn ein P.G., der ja auch noch so gezeichnet ist, seine ersten Schritte in der teilweisen Freiheit macht.
Die Stadt, oder besser gesagt, das Städtchen, ist schön. Enge Gassen, viele Fachwerkhäuser, Schaufenster - es gibt darin viele Menschen - fast war ich froh, als ich an die Saône kam. Sie fließt ruhig am Städtchen vorbei, sie ist eigentlich schon ein Strom. Ruhe kehrt bei mir ein und leider endet mein erster Ausflug schon in Tillenay, weil mich ein Gewitter zwang, in einer Wirtschaft einzukehren. Keiner sagt was, obwohl man ja sieht, was ich bin. Ein P.G.. Es ist so gegen drei Uhr nachmittags, ich esse mein mitgebrachtes Stück Brot, trinke - wie toll - eine Flasche Bier dazu. Alles ist neu für mich.
Hier im Wirtsraum sitzen fünf Bauern, die Karten spielen. Eine alte Frau bedient. Es regnet nun sehr stark. Motive zum Malen gibt es hier viele, aber ich kann heute keine festhalten. Hoffentlich hält mich das Gewitter nicht so lange auf, damit ich wieder ins Lager zurück komme. Ich bin so etwa acht bis zehn Kilometer vom Lager entfernt. Das Gewitter ist nun voll im Gang. Es wird eine fatale Geschichte für mich, wenn es länger als bis um vier regnet, weil ich dann doch nicht rechtzeitig ins Lager zurückkomme. Also doch noch nicht frei. Ich habe mir den ersten Schritt und die „halbe" Freiheit anders vorgestellt.

Ich kann Else, an die ich nun dauernd denke, keinen Bericht über die schöne Natur senden.

Die Natur spielte nicht mit, weil es regnete. Es wäre schön gewesen, so vor sich hin zu wandern, aber nicht nur die Natur, zumindest auch im Kopf sind noch Grenzen vorhanden, die es eigentlich gar nicht gibt.

Man betrachtet die Mädchen mit ganz großen Augen. Kein bißchen kommen erotische Gefühle auf. Im Gegenteil, ich schaue mir alles sehr genau an und stelle fest, daß es - im Sinne des Künstlers - viele Fehler am menschlichen Erscheinungsbild gibt. Nur zwei Mädchen sah ich, die mir gefallen hätten. Dabei verblaßt alles, wenn ich an Else denke. Ich kann es um so mehr nicht verstehen, wie man im Lager, manches Mal so abweisend über die Mädchen redet. Eine Vorstellung die darin gipfelt, daß die meisten Kumpels sagen, „Loch ist Loch". Abscheulich, aber vielleicht sagt man das nur so in der Gefangenschaft. Was dann wiederum nicht paßt, ist, daß sie von ihren angetrauten Frauen, absolute Treue verlangen. Wenn aber ein Mann, wie X, der bei allen Frauen im Bett landet, sogar von seiner Frau die heilige Treue verlangt, er selber aber tut, was er will, dann stimmt doch einiges nicht. Wenn sich seine Frau einen Fehltritt erlauben würde - so X - dann würde er sie davonjagen. Sind so die Männer?

Ja, wenn ich aus dem Fenster schaue, dann regnet's immer noch und meine Gedanken passen so richtig in die kleine Dorfkneipe. Wie soll das noch enden?

Im Lager: Ich kam, ohne groß naß geworden zu sein, rechtzeitig zurück. Auf meinem Rückweg hatte ich noch vier Zivilarbeiter getroffen. Sie arbeiten in Mailly bei Bauern. Kurt Fischer, Hans-Georg Martin, Jongurt und Abel heißen sie. Ich gab ihnen leichtsinnigerweise meinen Ring mit. Den ich - wie schon erwähnt, von meinen Eltern in der Butter oder in Marmelade versteckt, geschickt bekommen habe.

Nun, hoffentlich bringen sie mir - wie versprochen - am kommenden Sonntag auch mein Geld!

Karl Kupke, die treue Seele, hat mir inzwischen ein paar "Latschen" fertiggemacht. Aufs Geld muß er nun auch warten. Aber man muß ja schauen, wie man zurechtkommt. Die Verbindung zu den Zivilarbeitern durch meine neue Freiheit könnte da schon nützlich sein.

Dienstag, den 27. April 1948
Der Leutnant hat Künstler-Öl-Farben gebracht. Ich bin sehr zufrieden, es geht also weiter. Und ganz besonders toll war, daß er mir nun die Erlaubnis gegeben hat, daß ich alle Tage ausgehen kann, wenn ich hier im Lager nichts zum Malen habe. Mehr kann man sich ja nicht wünschen, aber die scheinen auch mit dem, was ich schaffe, zufrieden zu sein, denn sonst wären die Franzosen ja nicht so großzügig. Wenn man was bietet, bekommt man auch einen Nutzen!
Ich freue mich über diese Entscheidung. Ich durfte bisher nur Sonntags raus und nun jeden Tag.

Donnerstag, den 29. April 1948
Gestern habe ich den ganzen Tag gemalt. Es ist in Auxonne sehr schön. Zwei Motive habe ich in **Auxonne** und ein Landschaftsbild habe ich in **Tillenay** - wo ich am ersten Tag war - aquarelliert. Alle drei Aquarelle haben großen Anklang gefunden. Ebenso ein Ölbild, das ich im Atelier gemalt habe. Es bestätigt sich nun, was ich versprochen habe: Original von der Natur gemalte Motive sind mehr wert als abgemalte Postkartenmotive.
Nun, alles wäre noch schöner, wenn man draußen ist, aber man müßte dann auch Geld haben.
Im Grunde meiner Seele bin ich natürlich sehr zufrieden und mit der zusätzlichen Verpflegung auch: Zwölf Eier konnte ich von meinem Landausflug auch mitbringen. Zufrieden, aber müde vom ungewohnten kilometerlangen Laufen, zurück in die Bude, die Lorenz und ich vor ein paar Tagen so sauber geputzt hatten. Ein gewaltiger Sturm drückte den Staub durch alle Ritzen. Der Staub ist nun wieder überall. Es kommt mir vor, als ob wir im Freien sitzen würden.

Freitag, den 30. April 1948
Morgen ist der 1. Mai. Die Zeit verrinnt auch bei schöner Arbeit, oder gerade da, noch schneller. Momentan ist ein furchtbares Sauwetter. Für die Jahreszeit ist es viel zu kalt, so kalt, daß ich oft friere. Bei dem Wetter hat man zu nichts Lust. Obwohl meine Arbeit ankommt und ich viele Aufträge habe.

1. Mai 1948... Ein schöner Anfang für den Wonnemonat Mai. Ich habe Stubendienst und nichts zu essen, weil ich meine spärliche Ration schon gestern verzehrt habe.
Das Wetter ist auch nicht schön. Das ist besonders schlimm, jetzt, wo ich ausgehen könnte. Es gibt also gar nichts, was mich erfreut. Selbst, daß mir Rudi Verchow, der noch im Fort ist, schon Geburtstagsgrüße schickt, ändert nicht die Stimmung. Ob mein Geburtstag einigermaßen wird? Wenn ich an den 21. denke, da waren noch Franz und Gotthold dabei, dann kann es ja hier nichts werden. Das Wetter war - wie gesagt - für die Jahreszeit sehr schlecht. Ich ging aber trotzdem raus und es wurde schöner als ich es gedacht habe. Und nun warum: Zuerst wanderte ich durch den Wald zum See. Dann konnte ich nirgends an das Ufer rankommen, da überall Schilf war.

Deshalb durchquerte ich den Wald, was neu und deshalb spannend war. Weiter oben kam ich an der „Route de Dôle" raus. Nun ging es weiter in Richtung Villers-Rotin. Es ist ein kleines, schön in den Hügeln gelegenes Dorf. Da das Wetter ja nicht so ideal war, wollte ich eigentlich nicht weiterlaufen, aber die nächste Kirchturmspitze zog mich magisch an. So landete ich in Flagny, einem weiteren schönen, alten Weiler. Die Landschaft ist leicht hügelig, fast so wie bei uns im Kraichgauer Hügelland. Überall sind Kühe auf den Weiden, was dem Ganzen einen stillen Reiz verleiht. Die Häuser liegen wunderschön malerisch zwischen Obstbäumen. Dort, in Flagny, traf ich mal wieder einen Zivilarbeiter, die es scheinbar doch überall gibt. Lange habe ich mich mit ihm unterhalten bis „le maire", der Bürgermeister, kam und uns zu einem Glas Wein einlud. Mit ihm, für mich überraschend, sprach ich über die Malerei. Er wollte daraufhin, daß ich für ihn ein Bild von der Dorfkirche malen soll. Er erzählte von Auxonne, seiner Tätigkeit usw., es war ein erstaunlich gutes Gespräch. Hier zahlt es sich nun doch aus, daß wir jahrelang Französisch gebüffelt haben. Mit Arthur, so hieß der „TL"= „Travailleur libre", noch einiges vereinbart und mich dann auf den Heimweg gemacht.
Auf der Landstraße traf ich einen sechzehnjährigen Jungen, mit dem ich eine ganze Weile lief und redete. Plötzlich sah ich auf der Höhe des Sees einen Pfad, der zum See führte. Überascht stand ich dann vor dem Teich, der still ohne jede Wasserbewegung vor mir lag. Es war eine Art Anlegestelle mit einer Steinstaffel, die bis ins Wasser führte. Wie war es da schön... es war so still, daß

ich mich hinsetzte und lange meinen Gedanken nachging. So saß ich eine geraume Zeit in Gedanken versunken, als plötzlich jemand hinter mir stand. Es war ein Bauer mit seinem Töchterlein. Mit ihm habe ich mich lange und sehr angeregt unterhalten. Später sogar, auf einer in der Nähe liegenden Wiese, seinen Klee gemäht. Ein Glück, daß ich zu Hause immer für unsere Ziegen Futter mähen und holen mußte. Das Mähen mit der Sense hat Spaß gemacht, und der Bauer war mehr als erstaunt, daß ich das konnte. Er und sein Kind begleiteten mich bis zur Lagergrenze. Er lud mich wiederholt ein, da sein "gendre" = Schwiegersohn auch malen würde. Es war eine schöne Wanderung und ich war froh, daß ich trotz des schlechten Wetters rausgegangen bin. Immer wieder trifft man tadellose Franzosen, mit denen man sich über Gott und die Welt und über die Malerei unterhalten kann. Das ist deshalb für mich so erstaunlich, da ich, außer André und vielleicht noch M. Mirlin, nie jemanden getroffen habe, der sich mit mir unterhalten hat. Obwohl man im Lager Clos Charpentier und auf den verschiedenen Komandos wußte, daß ich Französisch sprechen konnte.

Im Lager angekommen, fragte mich „Dackel", was ich denn heute gemalt hätte? Als ich ihm sagte: „Nichts", da lächelte er und meinte: „Wenn schlechtes Wetter sei, sollte ich im Lager bleiben, und nur bei schönem Wetter rausgehen, denn dann könnte ich auch malen". Nun, es ging alles gut ab. Ein Glück, daß der Leutnant hinter mir steht und mich schützt. Trotzdem wünsche auch ich, daß ich malen, und damit den Offizieren den gewünschten Nutzen bieten kann.
Egal, wie auch immer, es geht weiter. Ich hatte, trotz des schlechten Wetters, einen schönen 1. Mai.

Montag, den 3. Mai 1948

Heute habe ich mal rund um die Uhr gemalt. Ich kam mit manchem Gemälde gut voran. Obwohl ich immer von Heimkehrern, unter denen natürlich immer wieder Bekannte von mir sind, gestört wurde. Unter anderem war diesmal Erich Schenk beim Tranksport babei.

Gestern, am Sonntag, war ich ja mit den „TL" in Mailly verabredet. Das mit dem Geld für die Ringe, die ich von meinen Eltern hatte, klappte. Es geht auch finanziell aufwärts. Die Zivilarbeiter berichteten mir, was sie arbeiten mußten, und daß sie doch als Menschen zweiter Klasse behandelt würden. Natürlich hängt das stark vom Patron - aber meistens noch mehr von der Patronin - ab. Sie verwaltet das Essen. Und wenn sie geizig ist und dazu noch die Deutschen nicht mag, sei es oft - auch als TL- ein trauriges Los. „Und die Frauen", meinten die „TL", "hatten es auch nicht nötig zu warten bis die Deutschen kommen."

Also, so glaube ich, daß mein Leben als Kunstmaler, so wie es sich derzeit gestaltet, ganz in Ordnung ist. Das stimmt, ja, aber ich habe als Kriegsgefangener viel weniger Geld!

Übrigens, im Mai scheint es hier viele Gewitter zu geben. Ich wurde schon wieder von einem überrascht und mußte zwölf Kilomater lang im Regen marschieren. Im Lager war ich natürlich durch und durch naß, so etwas wie einen Mantel gibt es natürlich für P.G's. nicht. Aber es war trotzdem ein Erlebnis. Früher, wie man jetzt schon vergleicht, mußten wir auf der Strecke der Eisenbahn auch im Regen arbeiten. Also lieber frei und naß, als unfrei arbeiten und naß zu sein.
In Zukunft werde ich große Strecken meiden und nur bei schönem Wetter wandern. Die Art des Malens im Freien macht mir Spaß. Erstens kann ich die Motive frei wählen. Nach den Aquarellen suchen sich die Offiziere dann das aus, was sie im Atelier in Öl und groß gemalt haben möchten. Zweitens: Ich war 1941-1943 sowohl in der Goldschmiedeschule als auch in der Kunst- und Werkschule. Ich hatte da auch Zeichenunterricht und lernte bei Professor Aichele das Aquarellieren. Aber ich habe, mit fast keinen Ausnahmen, nie im Freien - in der Natur, gemalt.

Es war deshalb alles neu und erstaunlich, daß die Ergebnisse so gut ankamen. Eigentlich bin ich, wenn man so will, ein Autodidakt. In Öl habe ich zum Beispiel in der Kunstschule nie gearbeitet. Natürlich auch keine Fresken, und im Lager der SNCF schaffte ich auch das. Ja, natürlich, daß ich es nicht vergesse, Portraitzeichnen lehrte mich auch niemand und damit habe ich bisher das meiste Brot verdient.

Ich erinnere mich daran, daß ich mit meinem Chef von Lutz und Weiss, Karl Weidner, manches Mal zum Malen ging. Allerdings mußte ich ihm mehr die Fliegen wegjagen, als selber malen. An ein Aquarell von mir erinnere ich mich besonders. Das Motiv aus Trais, damals war ich gerade fünfzehn Jahre alt. (Siehe Seite 69).
Apropos: Für meinen Geburtstag habe ich schon einiges zusammengetragen, und morgen, so sagte man mir, würden noch von meinen Eltern drei Päckchen kommen.

Donnerstag, den 6. Mai 1948:

Der Geburtstag meines Neffen Peter, des Sohns meiner Schwester, er wird sieben Jahre alt. Ich werde zweiundzwanzig. Der Tag ließ sich bis jetzt gut an. Ich habe gut gefrühstückt und Alfred brachte schon den ersten Kuchen an. Von der materiellen Seite gesehen geht es mir dieses Jahr besser; dagegen war es zum Einundzwanzigsten, im vorigen Jahr, viel, viel schöner. Durch Gotthold, der nun schon so lange tot ist; durch Franz, der nun schon so

Eines der beliebtesten Mal-Motive aus Auxonne: Ein Gedenktor zu Ehren Napoleons, der mal in Auxonne als Soldat war.

lange zu Hause ist; durch Horst, der nun Zivilarbeiter ist. Ganz zu schweigen von all den anderen, von dem Meer von Fliedersträußen, die mich so beglückten, zu denen alle und auch besonders Walter Wolf, der eigentlich so ein Haudegen war, beigetragen haben.
Wie schön war Gottholds Ansprache und abends das Violin-Ständchen von Franz und Borowski in „meiner" Kapelle.
So vieles ist vorbei, endgültig. Offen ist, wen wir wieder sehen werden .. was wird das neue Lebensjahr bringen? Werde ich nun endlich nach Hause kommen? Meinen siebzehnten Geburtstag verbrachte ich noch daheim. Alle meine Brüder und mein Schwager waren damals irgendwo an der Front. Seitdem sind fünf Jahre verflossen, ich bin immer noch in der Ferne, meine Brüder und Schwager dagegen längst zu Hause.
Fünf Jahre - was ist da alles passiert. Wieviel Leid, Not und Trübsal mußten wie erleiden?

Auch ohne Zweifel, schöne Stunden. Aber wir hatten keine Jugend, die stahl man uns! Alles verging, wir durften bestehen, wir durften aus den ersten Ringen des Lebens gefestigt hervorgehen. Außer den vielen Unbekannten die nicht mehr unter uns sind und Gotthold. Doch sind wir auch gefeit gegen das Kommende? Oder sollen wir Angst haben vor dem, was kommt. Wo wir uns doch im Vergangenen zu Gott durchgerungen haben. Wo wir dabei sehend geworden sind? Sehend, weil wir wissen, daß nichts mit unserer eigenen Kraft geschieht, sondern es nur Gott ist, der in uns wirkt. Schaffet, daß Ihr seelig werdet mit Furcht und Zittern. Denn Gott ist's, der in Euch wirkt beides, das Wollen und das Vollbringen, nach seinem Wohlgefallen." (Phil. 2, Vers 12 und 13).

Und Rilke meint:

Was unser Geist der Wirrnis abgewinnt,
kommt irgendwann Lebendigem zu Gute;
wenn es auch manchmal nur Gedanken sind,
sie lösen sich in jenem großen Blute,
das weiterrinnt...

Kann man, so denkend, getrost in die Zukunft sehen? Es wäre tröstlich, daß alle unsere Gedanken in etwas weiterleben.

Klaus Simon schrieb mir in seinem Brief, den ich gestern erhalten habe: *„Die Lösung zwischen Wollen und Können ist der Weg den ich suche, aber noch nicht gefunden habe."*
Nun, in der Gefangenschaft, wo wir nur fremdbestimmt werden, liegt weder das Wollen und das Können bei uns, sondern es wird sich eines Tages in der Heimat zeigen, ob wir das vollbringen können, was wir uns wünschen. Aber das sind Fragen, die einmal unser Leben in Freiheit beantworten werden.
Gerade bei Künstlern ist es in ganz besonderem Maße zu spüren, dieses: „Gott ist's, der in Euch wirkt beides."

In diesem Wissen und dem Vertrauen, daß es eine Macht gibt, die wir zwar nicht verstehen, die uns aber lenkt, kann ich getrost in die Zukunft schauen.

Ruhiger, vertrauensvoller, weil *„mit unserer Kraft ist nichts getan, wir sind gar bald verloren. Es streit für uns der rechte Mann, den Gott hat selbst erkoren. Fragst du, wer es ist, er heißt Jesus Christ, sein Reich ist nicht von dieser Erde!"*
Nun heißt das aber nicht, daß wir alles seinen Lauf gehen lassen können. Sondern, daß wir unsere schwache Kraft durch Gottes Segen zur Entfaltung bringen müssen!

Trotz des immer noch außergewönlich schlechten Wetters hatte ich schon einige Schritte vom Lager entfernt ein nettes Erlebnis.
Vor einem Eisenbahnwärter-Häuschen turnten drei Mädchen und noch zwei Kinder sowie ein schon erwachsenes Kind im Alter von 16 oder 17 Jahren. Um besser beobachten zu können, schlich ich mich durch den Wald bis etwa 20 Meter an das Häuschen heran. Die „Brücke" und der „Handstand" wurden von den Kindern immer wieder geübt. Es war schön anzuschauen, wie natürlich diese Mädchen sich bewegten.

Ich ging aber weiter zum l'etang de Villers-Rotin. Doch es war keine Sonne da. Deshalb machte ich ums Lager herum einen großen Bogen und landete gegen drei Uhr beim Bauern, der mich wiederholt eingeladen hatte.

Der Empfang war freundlich, ich war ganz überrascht wie nett die Bauersleute waren. Eine saubere Stube, gemütlich, und die beiden Alten waren sauber angezogen. Besonders niedlich und neugierig waren die Kinder. Zuerst zwei, später brachte die Tochter des Hauses, 24 Jahre jung, noch mehr mit ins Haus.

Bei einer Flasche guten Rotwein erzählten wir uns alles mögliche. Eigentlich merkte man keinen Unterschied zu vergleichbaren Menschen bei uns im Schwarzwald. Hat man doch immer - durch negative Erlebnisse - Ressentiments, die aber in der Realität scheinbar gar nicht so oft vorhanden sind. Es sind ja auch für mich, nachdem ich seit dem Frühjahr 1944 in Frankreich bin, die ersten privaten Begegnungen. Und warum ist das möglich? Weil wir miteinander sprechen können, und das auch von beiden Seiten wollen.

Im Lager stellte sich dann schon der Unterschied zum behaglichen, aber bescheidenen Leben dieser freundlichen Franzosen heraus. Dagegen gibt es bei uns in den Baracken nichts, was die Seele wärmt. Ich aß ein wenig, war unruhig geworden durch das Vergleichen. Ich hielt es nicht mehr im Lager aus und ging mit meinen Hausschuhen nochmals an den See, um mich ein bißchen zu malen. Das lenkt ab, läßt mich mit der Natur eins werden. Es ist beglückend, wenn nach und nach auf dem weißen Aquarellpapier das erscheint, was der Maler zu sehen glaubt.
Der 22. Geburtstag klang so still und ruhig und wie gewohnt einsam an dem so schön gelegenen Weiher aus. Wie werden meine Eltern an mich gedacht haben? Alles geht vorbei, auch oder gerade wenn man einsam ist.

Heute morgen beim Gottesdienst überraschte mich Heinrich Kuhn, unser Pfarrer, mit der Bitte, ihn während seines vierwöchigen Urlaubs - er ist freiwillig hier - zu vertreten. Wie werde ich das schaffen? Es kommt mir schon komisch vor, ehrt mich aber doch, daß Heinrich mir das zutraut.

Sonnabend, den 8. Mai 1948

Herbert Nossenheim, Werner Sagert, der Schwertschlucker und Walter Henn, der Dolmetscher - alle vom

Ein kleiner Tümpel in der Nähe von Athée.

Fort - sind heute beim Transport dabei. Man erzählte mir daß Helmut „Chef du bureau des effectives" wurde. Es werden im Fort immer weniger, die ich noch kenne.

Sonntag, den 9.Mai 1948
Endlich ein Wetter, das dem Wonnemonat entspricht. Es war so schön warm. Ich wanderte an den Kasernen vorbei in Richtung zur Saône. Zuerst ging ich aber ins Hospital. Ich frug ein sehr schönes Mädchen nach dem Weg. Sie antwortete höflich, sagte aber auch kein Wort mehr als notwendig.

Noch reizender war ein circa 16jähriges Mädchen, das mich zu Condrois führte. Ich war hin und hergerissen! So etwas Liebliches habe ich noch nie gesehen. Ein fein geschnittenes Gesicht, blonde Haare und eine wunderbare Figur. Bei Condrois, er ist Elsässer, nur eine Tasse Kaffee getrunken - und weiter ging es zum Malen. Es war mir heiß, hier und da hörte ich von der Landstraße die nach Athée führt, Stimmen: „Es ist sehr warm heute! Nicht wahr, Kunstmaler?" oder „Was macht er denn? Ach, das ist ein Zeichner" ... und ähnliches mehr. Die Franzosen sind schon neugierige Menschen! Aber sie interessieren sich auch sehr für die Malerei und den Maler, der ein Kriegsgefangener ist. Gegen vier Uhr war ich mit der Malerei fertig. Auf der großen Brücke, die über die Saône nach Auxonne führt, traf ich Zivilarbeiter, die sich da mit ihren Mädchen verabredet hattten. Da traf ich auch unseren Feldwebel, genannt Dackel!

Ich ging ins Hospital, um Deutsche zu treffen, aber niemand war da. Aber, welch eine Überaschung, oder führte mich der Weg absichtlich dahin, ich traf da "die Schöne" wieder. Wir unterhielten uns in einem nahegelegenen, kleinen Wäldchen, das kühlen Schatten spendete. Und wie soll ich das schildern? Sie gab mir zum Abschied einen Kuß. Und fast noch wichtiger erschien es mir, wir verabredeten uns auf Donnersteg. Auf alle Fälle, ein erster Erfolg und es wäre traumhaft schön, wenn sie am Donnerstag kommen würde. Wenn ich doch wenigstens bessere Klamotten haben würde... Und im gleichen Atemzug dachte ich: Wie verträgt sich dieses Schwärmen mit Else?
Ja, die Entscheidung wäre schwer - aber die Franzosen sagen: „On verra!" Man wird sehen!
Aber, so dachte ich, es wäre doch so schön, wenn man so ein Mädchen hätte. Ich sagte mir "das Küssen" macht durstig. So einen Frauenkörper zu spüren, geht doch über jede Theorie. Hoffen wir, daß es sich weiter entwickelt.

Montag, den 10. Mai 1948
Zum ersten Mal mit Ölfarben im Freien gemalt. Das Motiv - natürlich die Stille am l'etang de Villers-Rotin. Es ging eigentlich ganz gut. Es macht mehr Aufwand, als mit Wasserfarben zu malen, aber...
... es gewitterte mal wieder. Ich schaffte es, noch trocken ins Lager zu kommen. Kaum war ich da, da begann es zu hageln mit Körnern so groß wie Taubeneier.
Dackel kam zu mir ins Atelier, er will, daß ich sein Haus in der Nähe von Auxonne male - und zwar gleichzeitig von vorne und von hinten auf einmal.., er lachte dreckig und meinte: "Ca a donné un éclat de rire chez la petite femme" das soll zweideutig sein. Oh, diese Franzosen!

Donnerstag, den 13. Mai 1948
Beim Aufstehen ähnelte das Wetter einer Waschküche. Doch als ich fröhlich zur Stadt marschierte, wurde es schön. Das führte mich auf die Fährte eines netten Mädchens, aber erfolglos.
Bei der Kathedrale fand ich bald die richtige Ecke, von der man die Kirche am besten malen konnte. Und ich begann, aber mit welchen Schwierigkeiten, ich saß so nahe, daß es eine komische Perspektive gab. Aber ich schaffte es trotzdem. Nun begann das Interessante: Immer wieder kamen neugierige Franzosen, die mich fragten, wer ich denn sei. Vor allem die Kinder waren es, die immer sagten: „C'est vraiment très bien!".
Selbst ein altes Mütterchen kam, schaute mir über die Schulter und meinte: „Sehr gut".
Sie ging ein paar Schritte weiter, kam zurück und sagte nochmals: „Ja, Monsieur, es ist sehr gut. Es ist ihnen sehr gut gelungen!"
Ich war mitten in der Stadt und wohl deshalb auch immer von Menschen, vor allem von Kindern, umringt.
Besonders eine kleine Hübsche sagte immer: „Ich möchte gerne so gut malen können wie Sie, Monsieur. Auch ich habe einmal begonnen, die Kirche zu zeichnen, aber ich kam nie zum Ende. Aber ja, ich habe auch in der Schule schon gemalt, aber die Farben sind auf dem Papier dahin gelaufen, wo sie wollten und nicht so wie bei Ihnen."
Als dann noch die Schule aus war, kam eine ganze Menge schnatternder Kinder, da hatte ich genug.
Von den „Fräuleins" kamen nur selten welche zum Schauen. Eine kam mal, sie war hübsch, intelligent, sie sagte auch ganz offen ihre Meinung. Das tat gut. Ich sah, trotz der Konzentration aufs Malen, viele hübsche Frauen.

Im Lager: Dackel meldete sich sofort mit der Anweisung, Schilder zu schreiben. Blöd, nun kann ich nicht raus und hatte doch das Rendezvous. Aber mit erhobenem Kopf ging ich mit den anderen Sanis raus.
Abends fand deshalb eine tolle Aussprache mit dem Dackel statt. Ergebnis: Keine Pinsel, keine Farben, kein Papier, keine Leinwand - also kein Geld!

Sonntag, den 15. Mai 1948
Gotthold wäre zweiundzwanzig Jahre alt geworden.
Mit Moritz sehr ausgiebig über das Buch: „Den Sternen entgegen", von einem englischen Autoren gesprochen. Das Thema sei: "Jesus als Philosoph der Liebe".
Jesus sei nicht Gottes Sohn, aber ein überaus wissender Mensch. Und ein weiteres Buch: „Gott ist den Seelen näher". Es gäbe Interpreten, die „Guides" seien, hieß es dort, die die Verbindung mit dem Jenseits über „Medien" aufnehmen würden. Interessant, verwirrend, insbesondere da wir alle Suchende sind. Das Buch, so hoffe ich, wird manches klären.

Wenn ich ein Jahr zurückdenke, an Gottholds Geburtstag, dann erinnere ich mich mit Wehmut an die schöne Zeit mit ihm. Dazu passend Rilkes Gedicht „Liebeslied":

Wie soll ich meine Seele halten, daß
sie nicht an deine rührt? Wie soll ich sie
hinheben über dich zu anderen Dingen?
Ach gerne möcht ich sie bei irgendwas
Verlorenem im Dunkel unterbringen
an einer fremden stillen Stelle, die
nicht weiterschwingt, wenn deine Tiefen schwingen.
Doch alles, was uns anrührt, dich und mich,
nimmt uns zusammen wie ein Bogenstrich,
der aus zwei Saiten eine Stimme zieht.
Auf welches Instrument sind wir gespannt?
Und welcher Geiger hat uns in der Hand?
O süßes Lied.

Die Kathedrale von Auxonne. Es war das Aquarell, das mich im Städtchen am meisten bekanntgemacht hat. Als gar der Pfarrer meinte: „So gut habe noch kein Maler seine Kirche gemalt", und er sich öffentlich mit mir zeigte, wurde ich in Auxonne anerkannt und öfters auch mal von Franzosen angesprochen.

Wie schöne wäre es, wenn Gotthold noch hier sein könnte und mit mir hier einen neuen Frühling erleben dürfte. Ja, da wäre manche Stunde nicht so trostlos. Wie wäre es, wenn ich an die Thesen der Verbindung zum Jenseits durch Medien denke? Könnten nicht auch wir uns fühlen, sprechen...
... wenn doch der Geist ständig um uns ist? Da müßten wir uns doch nahe sein, wie wir es einst waren. War doch alles, was wir taten, Du und ich, wie ein Bogenstrich, der aus zwei Saiten eine Stimme macht?
Oh, wie macht das alles müde, wie lähmen diese Gedanken jeden Lebenswillen so sehr, daß es mir so überflüssig scheint, selbst noch zu sein!
Ich glaubte mich durch die Religion stärken zu können; und ich glaubte schon so weit zu sein, um dadurch Trost zu erfahren? Nun, nicht nur das Gespräch mit Moritz, hat mich wieder aus der Bahn getragen. Und ich soll unseren Pfarrer während seines Urlaubs ersetzen? Nein, nun nach diesem Zweifeln, scheint es mir nicht mehr möglich zu sein.

Dienstag, den 18. Mai 1948
Es bedrängt mich vieles von allen Seiten. Ich weiß nicht, wie ich das meistern soll. Vieles kann ich auch nicht schreiben, oft fehlt die Zeit, es fehlt das Wissen, es fehlt am Wie?
Vieles wäre interessant, aber ist auch alles was interessant ist, auch wichtig?
„Gott gebe mir die Kraft, das zu tun was ich tun muß, Gott gebe mir den Willen, das Hinzunehmen, was ich nicht ändern kann.
Und Gott gebe mir die Weisheit, beides miteinander zu verbinden."

Die Pfingstfeiertage verbrachte ich angenehm.
Am Sonntag besuchte ich Harry Werner, einen Zivilarbeiter. Er bewirtete mich ganz vorzüglich und brachte mir Aufträge zum Malen. Wie waren anschießend bei einem Elsässer, er hieß Hemmerlin, der sichtlich viele und schöne Ölgemälde hatte. Für ihn soll ich ab sofort arbeiten. Er wird meine Bilder verkaufen, denn, so der Elsässer, die Nachfrage sei groß und ich sei in Auxonne, in bestimmten Kreisen, schon einigermaßen bekannt.
Bei Madame Lagé wurde ich dann eingeladen und sehr freundlich empfangen. Sofort kam Wein und Kuchen auf den Tisch, obwohl ich mich bei Harry schon sattgegessen hatte.
Es war für mich so neu, so unfaßbar, daß mich richtige Menschen so gut behandelten - und mich als Gast bewirten.
Mich über diese neue Situation freuend, in bester Stimmung, ging ich durch Auxonne. Im "Jardin public", setzte ich mich auf eine Bank und begann die Kirche aus dieser Sicht zu malen. Es gelang mir nicht sonderlich, weil mich die Kinder ganz und gar in Beschlag nahmen. Wenn ich durch die Freundlichkeit meiner Gastgeber schon in guter Laune war, machten mich die netten kleinen Wesen richtig glücklich. Besonders eines dieser Kinder war besonders naseweis. Als ich deshalb auf meinen Malblock schrieb: "Il y a une petite fille qui est trop curieuse", (Es gibt hier ein Kind, das besonders neugierig ist!) da brach wahrhaftig ein Lachen unter all den Kindern aus.

Nun ging es los, ich war dran am ausgefragt zu werden. „Oh, sie können französisch schreiben, Monsieur? Können Sie auch Jaqueline schreiben?" „Aber ja doch", sagte ich und schrieb „Jaqueline", da ging's los: „Oh, Monsieur, Sie schreiben und machen aber Fehler... usw.- Es war lustig, und so ging es eine ganze Zeit lang hin und her. Natürlich kamen wir auch auf die Gefangenschaft zu sprechen, denn sie wollten unter anderem wissen, warum ich ein weißes, großes „P.G." auf dem Rücken meiner Jacke hätte. Aber keines von den Kleinen wußte, was „Captivité" heißt. Und sie wußten schon gar nicht, was ein Kriegsgefangener ist! Wie glücklich sie noch sind und wie offen. Sie wollten zum wiederholten Male wissen, warum ich nicht nach Hause gehe! Das konnten sie nicht begreifen. Sie meinten, als es ans Schätzen meines Alters ging, ich wäre 37 Jahre alt, das war für mich ein Schock. Aber Erwachsene sind für Kinder scheinbar immer unendlich alt.

Ich ging dann, schlenderte durch einen anderen Park, wo ich dann ein junges Mädchen in einem luftigen weiß-rot gestreiften Sommerkleidchen, auf einem „Löwen" sitzend, sah, und nachdem ich sie fragte, malen durfte.

Am Montag morgen ging ich früh raus. Malte in Ruhe mein angefangenes Aquarell von der Kirche in Auxonne zu Ende. Dann stieg ich auf den Kirchturm. Eine ganz alte - nun wirklich alte - Frau, in einem noch älteren Turmzimmer, war die "Concierge". Sie schloß mir den Treppenaufgang auf. Als ich oben war und Atem holend den herrlichen Rundblick genoß, bemerkte ich, daß ich kein Wasser zum malen mitgenommen hatte. Also nochmals runter und wieder rauf. In Ruhe malte ich eines meiner schönsten Aquarelle. Der Blick über die Dächer der Altstadt gelang mir sehr gut. Der Alten gefiel es auch. Sie wurde zutraulich und erzählte mir dann ununterbrochen hundert Dinge über die „Boches", sie seien nicht menschlich, grausam etc. Ich konnte ihr sagen, was ich wollte, sie ließ sich von ihrem negativen Wissen über die Deutschen nicht abbringen.

Ich konnte es ja dann auch verstehen. Im ersten Weltkrieg hatte sie nur Schlechtes erfahren. Ihr Mann fiel damals. In

Ein Blick vom Turm der Kathedrale von Auxonne.

diesem Krieg verlor sie ihren „Gendre", den Schwiegersohn, und sitzt nun mit ihrer Tochter und sieben Kindern alleine da. Lange und ausführlich erzählte sie nur Grausames über die Deutschen, obwohl sie von uns Deutschen eigentlich niemanden kennt. So halten sich in allen Ländern, glaube ich, negative Legenden, die immer wieder aufgefrischt werden. Ein Glück, daß ich Maler war, und ihr das Bild, trotzdem ich ein Deutscher bin, gefällt. Sonst hätte ich wahrscheinlich noch Schlechteres hören müssen.

Am Nachmittag malte ich das Haus von Leutnant Guéretays. Da kam dauernd eine junge Frau zum Wasserholen raus. Sie kam so oft, daß es auffallend war. Sie war bestimmt neugierig, warum jemand dieses Haus malt. Schließlich fragte ich sie: „Vous êtes sûrement madame Guéretay?" Was sie zwar verneinte, aber der Anfang für ein langes Gespräch war gemacht. Sie blieb dann fast den ganzen Nachmittag da. „Dackel" kam gegen fünf Uhr vorbei. Ob er mich kontrollieren wollte? Er lud mich zu einem Glas Wein ein. Das paßte mir eigentlich gar nicht, weil ich hoffte, daß ich mit der jungen Frau noch einen Spaziergang machen könnte. Alles schien in Erfüllung zu gehen, aber nichts klappte.

Dafür - wie witzig - hatte ich ein interessantes Gespräch mit einem „Curé". Das war natürlich nicht so schön wie die "promenade" mit einer schönen Frau. Aber der Pfarrer war auf mich aufmerksam geworden, weil ich mehrmals seine Kirche gemalt habe. Und, was für alle weiteren Kontakte wichtig war, er meinte, noch niemand hätte die Kathedrale so schön gemalt wie ich! Mit dieser Aussage öffnete mir der Pfarrer alle Türen in Auxonne.

„Bei Harry klappte es auch nicht, weil er noch nicht vom Strand zurück war. Also zurück ins Lager und mit Moritz Häusler Abschied gefeiert, der nun auch nach Hause fährt. Auch hier wiederholt sich alles. Kaum findet man jemanden, mit dem man sich versteht, wird man wieder auseinandergerissen.
Das Abschiednehmen zog sich deshalb bis 1.30 Uhr in der Nacht hin. Ich war ja nun heute mit der jungen Frau verabredet, die vor Guéretays Haus so auffallend oft Wasser holte. Es schien alles in Ordnung zu sein, doch dann kam wieder mal etwas dazwischen.
Das ärgerte mich aus zwei Gründen. Einmal sagt man, die Vorfreude sei das schönste bei einem Rendezvous, das war aber nicht der Fall - und zum zweiten versäumte ich, etwas mit der Malerei festzuhalten.

Zwei Mädchen, noch Knospen, wie es Klaus Simon einmal in einem Brief nannte, gerade beim Aufblühen, saßen im Schatten der Bäume. Es war eine wunderschöne Farbstimmung. Die bunten Kleider der Mädchen im sattgrünen, ins Blaue gehenden Schatten, auf dem Rasen tanzten goldgelbe Flecken, die im Halbdunkel faszinierende Lichtstellen formten. Ich kann das nicht vergessen und es plagt mich nun, daß ich dieses entzückende Bild nicht festgehalten habe und daß das Rendezvous nicht klappte.

Goethe läßt im Alter von 22 Jahren seinen Werther sagen: *„Ich weiß nicht, wie ich mich ausdrücken soll, meine vorstellende Kraft ist so schwach, alles schwimmt und schwankt so vor meiner Seele, daß ich keinen Umriß packen kann; aber ich bilde mir ein, wenn ich Ton hätte oder Wachs, so wollte ich's wohl herausbilden."*

Ja, das Bild der zwei lieblichen Mädchen steht noch immer vor meinem geistigen Auge und Goethe, der Meister, formuliert das so treffend. Hätte ich nur gemalt und das Rendezvous zum Teufel gehen lassen. Aber, was soll's, ich war bedrückt, leidend, traurig wegen entgangener Chancen. So kam ich im Lager an und wurde wieder glücklich und froh, weil drei Briefe von Else und ein Brief von meinem Bruder Alfred angekommen waren. Else, die mein Bild von Gottholds Aufbahrung erhalten hatte, wünschte sich von mir ein Frühlingsbild. Ein Bild vom Erwachen der Natur und nicht nur vom Sterben. Da mußte ich an die eben erlebte Szene im Park denken, die verpaßte Chance, das zu malen - das wäre Leben pur gewesen - und ich ärgerte mich noch mehr.

Soll mir das eine Warnung sein, mich zukünftig nicht mehr vom Eros und der Sexualität treiben zu lassen, sondern mehr auf den edlen Charakter der Menschen zu achten? *„Was ist unserem Herzen die Welt ohne Liebe!"*, läßt Goethe seinen unglücklich verliebten Werther sagen, *„was eine Zauberlaterne ohne Licht! Kaum bringst du ein Lämpchen hinein, so scheinen dir die buntesten Bilder an deiner weißen Wand. Und wenn's nichts wäre als das, als vorübergehende Phantome, so macht's doch immer unser Glück, wenn wir wie frische Jungen davorstehen, und uns über die Wundererscheinungen entzücken."*

Wie viele große Unterschiede es doch unter den Mädchen gibt. Ich schäme mich zwar zu vergleichen, aber ich bin doch immer hin- und hergerissen. Es freut mich, daß ich mal wieder was von Else gehört habe, daß ihr mein Bild von Gotthold gefällt. Wobei sie den Rahmen nicht passend findet und das auch so frei schreibt. Ich werde ihr den Wunsch nach einem Frühlingsbild erfüllen. Hoffentlich gelingt es mir.

Freitag, den 21. Mai 1948
Endlich habe ich es geschafft, daß ich mir ein Paar Halbschuhe kaufen kann. Ich schrieb meinen Eltern voller Stolz: „Und nun kurz die Anschaffungen, die ich mir in letzter Zeit leisten konnte. Ein Paar braune Sporthalbschuhe, 1.450,-Ffrs. das wären ca. 725 RM, eine prima lange, dunkelgraue Zivilhose, eine Badehose (1945 mußte ich mir noch eine selber nähen) und zwei Hemden. Wenn ich das alles mal nach Hause bringe, ist das sicher schön und gut. Aber alles muß verdient sein, deshalb arbeite ich jeden Abend bis spät in die Nacht hinein. Dadurch geht es mir zur Zeit gar nicht schlecht. Aber der Krug geht so lange zum Brunnen, bis er bricht; denn diese zusätzlichen Bilder zu malen und deren Verkauf sind streng verboten. Also sollte ich eines Tages im „Gefängnis" sein, wißt ihr warum!"

Wir backen doch kleine Brötchen. Aber der Ansporn, etwas zu erreichen, bleibt bestehen. Wenn ich so unentdeckt weiterschaffen kann bis zur Entlassung, dann komme ich doch wenigstens mit etwas nach Hause. Obwohl ich schon deshalb nicht klagen darf, weil ich schon so manches mit Heimkehrern zu meinen Eltern geschickt habe.

In der Stadt sah ich durch Zufall wieder die gleichen jungen Mädchen, die ich am Dienstag gesehen habe, als sie so possierlich im Grase saßen. Sie waren wieder an der gleichen Stelle - also war es kein Zufall? Ich folgte ihnen bis zur Wohnung, sie sind zuhause in der Rue de l'hospital Nr.7. Wird mir der Zufall noch einmal günstig sein?

In den letzten Tagen bekam ich viel Post aus Deutschland. Alle sprechen oder weisen in irgendeiner Form auf einen neuen Begriff, die „Währungsreform" hin. Wobei eigentlich niemand was Genaues sagt und ich damit nichts anfangen kann. Ich selbst habe zum Schreiben gar keine Zeit. Noch nicht mal an Else schreibe ich und meine Mutter meint: *„Du schreibst uns nicht, dann geht es Dir gut!"* So ist es nicht! Selbst zu meinem Geburtstag hörte ich nur etwas von meiner Mutter, von Rudi Virchow und von meinem besten Freund Franzl. Meine liebe Mutter ist immer für mich da, aber der Rest der Welt schweigt.

Selbst André läßt nichts mehr von sich hören, obwohl ich ihm schon so oft geschrieben habe.

Das drückt die Stimmung. Das Malen macht keinen Spaß, es ist auch schwer, so ganz als "freischaffender Künstler" zu leben. Die Anforderungen sind groß und offensichtlich erfülle ich sie auch, obwohl ich ja in allen Bereichen nur ein Anfänger bin. Deshalb war es auch ganz angenehm, als ich Motive von Kunstpostkarten kopierte, das war leichter als nun neue Original-Motive zu finden zu gestalten.

Aber es macht mehr Spaß, beim malen mehr selbst zu bestimmen!

Samstag, den 22. Mai 1948

Der Mai ist gekommen, ja aber er ist schon fast wieder vorbei. Und wir kommen unserer Entlassung damit immer näher. Ich freue mich auf die nahe Freiheit. Obwohl im zunehmendem Maße immer öfters Stimmen laut werden, die mich vor allzuviel Optimismus warnen.

Klaus Simon meinte zur Umstellung auf die Freiheit am 24. April:
Zum ersten Mal seit fünf Jahren erlebe ich den Frühling wieder, geborgen in dem glücklichen Gefühl des Zu-Hause-Seins. Jeden Sonntag, den ich zu Hause erlebe, verfolge ich das Weiterschreiten seiner Pracht!

Dabei fällt mir das letzte Wort Rilkes ein: Das Leben ist eine Herrlichkeit. Das Leben in der Natur geht weiter seinen Gang, nach seinem Gesetz, es gerät oft - zumal in dieser Zeit - im Gegensatz zu dem sonstigen Leben, zum Leben des Menschen.

Aus diesem Erkennen muß die Einsicht und das Wissen fließen, daß Gott mit uns ist, daß er uns auch in der tiefsten Not nicht verlassen hat. Der Grund für das Übel der Zeit ist der Mensch, der sich anmaßt gegen das Gesetz zu handeln. Diese Einsicht muß uns bestimmen, dieses Chaotische, diese Möglichkeit zum Bösen immer erneut zu bekämpfen.

Glaub mir Hans, es ist schwer, unsagbar schwer. Die Pläne und die Gedanken, die wir im gesicherten Raum des Stacheldrahtes hegten, widersetzen sich der Verwirklichung. Sie sind - jedenfalls bei mir ist es der Fall - Theorie, extreme Einseitigkeit. Der Kompromiß zwischen Wollen und Können, das ist der Weg, den ich suche, aber noch nicht gefunden habe. Von diesem Gesichtspunkt aus wirst Du verstehen, wenn ich Dir von meinen anfänglichen Schwierigkeiten im Studium erzähle.
Die Umstellung von einem relativ bequemen Faulenzerleben (Anmerkung von mir: Klaus war Offizier und mußte nie arbeiten!) *auf die Arbeit fällt mir ungeheuer schwer. Leben in Freiheit, das bedeutet für mich Versuchung. Ich habe mich noch nicht fest genug in der Hand. Ich bin noch nicht Zwang genug. Arbeit bedeutet für mich zunächst Zwang, der Weg, auf dem ich mein Ich wiederfinde, das mir in der Zeit seit meiner Heimkehr verlorenzugehen schien.*
Ich war zum Sklaven all der Dinge geworden, die wir in den Jahren des Eingesperrtseins vermissen mußten. Zunächst war es ein Glücksgefühl, in dieses ganz neue Leben zu schreiten, im Bewußtsein, daß man in Gefangenschaft gereift ist, daß man seinen Weg wußte. Aber unbemerkt bröckelte immer mehr von dieser in der dünnen Luft der theoretischen gewachsenen Sicherheit ab.

Ich verlor mich an die Dinge, wurde abhängig und konnte nicht mehr über mich selbst entscheiden. Ich habe zu schnell vergessen, daß auch hier in der sogenannten Freiheit ein Stacheldraht gezogen ist, der zwar nicht außerhalb von mir aber in mir steht.

Daraus ergab sich das merkwürdige Paradoxon, daß ich glaubte frei zu sein, aber gebundener als je zuvor war. In der Gefangenschaft war ich freier, glücklicher. Ich habe nun durch Erfahrung die ganze Tragik des Gegensatzes von Freiheit und Willkür kennengelernt.
Freiheit ist doch ein freiwilliges Mitwirken, an einem Plan, der vorgeschrieben, von Gott gesetzt ist.

Und ein weiterer Brief um diese Zeit zeigte mir, wie man sich auch in der Freiheit auf die Arbeit, das Lernen, das Weiterbilden konzentrieren muß. Klaus Wein, der schon wieder studiert, mit dem ich bei Lutz und Weiss in Pforzheim eine Lehre durchgestanden habe, schreibt mir anfangs Mai, in dem Monat, in dem ich zweiundzwanzig und er dreiundzwanzig Jahr alt wurden:

Bald nachdem Deine Mutter mit dem Bild von ‚Gottholds Tod' bei mir war, möchte ich Dir sagen, daß dies eines Deiner besten Bilder ist, die ich kenne. Man spürt, daß es aus einer Gefühlsbewegung entstanden ist. Und wenn es jemandem gelingt, durch Farbe, Form usw. bei anderen Menschen das gleiche Gefühl zu erwecken, so ist das eben Kunst. Voraussetzung natürlich, daß dieses Gefühl bildend, also gut ist.

Klaus schildert mir einen Ausflug mit der Schule nach Karlsruhe. Dort waren eine Ausstellung von sakraler Kunst und Arbeiten von Käthe Kollwitz. *Eine Künstlerin, die man getrost neben Rembrandt und die ‚Größten' stellen kann. Klaus meint: Ein solches Mitgefühl für alles Leid der Welt habe ich sonst noch nirgends gesehen.*

Wenn Du wieder da bist, werden wir öfters miteinander Betrachtungen über derlei Dinge anstellen.

Wenn man sich ernstlich darüber unterhält, wird einem vieles klar, worauf man normal nicht kommt. Man sollte sich ja überhaupt so schulen, daß man alle unproduktiven Zeiten, wie Warten, den Weg zur Arbeit usw. zu disziplinierter Gedankenarbeit ausnutzt. Wenn man sich bloß immer mit der Sache beschäftigt, ist es schon gut. Man sollte auch jeden Umgang, der davon ablenkt oder entgegenwirkt, meiden. Selbst die Entspannung und Ruhe kann man fördernd gestalten.

Klaus Wein schreibt weiter von der Kunst- und Werkschule, und daß man da noch nicht ein Diplom zum Abschluß machen kann. Sie, die älteren Studierenden kämpfen darum, daß der Abschluß mindestens der Meisterprüfung gleichgestellt wird. Und er fährt fort: *Daß Du nochmals als Arbeiter in ein Geschäft gehst, brauchst Du bei den derzeitigen Verhältnissen nicht befürchten. Eher fangen wir miteinander eine Fabrik an.*

Später meint er noch: *Mein Vater sorgt derzeit als selbstständiger Goldschmied dafür, daß ich ruhig die Füße unter den Tisch stellen kann. Entwurflich und auch sonst helfe ich natürlich schon mit. Wenn die Währungsreform kommt, werde ich allerdings auch mit anfassen müssen um Geld zu verdienen.*
Soweit mein Freund Klaus Wein.

Heute mittag bin ich in einer ganz besonders guten Stimmung. Ich freue mich, daß sich in meinem Leben hier so vieles zum Guten gewendet hat. Daß Anerkennung und Beachtung auch von den Franzosen steigen. Dazu trug unter anderem auch bei, daß der Pfarrer von Auxonne so anerkennende Worte über mein Bild von der Kathedrale fand. Eigentlich bin ich in diesem kleinen Städtchen schon fast so bekannt wie ein roter Hund.

Der Leutnant ist mit dem Bild, das ich für ihn malte, mehr als zufrieden. Er schenkte mir ein weißes Hemd. Ich bekam einen Fahrermantel. Und dazu kommen meine selbstgekauften Schuhe, die neue Hose - das Selbstwertgefühl steigt. Ob sich auch früher viele Maler über solche Kleinigkeiten freuen konnten?

Also, wenn alles klappt, gehe ich am nächsten Sonntag, mit braunen Halbschuhen, weißen Socken, grauer Hose und weißem Hemd aus. So kann ich mich dann schon eher sehen lassen und werde mir, so hoffe ich, eine positive Auskunft über das Haus Nr. 7 in der „Rue de l'Hospital" einholen.
Vielleicht habe ich dabei auch mal Glück.

Sonntag, den 23. Mai 1948
In Auxonne, in einem schönen alten Park, steht ein altes Stadttor. Der Zahn der Zeit nagte schon lange daran. Die links und rechts fehlenden Stadtmauern machen das Tor zu einem allein stehenden Denkmal, das ich in aller Ruhe aquarelliert habe. Das sind Motive, die danndie Offiziere in Öl gemalt haben möchten. Ebenso, wie der Triumphbogen, der zu Zeiten des jungen Napoleons gebaut wurde. In Erinnerung daran, daß Napoleon als junger Soldat hier in Auxonne war. (Siehe Seite 165).

Solche Motive mag man von mir. Mir macht es Spaß, weil es meistens ruhig bei diesen Denkmalen ist.

Nachmittags wanderte ich in Richtung Osten. Gegen drei Uhr war ich in einem kleinen sehr schön gelegenen Ort: „Jouhe". Er liegt schon in den Hügeln, die sanft von der Saône-Ebene zum Mont Roland ansteigen, den man auch von hier aus schon sehr schön sehen kann. Vielleicht werde ich noch hinaufwandern, wenn ich nicht zu müde bin.

Im l'etang de Villers-Rotin habe ich - seit nun bald vier Jahren - zum ersten Mal wieder gebadet. Das Wasser war angenehm, aber mich verließ nicht das unangenehme Gefühl, beim Baden so ganz alleine zu sein.

Nach dem Ort Bjarne fand ich schon die ersten reifen Kirschen. Hier besuchte ich ein Restaurant, es herrscht ein toller Betrieb. Alt und jung sitzen zusammen und spielen um Geld. So verbringen diese Menschen ihren Sonntag. Ein paar jungen Burschen sitzen dabei, trinken Bier und tuscheln und freuen sich, daß vor dem Lokal ihre Mädchen warten: „Elles sont la". Deshalb sind die jungen Burschen, wenn sie es auch nicht so richtig zeigen, glükklich. Die einen wagen sich nicht rein und die anderen nicht raus. Der eine oder andere schaut ab und zu zur Tür raus, ob sie auch noch da sind, aber das ist auch alles. So machen es wahrscheinlich alle Jungs, in allen Dörfern und in allen Ländern. Dieses Verhalten scheint doch doof zu sein. Wahrlich, so beneide ich diese Jugend nicht um ihre Freiheit. Aber verhalten wir uns anders? Herbert Ergelett, zu Hause in Freibung im Breisgau - erzählte mir heute morgen, als er mich vom Park, wo ich malte, abholte, von seinem Mädchen, das er hier kennengelernt hat.

Gegen halb fünf Uhr war ich auf dem Mont Roland. Die Kirche „Notre Dame de Mont Roland" ist eine bekannte

Wallfahrtskirche. Sie liegt so hoch oben auf dem Berg, daß man weit über das Land und in die Ebene der Saône sehen kann. Ganz in der Ferne sieht man, wie sich das silbrige Band des Flusses glitzernd durch die Ebene windet.

Ich bin gut da oben angekommen. Kaum war ich da, kamen eine Menge Autos an, besetzt von Studenten und Studentinnen aus Dôle und Auxonne. Die Wirtsfrau erzählte mir, daß die „Bénéfication des élèves des écoles privées" sei. Die würde jedes Jahr um diese Zeit stattfinden. Ich nahm an dem Empfang teil und war vor allen Dingen von dem herrlichen Gesang eines Mädchen- und Knaben-Chores begeistert.

Das Leuten der Glocken, die vielen jungen Menschen, es war stimmungsvoll. Weniger haben mir die Gedenktafeln, die überall angebracht sind, gefallen. Jedes noch so kleine Stück der Mauer ist vollgekritzelt. Vom kleinsten Zettel bis zur schönsten Gedenktafel, es wird an alles erinnert. Man liest die Texte wie: „Dank an Nôtre Dame de Mont Roland für meine Heilung" oder „Ich danke der Mutter Gottes, daß mein Mann nicht gefallen ist." Selbst ehemalige französische Kriegsgefangene danken der Nôtre Dame für ihre Heimkehr aus Deutschland. Es gibt kleine und große Wunder, die man erlebt hat, für alles wird gedankt. Das fand ich nicht so schön. Vor allem weil man den Eindruck hat, daß alles auf eine billige und primitive Art abgewickelt wird.

Die Frau, neben der ich sitze, ist sehr freundlich, weil sie Deutsche während der Besatzungszeit, nur von der besten Seite kennengelernt hat. Also, daß es auch so eine Meinung gibt! Auch dafür ein Dankeschön der Kirche von Notre Dame.

Dienstag, den 25. Mai 1948
Frühmorgens treibt es mich schon zum Schreiben, weil ich so unendlich glücklich bin. Beim Essen gestern abend ärgerte ich mich, weil es mal wieder so ein „Schweinefraß" gab.
Um 18 Uhr kam im Kino: „Weiße Wäsche". Ein Film, dem ich nicht so viel abgewinnen konnte, obwohl er eigentlich nett war. Ein dänischer Kulturfilm mit herrlichen Naturaufnahmen war dagegen wunderbar.
Anschießend fand ich auf unserer Bude, welch ein Glück, drei Briefe vor. Einen von meiner Mutter, einen Brief von Margot Weingärtner und vor allem einen langen Brief von Else. Welch herrliche, tröstenden Worte sie schrieb! Es ist so schön, daß man es fast nicht fassen kann. Träumend vor Glück lag ich im Bett. Mit diesem Glücksgefühl stand ich auf und möchte es so schildern können, was die Worte von Else „je t'aime" vielleicht bedeuten könnten, „Vielleicht", so Else, *„können wir uns das später sagen"*. Sie ist nun für mich das Elschen geworden, weil sie mir das Du angeboten hat.

Montag, den 31.Mai 1948
Ich war am Sonntag, bei M. Hemerlin, dem Elsässser, der meine Bilder verkauft. Anschließend gingen wir mit Herbert Ergelett spazieren. Er hat eine Freundin, die bei der Post arbeitet. In „Dackels" Haus gab's frische Kirschen und Schnaps. Welch eine tolle Mischung! Wir waren dann bei Hemerlin zum Essen eingeladen und blieben da in guter Stimmung bis zum späten Abend.

Dienstag, den 1. Juni 1948
Also man sagt, daß bis Ende des Jahres alle Gefangenen zu Hause sein müssen, das wären dann noch sechs Monate. Das schaffe ich auch noch. Ich wollte eigentlich malen gehen, aber das Wetter ist nicht so schön, so wie man es langsam gewohnt ist. Also bin ich im Atelier geblieben. Einer meiner Kumpel erzählte mir, daß „Dackel" mir auf der Spur wäre. Er verdächtigt mich, Bilder über den Elsässer zu verkaufen. Ich muß noch vorsichtiger sein, damit es mir nicht so ergeht wie dem Lagerführer und dem Dusch-Meister: Beide kamen ins „Prison".
Ich lese zur Zeit „Der Nachsommer" von Adalbert Stifter. Ich bin davon ganz begeistert. Er schreibt so schön, daß man schon wieder Angst hat, das alles so wahr sein kann.

Freitag, den 4. Juni 1948
Es ist schlechtes Wetter. Wir frieren! Das geht nun schon seit vierzehn Tagen so. Es will nicht wärmer werden und dabei hätte ich nun die Freiheit, um in der freien Natur zu malen.

Samstag, den 5. Juni 1948
Lorenz, der Schneider, arbeitet mit Hochdruck an meiner Hose. Morgen früh um acht Uhr sollte sie zum Ausgehen fertig sein. Also hat doch noch alles geklappt. Ich selbst habe an meinem weißen Hemd noch die Knöpfe angenäht, weil ich keinen Reißverschluß auftreiben konnte.

Nach Regen folgt Sonnenschein, also es war schön als ich heute morgen in der Stadt war.
Hoffentlich wird das auch morgen der Fall sein.
Im Moment geht's mir wieder gut, in Erinnerung an 1944 und 1945 sogar sehr gut. Wenn ich daran denke, daß Ende des Jahres alles vorbei sein wird, dann geht es mir glänzend.

Montag, den 7. Juni 1948
Gestern waren es dreidreiviertel Jahre, daß ich in Gefangenschaft bin. Ich wollte, wie geplant, um acht Uhr raus, aber Lorenz war mit der Hose noch nicht fertig. Er stand zwar schon um halb fünf Uhr auf, aber ich mußte noch etwas warten. Glücklich und ganz neu eingekleidet ging ich dann um 9 Uhr raus. Kurz zum Elsässer gegangen und meine Bilder dort abgegeben. Ich spazierte der Saône entlang. Das schöne Wetter und meine neuen Sachen stimmten mich ganz fröhlich.

Nachdem Heribert vom Hospital kam, gingen wir baden. Das Wasser war durch das ständige schlechte Wetter noch empfindlich kalt, aber es erfrischte. Noch kurz auf den Kirchturm gestiegen, und um ein Uhr waren wir wieder bei Hermelin. Das Essen war köstlich: Grüne Erbsen, gelbe Rüben, zartes Fleisch, frische Salate, Erdbeeren als Dessert, was will man mehr.

Kurz nach drei gingen wir wieder langsam der Saône entlang. Da trafen wir einige T.L. Ich wollte aber in jenes stille Wäldchen gehen, wo ich schon zweimal die zwei netten Mädchen gesehen hatte.
Durch einen geheimen Pfad drang ich in das Innere des Wäldchens ein. Mir stand fast das Herz still, als auf dem selben Platz, jemand weibliches saß.
Toll, ich blieb stehen, ging weiter, blieb nochmals stehen.

Es war keines von „meinen" Mädchen, aber ich fand das Mädchen ganz reizend. Ich nahm mein Herz in meine Hand, ging kurz entschlossen zu ihm hin und fragte: „Entschuldigen Sie, wenn ich Sie etwas fragen möchte." Sie schaute mich komisch aber nicht unfreundlich an. „Ich bin sicher sehr neugierig, wenn ich sie frage, ob sie schon lange hier sind und ob sie auf jemanden warten?" Sie antwortete: „Aber nein, Monsieur, ich bin ganz alleine, und ich erwarte auch niemanden!"

Worauf ich nun ganz frei meinen Wunsch vorbrachte: „Erlauben sie mir dann, daß ich sie malen kann?" Sie können ungestört in ihrem Buch weiterlesen, ich werde sie beim Lesen durch mein malen nicht stören."

So, der Bann war gebrochen. Lustig ging die Rede hin und her. Kurz zuvor hatte ich einen kleinen Zaunkönig gefangen, den ich ihr nun gab. Das wiederum eröffnete ein weiteres nettes Gespräch. Als ich dann, das auf dem Boden neben ihr liegende Buch „Morceaux choisis de Victor Hugo" sah, freute mich das sehr, denn ich sah, daß sie keinen Schundroman las. Sie bemerkte dann auch, daß es ihr mehr Spaß machen würde, hier im Grünen allein zu sein, um zu lesen, als am Strand zu sein, oder zum Tanzen zu gehen. Es wäre unmöglich, unsere ganze Unterhaltung dem Tagebuch anzuvertrauen, das wäre auch zu aufwendig. Fest steht, wir waren zusammen bis zwanzig nach Sieben und folgende Worte gaben für die Zukunft die Richtung an. Sie meinte: „Entschuldigen Sie, wenn ich Sie nicht küsse, aber ich bin verlobt!"
Später stellte sich dies als „fast" verlobt heraus.

Was soll ich sagen? Wenn alles so kommt, wie wir es besprochen hatten, dann könnte sie mir wahrhaftig mein Leben in den nächsten Monaten verschönern. Sie fand alles ganz natürlich, denn ich sei ebenso ein Mensch wie sie, auch wenn ich ein Kriegsgefangener sei.
Lustig war, sie wollte das Aquarell, das ich von ihr malte, bezahlen. Sie bot mir Geld an, dann ihren Ring, dann das Buch, was sie mir schon zum Lesen leihen wollte, nun wollte sie es mir wenigstens schenken. Das Buch nahm ich nach langem Hin und Her dann auch an.

Nun, es war spät geworden, ich mußte schnell ins Lager zurück. Selbst die Bilder, die ich bei Hermelin noch holen wollte, mußte ich dort lassen. Im Lager wurde mir klar, daß ich diese unbedingt gebraucht hätte... also kaum taucht ein weibliches Wesen auf, wird man durcheinander gebracht.
Herbert sagte mir noch, daß sich der Diensthabende beschwert habe, weil wir in Zivil rausgegangen sind. Das war zwar nicht erlaubt, aber was haben wir denn getan? „On verra?"
Heute morgen kam der Sergant-Chef Prévot zu mir, war sehr anständig, fragte mich, warum ich denn beim Ausgehen nicht wenigstens eine Armbinde mit P.G. dabeigehabt hätte. Und sonst war alles o.k.. Hier taucht mal wieder, wie früher, der Begriff: „Sie haben keine Sonderstellung" auf. Hoffentlich kommt so kurz vor der Entlassung nichts nach.

Donnerstag, den 10. Juni 1948
Endlich habe ich mal wieder was von André gehört. Er schrieb mir am 8.6.48 aus Paris. *Ich wollte Dir nicht ins Fort d'Hauteville schreiben. Man kann sich so wenig sagen. Ich weiß nie, was kontrolliert wird. Um so mehr freue ich mich, daß Du nun aus Auxonne schreibst. Ich bin wieder in Paris, um die neuen Installationen, die für die Elektrifizierung gebraucht werden, kennenzulernen.*

Und später: *Du bittest um die Fotos und die Tagebücher. Sie sind bei mir zu Hause. Ich werde alles nach Auxonne bringen. Paßt Dir der 25. oder 27. Juni? Ist Dir der Samstag oder der Sonntag lieber?*
Ich habe mich über diese Ankündigung seines Besuches sehr gefreut, weil ich schon dachte, er hätte mich vergessen.

Freitag, den 11. Juni 1948
Die Hitze ist unerträglich. Nachdem so lange kaltes, nasses Wetter war, empfindet man die plötzliche Wärme bedrückend. Aber übermorgen ist Sonntag und da soll ja das Rendezvous stattfinden. Hoffentlich wird es so schön wie ich es mir ausmale.

Heute trafen mal wieder sechzehn Mann vom Stamm in Hauteville bei uns für den Ami-Transport ein. Unter anderem sind dabei: der Vertrauensmann Heinrich, Hans Hartmann der Elektriker, Hans Landesdorfer, der mir immer die Briefe von André brachte und Karl Frey.

Samstag, den 12. Juni 1948
Else schrieb mir nun mit dem vertrauten Du. *Ich denke oft an Dich, wenn mich der rote Mohn oder die blauen Kornblumen im Ackerfeld freuten, oder wenn ein feines Gräschen oder Blümchen meine Augen einen Augenblick im Bann hielten. Wie würde es der Hans malen? Daß Du es so malen möchtest, daß man beim Anschauen genau so kinderfroh würde, wie hier draußen beim Sonnenschein?*
Ich habe diesen Brief gleich beantwortet und blieb allein in meinem „Atelier" bis zwanzig nach zehn Uhr.

Und ich muß verrückt sein: Ich habe mich entschieden, Zivilarbeiter zu werden. Wenn alles klappt, werde ich schon am 20.6. überstellt.

Sonntag, den 13. Juni 1948
Es ist 17 Uhr. Ich male an der Saône. Zwei gelungene Aquarelle habe ich, trotz des Wartens auf R., beendet. Sie sagte, daß sie gegen vier oder halb fünf Uhr zum Baden kommen wurde.

Heute morgen malte ich zum x-ten mal die Kirche. Das Motiv ist immer wieder gefragt.
Scheinbar kam ich dann zur falschen Zeit an den Fluß, und habe sie deshalb nicht getroffen. Obwohl man mir sagte, sie sei da gewesen. Bei E. alles geregelt, und wenn alles in Ordnung geht, werde ich noch in diesem Monat Zivilarbeiter. Warum dieser Umschwung? Ich weiß es nicht. Beim Rausgehen aus dem Lager, hat mich heute Morgen der „eiserne Heinrich" kontrolliert. Das Bild der „R" hat er aber nicht gefunden. R. sei dagewesen, wird mir zum wiederholten Male gesagt. Sie hätte zwei große Schäferhunde dabeigehabt. Also sei sie sehr gefährlich?

Ich badete mit den Zivilarbeitern von Prost. Dann habe ich gemalt und hoffte immer noch, daß sie kommt. Es sieht aber langsam so aus, als ob sie nicht kommen wird. Wenn ich dann T.L. bin, wird ja alles anders. So hoffe ich wenigstens. Am Strand der Saône liegt alles voll von Pärchen und ich male so ruhig als ob mich das alles nichts angehen würde. Es ist gemein, man fragt mich, ob ich denn kein Mädchen hätte? Als ich das verneinte, wollte niemand glauben, daß man so lange ohne Mädchen sein könnte. „Et quand le queue se releve, qu'est - ce que vous faites?" Nichts, sagte ich verärgert, wir sind nicht genügend ernährt.

Montag, den 14. Juni 1948
Gerade kam Butzmaier, er brachte mir keinen endgültigen Bescheid T.L. zu werden. Es ist ja zum Kotzen! So wird es wohl nichts, und ich hatte mich endlich dafür entschieden und so darauf gefreut. Hoffentlich geht dieser Wahnsinn, mal im Hoch, mal im Tief, vorbei. Wenn es also nicht mehr klappt, dann habe ich entgültig keine Lust mehr. Denn, soviel ist sicher, bis Weihnachten werden wir alle zu Hause sein. Aber, es wäre schon ein schöner Traum, sofort frei zu sein. Leider wissen nun schon zu viele von diesem Wunsch.

Dienstag, den 15. Juni 1948
Der Traum T.L. zu werden ist aus. Also warten wir weiter als PG.

Donnerstag, den 17. Juni 1948
Ich mache mir Gedanken über die Religion. Zuerst wurde ich vom Buch „Den Sternen entgegen" von Bradlay angeregt. Jetzt - in ganz besonderem Maße von - „Jerusalem" von Selma Lagerlöf, das mich zum Nachdenken zwingt. Bei Siegfried Wend, unserem neuen Pfarrer und Eckhard Dehlinger, war ich ganz beruhigt. Nun bin ich wieder hin- und hergerissen. Die Zweifel sind da, ob denn alles so seine Richtigkeit hat. Wie einfach wäre es, wenn sich die „Geisterlehre" durchsetzen würde. Dann würde das ein Ende der verschiedenen Religionen, die ja nur von Menschen konzipiert wurden, bedeuten. Wäre dann nur noch die reine Liebe, wie der Philosoph der Liebe, Jesus, das gepredigt hat, vorhanden?

Doch alles wird nicht klarer, sondern alles vernebelt sich. Nun, das mußte kommen; Ich vergleiche Margot mit Else und beide mit manchen Mädchen hier... was bringt's? Nichts!
Mit Lorenz dem Schneider und Moritz dem Geisterseher, komme ich nicht mehr so gut aus.

Freitag, den 18. Juni 1948
Der Traum vom Zivilarbeiter ist vorbei. Wenn es überhaupt zum Träumen war. Wir spinnen dagegen schon wieder Träume von der Entlassung. Ja, es ist schön, daran zu denken; daß es nur noch vier oder fünf Monate sind. Doch die Zeit der Erwartung schleicht so vor sich hin. Ich kann es mir aber vorstellen, wie es sein wird, wenn man von Malmsheim, dem Entlassungs-Lager in der Nähe von Stuttgart, nach Pforzheim kommt und das einst so schöne „Pforze" total zerstört wiedersieht! Schnell wird es dann über Ispringen, Ersingen, Bilfingen nach Königsbach gehen. Dann, vom Bahnhof aus, kann ich schon unser Haus sehen...endlich zu Hause!

Aber, wir müssen warten. Vielleicht klappt es schon im Oktober? Ja, dann wären es nur noch vier Monate.
Hier habe ich zur Zeit wieder viel zu tun. Solange der Spies, genannt „Dackel", und der Leutnant weg sind, wollen alle anderen bei mir Bilder abstauben. Die Liste der Empfänger ist groß. Es ist erstaunlich, was da alles zusammenkommt. Ich hatte mal begonnen alle Bilder, die ich malte aufzuschreiben, aber es wurde nur ein Teil von dem, was ich wirklich malte. Dabei sind die Arbeiten aus Chenôve, und die vom Hauptlager Hauteville gar nicht erfaßt...
...also konzentriere ich mich auf die paar Wochen in Auxonne:
Ltn. Paradon: Aufziehendes Gewitter, Sturm, Ideale Landschaft;
Ltn. Phulpin: Kirche, Stadttor, Etang, Auxonne, Privathaus, Tillenay und Mont Roland;
Cdt. Guillon: Kirche, Pflügender Bauer, Alpenlandschaft...
Spieß Guéritay: Stadttor, Privathaus, Kirche, Landschaftsaquarell;
Spieß Mathieu: Stadttor, Auxonne;
Spieß Meroz: Zwei Landschaften;
Zivilangestellter: Tillenay, Auxonne;
Prefôt: Pferde;
Julien: Auxonne.

Und dazu kommen die Arbeiten, die über Hemmerlin verkauft wurden. Der Rest, den ich mit nach Hause nehmen kann, ist gering. Noch habe ich drei Ölgemälde, viele Zeichnungen, Aquarelle und Linolschnitte. Eigentlich ein Ergebnis, um zufrieden zu sein.

Mit Else Albrecht verbindet mich immer mehr. Unsere Brieffreundschaft entwickelt sich positiv. Ich bin ihr so dankbar, daß ich sie durch Gotthold kennengelernt habe. Ohne sie wäre alles so viel trostloser gelaufen.

Und natürlich meine Mutter, die mir immer schreibt. Sie berichtet über alles, was in Königsbach so läuft. Und sie schickt mir Päckchen... ohne sie wäre vieles nicht so gut gegangen, wie es nun einmal war.

Samstag, den 19. Juni 1948
„Jerusalem" zu Ende gelesen. Es ist phantastisch, wie Selma Lagerlöf das Geschlecht eines Bauernstammes schildert. Einfach ergreifend!

Sonntag, den 20. Juni 1948
Vierzehnuhrdreißig... „ich stehe im Regen und warte auf Dich", so kann ich das heute formulieren. Auf dem Stein, wo sie saß als ich sie das erste Mal sah, sitze nun ich. Warum kommt sie nicht? Ist das Wetter schuld? Oder sie hat ja nun ihr Aquarell, und damit ist's aus?
„Je n'ai jamais l'honneur!"

Bei E. habe ich die kleine Else, gerade fünfzehn Jahre alt, gemalt. Das Aquarell wurde ganz nett. E. gab mir ein Buch „Karikatur der Frauen im Wandel der Zeit"! Aus dem kann man wieder was lernen. Vielleicht lerne ich auch daraus, warum sie nicht kommt?

16 Uhr, auf einem Boot auf der Saône. Ja, sie war da. Es scheint mir, als ob sie wirklich Interesse an mir hätte. Sie wäre ja auch damit einverstanden, daß wir uns näher kennenlernen. Aber, was sagen die Leute? Ich sei ja schließlich ein Gefangener. Also, die Vorurteile, sie bestehen immer. Aber sie kam auf eine tolle Idee. In unserem Wäldchen, unter einem bestimmten Baum, versteckten wir eine Metallkassette. In diese legen wir gegenseitig unsere Briefe. Wir haben was Gemeinsames, wo wir uns immer treffen können, ohne gesehen zu werden. Also, ich habe das alles ausgeführt. Nun sehen wir, wie sich das weiter entwickelt!
Auf dem Heimweg durch die Stadt sah ich sie in einer Seitenstraße stehen. Als ich hinsah, sah sie her. Mir schien, daß sie rot und verlegen wurde.

Montag, den 21. Juni 1948 - Sommeranfang -
Für „Lieutenand" Martin mußte ich zu Prost. Dort hat er ein Faltboot liegen, welches ich ein bißchen auffrischen mußte. Ltn. Phulpin ist vom Urlaub zurück. Der eiserne Heinrich muß sich in acht nehmen. Am Mittag ging ich zum Strand. An unserem Platz war schon der erste Brief von R. in der Kassette. Ich war freudig überrascht. Ich hatte nicht geglaubt, daß sie alles ernstnehmen würde.
Es ist doch schade, daß man P.G. ist. Ich traf einen ehemaligen französischen Offizier. Er war noch im vorigen Jahr in Pforzheim und in Karlsruhe und kannte den Schwarzwald-Höhenweg von Basel bis Pforzheim.

Donnerstag, den 24. Juni 1948
Gestern ging wieder ein Transport in die englische Zone. Wie immer waren viele Bekannte dabei. Unter anderem Paul Pfitzner und G. Arends, der von Anfang an bei der SNCF dabei war.
„Dackel" ist auch wieder vom Urlaub zurück.
Von André, der mich ja am 25. oder 27.6. hier besuchen wollte, habe ich noch nichts gehört.
Alle, das heißt Herbert und Lorenz, glauben, daß R. wahnsinnig in mich verliebt sei. Toll, ich selber bin mir nicht so sicher.
Ich muß noch mehr arbeiten, um mehr Geld zu verdienen.

Sonntag, den 27. Juni 1948
Gegen vier Uhr am Strand der Saône.
Ist es nicht zum Wahnsinnigwerden, wenn ich daran denke, daß du zur selben Zeit hier in Auxonne bist. Ich bin müde und ganz zerschlagen. Ich kam kurz vor zwei Uhr hierher zum Baden. Als ich aus dem Wasser raus kam, traf ich einen T.L. von Roy-Frères, der mich fragte: „Hast du den Zivilisten schon gesehen, der heute morgen bei uns nach Dir gefragt hat?"
Ich war so enttäuscht, weil ich keine Nachricht von André bekommen habe, und nun war er da. Und wie schade, wir haben uns nicht getroffen. Warum hat er nicht ein Wort geschrieben?
Ich ging, traurig wegen André, und hoffend wegen R., an unseren Platz, kann aber hier, wo ich sie treffe, vor lauter Aufregung nicht schreiben.
19.25 Uhr im Lager: Ich kann es noch nicht fassen, was heute alles passiert ist. Zuerst hatte ich keine Lust zum Ausgehen, weil André scheinbar nicht kommen kann, und ich mit R. nichts ausgemacht hatte, weil ich ja damit rechnete, daß André kommt.
Aber ich bin doch raus. Bei Roy-Frères traf ich Otto Eckert, mit dem ich mich eine Weile unterhalten habe. Das war so gegen zehn Uhr. Ich ging, immer noch traurig gestimmt, in Richtung Athée, der Saoône entlang. Dort den Elsässer Hemmerlin getroffen, der in einem Boot auf der Saône mit seinem Sohn fischte.
In einer wirklich schönen Ecke las ich dann den Brief von R. Sie teilte mir mit, daß sie zwischen halb zwei und drei Uhr an unserem Platz sein werde. Ich malte ein kleines

Aquarell mit einem Blick aufs Wasser mit goldgelben Schilf. Ich war glücklich, weil alles sich doch noch so schön entwickelte. Gegen zwölf Uhr ging ich im Eilmarsch nach Hause. Hemmerlin war noch beim Angeln. Als ich an unserem Platz vorbei kam, sah ich R. an unserem Baumstamm angelehnt stehen. Sie zerriß gerade meinen Brief, den sie aus der Kassette hatte. Wir unterhielten uns. Sie gefiel mir besser als je zuvor. Sie hatte ein nettes, buntes Sommerkleid an, das ihre hübsche, schlanke Figur ganz tadellos zur Geltung brachte.

Wir trennten uns. Ich war bei Hemmerlin zum Essen eingeladen. Es gab ganz frischen Fisch, den er ja gerade aus der Saône geangelt hatte. Nach dem Essen, ich war in Eile, wollte ja pünktlich zu unserem Rendezvous. Kaum einhundert Meter vom Haus Hemmerlin entfernt, sagte plötzlich jemand hinter mir: „Marchez donc plus vite Monsieur", und fuhr lächelnd an mir vorbei. Es war R.. Sie wollte wohl sehen, wo ich mich rumtreibe. Beim Bahnübergang sprachen wir ein wenig, sie hielt mir sogar die Pforte auf. Bald war ich am verabredeten Platz, sah aber auf der anderen Seite des Flusses R. warten. Was tun? Ich schwamm über die Saône. Am anderen Ufer angekomen, warteten schon neben R. auch Harry und K. von Roy-Frères, die mir die Neuigkeit brachten, daß mich schon morgens um zehn Uhr André gesucht hätte. Das gab mir einen Schlag. E. informiert, über das Wasser zurück, rein in die Klamotten, um André zu suchen. Ich fand André aber nicht. Ich war ganz niedergeschlagen. R. wartete auf mich. Sie saß mit einem jungen Mann unter unserem Baum. Eifersüchtig machte ich einen kleinen Bogen darum. Sie winkte mir und sagte „Prénez place, s'il vous plaît", und schon gehörte ich dazu. Es war ihr angeblicher Verlobter. Wir badeten dann zusammen. Sie erzählte nette, reizende Geschichten. Die Zeit raste, gegen sechs mußte ich ins Lager zurück. Ich schrieb sofort an André einen Brief und bedauerte sehr, daß wir uns verfehlt hatten. Kam André doch extra aus Paris angereist. Das war ein aufregender Sonntag.

Montag, den 28. Juni 1948

In der Erinnerung wird der gestrige Sonntag verzaubert, kommt mir wie ein Märchen vor. Spürbare Wirklickeit war nur meine große Müdigkeit. Es war ja doch ein Hin und Her. Und weil ich ja gar keinen Sport treibe, wo auch, war es zuviel an Laufen, Suchen, Schwimmen, am Himmelhoch jauchzen oder Zu-Tode-betrübt-Sein. Noch zwei Tage und auch dieser Monat ist vorbei. Die Zeit der Entlassung kommt nun schnell näher. Die Zeit, wo man wieder Mensch sein darf und wo man sich ungeniert sowohl mit André als auch mit der geheimnisvollen Lady „R" treffen kann. Wo wird André sein? Denkt er nun auch an mich?

Dienstag, den 29. Juni 1948

Andrés Brief vom 24.6.1948 kam erst heute an.
Mein lieber Hans, ich beginne auf deutsch, mais je contenue en francais. Ich habe die deutsche Sprache schon ganz vergessen, seit wir nicht mehr zusammen sind, und ich denke, daß unsere Unterhaltung am Sonntag sehr mühsam sein wird.
Er teilte mir detailliert alles mit. Er kam schon um 5.05 Uhr in Auxonne an. Und warte auf mich im Bahnhof. *Wenn es nicht klappen sollte, fahre ich wieder um 11.12 oder 15.46 zurück!*
Diese blöde Post. Es ist so schade, daß die Nachricht zu spät kam. Wir hätten uns so viel erzählen können.
Ich bekam auch zwei Briefe von R., habe sie selbst aber nicht getroffen. Ich arbeitete am Nachmittag am Boot von Ltn. Martin. Am Vormittag war lange Zeit Prevôt bei mir im Atelier. Er hat mir bestätigt, daß es Franzosen gibt, die Geschmack haben und was von Kunst verstehen.

Mittwoch, den 30. Juni 1948

Es wird kalt. Unbegreiflich nach der Hitze. Man muß sich, soweit man kann, warm anziehen. Ein Treffen mit R. fiel wegen Regen und Kälte aus. Dafür arbeitete ich mit Prevôt am Boot und kam ganz naß ins Lager zurück.
Ein Tagebuchheft ist voll. Ich hoffe, daß es bald die Heimreise mit jemandem, der entlassen wird, antreten kann.

Donnerstag, den 1. Juli 1948

Vaters Geburtstag. Er wird heute 55 Jahre alt.
Ein neues Schreibheft nimmt meine Gedanken auf. Neu ist bei uns nichts. Also warten wir weiter, bis endlich die Freiheit kommt.
Der Brief meiner Mutter vom 20.6. kommt zu Vaters Geburtstag an.
Lieber Hans, Post brauche ich keine beantworten, wir bekommen keine. Oder gewöhnst Du Dir das Schreiben ab? Oder hast Du anderweitige Verpflichtungen? Das Bild für Frl. Albrecht haben wir bekommen. Ich habe es noch mit altem Geld an ihre Adresse weggeschickt. Heute sind die Würfel gefallen. Wir sind arm geworden. Wie es weitergeht, wissen wir noch nicht. Mal abwarten, denn es wird nie so heiß gegessen, wie es gekocht wird. Als heute Morgen Vater mit dem Kopfgeld nach Hause kam, und das neue Geld auf den Tisch legte, sagte er: ‚So, das ist unser neuer Grundstock fürs Leben.' Lache mich nicht aus, Hans. Zuerst kamen mir doch die Tränen, dann lachten wir beide. Du wirst ja Bescheid wissen. Wir bekamen je Kopf 40,- DM, also haben wir 80,- DM . Lieber Hans, mach Dir aber um die Zukunft keine Sorgen. Vater hat vorerst Arbeit und er hat lauter gute Leute, die für ihn arbeiten.

Wie es nun mit den Sparguthaben wird, wissen wir nicht. Vater hat geschufftet, und was hat er jetzt davon ? Einen gebeugten Rücken. Du wirst Dich wundern, wenn Du ihn sehen wirst. Vom Geld, das nun kaputtgeht, hätten wir ein schönes Häuschen bauen können. Für Dich haben wir auch ein Guthaben in Pforzheim angelegt. Auch das müssen wir angeben. Man muß einen großen Fragebogen ausfüllen. Alle Menschen sind in diesen Tagen aufgeregt. Frauen, die alleinstehend sind, bringen nicht mal das Kopfgeld zusammen. Viele Männer sind ja noch in Gefangenschaft.
Und zum Schluß ihres Briefes meinte meine Mutter: *Weil Du nichts schreibst, geht es Dir gut.* So einfach und so treffend. Und nun weiß ich auch was das Wort „Währungsreform" bedeutet.
Mutter hat recht, es geht mir gut. Vor lauter „Cherchez la femme", komme ich zu nichts mehr. Schnell schrieb ich nun an meine Eltern. *Schickt mir nichts mehr, weil es mir momentan gut geht.* Und : *Durch die Malerei kann ich nun ganz schön Geld verdienen. Es ist aber verboten, an Zivilisten Bilder zu verkaufen und deshalb gefährlich. Wenn in nächster Zeit irgend etwas zu Euch nach Hause kommt, erwähnt das nie. Sondern schreibt mir, daß ihr die Grüße von dem und dem Heimkehrer von da oder da erhalten habt. Mehr nie! Sonst lande ich noch im „Prison" und bekomme einen Glatzkopf. Es ist ja jetzt schon schwer, bei jedem Heimkehrertransport einen anständigen und ehrlichen Menschen zu finden, der mir für Euch was mitnimmt.*
Da Du, liebe Mutter, mir über die Währungsreform berichtet hast, will ich Dir in diesem Zivilbrief, auch mal von mir ein paar Zahlen nennen.
Ich bekomme 250,- FF im Monat. Das sind etwas mehr als zehn RM.
Dafür habe ich in diesem Monat, durch den Verkauf von Bildern, 2.050,- FF schwarz dazuverdient. 1000,- FF benötige ich für die 50 Tischtennisbälle, die ich Alfred geschickt habe. 800,- FF für eine prima Badehose. Dann waren da noch verschiedene Kleinigkeiten, wie Tusche, Radiergummi, Farbe usw., so daß ich nun wieder kein Geld mehr habe. Vorher konnte ich mir schon ein Paar braune Halbschuhe für 1.259,- FF und eine dunkle maßgeschneiderte Hose für 600,- FF anschaffen. Ihr könnt sehen, daß ich alles versuche mir zu helfen so gut es geht! Dafür muß ich natürlich auch bis spät in die Nacht hinein malen.
Wie ist es denn nun nach der Währungsreform? Kann ich trotzdem noch zur Schule gehen? Oder wird das nicht mehr möglich sein? Ich möchte gerne meine Arbeit fortsetzen können, da ich hier in Auxonne mit meiner Malerei einen ganz tollen Erfolg habe. Der Elsässer Hemmerlin, der meine Bilder verkauft, und seine Frau sorgen sehr gut für mich.

Es geht weiter mit dem Tagebuch. Das einzige Bild, das heiß eine Zeichnung, die ich von Gotthold angefertigt habe, ist mir heute beim Firnissen kaputt gegangen.

Der Lieutnant Phulpin will meine Bilder am Sonntag zum „Fête de sainte collette" ausstellen. Ich fühle mich dadurch sehr geehrt!

Sonntag, den 4. Juli 1948
Endlich spielt das Wetter mal wieder mit. Es ist warm geworden. Ltn. Phulpin hat wirklich meine beiden Bilder bei Bailly ausgestellt.
Ganz früh stand ich heute morgen auf und ging schon vor dem Appell aus dem Lager raus. Bei Hemmerlin verschiedenes abgeholt, unter anderem Reißnägel. Dann auf dem „Place de Convenue" zu malen begonnen. Es ist ruhig, ich werde von niemandem gestört. So ist es am schönsten! Ich habe gestern auch noch Hemmerlin ein Bild gebracht. Langsam bin ich in der Stadt wirklich bekannt wie ein roter Hund.
Die Kinder rufen schon: „C'est le peindre", drei Jungs wollten es genau wissen. Der eine sagte „C'est un dessinateur", sogleich antwortete der andere: „Mais non, c'est un peindre!" Beide stritten hin und her, jeder wollte recht haben, bis dann der dritte sagte: „C'est un dessinateur et peindre!" und damit waren alle zufrieden.
Kurz habe ich unseren Pfarrer, Heinrich Kuhn, im Hospital besucht. Nach dem Mittagessen bei Hemmerlins sitze ich nun an unserem Verstseck. R. hat meine Briefe noch nicht abgeholt. Wird sie überhaupt kommen? Wie lange wird sie bleiben? Es ist nicht gut, wenn man immer so alleine ist. **Vor dem Mittagessen auf der Saône habe ich noch Hemmerlin gemalt, als er beim Angeln war.** (Siehe S. 183)
Was soll ich jetzt tun? Ich habe keine Lust irgend etwas zu machen. Also abwarten...
Ihre beiden Hunde habe ich allerdings schon vor ihrem Haus gesehen. Das Leben als P.G. ist doch traurig. Halb bin ich frei, halb bin ich bekannt, aber man kommt so nicht weiter...R. kam zwar schon um zehn nach zwei Uhr, ging aber schon wieder um halb Vier. Es war nett, aber alles scheitert daran, daß ich P.G. bin. Sie ist gar nicht abgeneigt mit mir zu poussieren, aber sie hat Angst, von ihren Landsleuten mit mir gesehen zu werden.
Hier in unserem Wäldchen ist es so still, daß man ganz deutlich den Lautsprecher hört, der die Messe zum „Fête de sainte collette" überträgt. Das macht mich wütend, ich will keine heilige Collette, ich möchte mit R. ein Mensch sein dürfen. Bleibt es also immer beim: „Sehnsucht ist alles. Erfüllung nichts?" Seit R. ins Spiel gekommen ist, ist

mein Seelenfrieden ins Wanken geraten. Es zieht mich immer in die Stadt, warum wohl? Wobei es doch um Auxonne herum eine so schönere Landschaft zum Malen gibt.

Dienstag, den 6. Juli 1948
Else schrieb mir einen lieben langen Brief. Er erfreute mich, obwohl Else mich darin an meine Rechtschreibfehler erinnert. Wie soll ich diese wegbringen, wenn keine Lehrer da sind? Ich kenne meine Schwächen, ich akzeptiere auch was Else schreibt, aber es ärgert mich doch ein bißchen.

Unter anderem schreibt auch Else über die Währungsreform: *Durch diese*, so meint Else, *ist nun unsere Fahrt in die Berge ins Wasser gefallen. Aber wir werden sicher in der Rhön wandern können. Das kostet fast nichts. Eine Scheune oder eine Schule zum Übernachten finden meine Freundin Erika und ich doch immer. Weißt Du, um etwas Schönes zu sehen, kann man ruhig ein bißchen Hunger leiden oder Strapazen auf sich nehmen. Ist nicht das schwer Erkämpfte gerade das Wertvollste. Nur wer den Gipfel in schwerem Aufstieg errungen hat, kann den Aufgang der Sonne erleben! Ich habe mir auch keine Gedanken über die Währungsreform gemacht. Erst ahnte man, daß man nichts hatte, jetzt weiß man es eben klipp und klar. Wie heißt es doch so schön in dem Kinderlied: ‚Gott gebe mir jeden Tag soviel ich brauch' zum Leben, er gibts dem Sperling unterm Dach, wie sollt' er mir da nichts geben!'* Zur selben Zeit wie Elses Brief las ich auch die „Psyche", eine kleine Erzählung von Theodor Storm. Dadurch bestärkt, ließ es sich schön träumen und an beide denken.
Heinrich Kuhn war bei mir. Er nimmt manches von mir mit nach Hause.

Donnerstag, den 8. Juli 1948
Es wird langsam unbegreiflich mit dem Wetter; wochenlang ist es schon so kalt, daß man im Sommer friert. Eine Ausnahme war ja der Sonntag. Wie soll das weitergehen Nun, da ich raus in die Natur könnte, spielt das Wetter verrückt.
Meine Eltern will ich nun bitten, mir eine Bescheinigung zu senden, aus der hervorgeht, daß ich für das Wintersemester 48-49 angenommen werde. Vielleicht komme ich dann etwas früher nach Hause, vielleicht schon im September?

Der Comandant versprach mir eine „Stylo". Ltn. Paradon versprach mir für zwei Bilder etwas besonderes zu bringen. Von beiden aber habe ich nichts bekommen. Es langt doch schon, wenn ich was verspreche. Dann muß ich das ja nicht auch noch halten! Undank ist der Welt Lohn.

Sonntag, den 11. Juli 1948
Das Wetter ist noch immer miserabel. Ich ging trotzdem raus. Ich mußte freie und frische Luft atmen. Da Lorenz, der Schneider, mir noch meine grüne Chaseur-Jacke fertiggemacht hatte, sah ich ganz schmuck aus. In unserem Geheimversteck waren Briefe und Gedichte von R.. Sie war nicht da. Ich wanderte dem Ufer der Saône entlang. Entspannt, aber ich malte nichts. Beim Mittagessen, bei Hemmerlins, habe ich versucht, das Gedicht, das mir R. schrieb, zu übersetzen. Aber es war sehr kompliziert. Im Garten mit der neuen Jacke ein Photo gemacht. Nach dem Essen wieder auf R. gewartet. Sie kam nicht. Was würde Else zu meinem Verhalten sagen?

André Garnier und Hans Schöner an der Saône beim Besuch Andrés in Auxonne.

Montag, den 12. Juli 1948
Es war mal wieder warm. Mit Heinrich Kuhn unseren Platz besucht. R. kam mit ihrem angeblichen Verlobten dazu. Eine sehr allgemein gehaltene Unterhaltung folgte.

Dienstag, den 13. Juli 1948
Zum ersten Mal mit Ltn. Phulpin über die Entlassung gesprochen. Er meint, daß es für mich nicht mehr lange dauern wird. Aber er hat keinen konkreten Termin genannt.

Mittwoch, den 14. Juli 1948 Nationalfeiertag in Frankreich Ich wollte deshalb nicht in die Stadt gehen. Dafür habe ich in Ruhe in „meinem" Atelier zum x-ten Mal die Kathedrale, diesmal für Hemmerlin, gemalt. Ich hätte es nicht geglaubt, daß man, nach meinem Original-Aquarell, die-

Mit E. Hemmerlin habe ich ein bißchen französische Lebensart kennengelernt. Daß er außerdem meine Bilder verkaufte, war mehr als nützlich. Ich habe ihn bei seiner Lieblingsbeschäftigung, dem Angeln, gemalt.

ses Motiv mit immer neuen Farbnuancen mit Ölfarbe malen kann. Es ist möglich und sogar befriedigend, immer wieder neue Wirkungen mit dem gleichen Motiv zu erzielen.
Andrés Mutter kündigte mir an, daß André mich am Sonntag, den 11.7. besuchen wird. Der Brief kam aber erst am 13.7. hier an. Also hat es nun schon zum zweiten Mal nicht geklappt, daß André und ich uns treffen konnten. Sie bedauert das ebenso wie ich. Und noch erstaunlicher, sie kündigt an, daß auch sie und ihr Mann mich besuchen wollen! Unglaublich, daß es so etwas gibt und noch schlimmer, daß wir uns schon zweimal verfehlt haben.

Donnerstag, den 15. Juli 1948
Der halbe Monat ist schon wieder vorbei. Die Zeit vergeht nun immer schneller, weil ein bestimmbares Ziel besteht. Wenn ich nur ein bißchen Glück habe, bin ich schon beim übernächsten Transport in die Ami-Zone dabei.
Das dauernd anhaltende schlechte Wetter bringt mich manches Mal zur Verzweiflung. Oft, sehr oft sogar, leide ich wieder unter Kopfschmerzen. Dann ist keine Lust vorhanden, um etwas zu arbeiten. Ein dauernd ungestillter Schlaf ergänzt mein Unwohlsein. Selbst die sonntäglichen Ausflüge bringen nicht mehr das Interesse, das ich mal hatte. Das schlechte Wetter verdirbt das Malen. Der einzige Zeitvertreib ist noch das Lesen. Bücher wie Mörikes „Maler Nolte", von Adalbert Stifter „Der Nachsommer", oder Leo Tolstoi's „Reife Ähren" u.a. bringen mir noch Freude und jeweils neue Erkenntnisse. Oft lese ich bis in die späte Nacht hinein, weil ich nicht schlafen kann. Aber ich bin müde! Bei den letzten Büchern waren auch „Das Käthchen von Heilbronn" sowie „Der Prinz von Homburg" von Heinrich von Kleist dabei.

Klaus Morgenstein hat mal gesagt: *„Man muß so weit sein, daß man sogar französisch träumt, dann beginnt man eine Sprache zu verstehen."* Ich träume schon in Französisch. Eine Sache liegt mir langsam auf dem Magen, wenn ich das so ausdrücken soll. Das immer enger werdende Verhältnis zu Else gibt mir zu denken. Noch vor wenigen Wochen war es die reine Freude. Jetzt kommt die Vernunft dazu. Denn ich kann es wenden und drehen wie ich es will, alles führt zu einer Heirat, die ich mir jetzt noch nicht vorstellen kann. Lange warten wird Else sicher nicht wollen, sie ist ja älter als ich. Es erinnert mich fatal an Margot Wohlschlegel.
Es ist natürlich ein Unterschied, wenn man jede Menge Mädchen zur Auswahl haben kann. Kann man dann noch von Else so denken wie jetzt?
Wie wird das werden? Wenn ich älter wäre und eine Familie ernähren könnte, gäbe es sicher keine Fragen mehr.

Oder kann man Gottfried Keller glauben, der seinen Lehrer in „Versuchung" sagen läßt: *„Muß man am Ende die Weiber nehmen, wie Skorpione, den Stich des einen heilt man mit dem Safte, den man dem anderen ausquetscht?"*

„Was nützt es, die Süßigkeit der Frauen zu verschmähen, weil sie schwach und betrügerisch sind? Pflücke die Rosen vorsichtig von oben weg und lasse den Stock unberührt, so wirst du nicht gestochen! Trinke den Wein und stelle den Becher dahin, so wirst du in Frieden leben! Wer durch die Wüste wandelt, der trinke vom Brunnen der Gelegen-heit, und wer einsam ist, der locke die Amsel! Sieh, die eine geht, die andere kommt, die ist braun und jene golden, gut ist nur die, die dich küßt!"
Soweit zitiere ich Gottfried Keller aus seiner Novelle „Die mißbrauchten Liebesbriefe."

Montag, den 19. Juli 1948
Gestern hatte ich nur Pech. Bei Hemmerlin hat ein Verkauf nicht geklappt. R. hat mein Geschenk nicht angenommen. Ich bekam sie auch nicht zu sehen, weil es dauernd regnete.Etwas Neues: Im „Cafe des Casernes" eine Flasche Wein mit Zivilarbeitern getrunken, und das bekam mir auch nicht gut.

Abends dann an Else einen sehr langen Brief geschrieben.

Dienstag, den 20. Juli 1948
Die fast bewältigt geglaubte Zeit und die Vorgänge um Gottholds Tod holen mich wieder ein. Ein wahrhaft brutaler Brief, den ich von Franz Morbitzer bekam, klärte alles auf, was damals, es ist nun schon fast ein Jahr her, also genau vor elf Monaten, geschah.

Franz schrieb in seinem Brief vom 8.7.48:
Nun, Hans, es ist fast ein Jahr her, da wir uns trennten und wo für uns so entscheidendes geschah. Für mich waren es trotz allem die glücklichsten Tage des Lebens. Diesen August, diese unsere gelungene Flucht aus der französischen Gefangenschaft, möchte ich so gerne noch einmal erleben.
Aber für Dich müssen es ja fürchterliche Tage gewesen sein. Paul Borgmann hat mir vor kurzem ausführlich über den Tod Gottholds berichtet. Du kannst Dir denken, was in mir vorging als ich seinen Brief las. Soweit Franz.

Als ich den beigefügten Brief erfaßt hatte, war ich entsetzt. Es war unglaublich, aber wahr. Es war Paul Borgmann der mich damals denunzierte und mich dadurch hinderte, wie geplant mit Gotthold zu fliehen. Was muß in diesem Menschen vorgegangen sein, daß er so etwas tat? Und was hatte er sich gedacht, das unfaßbare unserem Freund Franz Morbitzer zu schreiben? Der

Brief ist so ungeheuerlich, daß ich ihn voll inhaltlich niederschreibe, damit sein Inhalt nie vergessen wird.

Münster in Westfalen, den 30. Mai 1948
Mein lieber Franz!
Jetzt wird es aber unbedingt Zeit, Deine lieben Zeilen vom 18.3.48 zu beantworten. Hab Dank, mein lieber Franz, für Deinen netten Brief, den ich mit großem Interesse studierte.
Stolz war ich seiner Zeit zu hören, daß Euch beiden die Flucht gelungen war. Ich hatte von Eurer Reisevorbereitung im Lager längst gehört, wenn Ihr auch nicht unmittelbar vor Antritt der Tour Abschied von mir nahmt.
Nachmittags kam der Dolmetscher zu mir und sagte, daß Morbitzer und König überfällig seien. Ich war natürlich hocherstaunt, wie bei all den anderen Flüchtlingen, die als Kriegsgefangene das Recht haben auszureißen.

Am nächsten Tag hatte ich mich vor Bidet zu verantworten. Bidet meinte, daß alle Leute vom Theater seien und ich über alles unterrichtet wäre. Ich konnte es natürlich nicht lassen, ihm selbst die Schuld zu geben. Ich sagte dem Herrn Chef Bidet, daß Du dauernd tätig gewesen wärest und nachdem er Dir sämtliche Räume zum Üben untersagt hätte, Du Wandergedanken sammeltest.

Dann kam noch M. Decollonges am anderen Tage, um von mir zu wissen, wer noch auswandern wollte. Nachdem Decollonges mir versprach, daß diesen Fluchtverdächtigen nichts passieren soll, machte ich fünf Mann nahmhaft. Unter anderem Hans Schöner, Willi Schröder, Herbert Wechsler, Erwin Jendral und Heinrich Vester. Diese waren von dem schwachen Rest, meine nächststehenden Getreuen, die durch diesen Streich von der Hölle erlöst waren.

Hans Schöner wollte ich von Gotthold Krell trennen, da diese Beiden sehr unvernünftig waren und aus dem Lager auskneifen wollten. Das ganze Lager beanstandete deren Verhalten. Gotthold sagte ich noch eindeutig, daß sie doch draußen ausreißen sollen. Gotthold monierte meinen guten Rat in sehr unkameradschaftlicher Form. Als Hans Schöner in Hauteville war, fand Gotthold einen neuen Gefährten, Harald Fischer.

Am 14.8. kamen zweiunddreißig Mann ins Fort. Siebenundzwanzig hatten in Collonges die Arbeit verweigert, da der Laubfrosch auf Grund der unhaltbaren Evationen zu strenge Maßnahmen mit den Leuten ergriffen hatte. Alle zweiundreisig, (also auch die fünf Fluchtverdächtigen) wurden im Fort bestens behandelt und bestens wieder eingesetzt. Ein Teil - unter anderem auch Hans Schöner - fanden gute Positionen in Hauteville.
Am 16.8.1947 zogen neue siebenundzwanzig Mann nach Collonges. Am 20.8.47 kam dann die Affäre Krell-Fischer. Fürchterlich, kann ich Dir sagen, mein lieber Franz. Der arme Kerl hat vor den Augen seiner ganzen Kameraden abgelebt; ohne daß ihm einer helfen durfte. Die beiden wollten sich in einer Kanalisation verstecken und nach Schichtende abhauen. Da der Kanal besetzt war, versteckten sich die zwei in einem Signalteilstapel. Die Posten (an diesem Tag waren es gerade zwei - und zwar die richtigen!) suchten und fanden beide. Gotthold, der groß ist und sich schlecht versteckt hatte, wurde angeschossen.

Alsdann kam Gotthold aus seinem Versteck hervor, hob die Hände hoch und bat den Posten um Verzeihung. ‚Ich will zu meiner Mutter', schrie Gotthold, trotzdem erwischte ihn der zweite Schuß durch den Leib. Gotthold fiel rückwärts um und blutete stark. Seine Kameraden holten ihn auf einer Leiter fort, wo er vor den Augen des gesamten Kommandos ablebte.

Der Beerdigung wohnte ich bei und sie war sehr schön - Gotthold liegt, zwischen den Kriegern auf dem Heldenfriedhof in Dijon. Am genannten Fluchttage hatten die Kameraden (vor allem Otto Kerger, der Helfershelfer war) von der Flucht abgehalten da:

1. zwei Posten mit waren und
2. die gewisse Tarnstelle nicht frei war. (Kanalisation) Harald hatte Glück, daß der Posten keine Munition mehr hatte, sonst hätte er auch dran glauben müssen. Sofort nach der Beerdigung Gottholds klärte ich das gesamte Kommando auf und wiedermal verweigerte Saulon die Arbeit. Dann erschien der Herr Kommandant und setzte vier Franzosen an die frische Luft.

Später wurde das Kommando 770 kleiner, Horst Gottwalt und zuletzt der Sani Otto Hellmut wurden „Homme de confiance". Jetzt besteht der Verein nicht mehr. Harald Fischer ist Zivilarbeiter und Hans Schöner Zeichner in Auxonne. Horst Gottwalt ist ebenfalls als Zivilist in der Nähe von Clos Charpentier.

So sieht es aus, mein lieber Franz. Was hältst Du von der *Geldreform? Halte auch Du die Ohren steif, es wird schon alles besser klappen, als man annimmt. August Oppermann will im Juli/August zu mir heimkehren, da er ja aus der russisch besetzten Zone stammt. Ich will den armen Kerl schon unterstützen. Er hat uns damals allen geholfen, als wir noch in dunkleren Tagen lebten.*

Und nun mein lieber Franz, empfange tausend herzliche Grüße auch von meiner Gattin und halte die Ohren steif. In alter Frische, Dein Paul.

Unfaßbar, als ich den Brief las, konnte ich überhaupt nicht reagieren. Er, Paul Borgmann war es also, der uns denunziert hatte. Er war das Schwein, das gehandelt hat wie Gott. Warum hatte er Franz und Ernst König nicht denunziert? Und warum nur mich und nicht Gotthold? Tausend Fragen sind noch offen. Woher weiß er überhapt, daß ich jetzt in in Auxonne bin?

Was soll's, alle offenen Fragen machen Gotthold, dessen Todestag sich nun bald am 20.8.48 zum ersten Mal jährt, nicht mehr lebendig. Paul Borgmann, ewiger Spies, muß sein Verhalten vor Gott selbst verantworten. Wer weiß wie alles geworden wäre, wenn ich nicht ins Fort und dort nicht eingesperrt worden wäre.
Alles, was Franz mir sonst noch mitteilte, wurde unbedeutend. Das ungeheure Eingeständnis, des von uns gewählten Vertrauensmannes, Paul Borgmann, daß er mich denunziert hatte, verdrängte alles andere. Er hat oder wollte Schicksal spielen...warum?

Wem wollte er helfen? Wen schützen? Eigentlich ja nur mich und Gotthold. Willi Schröder kam nicht ins Fort. Also hatte Borgmann ihn gar nicht genannt. Die anderen Denunzierten? Unbekannt! Warum hat er nicht auch Gotthold, meinen geplanten Fluchtpartner denunziert? Warum nicht Franz und dessen Fluchtpartner, Ernst König? Warum nicht andere? Es sind ja ständig welche aus dem Lager und von den Kommandos geflohen.
Ich kann dieses Verhalten, dieses ewigen Spießes, nicht verstehen. Bei der Beerdigung von Gotthold, ich war ja dabei, kam kein Wort des Bedauerns von ihm. Selbst im Brief an Franz keine Entschuldigung. Er spricht vom „Ableben". Ein ab-scheuliches Wort!

Er ließ mir durch Horst Gotthold, als ich im Fort war, ausrichten: „Deine Malsachen bekommst Du wieder." Er, der sie mir vorher mit dem Argument „die Malsachen gehören dem Lager", weggenommen hatte. Warum dann solche Töne? Hat dieser Mann gar ein schlechtes Gewissen? Hat er deshalb sieben Monate nach der Ermordung von Gotthold, diesen Brief an Franz geschrieben? Und endet so ein wichtiges Schreiben mit: „Halte die Ohren steif. In alter Frische, Dein Paul."

Was hatte Borgmann gegen mich? Ich weiß es nicht!

Gottfried Keller schrieb einmal in „Die mißbrauchten Liebesbriefe": *„Die meisten Menschen sind fähig oder bereit, ein in den Lüften umgehendes Unrecht zu verüben, wenn sie mit der Nase darauf stoßen. Sowie es aber von einem begangen ist, sind die übrigen froh, daß sie es doch nicht gewesen sind, daß die Versuchung sie nicht betroffen hat, und sie machen nun den Auserwählten zu dem Schlechtigkeitsmesser ihrer Eigenschaften und behandeln ihn mit zarter Scheu als einen Ableiter des Übels, der von den Göttern gezeichnet ist, während ihnen zugleich noch der Mund wässert nach den Vorteilen, die er dabei genossen."* Teilauszug aus der Novelle „Romeo und Julia auf dem Dorfe."
Ich weiß nicht, welche Vorteile Paul Borgmann auf Grund dieses Verrates hatte. Und überhaupt, ob er Vorteile wollte? Ja, die wollte er wohl nur für das Lager?
„Wer versteht, der haßt nicht". Ich verstehe trotzdem, auch nach fast einem Jahr, das Verhalten dieses Vertrauensmannes nicht!

Franz teilte mir noch zum Thema „Währungsreform" mit: *Die endlich vollzogene Währungsreform mit all ihren Auswirkungen, und nicht zuletzt mein Urlaub, der ausgerechnet in diese kritischen Tage fiel, hielten mein Denken so in Schach, daß ich nicht früher zum Schreiben fähig war. Stell Dir vor, diese Umwälzung: Das deutsche Geld ist plötzlich wertlos. Jede Person erhält ein Kopfgeld von 40 neuen deutschen Mark. Und, es gibt nun auf einmal alles zu kaufen, wo doch Tage vorher nicht zu haben war. Ich hatte sogar tagelang kein Brot, weil die Geschäftsleute nichts mehr verkauften. Die Schaufenster sind nun voll, aber der Geldbeutel ist nun leer.*

Franz berichtete noch von seinem Urlaub, den er trotz der Währungsreform in den Alpen genossen hatte. Er ging zum Tagesgeschehen über, trotz Borgmann, trotz Geldsorgen. Und ich, hier immer noch in Gefangenschaft, begreife, daß man an einer Predistination, wie es Gotthold immer nannte, nichts ändern kann.

Ja, das Leben geht weiter, greif nach dem Glück, versuch es zu erringen... was auch immer das Glück sein mag: „Ja, so ist es, es ist einem selten vergönnt, lange auf dem Thron des Glücks zu sitzen." Schrieb ich meinen Eltern, weil meine Mutter meinte: „Du schreibst uns nicht, also geht es Dir gut!"

So ist es nicht, aber endlich ist das Wetter wieder schön, aber gleich wieder so warm, waß man es fast nicht aushalten kann. Wann ist denn der Mensch mit allem zufrieden?Manches Mal geht alles drunter und drüber. Weil es schönes Wetter war, ging ich in die Stadt zum Malen.
Im „Jardin publique" das Stadttor gemalt. Ein Maler, oder ein malender P.G., zieht scheinbar immer Kinder an. Es war ein etwa sechs Jahre alter Junge aus Baden-Baden. Er war mit seiner Tante, einer bildschönen Frau so im Alter von sechsundzwanzig Jahren, in Auxonne. Ich war von ihrer Schönheit und der Höflichkeit, mit der sie mit mir sprach, beeindruckt. Das sind Höhepunkte im Leben eines Geächteten!

Bei Hemmerlin dann die gute Nachricht: Das Bild „Die Sommerlandschaft" war verkauft. Den „Dackel" traf ich auf der Brücke über die Saône. Kontrolliert er mich?
In unserem Geheimnis, der Kassette, lag Post von R.. Die Brosche, mein Geschenk an R., lag aber immer noch im Tresor. Warum?

Im Hause von Dackel einen „Pernôt" getrunken. Also keine Mißstimmung. Im Lager mußte ich für Martin Schriften schreiben.
Jetzt bin ich müde... und möchte Ruhe haben...es war viel, zuviel, was ich heute verkraften mußte...Schlimm, wenn man erfährt, daß einen andere verraten...das belastet...was wäre gewesen wenn?

Mittwoch, den 21. Juli 1948
Am Abend sind derzeit die schönsten Stunden, weil es so angenehm kühl wird. In diesen Stunden, in denen der Tag sich in die Nacht wandelt, in denen schon Daudet seinen armen Hirten in der Einsamkeit der Berge von seinem unerreichbaren Fräulein träumen läßt, gehen meine verliebten Gedanken zu Else. Sie schreibt mir viele schöne Briefe... sie ist bei mir in diesen Stunden und sagt: *Es ist doch eine eigentümliche Sache mit dem Warten im Leben. Es ist so schwer, und manches Menschendasein erschöpft sich im Warten. Manches Menschenkind lebt negativ, weil es auf Großes, Gewaltiges wartet. Auf ein Glück, das das Schicksal nicht für es bereithält, und weil es an dem, was ihm Gott schenkt, vorbeigeht.*
Glaub doch, Hansl, daß das Warten auch etwas Schönes, Gutes sein kann, auch wenn es uns manchesmal zu erdrücken scheint. Gerade für Dich, der Du das Warten so brennend und fast körperlich schmerzend spüren mußt. Es weckt gewaltige Kräfte in uns zum rechten Aushalten, zum stillen Geduldigsein, läßt die Herzglocken der Sehnsucht erklingen in einem feinen, zarten Geläut...

Ich warte jetzt darauf, am Sonntag, wenn es schön ist, einen großen Ausflug auf den Mont Roland zu machen! Und R. soll dafür in Auxonne warten. Pfui, sind das garstige Gedanken.

Donnerstag, den 22. Juli 1948
Es sind mal wieder zwei Mann abgehauen. Ich denke dabei an die Worte von Andrés Mutter: „Lieber spät als gar nicht nach Hause kommen." Aber warum jetzt noch türmen? Ich weiß es nicht.. aber bei uns ist dadurch wieder alles zum Kotzen...Kartoffelschälen, beinahe hätte ich noch „Wassertragen" geschrieben, wie das im Clos Charpentier üblich war. Nein, das braucht man hier in Auxonne nicht. Mittags und abends darf ich nun nicht mehr raus...kann man uns denn nie in Ruhe lassen?
Wann ist dieser Wahnsinn denn endgültig zu Ende?
Ich habe so keine Lust zum Malen...

Freitag, den 23. Juli 1948
Ich war in der Kaserne in Auxonne. Dort mußte ich die Maße eines Jeep nehmen, den ich zeichnen muß. Das Bild brauche ich dann für den 1. August. Die Franzosen feiern da schon wieder irgendein Fest. Natürlich ging ich noch schnell am Geheimnis vorbei. Es waren zwei Briefe von R. darin. Sie schreibt sehr offen und nett. Auf dem Kirchplatz war Markt. Ich habe Kopfschmerzen.

Ist es nicht schlimm, wie oft der Mensch betrogen wird? Immer und immer wieder wird gehofft, egal auf was, mit dem Ergebnis, enttäuscht zu werden.
Seit ein paar Tagen war schönes Wetter. Ich habe alles Negative vergessen oder verdrängt und Lebensfreude kam auf. Deshalb habe ich mich auch auf den Sonntagsausflug gefreut und jetzt regnet es. Die Hoffnung sinkt...das Buch von Heinrich Voss, „Zwei Menschen", macht alles noch hoffnungsloser... dann die Nachricht aus Hauteville: Fast alle ehemaligen Kameraden vom Stamm fahren nach Hause...und ich ?

Ich wollte, nachdem Moritz auch weg ist, gerne in dessen Bude ziehen, denn dort wäre ich ganz alleine...
Ich werde am Dienstag mit Gueréteу sprechen, ob er mir den Umzug genehmigt... noch Briefe an meine Eltern und an Else schreiben, dann den Rest des Samstags in Ruhe ausklingen lassen.

Sonntag, den 25. Juli 1948
Endlich, ich bin auf dem Mont Roland. Es wurde überraschend schönes, herrliches Wetter. Ich atme auf, ich fühle micht gut und frei...
Der Weg über Rainans nach Jouhe war wunderschön. Als ich heute Morgen das Lager verließ, sang ich aus voller Brust: „Wem Gott will rechte Gunst erweisen, den schickt er in die weite Welt..."
So marschierte ich lustig durch den Wald. Viele, denen ich begegnete, haben mir zugerufen: „Alors, Monsieur, vous allez en vacance?" Ich ging nicht in die Ferien, aber ich fühlte mich so, als ob... ...ich lachte mit den Menschen, die so freundlich zu mir waren. Und, hier oben auf dem Berg wartete eine Überraschung auf mich. Gleich als ich auf dem Mont Roland ankam, sah ich Claude, den Bruder von Mademoiselle X, der Freundin von Heribert Ergelett. Heribert würde sich noch mehr freuen als ich, denn der junge Mann, erwartete seine Schwester, seine Schwägerin und noch eine Cousine. Sie alle sind aber noch nicht da. Er ging telefonieren, schön, wie der Zufall so spielt. In der schönen Ortschaft Reinans hätte es schöne Motive zum Malen gehabt, aber hier gab es viel Schöneres zu erleben.

Als alle Mädchen da waren, gab's ein „pique-nique en plaine air". Es gab alles, was das Herz begehrte und anschließend genossen wir den Ausblick übers Land, vom Turm der Kirche „Notre Dame".

Montag, den 26. Juli 1948

Also, endlich will ich all das Schöne vom Samstag und Sonntag schreiben, damit es nicht verfliegt, wie der Duft einer schönen Blume, denn alles war einfach zu schön.

Also am Samstag, ich war gerade dabei, Briefe zu schreiben, weil es so schön ruhig war. Da kam plötzlich der Comandant Gillon, um mich zum Malen zu holen. Ich war nicht darauf vorbereitet, weil es regnete. Trotzdem, einige Minuten später ging's los. Das Wetter sah noch düster aus, aber der Commandant sagte, daß es schön werden würde und er hatte recht! Es folgte eine herrliche Fahrt auf den Mont Roland, nicht zu Fuß, wie üblich, nein es war eine Fahrt im Personenwagen, welch ein Unterschied. Er setzte mich ab, wollte mich zwei Stunden später wieder mit dem Auto abholen. Als die Zeit um wahr, war er nicht da. Also, begann ich den Weg mal zu Fuß zurückzugehen. Unterwegs sah ich eine sehr hübsche „Bergére", also es war keine Hirtin wie bei Daudet, aber ich nannte sie so. Schnell waren wir in der schönsten Unterhaltung. So war es mir gar nicht so unrecht, daß der Comandant noch nicht da war. Nachdem ich schon fast zwei Stunden unterwegs war, sah ich den Fahrer des Comandanten entgegenkommen, aber ohne Auto. Ich verabschiedete mich von der schönen Bergére und machte natürlich ein Rendezvous für den folgenden Tag um 18 Uhr aus.

Der Fahrer berichtete von der Panne des Comandanten-Autos. Es mußte abgeschleppt werden. Bald, wir waren noch lange nicht im Lager, kam ein anderes Auto um uns abzuholen.

Pech und Glück zusammen: Das angefangene Aquarell war, obwohl ich soviel Zeit hatte, nicht fertig geworden. Sonntagmorgens machte der Wachposten mir Schwierigkeiten, als ich aus dem Lager wollte. Gut, ich sah ja auch toll aus mit meinem Rucksack und den Maluntensilien. Der Postenchef, der mich ja kannte, hat dann alles geregelt.

Bald war ich im großen Wald und sang. Ich war glücklich, so wandern zu können.

Eichendorfs „Taugenichts" war bestimmt nicht glücklicher, als er von der Mühle seines Vaters wegging. Die Leute, denen ich begegnete, waren freundlich. Sie meinten, ob ich in Ferien sei? Ich sagte zu allem ja!
So kam ich nach Rainan, einem schönen alten Dorf. Doch ich beachtete nicht die Motive, weil es mich ja auf den Mont Roland zog. Aber ich kehrte zuerst mal in eine Café ein, um zu frühstücken. Ich brachte mein Essen weitgehendst mit, weil mir Lorenz, der Schneider, seine Portion mitgab. Durch Jouhe ging's dann schnell zum Mont Roland. Gegen elf Uhr war es geschafft. Wie ich Claude getroffen habe, habe ich ja schon geschildert. Als er vom Telefonieren zurückkam, gingen wir langsam den Berg runter. Wir wollten den Mädchen entgegengehen, um sie schneller zu finden. Doch wir gingen runter und wieder rauf, sahen sie aber nicht. Unterwegs redeten wir über die Religion. Sie waren alle Katholiken, ich war Protestant.

Oben wieder angekommen, waren die Gesuchten da. Ich wollte mich dann aus dem Staub machen, aber Claude sagte sofort: „Non, Monsieur, venez donc". Er stellte mich nun den hübschen Mädchen vor. Kurze Zeit später, als sie zum Essen gingen, verabschiedete ich mich. Jedoch, ich war gerade beim Auspacken meines kärglichen Mals, kam Claude angerannt, um mich zum Essen einzuladen. Er entschuldigte sich vielmals, daß er mich nicht sofort eingeladen hätte. Seine Schwester und die anderen Mädchen hätten ihn beschimpft. Ja, was soll ich dazu sagen? Ich war sehr angenehm überrascht und freudig erregt! Nun, kann ich das folgende so gut schildern, wie es wirklich war?
Unter schönen, großen Bäumen, im kühlen Schatten, begann dann ein „Déjeuner en pleine air", und es war wunderbar.
Von den Mädchen gefiel mir am allerbesten Simone. Dagegen war Suzanne sehr unterhaltend und nett. „En tout cas", es war herrlich. „Aprés avoir bien mangé", so kann man das schon nennen, begannen Simone und Suzanne zu singen. Sie kannten viele deutsche Opernmelodien, waren überhaupt in allem, was Kunst betraf, sehr bewandert. So war es garantiert eine sehr schöne Unterhaltung, die nicht nur aus dem üblichen Schwätzen bestand. Das zog sich hin bis gegen siebzehn Uhr. Dann wollten alle den Turm der Kirche „Notre Dame" besteigen. Zuerst stiegen wir die falsche Treppe hoch, dann suchten wir, und ich fand den richtigen Aufstieg. Glücklich - ohne daß diese läuteten - kamen wir unter den Glocken durch.

Oben angekommen, wie soll ich die schöne Aussicht beschreiben. Oh, es war unbeschreiblich - der Ausblick. Weit ging der Blick über die Ebene. Man sah viele Ortschaften, ganz in der Ferne Auxonne und das silberne Band der Saône.
Lange, lange blieben wir da oben. Wir nannten uns selbst die „cinque fous", denn so benahmen wir uns auch. Es war für mich, ohne Zweifel, der schönste Sonntag seit langer Zeit. Und auf dem Turm, hoch oben, waren wir uns

sehr nahe, das war das schönste.
Die Zeit raste. Alle gingen nochmals zum Beten in die Kirche. Währenddessen machte ich mein Gepäck fertig. Claude packte alles zusammen. Als wir wieder zusammen waren, hatten mir Simone und Suzanne je ein Souvenir an diesen Tag, an diese Stunden, gekauft. Es war jeweils ein Gedicht. Simone wählte: „Ich bin ein Freund der Reinheit, ich suche ein reines Herz, und mache daraus den Ort meiner Ruhe."
Suzanne: „Im Universum gibt es nichts Größeres als Jesus Christ. Und in Jesus Christ nichts als seine Heiligkeit."
Jede, der beiden schrieb dazu: 25, Juli 1948, en Souvenir d'une belle journée."

Ich war überrascht und beglückt von diesen jungen Franzosen. Nun, anschließend, nach langem Hin und Her, gings langsam den Berg runter. Mir zuliebe gingen alle mit. Unten angekommen, fiel es Suzanne ein, nach einem Porzellan-Teller zu schauen, ob er nicht zerbrochen sei. Und sie entdeckte dabei, daß noch „quelques choses", zum Essen vorhanden seien. Alle begannen noch einmal, dem Kuchen und der restlichen Wurst zuzusprechen. Es war toll, plötzlich schmeckte es uns allen noch einmal.

Mir wurde es langsam brenzlig, weil es immer später wurde. Wir kamen aber trotzdem auf die Landstraße. Es war inzwischen acht Uhr, und zwei Stunden brauchte ich mindestens bis ins Lager. Rascher Abschied, und mit Siebenmeilenstiefeln ab in Richtung Gefangenschaft. Noch oft habe ich mich umgedreht, ich konnte mich nur schwer von diesen reizenden Menschen trennen. Sie winkten mir zu, solange wir uns sehen konnten.

Nun war's aber verdammt spät geworden. Ich versuchte mich als Anhalter, aber es dauerte lange, bis mich jemand mitnahm und das war ein deutscher Zivilarbeiter.

Kurze Zeit später war ich wieder im Lager. Ich habe Heribert Ergelett, dem deutschen Sektretär des Kommandanten, Kuchen, Zigaretten und die Grüße der Mädchen und von Claude gebracht. Er war gespannt wie alles war. Lange erzählt und dann aber müde ins Bett.

Am nächsten Tag habe ich an die beiden Mädchen einen Brief geschrieben, mich bedankt, und nun hoffe ich, daß es irgendwie weiter geht.

Leutnant Phulpin weiß, daß ich auf dem Mont Roland mit den Dreien zusammen war, sagt aber nichts. Meine Arbeitsfreude ist seit gestern wieder mächtig gestiegen. Liebe oder die Hoffnung auch sie motiviert. Ich denke gerne an die kleine Simone und wie sie mir lange, ruhig, forschend in die Augen gesehen hat. Es berührt mich sehr, daß ich ihren Blick aus den hell-grau-blauen Augen nicht vergessen kann. Er erinnert mich an die „Bergére" vom Samstag und an Daudet, der seinen Hirten sagen läßt: *Ich betrachtete sie, wie sie schlief, ein bißchen verwirrt bis ins tiefste meines Herzens, doch heilig geschützt durch diese klare Nacht, die mir noch niemals solch schöne Gedanken gegeben hatte. Um uns herum setzten die Sterne ihren ruhigen Weg fort, wie eine große gelehrige Herde. Und ich stellte mir manchmal vor, daß einer von diesen Sternen, der schönste, der glänzendste, da er seinen Weg verloren hatte, zu mir gekommen wäre, um sich auf meine Schulter zu legen und da zu schlafen...* das wünschte ich mir auch, statt Stephanette sollte der schöne Stern eben Simone sein!

Sie hatte so schöne blonde Haare, sie umrahmten golden ihr Gesicht, wenn sie mich so schelmisch ansah. Wahrlich, es blieb viel von ihr in mir zurück.
Wenn ich nun vergleiche, soweit ist es schon gekommen, dann gefällt mir bei meiner geheimnisvollen R. am besten die Figur. Bei Suzanne am besten die Augen, eben überhaupt der Kopf und bei Simone alles, selbst die schönen, weißen Zähne.
So bleibt bei jeder was hängen? Wie läßt sich das mit Else vereinbaren? Heribert sagte mir soeben, daß Simone schon meine Briefe bekommen hat.

Abends 20 Uhr. Ist es nicht wunderbar, daß ich voller Hoffnung immer an Simone denken muß? Ich muß immer an das Souvenir denken, das sie mir gab. „Je suis l'ami de la purteté", ja, so rein ist sie mir auch erschienen. Auch der Hirte sagte so schön: *„Gott ist mein Zeuge, daß kein schlechter Gedanke in mir aufkam, als die Tochter meines Patron, so bei mir lag."* So hatte auch ich den Eindruck von ihr, so wird sie in meiner Erinnerung bleiben, denn wie sollte das denn mit uns weitergehen?

Auch wenn wir uns nie wiedersehen werden, wird sie so „rein" in meiner Erinnerung bleiben. Wie schön ist es doch, daß es überall solche Menschen gibt.

Wie kann man dann so denken und handeln, wie Scheffel es in seinem Trompeter von Säckingen meint: *Die Hoffnung und Begierde ist ein stärkeres Ferment dieser Art von Liebe, als die Erfüllung und der Genuß. Die Liebe stirbt bei dem Manne, sobald er nichts mehr zu erwarten, sobald das Weib ihm nichts mehr zu verweigern hat.*

Doch sagt Goethe: *„Reine Menschlichkeit sühnet alle menschlichen Gebrechen."*
Wenn das so möglich wäre? Für mehr Menschen, für Franzosen? Ich muß dankbar sein, daß ich die französische Sprache gelernt habe, denn ohne Sprache kein Verständnis.

Die Zweifel bei den zwischenmenschlichen Beziehungen sind doch berechtigt. Denke ich dabei an Paul Borgmann, ja! Ja, auch wenn man sieht, wie sich die Deutschen untereinander das Zusammenleben schwer machen, dann könnte man verzweifeln.
Es ist schon wahr, gebt den Deutschen die Lagerführung in die Hand, dann können die Franzosen unbesorgt sein. Die Deutschen sind strenger mit ihren Leuten als die Franzosen. Das hat sich immer wieder erwiesen.
Heute abend ließ mich zum Beispiel der deutsche Posten, so was gibt es jetzt auch, nicht raus, während es dem Algeriern vollkommen egal war. Erst als der deutsche Lagerführer beigeschafft war, ließ mich der P.G. passieren.

Und wie schlecht hat mich der deutsche Lagerführer behandelt, als ich vom Fort kam und niemand was von meiner Anforderung wußte oder wissen wollte?

Erzähle ich das den Franzosen, so glauben sie mir nicht. Wie anders war doch da das Erlebnis am Sonntag. Oh, wie wünsche ich mir noch einmal solche Stunden.

Leider ist das wahrscheinlich so nicht mehr möglich, weil beim zweiten Mal schon so vieles vom Verstand geleitet wird. Beim spontanen Erleben, wird alles vom Gefühl gesteuert. Dann schleicht sich das „Was werden die Leute sagen?" ein. Bis endlich alles nur heimlich gehen kann. Damit ist der Reiz des Einmaligen vorbei. Denn jedes Wort, jeder Blick drückt aus: „Du bist ja (leider) ein P.G."

Man könnte da wahnsinnig werden. So war's bei Raimonde, der geheimnisvollen R.. Vielleicht leiden die Franzosen auch, wie wir bei solchen unerfüllten Kontakten? Wann fallen endlich sowohl die sichtbaren Fesseln, wie auch die unsichtbaren, die unterbewußt uns beherrschen?
Wann darf ich Mensch sein, lieben, leben, wie es alle außerhalb des Lagers dürfen. Klaus Simon schrieb es mal aus der Heimat: *„In Frankreich hatten wir einen sichtbaren Stacheldraht, hier beim Eingewöhnen ins zivile Leben, einen unsichtbaren. Und dieser setzt mehr Schranken, als wir es uns in der Gefangenschaft haben träumen lassen."*

Ja, am Samstag, auf dem Turm der Kirche „Notre Dame", zwischen Simone und Suzanne bei Claude, da konnte ich lachen, da war ich Mensch. Da war ich glücklich, weil wir uns wie Verrückte benahmen? So wie wir gleichsam über allem standen, war das Erlebnis über allem stehend. Warum hat Gott verschiedene Sprachen geschaffen? Ja, warum?

Freitag, den 30. Juli 1948
Ich warte auf Antwort von Simone und Suzanne. Siegfried Wend ist vom Urlaub zurück und nun im Fort. Von dort kommt Rudi Virchow mit dem nächsten Transport.

Samstag, den 31. Juli 1948
Gerade kam Rudi bei uns an. Ich nehme mir Zeit, um den Tag festzuhalten.
Gestern mußte ich so viel am Jeep arbeiten, daß ich sonst nichts tun konnte. Dasselbe war heute morgen ebenso. Else schrieb mir. Ich wollte ihr gleich antworten, aber ich entschied mich, in die Stadt zu gehen.
Zuerst im „Geheimfach" geschaut. Es war leer. Dann ging ich zu Hemmerlin, wo aber sehr viel Besuch war. Dabei war seine Schwägerin in aufreizendem BH und Höschen!

Die Fotos, die er von mir machte sind nicht so besonders geworden. Ich ging dannn einkaufen, bei der alten Dame gegenüber der Kathedrale. Anschließend kaufte ich Schuhe für 1.850 FF. Ich ging auf die Hauptstraße zurück und sah Simone. Sie war zusammen mit mehreren Mädchen auf dem Bürgersteig und erkannte mich sofort. Aber wir grüßten uns kaum. Kurze Zeit später, sie waren immer noch da, senkte sie verschämt den Blick. Ich machte einen großen Umweg, um ihr nicht noch einmal zu begegnen. Bei der Post traf ich Marcel. Wir sprachen über Simone, da kam sie hinter mir zur Tür der Post raus. Nun, da sie alleine war, begrüßten wir uns! Es fiel mir auf, daß sie sich aufrichtig freute. Husch, war sie weg, kam mit ihrer Schwester, die ja auch auf dem Mont Roland dabei war, wieder. Ein wenig später kam ihre Mutter dazu. Alle drei lachten, sprachen ununterbrochen von und mit mir. Ich stand mit rotem Kopf dabei, fühlte mich überfordert, da die Mutter dabei war, machte mich dann aber davon. Warum hatte ich Hemmungen? Nun, gesehen habe ich sie, auch etwas gesprochen, wie geht's weiter?

Im Lager angekommen, begann gerade ein Film. „Der Strom". Ich bekam nicht viel mit. Ich hatte von Else mehrere Briefe auf einmal erhalten. Damit beendete ich den Tag sehr angenehm.

Heute zog nun Heribert in meine Bude ein. Dem Ltn. Pharadon habe ich einen Silber-Anhänger, den ich von meinen Eltern bekommen habe, geschenkt. Kleine Geschenke erhalten die Freundschaft.

Sonntag, den 1. August 1948

Es war gestern noch sehr schön. Rudi Vierchow durfte in unserer Bude übernachten. Er fährt nun nach Hause. Es ist immer dasselbe, da ich in einem Durchgangslager lebe, empfinde ich das dauernde Abschiednehmen sehr bedrückend. Eigentlich kann man sich auf nichts mehr konzentrieren. Alles schwankt zwischen erhofften Erlebnissen und der Hoffung, bei einem Transport dabei zu sein.

Claude, der Bruder von Simone, schrieb an Heribert einen Brief. Also, die Hoffnung bleibt. Wir können uns heute treffen, meint Claude!
11.40 Uhr am Ufer der Saône bei Athée. Ich habe gemalt und gebadet, um dann in Auxonne zum Rendezvous zu gehen. Abschließend habe ich noch drei nette Badenixen gezeichnet...
16.15 Uhr das „Fêtes nautiques et gymnastique sur la Saône" hat begonnen. Dackel ist da. Claude und Susanne ebenfalls. Simone will nicht, weil die Deutschen nicht beliebt seien.
Springen vom 5-Meter-Turm, Turnen, Spiele, junge Mädchen, junge Männer. Es geht vieles durcheinander. Der Jeep, den ich gemalt habe, sah gut aus, auf einem Boot auf dem Wasser bei einem Umzug. Mehr gibt es nicht zu sehen.

Um 18.15 Uhr ich bin wieder im Lager und habe den Moralischen. Ich ärgere mich über Simones Antwort. „Die Deutschen sind nicht beliebt." So ist es immer, was kann ich dafür, daß ich Deutscher bin? Muß denn jeder Deutsche ein Verbrecher sein? Ich spüre es immer mehr, daß die Deutschen den Krieg verloren haben. Jeder muß das büßen, als ob wir nicht schon genug gelitten hätten.

So schön es oft ist, daß Franzosen mal mit mir reden, so ist die Erkenntnis da, daß sie das hauptsächlich deshalb tun, weil ich Maler bin.
Es ist hart zu wissen, daß man abgelehnt wird, weil man Deutscher ist, obwohl man eventuell sogar als Mensch akzeptiert würde.
Waren die Deutschen immer schon so verhaßt, oder ist das nur der verlorene Krieg und sind die Greueltaten, die man so hört, daran schuld? Wahrscheinlich beides.

War es doch nun auf dem Mont Roland so schön. Wo bleibt denn die reine Seele, wenn man andere so verdammt? Aber es ist der Verstand, so wie ich es gleich geschrieben habe, der sagt: „Sie möchte schon, aber die Deutschen sind nicht so beliebt - also kann sie nicht schreiben". Von mehr kann ja gar keine Rede sein.

Donnerstag, den 5. August 1948

Am Sonntag war ich in Athée. Das ist der Ort, wo wir im September 1944 dem Bauern das Pferd und den Wagen weggenommen haben. Beides nützte uns damals nicht viel, weil wir nur wenige Kilometer weiter in Gefangenschaft kamen. Ob der Bauer sein Pferd und den Wagen von den Maquis zurückbekommen hat, weiß ich nicht. Heute denke ich anders als damals, als es Krieg war. Ungerecht war unsere Handlung sicher. Aber was ist schon gerecht. Es gibt keine allumfassende Gerechtigkeit. Aber es war ein komisches Gefühl, dort spazieren zu gehen, gar zu malen, wo man mal dabei war, als einem Menschen unrecht angetan wurde. Also, weniger jammern, manchmal sind wir doch die „sales boch".

Siegfried Wend ist wieder bei uns.
Zur Zeit lese ich mal wieder im „Hyperion" von Hölderlin. Da gehen natürlich die Gedanken zu Gotthold. Dem wurde natürlich das größte Unrecht getan: Man nahm ihm sein Leben!
Als er damals, kurz bevor er ermordet wurde, aus dem Lazarett zurückkam, war er ganz begeistert von Hölderlin.

Wir lasen beide zusammen immer und immer wieder „Hyperion". Wir waren gefangen von der Übereinstimmung unserer Seelen. Wie schön das war! Es sind nun fast zwölf Monate vergangen, seit Gotthold sterben mußte.

Und alles was Hölderlin schrieb ist so passend, damals wie heute. **Um sich kennenzulernen** meinte Hölderlin: *„Wer bloß an einer Pflanze riecht, der kennt sie nicht, und wer sie pflückt, bloß um daran zu riechen, kennt sie auch nicht".*
Über die Kindheit: *„Da ich noch ein stilles Kind war, und von dem allen, was uns umgibt, nichts wußte, war ich nicht mehr als jetzt, nach all den Mühen des Herzens und all den Sinnen und Ringen?*
Ja, ein göttlich Wesen ist das Kind, so lang es nicht in die Chamäleonfarbe der Menschen getaucht ist.
Es ist ganz, was es ist und damit ist es so schön.
Der Zwang des Gesetzes und des Schicksals belastet es nicht; im Kind ist Freiheit allein.
In ihm ist Frieden; es ist noch mit sich selber nicht zerfallen. Reichtum ist in ihm; es kennt sein Herz, die Dürftigkeit des Lebens nicht. Es ist unsterblich, denn es weiß vom Tode nichts."
Über die Jugend: *„Ich war aufgewachsen, wie eine Rebe ohne Stab, und die wilden Ranken breiteten sich richtungslos über den Boden aus. Du weißt ja, wie so manche edle Kraft bei uns zu Grunde geht, weil sie nicht genützt wird. Ich schweifte herum, wie ein Irrlicht, griff alles an, wurde von allem ergriffen, aber auch für den Moment, und die unbehilflichen Kräfte matteten vergebens sich ab. Ich fühlte, daß mir's überall fehlte, und konnte doch mein Ziel nicht finden. So fand er mich."*

Weiter: *„Wohl dem, wem auf diesem Wege ein edler Geist in früher Jugend begegnete!"*
„Aber, was sprech ich davon? Als hätten wir noch eine Ahnung jener Tage! Ach! es kann ja nicht einmal ein schöner Traum gedeihen unter dem Fluche, der über uns lastet. Noch trauert und frohlockt mein Innerstes über jedes Wort, das mir damals Adamas (=Gotthold oder für

Gotthold = Hans) *und ich begreife meine Bedürftigkeit nicht, wenn oft mir wird, wie damals ihm sein mußte. Was ist Verlust, wenn so der Mensch in seiner eigenen Welt sich findet?* **In uns ist alles.** *Was kümmert's dann den Menschen, wenn ein Haar von seinem Haupte fällt? Was ringt er so nach Knechtschaft, da er ein Gott sein könnte!*

Du wirst einsam sein, mein Liebling! Das sagte mir damals Adamas auch. Du wirst sein wie der Kranich, den seine Brüder zurückließen in rauher Jahreszeit, indes sie den Frühling suchten in fernem Lande. Und das ist's Lieber! Das macht uns arm bei allem Reichtum, daß wir nicht allein sein können, daß die Liebe in uns, solange wir leben, nicht erstirbt. Gib mir mein Adamas wieder... Aber sage nur niemand, daß uns das Schicksal trenne!"

Hölderlin läßt seinen Hyperion weiter zum Abschied sagen:
„Bis Rio (oder bis zum Schluß) *begleitete ich ihn. Es waren bittere Tage. Ich habe den Schmerz ertragen gelernt, aber für solch ein Scheiden habe ich keine Kraft mehr in mir.*

Mit jedem Augenblicke, der uns der letzten Stunde näher brachte, wird es sichtbarer, wie dieser Mensch verwebt war in mein Wesen".

Ja, ein Gott ist der Mensch wenn er träumt, am goldenen Faden spinnt, ein Bettler wenn er nachdenkt.
Oh, wie rinnt die Zeit, zum einen was das Leben betrifft zu schnell, zu langsam wenn wir in unserer Lage an die Freiheit denken. Gestern abend sprach ich mit Heribert Ergelett über Else und übers Heiraten! Wie soll das werden? Wenn sie nur nicht so alt wäre. Ich, der noch nichts ist, muß doch mindestens fünf Jahre warten, bis ich eine Familie ernähren kann. Dann wird Else schon achtundzwanzig sein! Nein, ich möchte sie nicht verlieren, obwohl ich sie noch nicht gewonnen habe!

Aber ich möchte auch eine Jüngere haben. Wie soll das erst zu Hause werden, wenn ich mir hier schon solche Gedanken mache.

Freitag, den 6. August 1948

Am Nachmittag wollte ich beim Prost die Bootsnummer schreiben. Dabei habe ich für Lorenz, den Schneider, der ja nicht aus dem Gefangenenlager herauskam, eingekauft. In unserem „Tresor" war mal wieder Post von Raimonde. Sie schreibt so offen und frei, daß ich mal wieder nicht weiß, wo ich nun eigentlich dran bin.

Samstag, den 7. August 1948

Ich war auf dem Weg von der Stadt ins Lager. Da hörte ich es plötzlich pfeifen, es war Claude. Wir redeten über den Mont Roland und natürlich über seine Schwester Simone. Da kam ein deutscher Zivilarbeiter, er hieß Schließmann, dazu. Er kannte die Mutter von Simone und sagte etwas abwertend über sie: „Sie hat übrigens während des Krieges gut an den Deutschen verdient. Jetzt behauptet sie, daß sie die Deutschen nicht mag. So seien eben alle Kauffrauen." Ich konnte damit nicht viel anfangen. Ich glaube Claude ebenfalls.

Bei Hemmerlin habe ich Bilder abgeliefert. Das Geschäft läuft. Meine Bilder sind offensichtlich gefragt.

Sonntag, den 8. August 1948

„Quelle mauvais temps", sagen nun auch schon die Franzosen. Ich blieb wegen des schlechten Wetters bis nach dem Mittagessen im Lager. Ich schrieb an Else, bis Heinrich Kuhn kam und mich störte.

Da ging ich in die Stadt zu unserem „Tresor". Wie oft habe ich an diesem stillen Platz nicht schon ungeduldig, auch schon umsonst, gewartet. Heute, gegen drei Uhr kam sie. Ja, sie war überaus hübsch, sie ist so schlank, wenn sie vor mir steht. Sie redet freundlich, sie läßt, so glaube ich nun, mich ein bißchen zappeln und hat, so fürchte ich, auch daran ein bißchen Freude. Ich dagegen freue mich schon, wenn ich sie mal wieder sehen kann. So traurig und auch so deprimierend es ist, daß ich in der kurzen Zeit unseres quasi „Tête á Tête", mich dreimal verstecken mußte, weil wir hörten, daß Leute kamen. Aber zu allem Unglück mußte sie dann auch noch bald gehen.

In der Kiche war es ruhig, jemand spielte auf der Orgel. Die Sonne schien durch die schönen farbigen Glasfenster. Es bildeten sich farbige Streifen, in denen ganz winzige Partikelchen schwebten. So stellte ich mir vor, daß ich im Leben von Raimonde ein eben so kleines Stückchen bin. Es war kühl in der Kathedrale. Ich betrachtete die Ornamente, die vom Licht aus der allgemeinen Dämmerung hervorgehoben wurden. Plötzlich sagte jemand neben mir: „Bonjour Monsier": Ich sah aus meinen Träumen auf, es war jene Frau die damals vor dem Haus von Guéretay war, als ich das Aquarell malte. Allerdings war sie nicht allein, drei oder vier Frauen waren noch bei ihr. Es war eine nette Unterhaltung. Sie, ich weiß nicht einmal ihren Namen, erzählte den anderen, wer ich sei, der Maler! Sie verabschiedeten sich alle mit Handschlag...

Nun hatte ich zu nichts mehr Lust und ging in Richtung unseres Lagers zurück. Durch den „Jardin publique", am Kino vorbei, wo gerade ein Film zu Ende war. Jede Menge junger Leute kamen aus dem Kino. Und mittendrin mit ihrem jungen Freund, Raimonde. Das reichte mir, ich hatte genug. Als Kontrast sah ich eine einsame ältere Frau, die mit ihrem Enkel spielte. Blitzschnell schossen Hölderlins

Gedanken über die Kindheit durch meinen Kopf. Und der Tod von Gotthold war wieder da. Wie schnell doch das Leben verrinnt, die eine spielt einsam mit einem Kind, die andere ist lebenslustig und schön, begehrenswert unter vielen anderen lachenden jungen Menschen. Lachen sie auch, im geheimen über mich? Spielt sie mit mir?

Es sind nun insgesamt fünf Jahre, daß ich meine Jugend hinter mir gelassen habe. Warum? Weil ein paar „Machthungrige" die Welt in ein Chaos gestürzt haben.

Es war oft schlechtes Wetter in diesem Sommer. Und oft wechselten meine Stimmungen wie das Wetter. Wenn ich deshalb nicht aus dem Lager rauskonnte, blickte ich aus meinem Atelierfenster, malte den Ein- oder Ausgang zum Lager, je nach Laune des Wetters... und hatte Sehnsucht nach der endgültigen Freiheit... (Abbildungen von den Aquarellen auch auf den Seiten 194/195).

Montag, den 9. August 1948
Ich habe die Arbeiten am Boot beendet. Sah dann in den Straßen mehrere Male Raimonde. Sah Heimkehrer mit viel Gepäck durch die hübschen Straßen marschieren. August Oppermann, ein Mann von der Theatergruppe bei der SNCF, war auch dabei...

Und im Lager war Post von meiner Mutter, die eigentlich nie müde wurde, mir zu schreiben und für mich zu sorgen. Sie machte sich darüber Gedanken, ob mir Frl. Else Albrecht den Kopf verdrehen würde. Else schrieb an meine Eltern, bedankte sich für das Bild von Gottholds Tod, das meine Mutter ihr geschickt hatte. Mütter haben eine gute Witterung, aber ich beruhigte meine Mutter, es läge noch alles in weiter Ferne.

Dagegen teilte mir meine Mutter ganz real mit, was zu Hause geschah. Über die Ernte, die nicht so gut ausfallen wird und über die Preise: Beim Schneider kostet ein Anzug 128,- DM und 115 Punkte (was das wohl heißen mag?), Herrenschuhe 35,- DM und 8 Punkte. Alles wäre schon ausverkauft. Oder, so meint meine Mutter, halten die Kaufleute schon wieder die Ware zurück, weil alles um die Hälfte teuerer werden soll? Ein Arbeiter verdient ca. 30,- DM in der Woche, wie kann er sich dann noch was anschaffen? Punkte bekommen wir immer noch, aber sie sind nicht mehr so wichtig, weil man auch alles ohne kaufen kann, wenn man Geld hat. Vater hat gut zu tun. Aufträge für Leute die auch zahlen. Also es geht uns wieder gut. Es ist nicht mehr so wie vor der Währungsreform, wo das Geld kaputt ging.

Freitag, den 13. August 1948
Else hat ihren 23. Geburtstag. Schon beim Aufwachen dachte ich an sie. Zu Ihren Ehren stellte ich einen Blumenstrauß auf den Tisch.

Sonntag, den 25. August 1948
Diese Tagebucheintragungen schreibe ich bei Hemmerlin, bei dem ich auch Bilder abgeliefert habe, die ganz schön waren. Es war wie immer sehr familiär und gemütlich. Es ging mir bei den Hemmerlins gut. Langsam habe ich mich auf den Weg gemacht. Unser „Tresor" war leer, ich war entäuscht. Ich saß am Ufer des Flusses, da kamen die Hunde und natürlich auch die Herrin. Wir konnten lange so zusammen sein. Sie versteht es glänzend, die Unterhaltung zu führen. Raimonde meinte unter anderem „der schönste Stand sei der Ledigenstand!" Dem konnte ich nicht widersprechen. Sie mußte zu ihrer Großmutter, die nur sechzig Meter von hier weg wohnen würde. Abends gegen halb sechs Uhr kam Raimonde nochmals an unseren Platz, hatte aber ihren Freund dabei. Sie zogen sich zum Baden um. Ich konnte so noch besser ihre schlanke Figur sehen. Wir badeten. Heute war eine ganz starke Strömung und wir wurden abgetrieben. Mußten durch Schilf an Land kriechen und haben uns ganz schön dabei den Bauch verkratzt.

Auf dem Heimweg bei Hemmerlin vorbeigegangen. Seine Schwägerin, die das letzte Mal als ich dort war nur Büstenhalter und Höschen anhatte, war wieder zu Besuch. Sie gefällt mir auch in angezogenem Zustand.

Montag, den 16. August 1948

Abends auf dem Heimweg, als ich an der Post vorbeikam, winkten mir zwei Mädchen. Das konnten ja nur Simone und Suzanne sein. Ich freute mich sehr, sie wiederzusehen. Ich machte einen Bogen um die Gärten herum und sie kamen raus. Es war wunderbar, einen geheimen Blick aufzufangen, ein Nicken mit dem Kopf, einen Augenaufschlag zu registrieren, alles Zeichen für einen verliebten jungen Mann, die diesen beglücken können. Hinter den Gärten plauderten wir lange. Neu war, daß es den Mädchen nichts ausmachte, wenn Leute vorbeigingen, die sie kannten.
Wir vereinbarten ein weiteres Treffen auf dem Monte Roland. Und Simone versprach, mir auch zu schreiben. Claude gab mir einen Brief und Zigaretten für Heribert von Suzanne. Claude, der etwas Deutsch sprechen kann, fährt nun für einen Monat nach Cannes in Urlaub. Es war inzwischen acht Uhr und im Lager bestürmte man mich, was der Grund für mein so spätes Heimkommen sei.

Dienstag, den 17. August 1948

Heute war mal wieder ein herrliches Wetter. Ich wollte in die Stadt, weil ich am Sonntag mein Messer verloren hatte, und das mußte wieder gefunden werden. Nun, ich kam zu unserem Platz und sah schon von weitem die Hunde. Das Messer fand ich schnell und Raimonde mit einem neuen Freund ebenfalls.

Claude kam gegen drei Uhr. Wir setzten uns auf eine Bank und korrigierten meinen Brief an Simone. Es gab gar nicht so viele Fehler und Claude meinte: „C'est correcte, mais pas francais".
Diesen berühmten Satz kenne ich schon aus Andrés Zeiten. Ich hatte das Aquarell „Le pont de France" angefangen. Es gefiel mir nicht mehr. Ich fing ein neues an, das aber auch nichts wurde, obwohl es ein schönes Motiv war. Als dann noch Simone kam, und sagte: „On va se promener, pour prendre de l'air", da war es mit dem Malen aus.

Am Strand war es schön. Wir hatten noch zwei Elsässerinnen kennengelernt. Marcel war mit dem Boot von M. Hemmerlin draußen auf dem Wasser und fing jede Menge Fische.
Wieder im Lager hörte ich die Neuigkeit, daß Heribert am 24.8. entlassen wird. Das alte Lied, man lernt sich kennen und schätzen, und man muß sich wieder trennen. Es ärgerte mich einerseits und andererseits war ich froh, daß er nun nicht mehr mit auf den Mont Roland konnte.

Ich freute mich auf den kommenden Sonntag, denn wahrscheinlich werde ich da zum ersten Mal ganz in Zivil ausgehen, weil inzwischen Lorenz meine anthrazitfarbene Jacke fertigmachen wird. Es fehlt dann nur noch ein Pullover.
Ich machte noch einen kleinen Spaziergang. Es hat schön abgekühlt. Der Mond steht schon am Himmel und erhellt mit seinem silbrigen Licht die Baracken. Die Sterne stehen deutlich sichtbar am Himmel, da wünschte ich mir einen Abendspaziergang im Freien außerhalb des Lagers zu machen. Aber das geht ja nun mal nicht.

Mittwoch, den 18. August 1948

Endlich darf ich zu Dr. Gente wegen den Kopfschmerzen. Kein Grund für eine dauernde Behandlung, meinte er. Bei Harry, dem T.L. bei Roy-Fréres, noch einen Cassis getrunken. Wir leisten uns hier Dinge, die es im Lager nicht gibt.

Mittwoch, den 19. August 1948

Gottholds Tod läßt mich nicht los. Morgen - vor einem Jahr - ist er qualvoll gestorben. Der Brief von Paul Borgmann und auch „Hyperion" von Hölderlin haben alle Wunden wieder aufgerissen. Wie ist es für mich möglich zu leben, wie eine Biene die sich von Blüte zu Blüte nascht, und mit der Zeit alles Bittere und Unangenehme verdrängt. Wie furchtbar, daß Borgmann Schicksal gespielt hat. Wie schlimm es bei der Beerdigung war, wie schlimm es eigentlich immer ist, wenn man sich erinnert... Und ich trete quasi in Gottholds Fußstapfen... ist das gerecht? Aber ich muß mich aufs Überleben konzentrieren...

„Wie wunderbar sind die geheimen Kräfte des Lebens an der Arbeit. Zu eigen gehört uns nichts als die Geduld. Aber was ist sie für ein echtes Vermögen und welche Zinsen trägt sie zu ihrer Zeit."

Ja, Rilke, weiß es, zum Überleben gehört auch Geduld und das Unterbewußtsein, das uns klug berät. Es verdrängt, was wir verdrängen müssen. Es fördert die Erinnerung dann, wenn wir sie brauchen.

Es darf nicht sein, daß das Himmelhoch-Jauchzen und Zu-Tode-betrübt-Sein uns immer bestimmt. Nur so kann ich es verstehen, daß auch ich, trotz Gottholds Tod, versuche, mich bei vielen Blüten zu laben...

Mein Freund Klaus Wein schrieb mir einen Brief, den ich heute erhalten habe: *„Ich freue mich schon auf die Zusammenarbeit. In der Art, wie wir früher uns verstanden haben, habe ich bis jetzt eigentlich niemand getroffen. Du kannst jederzeit, auch wenn das Wintersemester 48/49 schon begonnen hätte, in der Schule beginnen. Der Aufbau des Schulgebäudes geht langsam voran. Die nötigen Räume sind ausgebaut und notdürftig hergerichtet, aber mit früher nicht zu vergleichen. Wie ideal die Schule für uns mal war, das merke ich erst jetzt."*

Sonntag, den 22. August 1948
21.45 Uhr. Gott sein Dank, daß ich wieder im Lager bin. Zwar bin ich sehr müde, aber es war schön...
Heute morgen war es soweit. Mit etwas Verspätung ging ich ganz in Zivil raus. Ein unglaublich gutes Gefühl und niemand sagte was. Also, punkt 10 Uhr kam ich auf dem Mont Roland an. Ich fand meine Freunde sofort als ich oben ankam. Leider war Simone nicht dabei. Und Suzanne, dachte ich, schaut mehr nach Heribert, als nach mir. Nun, er ist ja nicht mehr da. Er ist auf der Reise nach Hause und wird dort sehnsüchtig von seinen Eltern erwartet.
Ich war zufrieden, daß sie überhaupt bei dem schlechten Wetter gekommen sind. Wir saßen zuerst im Freien. Als ich Bier holte, begann es zu regnen. Ich versuchte unsere Regenmäntel so über die Hecken zu spannen, um quasi ein Zelt zu haben. Aber als der Regen stärker wurde, fragte ich eine ältere Frau, ob sie nicht wüßte, wo wir unterkommen könnten. Bald waren wir in einem Art Korridor, in einem Bauernhaus, untergebracht. Ich besorgte Stühle, einen Tisch, Suzanne deckte ihn ganz wunderschön und es war gemütlich. Hinter uns standen Ackergeräte, vor uns ging es in den Garten, der Misthaufen war auch nicht weit entfernt und selbst ein Schwein grunzte hörbar. Aber es war unendlich schön. Die beiden Mädchen, das weiße Tischtuch, das es bei uns im Lager ja nicht gibt, in aller Bescheidenheit trug auch ich in meinem Anzug dazu bei, daß alles so anspruchsvoll im lustigen Umfeld und Rahmen war.
Essend, erzählend, zeichnend, wobei Suzanne ihre Kunstfertigkeit zeigte, ließ die Zeit rasen. Es war angenehm mit den Mädchen zu reden. Und, obwohl Simone nicht dabei war, ich fühlte mich prächtig. Überall wo wir waren, ist man uns anständig, zuvorkommend begegnet. Das war für mich als P.G. ein eigenartiges Gefühl. Denn den Stacheldraht im Hirn konnte ich ja nicht ablegen.

„Kleider machen Leute", sagt ja auch Gottfried Keller. Also, wenn das nur immer so bliebe...
Es war schön, daß man uns Deutsche auch achtet. Die Bauersfrau, auf deren Hof wir waren, nannte alle, die eine andere Meinung hatte, ganz einfach „dumm!" Es war rührend wie sich mich verteidigte, ja sie meinte, ich würde besser Französisch sprechen als mancher Elsässer.

Während die Mädchen zum Beten gingen, räumte ich auf, machte noch eine Bleistiftskizze von der Kirche, da kamen sie schon zurück. Wir stiegen auf einem schönen Pfad, von dem man immer eine herrliche Aussicht auf die Ebene der Saône hatte, den Berg hinunter.
Kurz vor Sampras machten wir eine Rast, aßen den restlichen Kuchen, der so gut schmeckte. Ich erzählte sowohl von André, meinem französischen Freund, als auch vom bitteren Ende Gottholds.
Dann, ich mußte mich im wahrsten Sinne des Wortes losreißen, ging ich so schnell ich konnte ins Lager zurück. Ganz durchnäßt und schon bei anbrechender Dunkelheit kam ich dort an.

Mittwoch, den 25. August 1948
Heute nacht, von halb zwölf Uhr bis um ein Uhr, an Else geschrieben. Am Morgen schrieb mich Dr. Gente krank. Wäre ich schon früher zu ihm gekommen, wäre ich vielleicht ein paar Wochen früher entlassen worden. Ich traf mich mit Pfarrer Siegfried Wend. Bei Hemmerlin lieferte ich ein Bild und die von mir geschriebenen Einladungen ab.

Samstag, den 28. August 1948
Siegfried Wend saß mit uns in meinem Atelier. Wir sprachen über die Zeit, als er im Urlaub war. Meine Vertretung muß angenommen worden sein, denn niemand hatte sich bei Siegfried beschwert. Übrigens kennt er auch Egle aus Königsbach, der hier durchs Enlassungslager kam. Wir gingen zusammen in eine Art Cabaret.

Sonntag, den 29. August 1948
Das Wetter macht mir immer wieder einen Strich durch die Rechnung. Eigentlich hatte ich keine Lust zum Ausgehen gehabt. Zuerst geduscht, rasiert, langsam angezogen, lange gezögert, dann mich doch entschieden, raus zu gehen. Ich wollte noch warten, bis ich zu Hemmerlin zum Mittagessen gehen konnte. Jetzt,ich schreibe diese Zeilen in der Wohnung von E. Hemmerlin, bin ich froh, daß ich doch noch kurz vor zehn Uhr rausgegangen bin. Denn auf der Straße nach Auxonne sah ich plötzlich ein Pärchen am Straßenrand sitzen. Und welch eine Freude, als ich André erkannte. Er hatte Monique, seine Verlobte, dabei, und wartete schon lange auf mich. Welch ein Glück, denn ich hatte natürlich wieder nicht seinen Brief erhalten, den er mir am Samstag abgesandt hatte. Wenn ich nun nicht aus dem Lager raus wäre, wie ich es eigentlich wollte, dann hätten wir uns dann schon das dritte Mal verfehlt.
Mein Gott war das schön, André nach so langer Zeit wiederzusehen. Seine Verlobte, Monique, war mir ebenfalls auf Anhieb symphatisch. Weil das Wetter so schlecht war, gingen wir zur Familie Hemmerlin. Dort sahen die beiden einige Bilder von mir.
André brachte mir meine Fotos, meine Tagebücher und Bücher. Wir gingen anschließend ins „Hotel Post" zum Mittagessen. Wie vornehm das war. Wie schön daß André und Monique sich nicht genierten, mit mir ins beste Restaurant von Auxonne zu gehen.

Wir machten einen Spaziergang zur Kirche, zum Strand, wo André Photos von uns machte.
Wir redeten ununterbrochen über unsere Zeit bei M. Mirlin, das Magazin, Gotthold, über seine Eltern und natürlich über André's Kariere und Weiterbildung in Paris. Nur allzu schnell, weil die beiden schon sehr früh in Auxonne ankamen, mußten sie wieder weg. Ich habe sie auf den Bahnhof begleitet. Wir verabschiedeten uns und beide, André und ich waren glücklich, daß wir uns wieder sehen konnten.
Als sie weg waren, kam mir alles wie ein Traum vor. Es ist schön, daß André sich nun schon das dritte Mal die Zeit nahm um mich zu besuchen.

Besuch von Andrè Garnier in Auxonne.

Montag, den 30. August 1948
Wenn ich an gestern denke, so meine ich zu träumen. Ein besonders glücklicher Traum. Wenn ich nun wieder meine Photos von Clos Charpentier sehe, meine Tagebücher lese, meine Bücher betrachtete, die mir André brachte, dann bin ich André so dankbar, daß er das alles für mich riskiert hat.
Ich werde wieder in die grausame Zeit versetzt, wo der Hunger alles, aber wirklich alles, diktiert hat. Aber ich denke voll Dankbarkeit an André, der mir von der ersten Stunde an ein wahrer Freund war.
Ein Freund, den mir das Schicksal beschert hat. Ja, er ist ein unbeschreiblich guter Freund geworden. In seinem Brief, den ich nun heute und wieder zu spät erhalten habe schreibt er mir: *„Ich bin so beschäftigt, daß ich nicht mehr sehe, wie schnell die Zeit verrinnt. Ich bin sicher ein großer Egoist, weil ich nicht sehe, daß ich nicht weiß, wie wenig Arbeit es für den bedeutet, der einen Brief schreibt, aber welch eine Freude er dem bereitet, der ihn bekommt. Insbesondere wenn man so isoliert ist wie Du. Und trotzdem, ich habe Dich nicht vergessen. Ich bin glücklich zu wissen, was Du tust, was Du denkst und wie es Dir geht. Deshalb werde ich Dich am Samstag, den 29.8. besuchen. Ich komme um 5.05 Uhr in Auxonne an. Ich werde jeder volle Stunde - bis 11.00 Uhr am Bahnhof auf Dich warten."*

Wie es dann glücklicherweise kam, habe ich festgeschrieben. Ich bin so dankbar, daß es so einen Freund, der dazu noch ein Franzose ist, für mich gibt.
Der Kuchen, das Brot, die Äpfel und Ölsardinen oder vieles mehr - ich bin doch ein kleiner Materialist, heben die Stimmung und die Erinnerung an zwei so liebe Menschen wie Monique und André.
Ist es nicht schön, sich daran zu erinnern, wie glücklich die beiden gestern waren - auch weil sie mir eine große Freude bereitet haben? Ja, ich erlebte mit, wie schön es sein kann, jung und verliebt zu sein. Und, kein Neid, ich gönne es André von ganzem Herzen.
Bei Monique empfand ich es so wohltuend, ich bin der Freund von André also auch der ihre. Wie man so ein Vertrauen, in meiner Lage, als besonders schön empfindet. War es nicht auch so bei Else? Ich war Gottholds Freund, also bin ich auch der Freund von Else.
Es war so angenehm, sich ein bißchen von den beiden Liebenden verwöhnen zu lassen. Das sind Höhepunkte in einem trotz allem so tristen Alltag.

Dienstag, den 31. August 1948
Die Kopfschmerzen plagen mich wieder. Es ist ein Gefühl als ob einem der Kopf zerspringen würde...
...aber ich muß an André und Monique denken. Wie schön war ihr Besuch am Sonntag. Wie kann André, er ist nur ein Jahr älter als ich, ein erfülltes Leben führen. Er mußte nie Soldat sein. Er kann studieren. Alles ist so gut geregelt. Er kennt Monique seit der gemeinsamen Schulzeit. Jetzt ist er, wie er sagt, „comme fiancé". Alles ist normal, sein Leben, sein Beruf, seine Liebe!
Bei mir war so lange ich denken kann Krieg, Hitlerjugend, RAD, Luftwaffe, Gefangenschaft...
...Der schöne Sonntag zeigt, was Freiheit bedeutet, was Liebe sein kann...
Die Sehnsucht nach etwas ähnlichem steigt!

Mittwoch, den 1. September 1948
Die Kopfschmerzen werden schlimmer. Ist das eine Flucht in die Krankheit? Dr. Gente fährt am 8.9. nach Hause, ich werde es wohl auch noch acht Wochen aushalten. Ich habe heute einen langen Dankes-Brief an André geschrieben. Ich hoffe sehr, daß er mich am nächsten Sonntag nochmals besuchen kann, denn es gibt micht mehr viele Sonntage, wo das möglich ist, was mich glücklich und auch ein bißchen traurig macht.
Bei Hemmerlin war heute Zahltag - Leistung muß sich lohnen - und ich habe noch dazu ein rundes Kranzbrot erhalten. Das Materielle stimmt - und die Seele, kommt die zu kurz?

Samstag, den 4. September 1948
Welch schlechtes Wetter. Ich hoffe auf Andrés Besuch. Ich werde auf alle Fälle am Bahnhof sein. Wir können nach Tillenay wandern, und reden und reden...was bedeutet da ein Regen...

Sonntag, den 5. September 1948
Schon zwanzig Minuten vor acht Uhr war ich am Bahnhof. Aber André kam nicht. Hat ihn doch das schlechte Wetter abgehalten?
Ich ging zur Familie Hemmerlin, eigentich schon meine zweite Heimat. Er und seine Frau helfen mir sehr indem sie meine Bilder verkaufen und mich in die Familie aufnehmen... aber es gab nie ein so vertrauensvolles Verhältnis wie bei André...

Nach dem Mittagessen, wir waren gerade bei Kaffee und Kuchen, kam Heribert. Anschießend sind wir beide noch spazieren gegangen. Das Wetter klärte sich auf. Bei der Schleuse malte ich noch ein Aquarell. (Siehe Seite 200). Gegen halb vier Uhr kam überraschend Suzanne und sie brachte Collette mit. Im Kanal gebadet. Bald waren wir je zwei und zwei. Ich war mit Colette alleine. Leider mußte Heribert früher ins Lager zurück, also waren wir wieder zu dritt. Deshalb habe ich mit Collette ein neues Rendezvous ausgemacht, am „Chateaux d'eau". Ich will es nochmal wissen? Was? Warum habe ich nicht dabei an Else und an unser „Je t'aime" gedacht?

Montag, den 6. September 1948
Vier Jahre sind es nun her, seit ich in Gefangenschaft kam. Was soll ich da noch sagen?
Was muß ein Mensch verbrechen, daß man ihn dafür lange einsperrt? Kriegsgefangene müssen, laut der Genfer Konventionen des Internationalen Roten Kreuzes, nach Beendigung der Kriegshandlungen, nach Hause entlassen werden. Und wir? Es sind nun mehr als dreidreiviertel Jahre her, daß der Krieg beendet wurde. Und wir sind immer noch Menschen zweiter Klasse!

Zum letzten Mal war ich bei Dr. Gente. Er sagte mir, ich würde laut Ltn. Phulpin sowieso im Oktober entlassen werden. Na, ich glaube es ja noch nicht. Aber zu Weihnachten hoffe ich doch, in der Heimat zu sein.

Daß es doch noch vier Jahre geworden sind, als wir am 6.9.1944 in der Nähe von Pontalier in Gefangenschaft gekommen sind, kann man nicht fassen. Und doch ist es so!
Wenn ich an die Enkel meiner Eltern denke, dann heißt das: Marga war 13+4=17! Elly 3+4=7, Peter 2+4=6 usw. Ich werde sicher ganz schön staunen, wenn ich sie alle wiedersehen werde.
Meine Eltern werden sicher auch heute am Tag meiner Gefangennahme an mich denken, aber die 6-8 Wochen schaffe ich auch noch...
...also raus aus dem Lager. Ich besuchte Harry Werner, der hatte eine süße Kleine im Bett. Also als T.L. gibt es doch mehr als nur Blickkontakte zwischen Deutschen und Französinnen!

Dienstag, den 7. September 1948
Helmut Jaques und Walter Gaudig, der Maler vom Fort d'Hauteville, sind heute in Auxonne eingetroffen. Es ist eigentlich schlimm, in einem Entlassungslager zu sein.

Donnerstag, den 9. September 1948
Wie wenig Mut man manches Mal doch hat. In der Stadt feierte man heute den „4. jour de la liberation". Also blieben die deutschen Soldaten auch nicht mehr lange in der Gegend von Auxonne. Es war mir nicht zum feiern zumute. Ich mußte zu Prost und sah den ganzen Rummel. Es wunderte mich, daß mich - obwohl ich ja bekannt war - an diesem Feiertag niemand anpöbelte.

Es hat mich dann doch komisch berührt, daß ich Collette sah, sie aber an mir vorbeiging, ohne auch nur mit der Wimper zu zucken. Ist das der Altersunterschied? Sie ist älter als ich? Egal, ich hoffe, daß sie am Sonntag zu unserem Rendezvous kommen wird.

Ich fuhr heute mal mit einem Fahrrad der Wachmannschaft, der Saône entlang. Das Wetter hat sich gebessert und trotzdem man spürt überall, daß es dem Jahresende, der kalten, dunklen Zeit zugeht.

Gestern fuhren nun Helmut, Jaques und Walter mit dem Transport in die Französische Zone, nach Tuttlingen.

Mit Helmut hatte ich mich noch ganz nett unterhalten. Er wollte mir unter anderem auch noch erklären, warum der Briefkontakt mit seiner Schwester nicht so geklappt hätte. Wir schrieben uns eine paarmal...dann war der Versuch, sich per Korrespondenz kennenzulernen, vorbei.

Aquarellstudie am Kanal bei Auxonne.

Eigentlich hatte ich auch keine große Lust dazu, da sich ja die Brieffreundschaft mit Else so überaus positiv entwikkelt hatte.
Mit der Arbeit geht es immer gut voran. Ich arbeite derzeit an einem großen Bild für den Adjudant Préfot. Dagegen bleibt meine Schwarzarbeit etwas zurück. Wahrscheinlich werde ich bis Sonntag wenig Neues zu Hemmerlin bringen können.
Übrigens, á propos verdienen: Man darf das ja nicht laut sagen, denn sonst werde ich noch mehr als bisher angepumpt, das geht ganz gut.
Nachdem nun Heribert auch mit nach Tuttlingen gefahren ist, ist es wieder ruhig in meiner Ecke geworden. Mit diesem Heimkehrertransport konnte ich wieder fünf Päckchen an meine Eltern mitgeben. Ich muß mich wieder, trotz der Kopfschmerzen, auf meine Arbeit konzentrieren. Wie es mit meiner Entlassung steht? Da weiß noch niemand so recht einen genauen Termin! Im Oktober werden sechs Transporte fahren. Wir Jungen sind wohl in der zweiten Hälfte des Monats dran. Also nun geht es wahrhaftig nicht mehr lange. Hoffentlich werde ich nicht nochmals nach Hauteville geschickt.

Die Auflösung der Kantine ist momentan aktuell. Alle kaufen alles! Und man sagt in einem französischen Sprichwort: „Je mehr man hat, je mehr man will!"

Samstag, den 11. September 1948
Gestern konnte ich mich mit Ltn. Phulpin unterhalten. Er versprach mir, daß er mich im Oktober nach Hause schickt. „Normal", so Phulpin, „sei ich ja noch nicht dran."

Im Lager geht es zur Zeit toll her. Infolge der baldigen Auflösung gibt es viel Arbeit, aber immer weniger Arbeitskräfte. Wie bin ich da froh, daß ich für die Herren Offiziere arbeiten muß - oder darf - und deshalb wohl kaum zu solchen Arbeiten herangezogen werde. Ich vergesse allerdings nicht den miesen Beginn hier in diesem Lager. Aber, so ist der Eindruck von mir, jeder möchte nun noch schnell ein Bild von mir gemalt haben.

Da morgen Sonntag ist, muß ja wieder schlechtes Wetter sein. Suzanne, die ich gestern in der Stadt traf, sagte mir, daß sie mit Collette auf den Mont Roland geht.

Von Else bekam ich ein Päckchen mit Zeitschriften. André läßt nichts von sich hören. Also bleibt nichts anderes übrig als zu warten. Aber vielleicht klappt alles und ich fahre mit dem nächsetn Ami-Transport, das wäre in vier Wochen. Wenn es nicht mit dem ersten klappt, dann mit dem zweiten und das wären dann eben noch sechs Wochen.

Montag, den 13. September 1948
Wie bekannt, das Wetter war schlecht. Wir wollten uns ja auf dem Mont Roland treffen, aber es ging nicht. Das kam so! Mit Ludwig Mathäi, einem T.L., ging ich nach Auxonne. Bei Harry ein Bild abgeliefert.
Dann, es regnete ja, wollte ich zu Hemmerlin, bin aber trotz des Regens am Strand spazieren gegangen. Zurück durch die Stadt, da sah ich Collette. Sie folgte mir auf der Route de Laberge. Wir vereinbarten einen Treffpunkt am Nachmittag. Kurz sagte sie mir noch, daß Suzanne am Morgen verschlafen habe und sie deshalb nicht auf den Mont Roland kamen.

Wieder bei der Familie Hemmerlin, spielte ich mit den Zwillingen und trank schon vor dem Mittagessen starken Wein. Das Essen war großartig. So gut hat es mir schon lange nicht mehr geschmeckt. Zum Dessert gab es einen wunderbaren Pflaumenkuchen.

Gegen drei Uhr ging ich auf der „Grande route de Dijon" zu unserem verabredeten Platz. Bald kamen sie auch. Ich fand einen tollen Platz, wo es ganz ruhig und wir ungestört waren. Leider gab es jede Menge „Moustiques" (Stechfliegen). Suzanne war wohl am empfindlichsten und war bald zerstochen. Es wurde sehr nett, nur wäre ich gerne mit Collette alleine gewesen. Aber, es sollte nicht sein.
Gegen sieben Uhr mußte ich ins Lager zurück. Dort habe ich so viele schöne Dinge, die Collette mir schenkte, genossen. Kaffee, Kondensmilch, Bananen, verschiedene Kuchen, Waffeln, Brot, Geld und Bonbons. Wenn dies alles nicht ein großer Liebesbeweis war.

Von Hemmerlins hatte ich ja noch zwei kleine Kuchen als Extras für die gelungenen Bilder bekommen. Wenn das immer so gewesen wäre, hätte man alles besser aushalten können.
Am Sonntag kommt André und ich werde mit Collette zusammen sein. Es scheint doch ein großer Unterschied zu sein zwischen den siebzehnjährigen Mädchen - aufgehende Knospen wie Klaus Simon sich mal ausdrückte - und einer reifen, voll aufgeblühten Rose wie Collette. Als P.G. sollte ich eigentlich solche Frauen vorziehen, denn sie wissen was sie wollen und wissen auch, was sich gehört. Aber was gehört sich denn? Ich weiß darauf keine Antwort.

Also denke ich, ein junges Mädchen hat zu viel Angst vor Allem. Ich konnte niemals versuchen, mehr als einen Händedruck, mehr als einen Kuss zu bekommen.
„Ihr Kuss", so Goethe, im „Leiden des jungen Werther", *„sei nicht ganz ohne Begierde, er sucht Nahrung und kehrt von der leeren Liebkosung unbefriedigt zurück!"*

Und später: *„Ich kehrte mein Gesicht weg. Sie sollte es nicht tun! Sollte nicht meine Einbildungskraft mit diesen Bildern himmlischer Unschuld und Seeligkeit reizen und mein Herz und mein Verlangen nicht aus dem Schlafe, in dem es manchnmal die Gleichgültigkeit des Lebens wiegt, wecken!"*
Ich bin verwirrt. Zu viel stürmt am bald sichtbaren Ende der Gefangenschaft auf mich ein. Meine Mutter schreibt: *„Du wolltest uns von einem schönen Erlebnis mit André schreiben...aber es steht kein Wort davon in Deinem Brief. Und Du hast die Briefe verwechselt, in denen Du uns mit „mein liebes Elschen" anredest."*

Else meint: *„Ich habe so lange nichts mehr von Dir gehört, und auf einmal kam ich auf den unglücklichen Gedanken, daß Du vielleicht meine Briefe am liebsten missen möchtest? Kannst Du dem Elschen verzeihen, daß es so kleinmütig war?"*
Man könnte das Cäsarwort zittieren, das für viele meiner Freunde gilt; „Ich kam, sah und heiratete!" Dies teilte mir mein Freund Klaus Simon zur gleichen Zeit mit, obwohl er betont: *„Bei mir ist es in dieser Hinsicht noch lange nicht soweit. Zwar will das Stadtgeschwätz schon seit langem von einer bevorstehenden Verlobung meinerseits wissen, mir persönlich ist aber nichts bekannt. Aber, lieber Hans, in dieses Gerücht kommt jeder, der nicht von einer zur anderen Frau hüpft, sondern sich's mit einem Mädchen genügen läßt."*

Horst Gottwalt teilt mir mit: „Ich komme Dich Sonntag, den 19.9., in Auxonne besuchen".

Else wiederum schreibt nach den „unglücklichen Gedanken" nun davon: *„Oh Hansl, wie sehne ich jetzt Deine Heimkehr herbei, und wie werde ich mich an dem Tag freuen, wenn ich wüßte, Du wärst daheim. Gelt, Du gibst mir dann möglichst bald Nachricht. Aber was rede ich da, das ist ja selbstverständlich. Und dann plötzlich fürchte ich mich vor unserer Begegnung."*

Und, so ist es nun mal, zur gleichen Zeit kam noch der Brief von Suzanne, in dem sie schreibt, sie habe nie etwas Schlechtes oder Böses über Deutsche gehört oder selbst gesagt: *„Zum Schluß möchte ich Ihnen lebhaft danken für die schönen Stunden, die wir zusammmen verbringen durften und für Ihre Liebenswürdigkeit. Ich wünsche Ihnen eine baldige Heimkehr, viel Erfolg in Ihrem bald beginnenden Studium. Gott behüte Sie!"*

Dienstag, den 14. September 1948
„Es klingt wie eine Sage, nur noch einundzwanzig Tage!" So kann ich es heute herausschreien, denn es ist nun bestimmt, daß ich am 6. Oktober dabei sein werde.
Ich kam gerade von der Zensur, wo ich ein Päckchen von Else abholen konnte. Vor dem Büro standen der Kommandant und Guéretay, der Dackel. Er gab mir ein Bild, das ich noch für ihn malen muß. Der Ltn. bestätigte mir nochmals: „Du weißt, daß Du am 6. mit dem Amerikanischen Transport nach Hause fahren wirst!" Aber er fügte hinzu: „Sage nichts zu den anderen".
Was soll ich noch schreiben? Ich bin ganz aufgeregt. Ich komme heim!

Donnerstag, den 16. September 1948
Das war eine furchtbare Nacht. Ich konnte vor lauter Aufregung - seit ich weiß, ich komme nach Hause -nicht einschlafen. Jeden Floh mußte ich deshalb spüren. Ich ging noch bis spät in die Nacht hinein ins Kino. „Mozart" wurde gespielt, aber ich bekam nicht viel mit.

Montag, den 20. September 1948
Zwanzig Minuten nach acht Uhr war ich am Sonntag am Bahnhof. Ich sah sofort Monique, die gerade aus einem Waggonfenster rausschaute. Es war eine große Freude auf beiden Seiten, weil diesmal alles so vorzüglich klappte

Wir gingen zusammen zum Strand. Das Gras war vom Morgentau noch feucht, so konnten wir die Bügeldecke von Lorenz gut gebrauchen. Es wurde glücklicherweise noch ein ganz herrlicher Sonntag. Die Sonne zeigte sich von ihrer besten Seite. André und Monique brachten die Fotos mit, die wir beim letzten Treffen gemacht haben.

Monique und der Autor - in Auxonne.

Aber nur diejenigen, die Monique gemacht hatte, waren scharf.
Sie freute sich darüber sehr. Also mal wieder die Männer, so meinte sie schelmisch: „Es sind natürlich die Frauen, welches die Intelligenteren sind."

Beide hatten keine große Lust, zum Essen zu gehen. Ich fürchte mich, mit ihnen gesehen zuwerden - also ging ich alleine zur Familie Hemmerlin. Ich kam zum Essen ein wenig zu spät, hatte auch keinen richtigen Appetit.

Gegen zwei Uhr war ich wieder mit Monique und André zusammen. Wir trafen deutsche T.L. Alle klotzten mich an, als ich mit diesem symphatischen Paar an Ihnen vorbei ging. In der Nähe der Saône-Brücke machten wir neue Aufnahmen, in der Hoffung, daß diese besser werden würden. Wir tranken am Bahnhof noch zusammen Kaffee und schon war die Zeit um. Wir nahmen zum letzten Mal - ich als P.G. - von einander Abschied. Wer weiß, ob wir uns nochmals wiedersehen werden. Obwohl, André versprach mir fest, mich während der Weihnachtsfeiertage in Königsbach zu besuchen.

Die Erinnerungen an André und die mit ihm verbrachte Zeit gehören zu den schönsten, ja, sie sind unvergeßliche Erlebnisse in Frankreich gewesen.

Die Aufregungen nehmen kein Ende. Ein Marokkaner von der Wachmannschaft hat mich mit Collette bei Auxonne entdeckt, verhaftete mich und wollte das, was er gesehen hatte, oder was er glaubt, gesehen zu haben, dem Kommandanten melden. „Oh, merde alor!"

Ich bin ganz fertig und kann fast nicht mehr schreiben. Wenn er es tut, dann kann ich die Heimfahrt am 6. Oktober vergessen. Und ich muß befürchten, daß man mich einsperrt. Ich muß ruhig werden. So ein Pech wenige Tage vor der Entlassung. Ich kann es nicht zu Ende denken: Haare schneiden, dreißig Tage Bau...undenkbar.

Und alles kam so:
Nachdem André und Monique am Sonntag weg waren fand ich einige Zeit später Collette. Ich überedete sie, mit mir zum „Chateau d'eau" zu gehen. Da war es sehr gemütlich. Eigentlich stand ich - so hatte ich den Eindruck - vor der Erfüllung der Sehnsucht. Collette, älter und wahrscheinlich auch erfahrener als ich - machte keinen abwehrenden Eindruck. Im fast höchsten Glück stand plötzlich ein Marokkaner vor uns. Er muß uns schon vorher beobachtet haben, sonst hätte er uns nicht gefunden. Er wollte mich sofort verhaften. Er nahm sich sehr wichtig und sagte immer wieder, daß ein P.G. nicht mit einer französischen Frau zusammen sein darf. Er redete wirres Zeug, auch von Spionage und so...Mir blieb nichts anderes übrig als mitzugehen. Ich redete mit meinem besten Französisch auf ihn ein, daß ja nichts war, und was es für mich bedeuet, so kurz vor der Entlassung angezeigt zu werden. Er blieb stur. Als wir auf der einen Seite in die Stadt reinkamen, hatte ich das Gefühl, er wird weich, er gibt nach. Aus der Stadt rauskommend in Richtung Dôle, zum Lager wären es noch einige Kilometer gewesen, meinte er dann doch, ich solle alleine weitergehen. Er drehte sich um und ging in die Stadt zurück. Er versprach mir vorher, daß er mich nicht anzeigen wird und betonte „je l'aime pas les français."

Da viel mir schon ein Stein vom Herzen.
Ich wartete am Montag im Lager bis nach vier Uhr. Und da sich immer noch nichts getan hatte, war ich sicher daß der Marokkaner mich nicht gemeldet hatte. Der Mensch muß auch mal Glück im Unglück haben. Aber, hätte dieser Marokkaner uns nicht auch in Ruhe lassen können? Nicht auszudenken, was dann hätte sein können. Es wäre mein erstes Liebeserlebnis gewesen!

Also kann ich doch nach Hause fahren. Da ich nun beruhigt annehmen kann, daß es keine Staatsaffäre mehr geben wird.
Nun, das war am Sonntag noch nicht alles. Ein Fahrer vom Prost kam ins Lager und brachte mir ein Paket von Horst, der mich am Sonntag auch besuchen wollte. Aber sein Brief - so unzuverlässig wie die Post hier ist - kam zu spät, und wir konnten uns nicht treffen.

Nun, so hoffe ich, kehrt endlich Ruhe ein. Adjudant Prefôt ist mit seinem Bild sehr zufrieden. Er will mich am kommenden Sonntag mit nach Hause nehmen. Er wohnt in Pontalier.

Horst ließ mir aber ausrichten, daß er es nochmals am nächsten Sonntag probieren will, mich zu besuchen.
Es bleiben noch sechzehn Tage bis zur Heimfahrt.

Mittwoch, den 22. September 1948
Es wird toll. Die Algerier und Marokkaner müssen nun die fehlenden P.G.'s ersetzen und deren Arbeit machen. Vielleicht war deshalb der Marokkaner, der mich am Sonntag verhaftete, so lange so stur zu mir!

Bei Hemmerlin habe ich mir Brot geholt. Im Lager kam ich nicht zum Malen, weil sich Prefôt die ganze Zeit in meinem Atelier unterhalten hat. Die Einladung von ihm am Sonntag zu seiner Familie bleibt bestehen.

Donnerstag, den 23. September 1948
Die Zeit verrinnt wieder schneller, weil ich mich beruhigt habe. Mit den letzten Aufträgen geht es auch vorwärts. Nur meine Schwarzarbeit bleibt liegen und das ist weniger schön, weil dadurch kein Geld mehr reinkommt. Aber nach dem turbulenten Sonntag müßte ich eigentlich zufrieden sein. Man kann eben nicht alles haben wollen.

Gestern abend wurde ich in meinem Atelier wieder gestört. Siegfried Wend war wie so oft bei mir und wir diskutierten ganz heftig über den Spiritismus, den Moritz immer wieder ins Gespräch bringt.
Die „reine" Religion und das spiritistische Gedankengut passen ja eigentlich nicht zusammen.
Ich erinnerte mich daran, daß mal Rainer Maria Rilke gesagt hat:
„Ich brauche kein Telefon, wenn ich mit Gott rede." Er meinte mit dem Telefon: Jesus, der ja sagte, niemand kommt zum Vater denn durch mich. *„Ich liebe nicht die christliche Vorstellung vom Jenseits. Wer, ja ich kann es nicht anders ausdrücken, wer ist denn dieser Christus, der sich in alles einmischt? Ich will mich nicht schlecht machen lassen um Christi willen, sondern gut sein für Gott."*

Und Siegfried meinte etwas erbost, er brauche auch kein Medium, um mit Gott zu reden und mit dem Jenseits Kontakt aufzunehmen. Sie sind immer gut, lehrreich, weiterbildend, diese kontroversen Diskusionen.

Aber nur wenige Tage vor meiner Entlassung machen sie mich nervös.

Mit Lorenz, meinem Atelier-Mitinhaber, habe ich in letzter Zeit wenig zu tun. Er näht mir noch meine Skihosen und dann wird Schluß sein.
Meine Verpflegung war in letzter Zeit, dank meiner Eltern, dank André, Collette und den Hemmerlins nicht schlecht. Ich kann mir manches für die Heimfahrt aufsparen. Ich werde auch sicher in Hauteville nicht mehr verhungern. Was ja bei dieser Wassersuppe, die die normalen P.G.'s erhalten, schon noch möglich wäre.

Am Ende meiner Aufzeichnungen will ich nicht meinen Spruch vergessen: „Ob sie uns lieben oder hassen, sie müssen uns doch entlassen." Und natürlich, ohne diesen Spruch geht ja nichts: „Es klingt wie eine Sage, nur noch elf, beziehungsweise dreizehn Tage." Elf Tage bis ich nun doch nochmals nach Hauteville zurück muß und 13 Tage bis zur Heimreise. Und 15 Tage bis zur glücklichen Ankunft in der Heimat.

Freitag, den 24. September 1948
Welch eine Aufregung herrscht hier im Lager. Am 1. Oktober sollen alle bis auf ein Kommando von zwanzig Mann wegkommen. Ich werde also kaum mehr mit den angefangenen Bildern fertig werden.

Schnell mußte ich noch jemanden finden, der oder die mir zwanzig Bücher mit zu meinen Eltern nehmen. Was man alles erreichen kann, wenn man sein reguläres Essen, denen die hungrig sind, geben kann. Die Zensur wird ja auch aufgelöst. Also nichts wie weg mit den Büchern. Das Ende - wie sich das anhört - kommt immer näher und ich hätte noch so viel zu arbeiten. Für E. Hemmerlin schaffte ich leider nichts mehr. Zu viele - vom Lager - wollten noch schnell von mir ein Bild haben. An Horst mußte ich schreiben, daß er nun nicht mehr kommen kann. Also, es ist noch so viel zu tun...vor allem noch ein Bild liegt mir am Herzen.

Samstag, den 25. September 1948
Es ist alles ein wenig turbulent. Ich komme mit den restlichen Bildern gut voran, so daß ich langsam wieder zur Ruhe komme. Für zwei weitere Päckchen habe ich noch Heimkehrer gefunden, die sie mir mitnehmen. Schon wieder zwölf Kilogramm weniger, die ich nicht tragen muß.

Eigentlich könnte ich gar nicht alles, was ich hatte, transportieren! Wie sehr betonten wir 1944: „Wer nichts besitzt, ist frei". Heute sieht das schon wieder etwas anders aus.

Morgen gibt es noch 1.200 FF Kantinengeld. Es muß dafür was eingekauft werden. Da ich nicht da bin, wird es der Vertrauensmann für mich erledigen. Taucht da nicht schon wieder der Begriff einer Sonderstellung auf? Dazu kommt noch, daß am Sonntagnachmittag, während ich Gast bei Prefôt bin, gearbeitet werden muß. Wann soll ich da noch alles erledigen?
Ich würde gerne nochmals Collette sehen. Unser Abschied am Sonntag, in Anwesenheit des Marokkaners, war ja nicht befriedigend.

Wie wird es werden, wenn ich zu Else komme? Können wir uns so nahe sein, wie wir es in unseren Briefen waren? Ich wünsche es mir sehr.

Bekomme ich noch die Bilder von André und Monique, die sie beim letzten Besuch aufgenommen haben, da ich nun schon am 1. Oktober fahren muß - nein, ich darf fahren - wie komme ich da auf „muß"?

Ltn. Phulpin kommt morgen zurück: Wegen der Auflösung des Lagers und weil ich durch ihn immer Vorteile hatte! Er sicher auch von mir! Abends um 19.35 Uhr. Es ist Ruhe in „meinem" Atelier eingekehrt.
Ich war in der Stadt. Da ich Prefôts Bild zu Guéretay brachte, hatte ich einen Grund für diesen Stadtbesuch. Ich traf unter anderem auch Schliesmann, dem ich noch Zivilbriefe gab. Bald sah ich Claude, der wieder von seinem Urlaub in Cannes zurück war. Collette begegnete mir ein paar Mal, das heißt ich richtete es so ein, daß sie mir begegnen mußte.
Bei Hemmerlin war niemand, weil sie eingeladen waren. Ich hatte noch Geld zu bekommen, auf das ich hoffte, aber man muß auch verlieren können.

Sonntag, den 26. September 1948
Endlich, obwohl ich so müde bin, will ich diesen außergewöhnlichen Tag festhalten. Um 7.30 Uhr ging's heute morgen raus. Prefôt kam mir schon entgegen. Eine dreiviertel Stunde später waren wir schon in Vonges. Dort gefrühstückt, dann sind wir weiter nach Pontalier gefahren. Viele bekannten Ecken, von damals im Jahre 1944, habe ich wieder erkannt. Es war, wie damals ein Fest in Pontalier, aber heute war ein anderer Grund als damals, als wir als erste Deutsche Gefangene von den feiernden Franzosen empfangen wurden. Natürlich sagte ich von all den Erinnerungen Prefôt nichts. Am **l'oignon,** so hieß der kleine Fluß, wo wir im Waldlager waren, war alles so, als ob die Gefangennahme nicht schon Jahren, sondern erst gestern gewesen war. Ich malte ein Aquarell an der kleinen Staustufe. ➤
Es gibt doch keinen Zufall, sondern nur Fügung, oder wie Gotthold es immer ausdrückte „Prädestination". Denn wie wäre es möglich, daß ich zum Schluß der mehr als vier Jahre dauernden Kriegsgefangenschaft wieder durch einen Franzosen hierhergekommen bin! Unglaublich für mich waren quasi Anfang und Ende dieser schönen Zeit - an der gleichen schönen Flußlandschaft.

Der Kreis schließt sich... am gleichen Ort, an dem ich gefangen wurde, kann ich am Ende der Gefangenschaft dieses Aquarell malen... es gibt keinen Zufall - nur Fügung.

Zurück zum Essen. Ein sehr gutes und reichliches Mittagessen in einer intakten Familie. Da waren auch jüngere Frauen dabei. Und es ist für mich, jetzt da ich es niederschreibe, noch so unfaßbar, daß mich eine dieser hübschen, jungen Frauen fragte: *„Ja, Monsieur, wie machen Sie das denn, wenn sie so lange ohne Frauen leben müssen? Onanieren Sie?"* Wobei sie ein viel vulgäreres Wort gebrauchte. Ich wurde rot und verlegen. Ich wußte nicht, wie ich reagieren sollte. Ein solches Thema war in unserer Familie zu Hause ein Tabu. Überhaupt was am Tisch zu sagen, was mit Gefühlen zu tun hatte, war undenkbar. Und nun so etwas! Man lachte, überspielte alles...

Was mögen die unverheirateten Frauen also gedacht haben? Wollten sie mich provozieren oder fragt man in einer französischen Familie so etwas?

Insgesamt, ohne diese Frage, war es eine schöne Unterhaltung. Ein besonderes Erlebnis, in einer Familie eingeladen zu sein. Wir sind mit den Kindern spazieren gefahren. Wir besuchten „la sainte viérge"und fuhren nach Perigny, wo Gotthold arbeitete. Noch etwas getrunken, die schöne Einladung war vorbei und es ging ins Lager zurück.

Gegen Abend bin ich nochmals aus dem Lager raus. Auf der Straße nach Athée traf ich Collette. Wir haben uns verabschiedet, für immer; wir kamen uns auch nicht mehr nahe. Der Zauber, der am Sonntag vorhanden war, war weg...

Im Lager - wie prosaisch - dann doch selber für 1.200 FF Kantinenware gekauft.

Montag, den 27. September 1948
Oh, wie bin ich heute müde. Gott sein Dank, daß mein letztes Bild soweit fertig ist, daß ich nicht mehr viel daran tun muß. Während der Mittagspause habe ich meine erste „Verladeübung" gemacht. Ich glaube, daß ich es mit allem, was ich nun noch besitze, schaffen werde. Leider habe ich ja nicht mehr als das bekommen, was ich noch anschaffen wollte. Hoffentlich verstehen das auch meine Eltern? Lorenz arbeitet immer noch an meiner Skihose.

Bis jetzt kann ich aber mit dem Erreichten trotzdem zufrieden sein. Gestern war wieder so ein Tag, der mir den rechten Eindruck der Freiheit gegeben hat. Bis auf die Frage der hübschen jungen Frau war alles sehr schön gewesen. Daß ich zum Schluß an den Ort kommen konnte, wo alles begann, war aussergewöhnlich... es waren Stunden gegen das Vergessen...

...Es war ein Unterschied zu 1944 - wie Tag und Nacht! Damals hatten wir alle Angst... heute hoffen wir auf eine bessere Zukunft in der Heimat!

Dienstag, den 28. September 1948
Noch sechs Tage, dann kommen wir weg nach Hauteville. Heute ist es mal wieder so schönes Wetter, daß ich es im Lager kaum aushalten kann. Keine Arbeit geht mir von der Hand. Das Bild ist soweit fertig, obwohl ich noch viel daran verbessern könnte. Aber ich habe mal wieder so starke Kopfschmerzen, daß mir alles egal ist. Ich gehe hin und her. Vom Lager in die Stadt und wieder zurück. Alle mußten arbeiten, nur meine Wenigkeit kann machen, was sie will. Gerade beendet Lorenz meine Keilhose. Sie wurde nicht schlecht, und doch gefällt sie mir wieder nicht so besonders. Ich finde halt an allen Dingen etwas, das mir mißfällt. Warum? Dabei könnte ich so zufrieden sein.

Morgen mittag gehe ich nochmals in die Stadt um Besorgungen zu machen. Vielleicht kann ich noch vier Aquarelle verkaufen, das restliche Geld von Hemmerlin bekommen, damit ich noch für meinen Vater ein paar gute Zigarren kaufen kann. Hoffentlich erwarten meine Eltern nicht zu viel von mir. An Else wollte ich noch schreiben, habe aber keine Lust dazu. Ich zweifle noch an der Heimkehr, weil wir unsere Entlassungspapiere nicht hier, sondern erst in Hauteville bekommen. Hoffentlich darf ich fahren, sonst werde ich noch wahnsinnig.

Mittwoch, den 29. September 1948
Das Bild ist nun endgültig fertig. Alles habe ich soweit gepackt und die Bude saubergemacht. Es geht aber erst am Samstag zurück ins Fort, dann dürfte der Heimkehr nichts mehr im Wege stehen.

An meine Mutter noch eine Geburtstagskarte, die ich extra gestaltet habe, geschickt, und ihr mitgeteilt, daß wir an ihrem Geburtstag - also am 6.10. heimfahren werden.

Donnerstag, den 30. September 1948
Von Horst Gottwalt bekam ich noch heute einen Brief. Er ist ja Zivilarbeiter bei Madame Hasalah. Er schreibt: *Mein lieber Hans! Heute, am 27.9. habe ich Deinen lieben Brief erhalten. Zu spät deshalb, weil ich gestern zum zweiten Mal nach Auxonne wollte. Glücklicherweise hat mich jemand aufgehalten, so daß mir nur noch der Sonntag, der 3.10., übrigbleibt. Du kannst Dir sicher lebhaft vorstellen, wie ich Dich suchte und bei den T.L. von Roy-Fréres fragte, wo ich Dich finden könnte. Diese wußten aber so viel wie ich. - Sie konnten mir nicht sagen, ob Du im Lager bist, oder ob Du Deine Zeit im Freien verbrachtest. Noch mehr ärgerte mich, als ich in Deinem Brief las, daß André am selben Sonntag in Auxonne war. In der Stadt traf ich zwei Kumpels und fragte sie nach Dir. Sie gaben mir zur Antwort, daß Du meistens mit Deinen Malsachen alleine ins Grüne gehst. Ja, wo sollte ich Dich da finden?*

Aquarellstudie an der Saône bei Atheé.

Ich habe auch erfahren, daß Du am 6.10. nach Hause fährst. Ich wünsche Dir schon jetzt eine gute Reise und gönne Dir die Heimfahrt von ganzem Herzen. Ich glaube, daß Du lange genug in Gefangenschaft warst und Deine Entlassung verdient hast. Ich werde voraussichtlich am 20.12. in Urlaub nach Deutschland fahren. Nun darüber können wir ja am Sonntag sprechen. Also am Sonntag, den 30. um 12.12.Uhr fahre ich mit dem Orient-Express in Dijon weg. Ich werde ungefähr um 12.40 Uhr in Auxonne sein. Also bis zum Sonntag...

Freitag, den 1. Oktober 1948

Endlich ist auch der letzte Monat angebrochen. Heute abend werde ich wohl zum letzten Mal in „meinem" Atelier sitzen. Es hat mir hier immer am besten gefallen. Es war ruhig, ich wurde selten gestört, ich konnte malen und meinen Gedanken nachhängen.

Bald sind wir wieder in den überfüllten Räumen des Forts. Ich dachte, daß ich nie wieder dorthin müßte. Aber wir bleiben da oben ja nicht lange. Ich kann es mir noch nicht vorstellen, wenn alles klappt, daß ich am übernächsten Sonntag zu Hause sein werde.

Wie wird da alles werden? Von Roland erhielt ich noch einen Brief, in dem er schrieb: *Alle Deine Freunde erwarten Dich.*

Wer wird das sein? Nur Klaus Wein und Roland haben mir öfters geschrieben. Wo bleibt der Rest? Wie wird es sein, wenn ich Else gegenüberstehe?
Viele Fragen sind offen. Wird die Freundschaft mit Klaus, Roland und Heinz Fränkle wieder so sein, wie sie einmal war?
Und meine Eltern, wie wird die Beziehung zu ihnen sein, vor allem zu meinem Vater?
Die Franzosen sagen zu allem „on verra", man wird sehen. Es steht fest oder fast fest: „Es klingt wie eine Sage nur noch sechs Tage!"

In Gefangenschaft war oder werde ich gewesen sein; vier Jahre, einen Monat und zwei Tage.
Von Daheim weg: Fünf Jahre, weniger einen Monat und siebenundzwanzig Tage: also vier Jahre, elf Monate und drei Tage.
Ein interessantes Zahlenspiel, das aber nichts aussagt über Leid und Freud in dieser langen Zeit.

Sonntag, den 3. Oktober 1948, Fort d'Hauteville
Wie sind schon seit zwei Tagen hier im Fort. Hoffentlich ist Horst nun nicht zum zweiten Mal umsonst nach Auxonne gefahren. Es wäre schön gewesen, wenn ich ihn, der von Anfang an mit mir zusammen war, zum Schluß nochmals gesehen hätte.

Gestern kamen wir hier an. Am Freitag, den 1.10., ging es noch toll zu. In „meinem" Atelier Abschied gefeiert. Erst gegen zehn Uhr ins Bett gegangen. Von E. Hemmerlin und seiner Familie konnte ich mich nicht mehr verabschieden. Ich verdanke ihm und seiner Frau sehr viel. Sie gab mir manches für die Fahrt mit unter anderem auch zwei Flaschen Wein. Das restliche Geld muß ich vergessen.

Am Samstag war ich morgens noch müde: So spät ins Bett gekommen, und schon so früh um 5.30 Uhr musste ich wieder aufstehen.

Die Durchsuchung war nicht schlimm. Im Lastwagen waren wir wie die Heringe zusammengepreßt. Es war nebelig. Bald konnten wir, rückblickend, das Lager nicht mehr sehen...es verschwand ganz gespenstisch, ganz schnell im dicken Frühnebel. Schnell schoß es mir durch mein Hirn; wird es so auch mit der Erinnerung sein? Die Fahrt durch die Stadt: Ich sah niemanden, den ich kannte. Auch die Stadt, in der ich so viel erlebte, lag schnell hinter uns. Auf der Straße nach Dijon kamen mir viele Erinnerungen an das Grauen von 1944. Als der Zug in die Luft flog... als wir wieder marschieren mußten, als wir von der Brücke, die nach Auxonne führt, standen, und entschieden, uns nach Norden zu wenden...an, ja natürlich auch an die Gefangennahme bei Pontalier. Der Kreis schloß sich, so wie rings um uns her der Nebel spielte und uns einschloß und langsam verschwinden ließ...da fiel mir das Gedicht von Hermann Hesse, dem Nobelpreisträger für Literatur von 1946, ein.

Im Nebel!

Seltsam im Nebel zu wandern!
Einsam ist jeder Busch und Stein,
Kein Baum sieht den andern,
Jeder ist allein.

Voll von Freunden war mir die Welt,
Da mein Leben noch Licht war;
Nun, da der Nebel fällt,
Ist keiner mehr sichtbar.

Wahrlich keiner ist weise,
Der nicht das Dunkel kennt,
Das unentrinnbar und leise,
Von allem ihm trennt.

Seltsam, im Nebel zu wandern!
Leben ist Einsamkeit.
Kein Mensch kennt den andern,
Jeder ist allein.

Gerade als wir in Dijon einfuhren, brach die Sonne durch die Wolken, verdrängte den Nebel und die düsteren Gedanken. Es wurde schön. Wir fuhren am Friedhof vorbei, in dem Gotthold ruht... Ich sandte ihm einen stillen Gruß zu. Aber der Wagen, der rollt - läßt alles, was war, hinter uns. Der Weg hoch zum Fort war, wie schon oft, landschaftlich sehr schön. Immer wieder sah man Ausblicke über die Stadt, die langsam im Tal zurückblieb.

Lorenz dagegen, mein Atelier Partner, mußte sich immer wieder übergeben. Er sah sicher deshalb nicht die Schönheiten der Natur.

Die Realität hat uns wieder. Wenn man in Fort d'Hauteville über die Brücke geht, die über den ehemaligen Wassergraben führt, habe ich und hatte ich immer das Gefühl gehabt, in ein Gefängnis zu kommen. Was es ja auch war. Das Übliche in der Abwicklung. Vor nicht allzu langer Zeit machte ich das noch selbst im „Bureaux des effectives", wenn Kumpels von Außenkommandos zurück kamen. Wir landeten auf der Stube Elf! Wo alles an früher erinnert. Aber jetzt habe ich das „L" auf meiner Karte, und das bedeutet (Libre) das ist die Freiheit.

Wieder im Fort, verbrachte ich die erste Nacht mit einer Decke leidlich gut. Morgens schrieb ich an Horst und bedauerte, daß wir uns nicht mehr sehen konnten. Und Else teilte ich mit, daß wir uns bald sehen werden.

In der Kirche sprach ein mir unbekannter Pfarrer ergreifende Worte über die Heimkehr und über das Erntedankfest. Wer dankt da wem? Die Franzosen ihrem Gott, daß sie mit unserer Arbeit eine so reiche Ernte hatten? Oder wir danken Gott, daß wir endlich frei werden? Unter anderem brachte er in seiner Predigt den Satz, den wir schon öfters hörten: „Einst oder jetzt werden wir wieder Hämmer sein, und der Stahl der als Amboß hart geworden ist, wird härter sein als je zuvor!"

Unpassende Worte. Unpassend erst recht für einen Pfarrer. Denn wir sollten so nicht denken, denn wir sollten vorwärts schauen und nicht zurück. Wir sollten an die Güte Gottes denken und nicht an Rache. Rilke sagte es einmal so deutlich: *„Es gibt keinen Sieger, nur das Überleben ist wichtig."*
Wir sollten also keinen neuen Haß säen. Hat uns Gott durch seine Güte den Tag der Heimkehr geschenkt? Und wo war Gottes Güte bei Gotthold? Ja, bei Millionen, die nicht mehr heimkehren konnten?
Sie sind verhungert, sind gefallen, liegen in Massengräbern, hüben wie drüben. Es gibt keine guten und bösen Toten. Es gibt nur Tote oder nur Lebende. Also zählt für mich nur das Überleben!

Ich kann nicht mehr schreiben. Die Predigt ließ mich das Glück der Heimkehrer mit anderen Augen sehen. Ich denke: „Wer versteht, der haßt nicht".

Am Nachmittag, ich schaute einem Fußballspiel zu, holte mich der Vertrauensmann. Er sagte mir: „Ein Zivilist mit einer Frau sei mit einem Taxi gekommen. Da dachte ich sofort an Horst und er war es auch. Die Patronin von Horst, Mme. Harzahlath, war dabei. Ich freute mich riesig, daß wir uns doch noch sehen konnten. Es war toll von Horst, daß er kam. Ich sagte es ja schon; wir waren von Anfang an zusammen. Wir haben viel Leid oder auch manche Freude zusammen geteilt. Ein guten Nebeneffekt hatte der Besuch natürlich auch noch, ich bekam jede Menge guter Verpflegung. Horst's Patronin war sehr nett und auch nicht mehr so schlampig angezogen, wie ich es von unserer ersten Begegnung in Erinnerung hatte.

Es ist Abend geworden, unter vielen Menschen bin ich mal wieder allein. Bis jetzt lief alles gut, aber bald, in vier Tagen, werde ich daheim sein. Dann wird alles besser werden.

Mittwoch, den 6. Oktober 1948, Mutters 55. Geburtstag
Heute sind natürlich meine Gedanken in ganz besonderem Maße zu Hause, weil meine Mutter Geburtstag hat und ich heute meine Heimreise antreten werde. Für meine Mutter wird es auch ein besonderer Tag sein. Sie weiß es hoffentlich; hat sie meine Karte bekommen, dann weiss sie es, daß ich heute meine Heimfahrt beginne.

Gestern nachmittag war die Filzung, alles ging ohne Probleme über die Bühne. Allerdings, es ist alles viel umständlicher als in Auxonne. Dort merkte man es kaum, wenn eintausend Mann abgefertigt wurden, hier gibt es schon bei fünfhundert ein ungeheueres Gedränge.

Vielleicht liegt es aber auch daran, daß ich in Auxonne, als Maler, von nichts, was den Alltag des Lebens betraf, berührt wurde. Während ich hier im Fort einer von diesen Fünfhundert bin, und mitten im Gedränge stand.

Ich war nicht mehr wie in Auxonne der Isolierte, der nichts mehr mit dem Gefangenenleben zu tun hatte, ich war ein meistens in den Wolken schwebender Maler. Die Erde hatte mich wieder und es sollte lange so bleiben...

Es war schlimm, wenn ich ans Abgeben des Gepäcks dachte. Noch schlimmer, wenn ich mir überlegte, daß ich mein Gepäck die mindestens zehn Kilometer lange Strecke zum Bahnhof tragen muß.

Denn es wird nicht gerade angenehm sein, mit Rucksack, Holzkoffer, den ich mir im Magazin der SES gebastelt hatte, der Tasche, die mir der treue Kupke machte, diese Strecke bewältigen muß.
Ich darf gar nicht daran denken, wieviel mir von Kumpels, die durch das Entlassungslager Auxonne kamen, schon mitgenommen wurde.

„On verra". Um 19.02 Uhr soll unser Transport in „Pont Neuve" nach Perigny wegfahren. Dort sei dann die endgültige Abfahrtszeit 1.15 Uhr. Also müßten wir am Samstag in Deutschland sein.
Obwohl ich den Entlassungsschein (Certificat de Liberation) in der Tasche habe, befinde ich mich noch nicht in der richtigen Heimkehrer-Stimmung. So, wie wir es uns vorgestellt haben, ist es nicht. Das kommt sicher auch daher, daß ich alleine unter Fremden bin. Alle Kameraden, Freunde, die von Anfang an dabei waren, fehlen. Gotthold ist schon über ein Jahr tot. Franzl ist schon ebensolange in Deutschland. Horst, der mich gerade noch besucht hat, ist Zivilarbeiter, ebenso wie Willi Schröder, der das schon seit einiger Zeit ist. Heinz Völker arbeitet noch im „Bureau d'entre".
Das waren ein Teil meiner Freunde, mit denen ich tausend Mal von der gemeinsamen Heimkehr geträumt habe.

Heute bin ich aber wieder allein...
Was wird mich daheim erwarten? Ganz sicher, Mutter, Vater, meine Familie...Else...je ne sais pas? Aber das werde ich ja alles sehen.

Langsam kommt die Sonne über dem Fort hervor, sie kündigt einen neuen, schönen, hoffnungsfrohen Tag an.
Ich bin nochmals in den Raum „Sieben" gegangen. In den Raum, in dem meine erfüllte Zeit mit der Malerei begann. Hier kann ich, da ich noch warten muß, über die jüngste Vergangenheit nachdenken. Es gab trotz allem viel Schönes. Es tauchen die Namen, Klaus Simon, Eckehard Dahlinger, Rudi Vierchow, Helmut Jaques und Walter Gaudig mit seinen Ideen auf. Alle sind schon Vergangenheit. Das geht so schnell, wenn man fremdbestimmt wird. Ich erinnere mich an Menschen, die jeweils eine Zeitlang meinen Weg mitgegangen sind. Wie heißt es doch so schön in dem oft zitierten Gedicht: *Man kann das Dasein nicht auf einen Nenner bringen, wir durchleiden und durchjubeln keine stetige Lebensbahn, sondern wir schreiten durch eine bunte Vielfalt von Geschichten, und wer nicht zerbrechen und verzagen will, muß diese Geschichten zur rechten Zeit enden lassen.*
Vielleicht begegnen wir uns alle nur, um aneinander reifer und reicher zu werden. Das Abschiednehmen gehört dann zum Glück des Beisammenseins, er ist ein Teil davon. Aber dem Manne geziemt Kummer und Trübsal nicht, vor Gott besteht nur die tätige Gesinnung.

Ja, kein Wehleiden über Vergangenes. Sich positiv an alle erinnern, die mir seit September 1944 irgendwann und irgendwie begegnet sind, während einer harten Schule des Lebens.
„Gegen das Vergessen" heißt, Erlebnisse festzuschreiben, die mir wichtig erschienen, sie aus dem Dunkel des Vergessens ans Licht des Bewußtseins zu bringen. Das soll eine meiner Aufgaben sein.
Wir waren alle Täter und Opfer zugleich. Aber ich bin mir darin sicher, daß es auch unter uns Deutschen mehr Opfer als Täter gab!

Deshalb darf auch bei meinen letzten Tagebucheintragungen, hier in der Malstube des Fort d'Hauteville, das Erinnern an viele Franzosen, die menschlich zu uns oder zu mir waren, nicht fehlen.

André Garnier, M. Mirlin, der Elsässer Dubs, die Familien Hemmerlin und viele, die ich nicht noch hier in diesen Räumen des Fort d'Hauteville alle aufzählen kann.

Wer versteht, der haßt nicht!

Elftes Kapitel

Heimkehr

Ein mir geschicktes Bild zeigt einen Teil der Familie, die mich erwartet. Von links nach rechts: Mein Vater und meine Mutter, August und seine Frau Hilde. Leni, die Frau meines Brunders Alfred. Und viele Enkel meiner Eltern, die ich zum Teil noch gar nicht gesehen habe: Elke, Elly, Peter, Rose, Karin und Anita.

Von der fast zwei Tage dauernden Fahrt von Dijon in Frankreich nach Malmsheim in Deutschland weiß ich nicht mehr viel. Sie ist auch unwichtig. Die ganze Zeit war ich voller Erwartung.
Ich erinnere mich aber noch ganz genau an ein sicher unwichtiges Detail: Als wir durch den Schwarzwald fuhren und oberhalb von Calw die wunderschöne Stadt so beleuchtet im Tal liegen sahen, da wurde es mir bewußt, daß es keine Verdunkelung mehr gab. Auch für uns war damit sichtbar: Der Krieg war zu Ende.
Malmsheim bei Stuttgart: das Entlassungslager für die Ami-Zone - hätte überall sein können...
Dagegen, als wir von Stuttgart kommend, in Pforzheim einfuhren, da merkte man, was ein sinnloser, zerstörerischer Krieg bedeutete. Schon in Eutingen, der Zug fuhr langsamer, konnte ich die ersten Ruinen, der fast ganz zerstörten Stadt sehen. Sie nahmen zum Zentrum der Stadt hin erschreckend zu.
Nichts wie heim, dachte ich. Möglichst schnell in Pforzheim einen Anschluß bekommen. Ich zählte nun Ispringen, Ersingen, Bilfingen, dann war ich in Königsbach, das ich vor über fünf Jahren verlassen hatte. Niemand war am Bahnhof. Wieso auch, es wußte also niemand wann ich ankommen würde. Die Sonne war da, das Wetter war schön, als ich mit meinem Gepäck den Bahnhofsberg runter marschierte. Am Kino vorbei, in die Walther-Rathenau-Straße rein, da, kurz vor Schneider Fränkle, sah ich meine Schwester Hilde mit ihrem Jüngsten auf dem Arm... dann meine Mutter, der Vater, die Enkel...Ich war zu Hause!
Endlich glücklich - aber unruhig. Ich wollte so schnell als möglich wieder was tun! Ich wollte wieder in die Kunst- und Werkschule, Versäumtes nachholen...
Zusammen mit meinem Schulkameraden Werner Kratt waren wir die letzten Heimkehrer aus Frankreich. Deshalb kamen der Bürgermeister, der Gesangverein und unsere Nachbarn, um mir einen Willkommensgruß zu bringen. Der Gesangverein trat in Aktion, der Bürgermeister sprach erstaunliche Worte. Man hatte uns scheinbar in der Heimat nicht vergessen. Ich war gerührt.
Ich stand im Elternhaus am Fenster mit meinen Eltern und bedankte mich in „hochdeutscher Sprache". Ich hatte in den Jahren des Fernseins den Königsbacher Dialekt abgelegt...
Das hätte ich nicht tun sollen, denn wie ein Lauffeuer verbreitete es sich im Dorf: „De Zimmermanns-Schöners Hans, der hat früher scho g'schponne, jetzt schpennt er erscht recht!"
Ich war nun wirklich zu Hause.
Ungeduldig stellte ich mir die Frage:
Wie wird sich die Zukunft gestalten?

Inhalt

Gegen das Vergessen

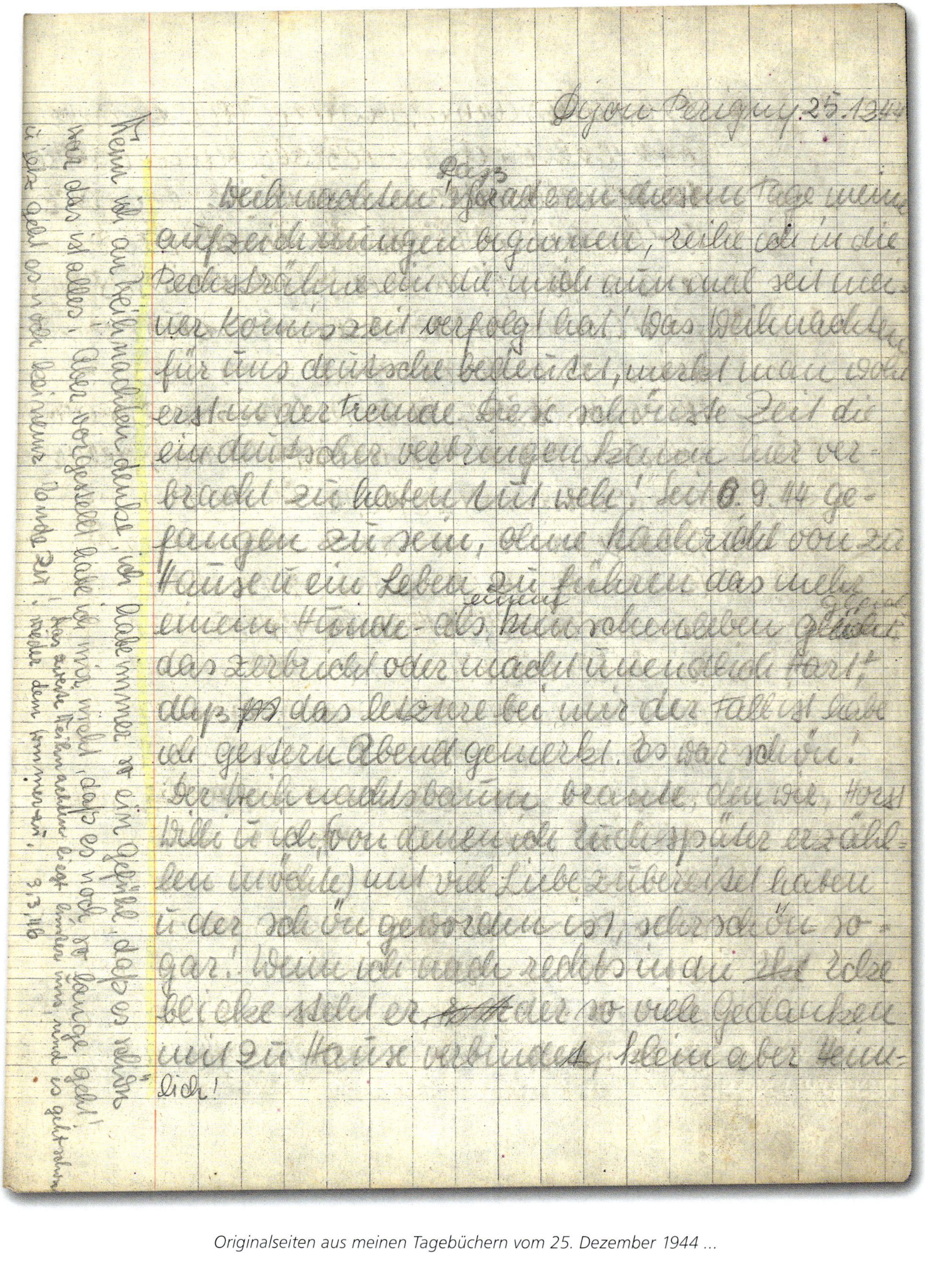
Dijon Perigny 25.12.44

Daß Weihnachten [illegible] an diesem Tage meine Aufzeichnungen begonnen, reihe ich in die Zufälle ein die mich nun mal seit meiner Kommißzeit verfolgt hat! Was Weihnachten für uns Deutsche bedeutet, merkt man wohl erst in der Fremde. Die schwerste Zeit die ein Deutscher verbringen kann hier verbracht zu haben tut weh! Seit 8.9.44 gefangen zu sein, ohne Nachricht von zu Hause u. ein Leben zu führen das mehr einem Hunde als Menschen eben gleicht das zerbricht oder macht unendlich hart! Daß das letztere bei mir der Fall ist habe ich gestern Abend gemerkt. So war schön! Der Weihnachtsbaum brannte, den wir, Horst Willi u. ich (von denen ich euch später erzählen werde) mit viel Liebe zubereitet haben u. der schön geworden ist, sehr schön sogar! Wenn ich nach rechts in die Ecke blicke steht er, der so viele Gedanken mit zu Hause verbindet, klein aber heimlich!

Wenn ich an Weihnachten denke, ich habe immer so ein Gefühl, daß es schön war das ist alles. Aber vorgestellt habe ich mir nicht, daß es noch so lange geht! Das zweite Weihnachten liegt hinter uns, und es geht schon [illegible] u. jetzt geht es noch keinem Ende zu! wieder dem [illegible]. 3.3.46

Originalseiten aus meinen Tagebüchern vom 25. Dezember 1944 …

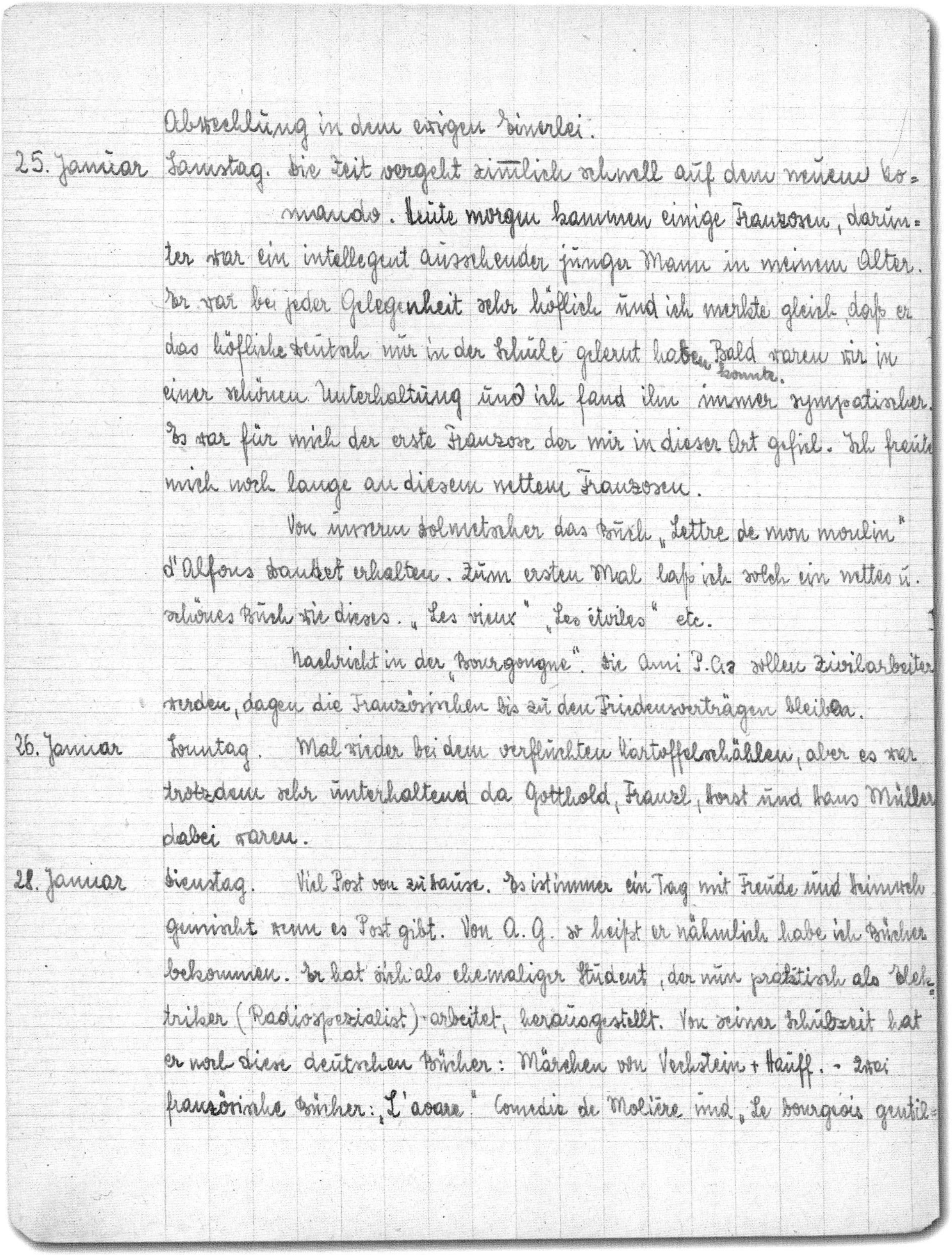

Abwechlung in dem ewigen Einerlei.
25. Januar Samstag. Die Zeit vergeht zimlich schnell auf dem neuen Kommando. Heute morgen kammen einige Franzosen, darunter war ein intellegent aussehender junger Mann in meinem Alter. Er war bei jeder Gelegenheit sehr höflich und ich merkte gleich, daß er das höfliche Deutsch nur in der Schule gelernt haben konnte. Bald waren wir in einer schönen Unterhaltung und ich fand ihn immer sympatischer. Es war für mich der erste Franzose der mir in dieser Art gefiel. Ich freute mich noch lange an diesem netten Franzosen.

Von unserem Dolmetscher das Buch „Lettre de mon moulin" d'Alfons Daudet erhalten. Zum ersten Mal laß ich solch ein nettes u. schönes Buch wie dieses. „Les vieux" „Les étoiles" etc.

Nachricht in der „Bourgogne". Die Ami P.G.s sollen Zivilarbeiter werden, dagegen die Französischen bis zu den Friedensverträgen bleiben.
26. Januar Sonntag. Mal wieder bei dem verfluchten Kartoffelschählen, aber es war trotzdem sehr unterhaltend da Gotthold, Franzl, Horst und Hans Müller dabei waren.
28. Januar Dienstag. Viel Post von zu Hause. Es ist immer ein Tag mit Freude und Heimweh gemischt wenn es Post gibt. Von A. G. so heißt er nähmlich habe ich Bücher bekommen. Er hat sich als ehemaliger Student, der nun praktisch als Elektriker (Radiospezialist) arbeitet, herausgestellt. Von seiner Schulzeit hat er noch diese deutschen Bücher: Märchen von Bechstein + Hauff. - Zwei französische Bücher: „L'avare" Comedie de Molière und „Le bourgeois gentil=

... und vom 25. Januar 1947

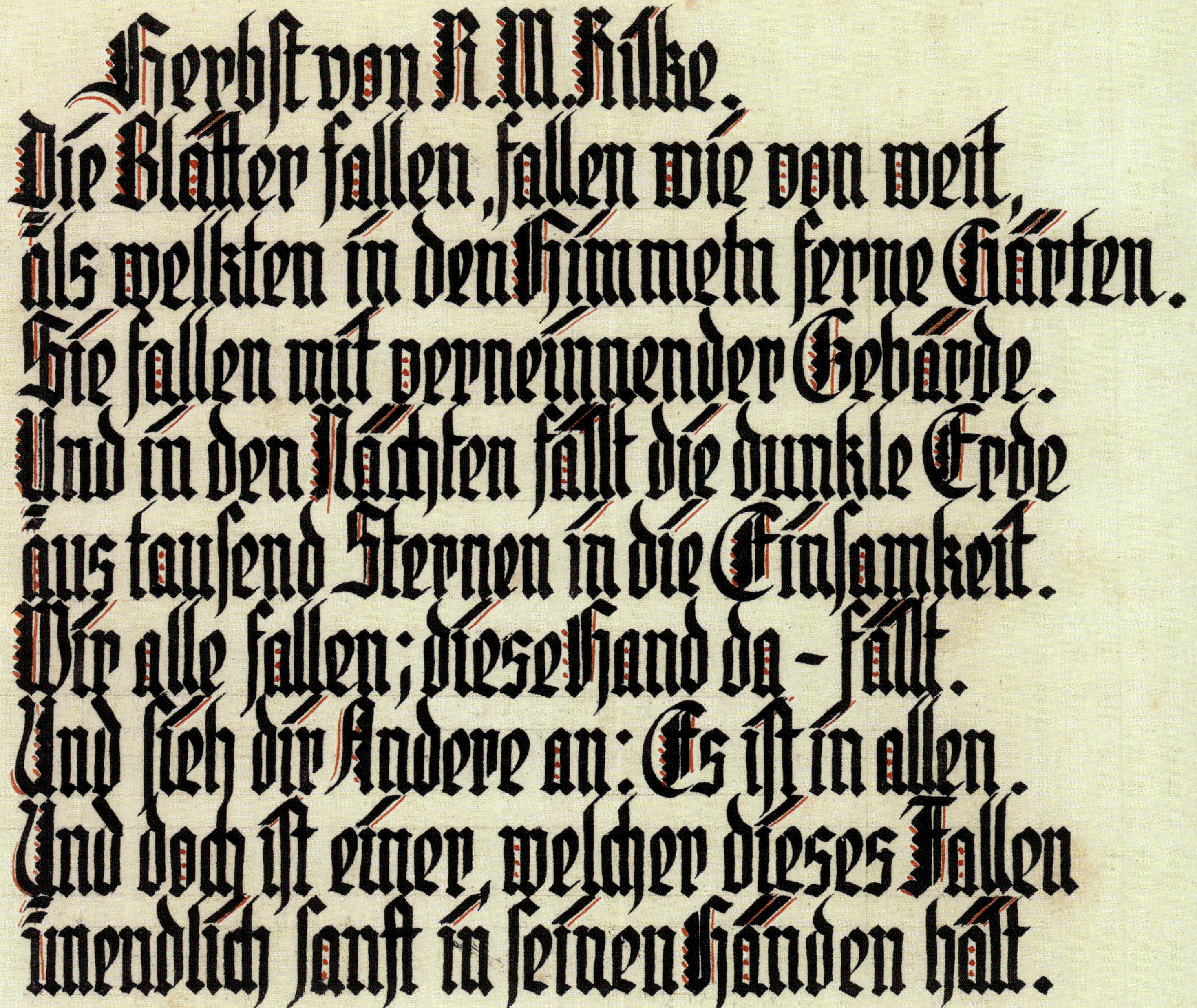

Herbst von R. M. Rilke.

Die Blätter fallen, fallen wie von weit,
als welkten in den Himmeln ferne Gärten.
Sie fallen mit verneinnender Gebärde.
Und in den Nächten fällt die dunkle Erde
aus tausend Sternen in die Einsamkeit.
Wir alle fallen; diese Hand da – fällt.
Und sieh dir Andere an: Es ist in allen.
Und doch ist einer, welcher dieses Fallen
unendlich sanft in seinen Händen hält.

Am Schluss ein von mir handgeschriebenes Blatt aus meinem damals angelegten Poesiealbum